KB208814

전문가주의를 넘어

과학기술, 환경, 민주주의

| 이영희 지음 |

한울
아카데미

차례

우리가 현재 살고 있는 이 시대의 민주주의는 여러 측면에서 위기를 맞고 있다. 대의제는 잘 작동하지 못하고, 정당들 역시 사회갈등에 대한 민주적 중재자로서 제구실을 하지 못해 시민들의 정치에 대한 혐오감과 피로감이 날로 높아가고 있는 실정이다. 하지만 민주주의의 진정한 위기는 '민주'에 대한 불신과 냉소라고 할 수 있다. 시민이 사회적 의사결정 과정에서 주인 혹은 주체가 되어야 한다는 것이 민주주의의 당연한 전제적 가치인데, 이에 대한 불신과 냉소가 뿌리 깊다는 점이야말로 이 시대 민주주의의 가장 심각한 위기라고 할 수밖에 없다.

무엇이 '민주'에 대한 불신과 냉소를 부채질하는가? 바로 전문가주의다. 전문가주의란 현대사회는 기술적으로 복잡해 사회적 의사결정 역시 고도의 전문성을 기반으로 이뤄져야 하므로 사회의 중요한 공적 의사결정은 전문가들에게 맡겨야 한다는 믿음 체계이다. 전문가주의를 떠받드는 사람들은 현대사회에서 과학기술이 차지하는 비중이 커지면서 사회의 과학화·기술화·전문화 경향이 더욱 강해지고 있다는 점을 그 주요 근거로 제시한다. 사회의 과학화·기술화·전문화 경향에 조응하기 위해서는 사회에서 요구되는 각종 공공적 의사결정 과정에서도 과학기술적 전문지식에 의존하는 것이 불가피하고, 규범적으로도 바람직하다는 것이다.

사회에서 전문가의 역할을 제대로 인정하고 존중한다는 것과 전문가주의에

함몰된다는 것은 아주 다른 이야기이다. 한 사회가 잘 작동되기 위해서는 다른 사회 구성원의 사회적 역할과 마찬가지로 전문가의 역할도 매우 중요하다는 점은 말할 나위 없다. 하지만 거기서 더 나아가, 현대사회는 과학화·기술화·전문화로 물들어 있기 때문에 전문가가 아니면 복잡한 공적 의사결정 과정에 참여시켜서는 안 된다는 주장은 전문가 존중을 넘어서 전문가주의를 강요하는 것이며, 이는 본질적으로 반민주적이다. 왜냐하면 엘리트주의를 그 내재적 속성으로 하는 전문가주의는 모든 사회 구성원에게 사회의 운영에 참여할 권리가 있다는 민주주의의 기본 가치를 부정하기 때문이다. 전문가주의가 팽배해진 사회에서는 전문가와 기술관료의 지배력이 더욱 커지는 반면, 각종 사회적 현안과 정책 결정에 일반 시민들이 민주적으로 참여할 수 있는 여지는 더 좁아질 수밖에 없다. 이는 민주주의의 원리와 가치를 크게 훼손하는 것이다. 그러므로 과거 1970~1980년대에 민주주의의 일차적인 적이 군부독재였다면, 이제는 민주주의를 가장 위협하는 것이 바로 전문가주의라고 할 수 있다. 이것이 바로 우리가 현대사회에서 전문가 및 전문가주의의 역할과 민주주의의 전망에 대해 본격적으로 관심을 쏟아야 하는 이유이다.

필자는 지난 30여 년간 과학기술사회학, 더 넓게는 과학기술학(STS)을 연구해 왔다. 그런데 언제나 필자의 연구 중심에는 앞에서 언급한 민주주의와 전문가주의의 관계 설정이 사회에서 어떻게 이뤄지고 있으며, 더 나아가서는 양자의 관계가 어떻게 설정되는 것이 바람직한가라는 문제의식이 있었다. 그러한 연구 과정에서 다양한 이론, 사건, 사회운동을 연구하고 분석할 수 있었다. 필자의 이러한 연구 관심을 반영한 연구의 일단이 2011년 『과학기술과 민주주의: 시민을 위한, 시민에 의한 과학기술』이라는 제목의 책으로 나온 바 있다. 이 책도 전작의 문제의식을 확대·심화한 11편의 글로 채워져 있다. 이 책에 실린 글들은 필자가 다른 지면을 통해 발표한 글을 수정하고 보완한 것이다.

제1부는 과학기술과 환경을 둘러싸고 형성되는 전문성의 정치를 분석하는

세 편의 글로 구성했다. 먼저 제1장 「전문성의 정치와 사회운동」에서는 현대사회의 사회운동 혹은 민주주의 연구에서 전문성의 정치(politics of expertise)에 대한 주목이 왜 중요한지를 주로 서구 과학기술학 연구자들이 수행한 선행 연구들을 통해 파악하고, 이어서 한국의 삼성반도체 백혈병 산재인정투쟁과 고준위핵폐기물 공론화 사례에 대한 분석을 통해 새로운 유형의 전문성의 정치가 한국에서 전개되고 있음을 밝힌다. 제2장 「고준위핵폐기물 관리를 위한 사회적 의사결정과 전문성의 정치」에서는 핵발전소에서 발생하는 핵폐기물 중 고준위핵폐기물(주로 사용후핵연료)은 독성이 매우 강하고 오래 지속되므로 최소한 10만 년 이상 인간 생활권으로부터 격리 처분되어야 하는데, 한국과 스웨덴에서 각각 사용후핵연료(spent nuclear fuel) 관리 문제가 어떻게 등장하고 그에 대한 논의가 어떤 방식으로 진행되는지를 살펴본 다음, 두 나라에서 이뤄진(또는 지고 있는) 사용후핵연료 관리에 대한 사회적 의사결정 방식을 전문성의 정치 관점에서 비교 분석한다. 제3장 「가습기살균제 참사에 대한 사회적 해법의 모색」에서는 '세계 최초의 바이오사이드 사망사건', '안방의 세월호 참사'라고도 불리는 가습기살균제 참사의 여러 측면을 사회학적 시각에서 살펴보면서, 궁극적으로는 피해자 구제와 관련해 기존의 의과학적 접근법을 넘어서는 사회적 해법을 모색해 가습기살균제 참사에 대한 대응 과정이 우리 사회의 민주주의를 확대·심화하는 과정이기도 하다는 점을 강조한다.

제2부는 과학기술·환경·재난 시티즌십의 형성과 실천을 다루는 세 편의 글로 구성했다. 제4장 「과학기술 시티즌십의 두 유형과 전문성의 정치」에서는 과학기술과 시민의 동태적인 관계를 좀 더 잘 보여줄 수 있는 과학기술 시티즌십 개념에 입각해, 정부가 추진해 온 과학기술 대중화 정책과 주부들이 자발적으로 모여 시민과학 활동을 수행하고 있는 차일드세이브의 사례를 분석해 한국에서 과학기술 시티즌십이 시기별로 매우 상이한 형태로 형성되어 왔으며, 근래 시민사회의 성장에 따라 그러한 과학기술 시티즌십에 상당한 구조 변동이 일어

나고 있음을 밝힌다. 제5장 「돌진적 근대화와 환경 시티즌십의 형성」에서는 우리 사회에서 '돌진적 근대화'라 불릴 정도로 급속하게 이뤄진 산업화 과정에서 심화된 공해 피해에 대해 살펴보고, 이와 같은 산업화로 인한 공해 피해가 사실은 압축적 근대화 과정에서 자행된 시민들의 환경권 억압이었다는 문제의식을 바탕으로, 이러한 재난과 피해에 맞서 시민들이 건강한 환경 만들기를 위해 어떤 노력을 해왔는지를 환경 시티즌십의 형성이라는 개념을 통해 제시한다. 제6장 「재난관리, 재난 거버넌스, 재난 시티즌십」에서는 세월호 참사 이후 사회적으로 이목이 집중되고 있는 재난관리시스템 설계의 밑바탕에 깔려 있는 전문가주의와 과학주의 패러다임의 문제점을 지적하고, 그 대안으로 시민들이 재난의 대비 및 대응 과정에 적극적으로 참여할 수 있는 재난 거버넌스 패러다임을 제시한다. 아울러 재난 거버넌스가 잘 작동되기 위한 전제 조건으로, 시민들 사이에 형성되어야 하는 재난 시티즌십의 내용과 의의도 분석한다.

제3부는 시민참여, 공론화, 민주주의를 주제로 한 다섯 편의 글로 채웠다. 제7장 「민주화와 사회갈등: 공공정책을 둘러싼 사회갈등의 이해」에서는 최근에 우리 사회에 빈발하고 있는, 공공정책을 둘러싸고 일어나는 사회갈등 문제에 초점을 맞춰, 그러한 공공정책의 갈등 현황 및 사회적 배경과 예방 방안을 더 많은 시민과 이해당사자들의 참여에 기반한 참여민주주의의 확대라는 관점에서 논의하고 있다. 제8장 「지구적 기후 거버넌스 만들기: 유엔기후변화협상에 관한 세계시민회의의 진행 과정과 평가」에서는 2015년 6월에 열린 유엔기후변화협상에 관한 세계시민회의의 조직 배경과 특징을 먼저 살펴본 다음, 세계시민회의의 일환으로 서울에서 열린 시민회의의 구체적인 전개 과정과 숙의를 통해 도출된 시민 의견들을 정리하고, 회의의 사회정치적 영향을 분석한다. 제9장 「신고리 5·6호기 원전 공론화와 민주주의」에서는 문재인 정부가 2017년 7월 말부터 3개월에 걸쳐 진행한 신고리 5·6호기 원전 건설 중단 여부를 둘러싼 공론화를 시민참여와 민주주의, 더 나아가 숙의민주주의의 관점에서 평가하고 있

다. 제10장 「위험기술의 사회적 관리를 향하여: 사용후핵연료공론화위원회 활동의 평가」에서는 핵발전소에서 나오는 고준위핵폐기물인 사용후핵연료의 관리 문제에 대한 해법을 사회적 공론화 과정을 통해 찾겠다는 취지로 설립되어 2013년 말부터 2여 년간 운영된 '사용후핵연료공론화위원회'의 다양한 활동이 공공참여와 공공배제 사이의 경계에서 어떻게 자리매김될 수 있는지를 분석한다. 마지막으로, 제11장 「독일의 고준위핵폐기물 관리와 참여적 거버넌스」는 후쿠시마 원전사고 이후 독일에서 새롭게 추진되고 있는 참여적 거버넌스를 기반으로 한 고준위핵폐기물 관리 체계의 내용과 그에 대한 독일 내의 평가들을 검토한 다음, 이러한 독일에서의 경험이 고준위핵폐기물 문제로 현재 커다란 갈등을 겪고 있는 우리 사회에 던지는 함의에 대해 토론한다.

이 책의 실린 글 역시 많은 분들의 도움으로 작성할 수 있었다. 갈수록 거세지는 전문가주의의 파고를 넘어 민주주의를 지키고 확장하고자 분투하고 있는 시민사회 활동가들로부터 많은 영감과 통찰을 얻었다. 학문 공동체 안에서의 치열한 토론과 비평도 책에 실린 글들의 완성도를 높여주는 데 기여했다. 특히 필자는 2010년 여름부터 2016년 여름까지 6년 동안 한국연구재단의 재정지원(SSK)을 받아 과학기술과 민주주의 연구단을 조직하여 이끌면서 전문성의 정치, 과학기술/환경/재난 시티즌십, 숙의민주주의 등을 연구하는 데 몰두할 수 있었다. 이 책의 절반 정도는 그 연구 성과로 나온 것이다. 당시 훌륭한 동료들과 함께 협동 연구를 할 수 있었던 것이 필자에게는 커다란 행운이었다. 당시 SSK 연구단에서 함께 연구했던 강윤재, 박진희, 정태석, 진달용, 백영경, 박순열, 김효민, 김지연, 이윤정, 한재각, 홍덕화, 정인경, 임소연, 강연실, 김직수 선생님께 감사드린다.

2021년 5월
이영희

제1부

과학기술과 환경을 둘러싼 전문성의 정치

제 1 장

전문성의 정치와 사회운동

1. 머리말

현대사회를 떠받치는 핵심적인 조직원리는 과학화·기술화·전문화라고 할수 있다. 그러한 점에서 현대사회는 통상적으로 '과학기술사회'라고 불리기도한다. 그런데 과학기술사회라는 개념은 사회 속에서 과학기술의 물리적 비중이 높아졌다는 단순한 의미만 담고 있는 것은 아니다. 과학기술사회란 과학주의적이고 합리주의적인 사고방식이 전 사회에 스며들고 지배 이념이 되는 사회를 일컫는다. 따라서 사회의 과학화와 기술화는 사회가 점차 과학적 합리주의와 기술적 효율주의를 추구하는 경향성을 뜻하고, 사회의 전문화는 그러한 과학적 합리주의와 기술적 효율주의를 실현할 주체로서 전문가 집단이 사회적으로 승인되고 그들의 영향력이 커지는 경향성을 말하는 것이다. 현대사회의 이와 같은 과학화·기술화·전문화 경향에 대해서는 이미 많은 사회과학자들이 논의한 바 있다(Ellul, 1964; Touraine, 1971; Bell, 1973; 벡, 1997; Giddens, 1990; Fischer, 1990, 2009; 하버마스, 1993).

사회의 과학화·기술화·전문화는 이미 오래전에 사회학자 막스 베버(2006)가 근대사회의 핵심적 조직원리로 제시한 '합리화(rationalization)'에 그 뿌리를 두고 있다. 당시 베버가 합리화의 핵심을 탈주술화와 계산 가능성으로 보았다면, 현대사회의 과학화·기술화·전문화는 합리화가 과학기술의 옷을 걸치고 좀 더 체계적이고 근원적으로 추구되는 현상을 일컫는다. 사회의 과학화·기술화·전문화는 서로 밀접하게 연결되지만, 특히 민주주의와 관련해 눈여겨볼 것은 사회 전 영역에 걸친 전문가주의의 확산과 지배라고 할 수 있다. 사회의 모든 영역에 걸쳐 퍼져 있는 전문가주의는 민주주의의 가치에 심대한 도전을 야기할 수밖에 없기 때문이다. 현대사회의 과학기술화에 따라 공공의 중요한 의사결정들은 기본적으로 전문성의 논리에 의해 지배되어야 한다고 보는 전문가주의의 입장은, 사회 구성원들이 자신의 삶에 영향을 미치는 중요한 의사결정에 참여할 권리가 있다는 민주주의의 기본 원리와 충돌한다. 실제로 지난 20세기에 겉으로는 사회의 민주화가 점차 심화·확산되어 온 것처럼 보이지만, 실질적으로는 사회 자체가 더 과학화·기술화되면서 일반 시민들이 자신의 삶에 중요한 영향을 미치는 기술적 의사결정 과정에서 점차 소외되고 오로지 소수의 전문가들만이 그러한 의사결정 과정을 독점하는 비민주성이 동시에 증대되는 역설적 상황이 전개되어 왔다.[1]

이러한 상황에서, 과학기술에 대한 인문학적·사회과학적인 연구를 수행하는 과학기술학(STS: Science and Technology Studies) 분야의 일부 연구자들이 '전문성의 정치(politics of expertise)' 개념을 과학화·기술화·전문화가 가속화되고 있는 현대사회에서 지식의 권위와 민주주의 문제를 둘러싸고 형성된 사회

---

[1] 미국의 철학자 존 듀이(John Dewey)는 이미 1927년에 사회의 기술적 복잡화에 따른 전문가 집단의 득세와 일반 시민의 소외 심화, 그리고 종국적으로는 민주주의 자체의 위기 가능성을 예리하게 제기한 바 있다. Dewey(1927) 참고.

운동을 새롭게 바라볼 핵심어로 쓰기 시작했다. 포괄적으로 정의하자면 전문성의 정치란 과학화·기술화·전문화를 특징으로 하는 현대사회에서 과연 어떤 집단의 전문성(지식)을 사회적으로 가장 가치 있으며 믿을 만한 것으로 여겨야 하는지를 둘러싸고 사람들 사이에서 형성되는 갈등적 경합 과정이라고 할 수 있다. 이러한 전문성의 정치는 일반론적으로 두 가지 양상을 띤다. 먼저 사회적으로 제도적 기반이 있는 지배 전문가 대 대항 전문가 사이의 구도이다. 이 경우 전문성의 정치는 자격증이나 학력 등을 통해 공인된 전문가 지식(expert knowledge) 내부에서 전개된다. 또한, 전문가 사회와 시민사회 사이에서 전개될 수도 있다. 즉 보통 사람들이 일상 속 경험을 통해 체득한 시민지식(lay knowledge)으로 전문가들에 맞서는 형태로 전개되는 것이다.

이 글에서는 먼저 현대사회의 사회운동과 민주주의 연구에서 전문성의 정치에 대한 주목이 왜 중요한지를 주로 서구 STS 학계에서 이뤄진 선행 연구들을 통해 파악해 봄으로써 한국 사회에서도 전문성의 정치라는 개념이 사회운동과 민주주의에 대해 더 참신한 시야를 열어주는 데 기여할 수 있다는 점을 보이고자 한다. 이어서 한국의 삼성반도체 백혈병 산재인정투쟁 사례와 고준위핵폐기물 공론화 사례에 대한 분석을 통해 서구 연구자들이 제시한 전문성의 정치와는 조금 다른, 새로운 유형의 전문성의 정치가 한국에서 전개되고 있음을 밝혀보고자 한다.

2. 전문성의 정치에 대한 서구 STS 학계의 연구

앞에서 언급한 바와 같이 전문성의 정치 문제는 사회과학자들의 중요한 연구 주제가 되어왔다. 하지만 서구의 STS 학계에서 이뤄진 전문성의 정치에 대한 연구는 주로 그간 전문지식이 아니라고 무시되어 온 일반인의 시민지식과 경험적 전문성이 갖는 중요성에 초점을 맞춰왔다.

시민지식을 강조하는 측에서는 과학기술 전문가의 지식은 언제나 확실하고 믿을 수 있다는 통상적인 인식이 그릇된 것이라고 주장한다. 오히려 일상의 경험 속에서 축적한 일반 시민들의 지식이 고도의 전문성이 요구되는 것처럼 보이는 문제에 대한 해결에도 더 효과적일 수 있다는 것이다. 왜냐하면 일반인들도 자신의 삶의 영역에서의 경험과 통찰을 통해 끊임없이 학습을 하고 있으며, 그 결과 사물에 대한 나름의 안목과 지식을 축적하게 되기 때문이다. 물론 이러한 보통 사람들의 안목과 지식은 전문가의 공식적 지식과는 달리 암묵적 지식의 형태로 축적되는 특성이 있다. 과학기술에 대한 전문가의 지식은 주로 교과서나 통제된 실험실에서의 탐구활동의 결과로 발생하는 데 반해, 일반인의 지식은 주로 삶의 현장에서의 경험을 통해 발생하는 것이다. 따라서 어떤 문제들은 그것이 아무리 과학기술적으로 복잡하게 보일지라도, 사실은 그러한 환경에 오랫동안 놓여 있던 일반 시민이 오히려 문제 해결에 기여할 수 있는 '생생한' 지식을 더 많이 갖고 있을 수 있다는 것이다.[2]

1986년 구소련 체르노빌 원자로 폭발사건 직후 영국 컴브리아 지역의 방사능오염을 둘러싸고 전문가들과 목양농들 사이에서 나타난 위험 인식의 차이를 통해 전문가 지식의 한계와 시민지식의 중요성을 드러내 보였던 브라이언 윈(Brian Wynne)의 연구(Wynne, 1989)는 지식 주장을 둘러싼 전문성의 정치에 새로운 시각을 제시해 줌으로써 과학기술학계 내에 전문성의 정치 연구의 물꼬를 텄다고 할 수 있다. 윈에 따르면 구소련 체르노빌 원자로 폭발사건으로 말미암아 영국 컴브리아 지역의 황무지에 방사성 세슘이 함유된 비가 내린 뒤, 영국 정

---

2 대표적으로 영국의 STS 연구자 앨런 어윈(Alan Irwin)은 이러한 입장에서 시민지식을 기반으로 한 '시민과학(citizen science)'이라는 개념을 만들고, 그 사례들을 제시한 바 있다. Irwin(1995) 참고.

부와 과학자들은 체르노빌에서 날아온 방사능 세슘은 토양에 의해 고정될 것이므로 별문제가 없을 것이라고 발표했다. 그러나 정부와 과학자들의 발표와는 달리 방사능 세슘은 오랫동안 활성화된 상태를 유지했고, 그 결과 농가에서 방목하던 양들에게서 높은 수준의 세슘이 계속 검출되었다. 상황이 이런데도 영국 정부와 과학자들은 컴브리아 지역 양들의 방사능오염 수준이 곧 낮아질 것이라고 확고하게 믿고, 또 그렇게 주장했다. 그러나 이 지역에서 양을 키우던 목양농들은 컴브리아 지역의 특수한 지리적 조건과 식물 생장 조건을 적절히 고려하는 데 실패한 과학자들과는 달리, 그 지역에서 오랫동안 목양농으로 일했던 경험에 기초한 국부적 지식(local knowledge)에 힘입어 정부와 과학자들의 주장을 비판적으로 평가하고 방사능오염의 원인과 정도에 대해 설득력 있는 의견을 내세울 수 있었다. 그런데도 정부와 과학자들은 양의 행동과 지역의 방목 조건에 대한 목양농들의 평가에 귀 기울이지 않아 양자 사이에 갈등이 심화되었다. 목양농들이 보기에 정부 당국과 과학자들은 오만하고 무지했다. 과학자들은 지역 목양농들의 양치기에 관한 경험적 지식을 계속해서 무시했고, 그 결과 정부 당국의 방침은 거듭 오류를 범했다. 이 사례는 시민지식이 과학적 전문성보다 실제로는 더 성찰적일 수 있고, 결과적으로 문제 해결에 더 기여할 수 있다는 것을 보여준다.

필 브라운(Phil Brown)과 에드윈 미켈슨(Edwin Mikkelsen)은 미국 매사추세츠주 워번(Woburn) 지역에서 널리 발생하던 백혈병의 원인 규명 과정에서 의학적 전문성을 가지고 있지 않던 지역 주민들이 매우 중요한 역할을 수행했음을 밝히고 그것을 '대중역학(popular epidemiology)'이라고 불렀다. 그에 따르면 대중역학이란 일반인들이 질병 역학을 이해하기 위해 과학적 자료와 여타의 정보를 수집하여 전문가들의 지식과 자원들의 위치를 부여하고 이를 정렬하는 하나의 과정인데, 이는 전문가들만이 질병 역학 지식을 생산해 낼 수 있다고 믿었던 전통적 역학과는 확연히 대비된다(Brown and Mikkelsen, 1990). 1970년대 후반에 미국 매사추세츠주 워번 지역 주민들은 자신들의 지역에서 많은 수의 아이들이 백혈병을 앓고 있음을 알게 되었다. 지역 주민들이 식수와 백혈병 사이에 일정한 관련성이 있을 것으로 보고 정부 관리들에게 조사를 의뢰했다. 주민들은 수년 전에 그곳에 있던 화학 공장에서 무단으로 매립한 독성 폐기물들이 식수원을 오염시켰을 것으로 의심했다. 그러나 지역 주민들의 이러한 요청에 대해 정부 관리들이 미온적인 태도를 보이자, 주민들 스스로 지역 주민들을 대상으로 백혈병 관련 조사를 하고 궁극적으로는 지역사회의 관심을 촉구하기 위한 주민단체['깨끗한 환경을 위하여(FACE: For a Clean Environment)']를 조직하기에 이르렀다.

매사추세츠주의 보건국은 처음에는 주민들이 모은 이러한 자료와 가설이 별 근거 없는 것이라고 무시했으나, 사안이 점차 널리 알려졌고 정치권에서도 관심을 갖게 되자 미국 질병통제본부(CDC: Centers for Disease Control and Prevention)는 워번의 사례를 조사할 과학 연구팀을 지역에 파견했다. 6개월에 걸친 조사 끝에 연구팀은 이 지역의 백혈병 발병률이 다른 지역에 비해 높기는 하지만 그것이 식수와 관련되었다고 단정 지을 수는 없다는 견해를 밝혔다. 이에 주민단체 FACE는 이 사안에 관심을 보인 하버드대학의 과학자들과 함께 공동연구팀을 구성해 다시 체계적인 역학조사에 착수했다. 하버드대학 과학자들로부터 조사 방법을 교육받은 주민 자원봉사자들은 워번 인구의 70%에 달하는 주민들을 대상으로 조사를 실시했다. 이러한 광범위한 조사를 기반으로 지역 주민, 대학의 과학자로 구성된 공동 연구팀은 이 지역의 백혈병 발생이 식수와 밀접히 관련된다는 결론을 내렸다. 결국 가혹한 처벌을 받게 될 것을 두려워한 해당 기업이 지역 주민들에게 상당한 보상금을 지급하는 것으로 사건은 종결되었다.[3] 백혈병 환자를 가족 구성원으로 둔 주민들이 노력해 백혈병의 집단 발병

3 이 사례는 후에 〈시빌 액션(Civil Action)〉이라는 영화로 만들어져 더욱 널리 알려졌다.

사실을 밝혀내고, 그것이 산업폐기물의 발암물질에 오염된 식수와 관련된다는 점을 그들에게 동조적이던 과학자들과의 공동연구를 통해 제시했다는 점에서 이 사안은 '대중역학'의 가장 전형적인 사례로 꼽힌다(Kleinman, 2000).

이와 비슷하게, 에이즈 행동주의(AIDS activism)를 연구했던 스티븐 엡스타인(Steven Epstein)은 전통적으로 전문가들에 의해 독점되었던 에이즈 연구 과정에 어떻게 비전문가인 에이즈 활동가들과 환자 단체들이 참여할 수 있었는지 생생하게 보여주었다(Epstein, 1996). 전문가 지식과 시민지식이 상호작용 하면서 새로운 의학(과학)지식이 공동생산 된다는 점을 엡스타인은 에이즈 활동가들의 사례를 통해 지적한 것이다. 전통적으로 에이즈 치료 연구(실험 설계와 자료 수집 등)는 자격증 있는 과학자들만이 수행할 수 있는 일이었다. 그러나 1980년대 중반부터 다양한 사회운동들, 특히 동성애 운동과 여성운동 등의 영향을 받은 에이즈 단체 활동가들이 에이즈 치료제 개발 방식이나 속도 등에 불만을 느끼고 전통적인 임상 연구에 대한 비판의 목소리를 높여나갔다. 그러나 에이즈 활동가들은 여전히 의료계로부터 에이즈에 대한 해법을 기대해야 하는 상황이었으므로 의료계 과학자들을 배척하기보다는 그들 스스로가 과학자들과 함께 대화를 나눌 수 있는 새로운 유형의 전문가가 되는 전략을 취했다.

처음에 이들은 과학에 대한 지식을 거의 갖지 못한 상태에서 시작했지만, 학술대회 참가, 연구 프로토콜 검토, 전문가로부터 정보 획득 등의 방식으로 의학의 언어와 문화를 배움으로써 문화적 유능함을 획득했고, 에이즈 환자 집단의 조직된 목소리의 대변자로서 스스로를 내세웠다. 자신들에 대한 신뢰성을 제고하기 위해 방법론적 주장과 윤리적 주장을 서로 뒤섞기도(예컨대 여성과 유색인종의 임상실험 참여 주장) 했다. 에이즈 활동가들은 의학 연구자들과 에이즈 환자 공동체를 중개해 임상실험 자원자의 확보를 용이하게 하고, 에이즈 연구자들이 갖고 있는 연구 절차상의 관심과 환자 공동체의 윤리적 요구 모두를 충족시키는 방법론적 해법을 제시함으로써 과학지식 생산의 도구를 개선했다.

그 결과 이들이 에이즈 환자라는 자신들의 경험을 십분 활용해 에이즈 환자들이 쉽게 수용할 수 있는 임상실험 절차나 방법을 새롭게 설계하는 데 크게 이바지했고, 궁극적으로는 에이즈 의학 지식의 생산에도 매우 중요한 기여를 했다는 점을 기존의 의학 전문가들조차 인정하게 되었다.[4]

지금까지 살펴본 브라이언 윈, 필 브라운과 에드윈 미켈슨, 스티븐 엡스타인의 연구는 서구 STS 학계에서 이뤄진 전문성의 정치에 대한 가장 대표적인 연구들로 꼽히는데, 서구 STS 학계에서 전문성의 정치를 둘러싼 연구는 이후에도 쭉 이어져 오고 있다. 프랑스의 근육퇴행위축 환자들이 스스로 그들 자신에 대한 연구를 수행하거나 믿을 만한 과학자들의 연구에 참여하는 방식으로 일반인과 과학자들 사이의 협력 연구를 통한 지식의 공동생산이 가능함을 보여준 미셸 칼롱(Michel Callon)과 볼롤로나 라베하리소아(Vololona Rabeharisoa)의 연구(Callon and Rabeharisoa, 2003), 일반 시민들과 전문가들이 서로 어떻게 협력해 지역에서의 화학적 오염과 독성 폐기물 문제를 제기하고 그러한 문제를 개선하는 데 성공했는지 분석한 바버라 앨런(Barbara Allen)의 연구(Allen, 2003), 환경보건의 정의를 실현하는 데 '거리의 과학(street science)'인 지역공동체 주민들의 국부적 지식이 결정적인 역할을 했음을 보여준 제이슨 코번(Jason Corburn)의 연구(Corburn, 2005), 미국에서의 환경유방암 운동과 브라질에서의 댐건설 반대운동의 과정을 시민지식과 전문가 지식의 협력에 의한 '과학민주화 운동'으로 분석한 사브리나 매코믹(Sabrina McCormick)의 연구(McCormick, 2009) 등 전문성의 정치에 대한 STS적 연구들이 이어졌다.

갈수록 과학화·기술화·전문화가 심화됨에 따라 현대사회에서 사회운동의

---

4   과학사회학자인 콜린스와 에번스는 기술적 문제 해결에 실제적으로 기여할 수 있는 전문성을 '기여적 전문성(contributory expertise)'이라고 부르고, 엡스타인의 에이즈 운동 활동가들처럼 일반인들도 경우에 따라서는 이러한 기여적 전문성을 획득할 수 있다고 보았다. Collins and Evans(2002) 참고.

많은 부분이 필연적으로 전문성의 정치를 배태할 수밖에 없다. 대표적으로 의료 및 보건 관련 환자 운동, 환경규제 운동, 산업안전 관련 노동운동, 생명윤리 운동 등이 전문성의 정치를 핵심으로 하는 사회운동이라고 할 수 있을 것이다. 사회운동의 쟁점이 어떠한 지식 주장의 사회적 신뢰성을 둘러싸고 형성되는 경우가 갈수록 많아지고 있기 때문에, 전문성의 정치야말로 현대의 사회운동을 보다 잘 이해할 수 있게 하는 핵심어가 되는 것이다. 이러한 점에서 볼 때 전문성의 정치에 대한 연구는 현대사회에서 사회운동과 민주주의를 더욱 심층적으로 이해하기 위해서 꼭 필요한 부분이라고 할 수 있을 것이다.

아울러 앞에서 살펴본 서구 STS 학계에서의 전문성의 정치 연구는 대체로 전문가 지식에 대항하는 시민지식의 중요성을 강조하고 있고, 시민지식과 전문가 지식의 동맹을 언급할 때도 기본적으로는 일반인(일반 시민, 주민 혹은 환자들)의 역할에 더 무게중심을 두는 경향이 있다는 점에서 특징적이다. 서구 STS 학계에서의 이러한 연구 경향은 전문성의 정치를 전문가 집단 내부만의, 다시 말해 오로지 전문가들 사이의 권력적 혹은 인식론적 갈등과 투쟁에 국한되었던 기존의 시각을 대폭 넓혀준다고 할 수 있을 것이다.[5] 또한, 서구 STS 학계에서의 전문성의 정치에 대한 연구는 거시적·전사회적 수준보다는 주로 국부적(local) 현장에서의 특정 집단에 의한 지식생산에 초점을 맞춘다는 점에서, 상대적으로 미시적 수준에서의 연구라고 볼 수 있을 것이다.

---

5   서구에서도 기존의 사회과학 연구들은 대체로 전문성의 정치를 전문가 집단 내부의 갈등과 투쟁에 국한해 보는 경향이 있었다. Hoffman(1989), Rich(2004) 참고.

3. 전문성의 정치의 두 사례: 한국의 경험

전문성의 정치에 대한 연구는 서구 STS 학계에서만이 아니라 한국의 STS 연구자들에 의해서도 이뤄졌다. 그런데 STS적 시각을 기반으로 한국의 전문성의 정치를 분석하고 있는 기존의 연구들은 주로 전문가 집단 내부의 분화와 그들 사이에서 이뤄지는 투쟁에 초점을 두었다. 다시 말해 기존의 연구들은 전문가 지식과 시민지식 사이의 전문성 각축이 아니라, 주로 지배 전문가 집단 대 대항 전문가 집단의 구도하에 전개되는 전문가 사회 내부의 전문성 각축만을 다루는 경향이 있었다. 대표적으로 허남혁(2000)은 GMO 논쟁을, 김서용(2006)은 새만금개발사업을, 그리고 김종영(2011)은 광우병 논란을 사례로 하여 지배 전문가 지식과 대항 전문가 지식이 어떻게 격돌했는지를 분석한 바 있다.[6] 그런데 한국의 STS 연구자들에 의해 이뤄진 기존의 연구들과는 달리 여기에 제시되는 두 개의 사례는 한국의 경험을 기반으로 하고 있지만, 모두가 전문가 지식과 시민지식 사이의 전문성의 정치에 초점을 맞추고 있으며, 사회운동 단체가 중요한 행위자로 등장한다. 하지만 이 두 사례는 성격상 앞에서 살펴본 서구의 사례들과도 다르다고 평가할 수 있는데, 그 점은 다음 장에서 다룬다.

---

6 이정(2010)은 아토피질환에 대한 규제 체제의 형성 과정을 분석하면서 환자와 환자 가족들과 같은 일반 대중의 지식 활동이 수행한 역할의 중요성을 강조해 앞에서 검토한 서구 STS 학계의 접근법과 유사한 면을 보여주지만, 논문에서 전문성의 정치를 핵심적인 분석 개념으로 쓰고 있지는 않다.

1) 삼성반도체 백혈병 산재 인정을 둘러싼 전문성의 정치

(1) 전개 과정[7]

삼성반도체 기흥공장에서 일했던 한 여성 노동자가 2007년 3월에 백혈병으로 사망한 것을 계기로 삼성반도체와 백혈병 사이의 연관성 문제가 제기되기 시작했다. 이 사건을 계기로 반도체 공장의 작업환경과 노동자 건강 문제를 집중적으로 연구하고 해결책을 모색하기 위해 인권운동단체인 다산인권센터와 민주노총 경기본부의 주도로 2007년 11월 '삼성반도체 집단 백혈병 진상규명과 노동기본권 확보를 위한 대책위원회'(이하 대책위)가 출범했고, 온라인 활동을 위하여 인터넷 포털사이트 다음(Daum)에 '반도체 노동자의 건강과 인권 지킴이, 반올림'이라는 이름의 카페가 개설했다. 대책위와 반올림에는 그간 산업안전보건운동에 관여하던 여러 단체들이 가입해 있다.[8]

반올림은 그간의 자체 조사를 통해 삼성반도체 공장에서 일하다가 백혈병이나 림프종 등에 걸려 사망하거나 투병 중인 노동자들이 70명이 넘는다고(이 중 사망자는 25명) 주장하고 있다.[9] 그러나 삼성은 백혈병 발병과 작업환경은 무관하다는 입장을 일관되게 견지했다. 삼성반도체 공장에서는 백혈병을 일으키는

---

7 삼성반도체 백혈병 산재인정투쟁을 둘러싼 이하의 내용은 주로 황상기 외(2010), 박일환·반올림(2010), 희정(2011), 그리고 신문과 잡지 등에 게재된 반올림 쪽 활동가들에 대한 인터뷰 자료 등을 정리한 것이다.

8 현재 반올림에는 건강한 노동세상, 경기비정규노동센터, 노동건강연대, 단산인권센터, 다함께, 민주노총 경기법률원, 민주노동 경기본부, 민주화를위한전국교수협의회, 산업재해노동자협의회, 삼성일반노조, 원진노동안전보건교육센터, 인천산업재해노동자협의회, 전국금속노동조합, 한국노동안전보건연구소, 한국노동네트워크협의회 등의 사회단체들이 가입해 있다. 반올림 홈페이지(http://cafe.daum.net/samsunglabor) 참고.

9 삼성 이외의 전자 및 반도체 산업 직업병 피해 제보자의 수를 포함하면 현재 150명을 넘어섰다고 한다. 이종란(2011) 참고.

대표적인 물질로 알려진 벤젠과 같은 물질을 쓰지 않으며, 내부 환기가 완벽하기 때문에 유해 물질을 흡입할 수 없는 조건이라는 것이다. 또한 유해 물질을 법적 기준치 이하로 철저히 관리하고 있기 때문에 전혀 문제될 것이 없다는 입장이었다.

삼성반도체와 반올림 사이의 공방은 삼성반도체 공장에서 일하다 퇴사하여 백혈병으로 죽은 노동자들의 유가족이 산업재해보상보험 유족급여를 신청하면서 본격화되었다. 2007년 6월에 삼성반도체 공장의 노동자였던 고 황유미 씨의 유가족이 산재보험 유족보상을 청구하자 근로복지공단은 죽은 노동자의 백혈병이 업무상 질병인지를 평가해 달라고 한국산업안전보건공단에 의뢰했고, 이에 따라 2007년 7월부터 11월까지 삼성반도체 기흥공장에 대한 역학조사가 실시되었다. 하지만 고 황유미 씨가 근무하던 때로부터 이미 2년의 시간이 지났고, 생산 라인의 시설이 그대로 보전된 상태가 아니었기 때문에 정확한 조사가 이뤄질 수 없었다. 이에 따라 한국산업안전보건공단은 전체 반도체 공장 종사자 약 23만 명을 대상으로 역학조사를 벌이고 2008년 12월에 역학조사 결과를 발표했다. 발표의 주 내용은 반도체 작업 현장에서 백혈병 유발 가능 물질인 벤젠 등을 측정했으나 검출되지 않거나 노출 기준을 초과하지 않았고, 반도체 공정에서의 백혈병 발생률도 통계적으로 유의미하지 않았다는 것이었다. 2009년 5월 근로복지공단은 이를 근거로 백혈병은 반도체 공장 업무와 인과관계가 낮다며 산재 불승인 처분을 내렸다. 반올림은 피해자 찾기 운동 등을 통해 2008년 4월에 추가로 5명의 백혈병 피해 노동자들을 규합하여 집단 산재 신청을 한 바 있는데, 공단은 이들에 대한 개별 역학조사 결과에 기초해 모두 다시금 산재 불인정 처분을 내렸다.[10]

---

10 '산업재해보상보험법' 시행령에는 다음 세 가지 요건을 모두 갖춰야 업무상 질병으로 본다고 되어 있다. ① 업무 수행 과정에서 유해·위험요인을 취급하거나 유해·위험요인에 노출

이러한 발표 내용에 반올림은 즉각 반발하고 역학조사의 문제점을 지적했다. 공단은 조사 대상자 전체를 분모로 계산한 발병률이 전체 인구의 발병률에 비해 상대적으로 높은지 낮은지에 대한 결과만을 발표했는데, 이는 삼성반도체 기흥공장의 1, 2, 3라인에 몰려 있는 고위험 집단의 문제를 희석하는 효과를 냈다는 것이다. 실제로 삼성반도체 기흥공장의 급성백혈병 발병자들은 모두가 1, 2, 3라인 출신들이었다. 아울러 반올림은 공단의 조사가 '건강한 노동자 효과'를 고려하지 않았음을 비판했다. '건강한 노동자 효과'란 일반적으로 기업에는 건강한 이들이 입사할 뿐 아니라 건강에 문제가 생기면 이들이 퇴사하면서 건강한 노동자들만 남게 되므로 조사 결과가 일반 국민에 비해 건강한 것으로 나타날 수밖에 없음을 의미한다.

반올림과 고 황유미 씨의 유가족, 그리고 역시 삼성반도체 공장에서 일하다 백혈병으로 사망한 고 이숙영 씨 등의 유가족들은 결국 2010년 1월에 근로복지공단의 불승인 처분을 취소시켜 달라며 서울행정법원에 소송을 냈다. 삼성전자도 이 소송에서 피고인 근로복지공단의 보조 참가인으로 참여했다. 1년 반에 걸친 법정투쟁 끝에 2011년 6월 23일 유가족 일부는 드디어 승소 판결을 받았다. 원고 5인 중에서 2인이 산재 판정을 받은 것이다. 비록 5인 중 2인만이 승소 판결을 받았지만, 이 판결은 법원이 그간 최대의 쟁점이었던 반도체 공장의 작업환경과 백혈병 사이의 인과관계를 인정했다는 점에서 매우 중요한 의미가 있다. 재판부는 판결문에서 "인과관계의 입증의 정도에 관해서 보면, 그 인과관계는 반드시 의학적·자연과학적으로 명백히 입증해야만 하는 것은 아니고, 근로자의 취업 당시 건강상태, 질병의 원인, 작업장에 발병 원인물질이 있었는지 여

된 경력이 있을 것, ② 유해·위험요인을 취급하거나 유해·위험요인에 노출되는 업무 시간, 그 업무에 종사한 기간 및 업무 환경 등에 비추어볼 때 질병을 유발할 수 있다고 인정될 것, ③ 유해·위험요인에 노출되거나 유해·위험요인을 취급한 것이 원인이 되어 그 질병이 발생했다고 의학적으로 인정될 것 등이다. 박일환·반올림(2010) 참고.

부, 발병 원인물질이 있는 작업장에서의 근무 기간 등 제반 사항을 고려할 때 업무와 질병 또는 그에 따른 사망 사이에 상당인과관계가 있다고 추단되는 경우에도 입증이 있다고 보아야 할 것"이라고 하면서 비록 삼성반도체 공장에서 일하다 사망한 고 황유미와 이숙영에게 발병한 급성골수구성백혈병의 발병 경로가 의학적으로 명백히 밝혀지지 않았다고 하더라도 이들이 반도체 공장에서 근무하는 동안 "각종 유해화학물질에 지속적으로 노출되어 백혈병이 발병했거나 적어도 그 발병이 촉진되었다고 추단할 수 있으므로 이들에게 발병한 급성 골수구성 백혈병과 그 업무와의 사이에 상당인과관계가 있다고 봄이 상당하다"라고 판결의 이유를 밝혔다(서울행정법원, 2011).

이 판결은 비록 부분적인 승소 판결이기는 했지만, 반도체 공장에서 일했던 노동자에게 발병한 암을 산업재해로 인정한 최초의 사례로 의미가 있다. 당시 근로복지공단은 서울행정법원의 이 판결에 불복하여 고등법원에 항소장을 접수했다. 한편 삼성은 독자적으로 미국의 환경보건 컨설팅 기업체인 인바이런(Environ)사에 작업장 노출 특성 연구를 의뢰해 그들로부터 문제가 된 노동자들의 암 발병은 삼성반도체 공장의 작업장 특성과는 무관하다는 연구 결과를 얻어냈다. 하지만 반올림 활동가들은 삼성이 인바이런사의 연구 방법과 연구 내용 등을 충분히 공개하고 있지 않다는 점을 들어 인바이런사가 수행한 삼성반도체 공장 노출 특성 연구의 진정성 자체를 불신했다.[11]

---

11 삼성전자는 2012년에 돌연 반올림 측에 대화 의사를 표명했다. 그 결과 삼성전자와 반올림이 합의하여 2014년 '삼성전자 반도체 등 사업장에서의 백혈병 등 질환 발병과 관련한 문제 해결을 위한 조정위원회'가 구성되었고, 우여곡절 끝에 2018년에 조정위원회가 제시한 최종 권고안에 대해 삼성전자와 반올림이 극적으로 합의함으로써 삼성반도체 백혈병 사건은 일단락되었다. 이영희 외(2019) 참고.

(2) 전문성의 정치

삼성반도체 공장 백혈병 산재 인정을 위한 운동은 기본적으로는 2007년 11월에 대책위를 만든 인권·노동 사회단체들에 의해 주도되었다. 그러나 운동이 전개될수록 산업의학 관련 전문가들의 역할이 매우 중요해졌다. 왜냐하면 궁극적으로 산재인정투쟁 과정에서 최대 쟁점은 과연 반도체 공정과 백혈병 유발사이에 인과관계가 성립되느냐의 문제였고, 이러한 인과관계에 대한 판단은 기본적으로는 산업의학적인 전문성이 요구되는 부분이었기 때문이다. 이 사례에서 전문가들은 국가기관인 근로복지공단과 한국산업안전보건공단 쪽 전문가들과 사회운동단체들로 구성된 반올림 쪽 전문가들로 대별된다.

먼저 국가기관인 근로복지공단은 산재보험과 고용보험의 관리가 주된 역할인데, 특히 산재 판정과 관련해 막대한 전문가 집단을 동원할 수 있는 위치에 있다. 통상적으로 근로복지공단은 산재 판정 시 역시 국가기관인 한국산업안전보건공단 산하 산업안전보건연구원 쪽 전문가들의 견해에 많이 의거하고 있다. 그런데 이들은 시종일관 삼성반도체 공장과 백혈병 발생 사이에 인과관계가 입증되지 않는다는 입장을 견지했다. 이들은 문제가 된 반도체 공장에서 벤젠과 같은 백혈병 유발 물질이 검출되지 않거나 노출 기준을 초과하지 않았고, 반도체 공장에서의 백혈병 발병률이 일반 인구 집단과 비교했을 때 특별히 높지 않다는 이유로 백혈병 사망자들의 산재 인정을 거부했다. 근로복지공단의 산재 관련 자문 의사들로 구성된 자문의사협의회의 입장도 마찬가지였다.

이에 반해 반올림에 속한 산업보건의학 전문가의 수는 매우 제한적이었다. 자격증이 있는 산업보건 전문의이면서 동시에 단체의 활동가로 활동하던 '전문가 활동가(expert-activist)' 1명이 때때로 반올림 외부 전문가들의 지원을 받아주로 기술적인 내용을 담당했다.[12] 그런데 사실 그 1명의 산업보건 전문가조차

---

12 대학의 산업보건학 전공 교수들 중 일부가 외부 전문가 자격으로 반올림을 지원했는데, 대

도 원래 반도체 공정 자체에 대한 전문적 지식이 거의 없었다. 이처럼 전문가의 규모 측면에서는 상대방과 비교가 안 될 정도로 약체였던 반올림이 근로복지공단이 동원한 전문성에 맞설 수 있었던 비결은 무엇이었을까? 그것은 바로 반도체 공장에서 일했던 혹은 현역으로 일하고 있는 현장 노동자들의 현장에 대한 경험적·국부적 지식들을 잘 활용할 수 있었기 때문이다. 반올림에서 삼성반도체 백혈병 산재 인정을 위해 전문가 활동가로 활동해 온 한 산업보건 전문의는 이와 관련해 "황유미 씨 사망 이후 반도체 공정 라인에서 일했던 노동자들의 증언을 모아 진실의 집을 짓기 시작했어요. 처음에는 어느 것이 주춧돌이고 어느 것이 서까래인지 알 수가 없었죠. 전문가분들이 하나둘 참여하면서 이렇게 저렇게 지었다 허물기를 반복했죠"라고 증언했다.[13] 현장 노동자들의 증언은 매우 중요했다. 왜냐하면 과연 피해 노동자가 암 유발 요인에 노출되었는지를 판단하는 역학조사를 실시할 때 만약 작업 현장이 예전과 많이 달라졌다면 직업성 암의 업무 관련성을 입증할 수 없기 때문이다. 이런 상황에서 발암물질 노출에 대한 근거는 과거 작업 현장에 대한 기록, 유사 업종에 대한 연구 문헌, 당사자나 동료 노동자들의 진술을 통해 재구성할 수밖에 없다. 그러나 회사가 과거 작업환경에 대한 기록을 제대로 보존하지 않는 경우가 많고, 설사 기록이 있더라도 발암물질과 관련된 정보는 찾아보기 어렵기 때문에 당사자와 동료 노동자들의 진술이 중요한 역할을 한다. 이 과정에서 전문가들은 노동자들의 증언을 '통역'하는 역할을 맡았다. 다음은 앞에서 언급한 전문가 활동가인 산업보건 전

표적인 인물로 당시 서울대학교 보건대학원장이던 백 모 교수를 들 수 있다. 아울러 산업보건 분야의 전문가들 외에 반올림을 지원해 준 외부 전문가 그룹에는 법률 전문가들도 포함된다. 이들은 백혈병의 산재 인정을 위한 다양한 법적 투쟁 과정에서 반올림 내부의 법률 전문가들(노무사)을 지원했다.

13 공식적으로 훈련받은 산업보건 전문의이자 반올림 활동가이기도 한 공유정옥 씨의 말이다. ≪한겨레≫, 2011년 8월 17일 자 인터뷰 기사 참고.

문의의 진술이다.

황 씨 등은 반도체 공장에서 디퓨전 및 세척 공정을 담당했다. 불산이나 이온화수, 과산화수소 등 혼합액에 반도체 원판인 웨이퍼를 수작업으로 담갔다 뺏다를 반복하면서 웨이퍼에 입힌 막질을 씻어내는 이른바 '퐁당퐁당' 작업이다. 노동자들은 자신들이 다룬 물질이나 작업환경이 얼마나 유해한지 알지 못한다. 이들의 증언은 전문가들에 의한 통역이 필요했다. 어느 노동자에게 방사선을 썼느냐고 물으면 "방사선은 안 썼고 엑스레이는 썼어요"라고 대답하는 식이다. 자신의 작업을 설명하는 가운데 엑스아르에프(XRF)를 썼다고 말했을 때, 그 증언을 듣는 사람이 엑스아르에프가 엑스레이를 쬐어 물질 성분을 분석하는 방사선 조사기구라는 것을 몰랐다면 노동자들이 전리방사선에 노출된 사실은 묻혀버렸을 것이다(이근영, 2011.8.17).

특히 반올림이 온라인 카페를 개설하면서 반도체 공장의 전직 혹은 현직 노동자들이 작업환경과 관련한 많은 제보와 증언 및 피해 사례 등을 올릴 수 있었고, 이는 반올림 활동가들이 '진실의 집짓기'를 완성하는 데 매우 큰 역할을 했다. 이런 점에서 볼 때 삼성반도체 백혈병 산재인정투쟁 사례에서 나타난 전문성의 정치는 사회운동들에서 흔히 나타나는 제도권 전문가 대 대항 전문가의 단순 구도가 아니라, 제도권 전문가 대 대항 전문가 및 비전문 현장 노동자의 연합의 구도로 전개되었다고 할 수 있다.

2) 고준위핵폐기물 관리 방식을 둘러싼 전문성의 정치

(1) 전개 과정[14]

1978년에 제1호 핵발전소를 가동하기 시작한 한국은 2020년 현재 24기의 핵발전소를 보유하고 있다. 이들이 생산하는 전력은 전체 전력의 30%를 차지하고, 설비용량 기준으로 보면 현재 세계 6위에 달할 정도로 한국은 핵발전 강대국 반열에 올라 있다. 그러나 문제는 이 핵발전소들이 독성이 강해 인체에 위험한 핵폐기물을 끊임없이 생산해 내고 있지만, 그것을 안전하게 관리하는 게 쉽지 않다는 점이다.

이를 말해주듯 정부는 무려 20년 남짓 핵폐기물 처분장 부지선정에 어려움을 겪다가 2005년에야 경주를 중·저준위핵폐기물 처분장 부지로 선정하는 데 가까스로 성공했다(윤순진, 2006). 그러나 사용후핵연료와 같은 고준위핵폐기물은 중·저준위핵폐기물과는 비교가 안 될 정도로 위험도가 높은 독성물질이다. 처분 후 300년 정도 지나면 방사능이 대부분 안전한 수준으로 떨어지는 중·저준위핵폐기물과는 달리 고준위핵폐기물은 최소한 10만 년 정도가 지나야 안전해지기 때문이다. 이는 향후 고준위핵폐기물 관리 정책 결정과 처분장 입지선정을 둘러싼 사회갈등이 중·저준위핵폐기물과는 비교할 수 없을 정도로 격화될 것이라는 예상을 가능케 한다. 핵발전 정책을 결정하는 정부의 최고 의사결정 기구인 원자력위원회가 2004년 말에 개최한 제253차 회의에서 고준위핵폐기물인 사용후핵연료는 충분한 토의를 거쳐 국민적 공감대를 형성해 추진하겠다고 공표한 것은 이러한 이유 때문이었다. 다시 말해 고준위핵폐기물 관리 정책을 더 이상 예전처럼 밀어붙이기식으로 추진하지 않고 국민들의 이해와 참여 속에서 진행하겠다는 의지를 천명한 것이다.

이러한 결정에 따라 당시 '참여정부'를 표방하던 노무현 정부는 이전 관행과는 달리 2006년에 대통령을 위원장으로 하여 설립된 국가에너지위원회에 시민사회단체 인사들도 포함시킴으로써, 갈등이 잠재된 에너지문제의 경우 시민사

---

14 고준위핵폐기물 관리 방안을 둘러싼 사회적 논란의 전개 과정에 대한 이하의 내용은 이영희(2010)의 해당 부분을 일부 수정·보완한 것이다.

회까지를 포괄하는 참여적 거버넌스의 방식으로 정책을 결정하겠다는 의지를 내보였다. 그 일환으로 2007년 4월에 국가에너지위원회 산하에 사용후핵연료 관리 정책의 공론화를 준비하기 위한 태스크포스가 만들어졌다. 여기에는 핵폐기물 전문가(3인), 시민사회단체 인사(4인), 핵폐기물 산업 인사(2인), 인문사회학계 인사(3인) 등 12명이 참여했다. 이 사용후핵연료 공론화 태스크포스는 약 1년 동안의 토론과 학습, 현장 방문 등을 거쳐 2008년 4월에 사용후핵연료 관리 방안의 공론화를 위한 정책 권고안을 발표했다. 당시 태스크포스는 이미 2000년대 초반부터 핵폐기물 관리 정책 결정 과정에 대중 및 이해관계자 참여 프로그램을 광범위하게 진행하고 있던 영국의 방사성폐기물관리위원회(이하 CoRWM)가 지향하는 참여적 접근법을 적극적으로 수용하고자 했다.[15] 그리하여 태스크포스가 제출한 정책 권고안은 핵폐기물 관리에 대한 기존의 관료와 전문가 중심의 밀어붙이기식 접근 방식의 한계를 지적하고, 다양한 분야의 전문가들과 공무원, 정치가, 시민의 참여를 활성화하는 열린 공론화라는 새로운 접근 방식을 고준위핵폐기물 관리의 기본 원칙으로 천명하게 되었다(사용후핵연료 공론화 TF, 2008). 아울러 권고안은 정부로부터 독립적인 위상을 갖는 핵폐기물 전담 기관 또는 공론화위원회를 법적 근거하에 구성해 핵폐기물 관리 방식에 대한 사회적 공론화를 책임지고 추진하도록 해야 한다는 내용도 담고 있었다.

태스크포스의 정책 권고안을 받은 정부(지식경제부, 현 산업통상자원부)는 일단 권고안에 대해 긍정적으로 평가하고, 2009년 여름부터 전문가, 지역 주민,

---

15 영국 역시 1990년대 말까지 핵폐기물 문제로 심각한 사회갈등을 겪었다. 2000년대 들어 영국 정부는 정부로부터 독립된 CoRWM를 만들어, 이들이 대안을 강구하도록 했다. CoRWM은 기존의 기술관료주의적이고 폐쇄적인 접근법을 버리고 더 많은 이해당사자들과 시민들이 핵폐기물 관리 정책 결정 과정에 참여할 수 있도록 하는 참여적 접근법을 제시했고, 영국 정부는 이를 수용했다. 자세한 내용은 CoRWM(2006) 참고.

일반 시민, 정치인 등이 참여하는 사용후핵연료 관리 방안에 대한 사회적 공론화를 시작하겠다고 밝혔다(지식경제부, 2009a). 이를 위해 정부는 우선 지식경제부 고시(2009.7.20)를 통해 '사용후핵연료 관리 방안에 대한 공론화 지침'을 공표했다. 지침에서는 공론화를 "특정한 공공정책 사안이 초래하는 혹은 초래할 사회적 갈등에 대한 해결책을 모색하는 과정에서 이해관계자들과 전문가들의 다양한 의견을 민주적으로 수렴함으로써 정책 결정에 대한 사회적 수용성을 확보하고자 하는 일련의 절차"라고 정의하며, 사용후핵연료 공론화를 정부로부터 독립적인 위치에서 객관적이고 중립적으로 추진하기 위해 공론화위원회를 두겠다고 밝혔다. 또한 지침은 향후 구성될 공론화위원회가 다양한 이해관계자가 폭넓게 참여할 수 있도록 참여자와 참여 프로그램을 구성하고, 사용후핵연료 포화 시점 및 관리 필요성 검토, 다양한 사용후핵연료 관리 대안 검토, 중간저장으로 결정 시 중간저장시설의 입지 기준, 운영 기간, 부지선정 절차, 지역 지원방안 등에 관한 사항, 최종 관리 방안에 대한 논의 시기 등의 사항들을 공론화 과정을 통해 도출하여 정부에 권고할 것을 요청했다(지식경제부, 2009b). 이와 동시에 정부는 원자력 전문가, 시민사회단체 인사, 사회과학자, 언론인 등 총 14인의 공론화 위원을 섭외하고 공론화위원회 사무실 현판식 날짜까지 확정하는 등 공식적으로 공론화 과정을 시작할 준비를 마쳤다.

그러나 정부는 공론화위원회 현판식 및 첫 회의가 예정되어 있던 2009년 8월 6일 갑작스럽게 보도자료를 내고 이미 예정되어 있던 공론화위원회 구성과 운영을 무기한 연기하겠다고 일방적으로 선언했다. 그 대신 "사용후핵연료 관리 방안에 대한 공론화 추진과 관련해 국민들로부터 신뢰성을 확보하고, 사용후핵연료 관리 문제의 전문성 등을 고려해 우선 공론화의 법적인 토대를 마련하는 한편 이와 병행하여 전문가 그룹의 연구용역을 추진키로 했다"라고 발표했다(지식경제부, 2009c). 그 후 2년이 지난 2011년 8월에 정부(지식경제부)는 대부분 원자력계 인사들로 이루어진 전문가 그룹의 용역 결과가 나옴에 따라 사용후핵연료 '정책포럼'을 구성해 공론화를 추진하겠다고 밝히고 에너지 분야 시민사회단체들의 참여를 요청했다. 그러나 시민사회단체들은 정부의 참여 요청을 집단적으로 거부했다.[16]

(2) 전문성의 정치

이상에서 살펴본 바와 같이 고준위핵폐기물(사용후핵연료) 관리에 대한 정부 정책은 처음에는 다양한 이해당사자와 일반 시민들의 참여에 기반을 둔 참여주의적 접근법에 상당히 근접한 방향으로 나아가는 것처럼 보였지만, 정권이 바뀌면서 결국에는 다시 폐쇄적인 기술관료주의적 접근법으로 회귀하고 말았다. 이러한 일련의 과정에서 전문성을 둘러싼 정치가 다양한 방식으로 전개되었다.

일차적으로는 사용후핵연료 관리 정책의 방향을 정해 정부에 권고할 임무를 맡게 된 사용후핵연료 공론화 태스크포스의 내부 진행 논의 과정에서 사용후핵연료 관리 정책의 성격이 과연 얼마나 기술적이라고 할 수 있는가, 그러한 이슈를 둘러싼 논의 과정에 과연 누가 참여하는 것이 바람직한가를 둘러싸고 전문성의 정치가 수행되었다고 할 수 있다. 이 태스크포스에 참여한 12명 중 주로 핵폐기물 전문가와 핵폐기물 산업계 인사들, 그리고 일부 인문사회학계 인사들은 고준위핵폐기물 관리 문제는 어디까지나 고도의 기술적인 문제이므로 그에 대한 공론화도 기술적 전문가들에 국한되어야 한다는 닫힌 공론화의 입장을 취했다. 이 입장에서 볼 때 일반 시민들은 핵폐기물의 기술적 문제에 대한 식견이 없으므로 전문가들이 만든 결정 사항들을 잘 이해하고 수용하기 위해, 사후에 전문가들이 교육하고 계몽해야 할 존재였다. 따라서 일반 시민의 참여라는 교육과 계몽 대상으로서의 참여로 국한되는 것이다. 반면 시민사회단체 인사들

---

16 그 이후 박근혜 정부하에서 진행되었던 사용후핵연료 공론화에 대해서는 이 책의 10장 참고.

과 일부 인문사회학계 인사들은 고준위핵폐기물 관리 정책의 공론화를 기술적 전문가들로만 제한하자는 전문가주의적이고 폐쇄적인 접근법에 대해 비판적이었다. 이들은 사용후핵연료와 같은 고준위핵폐기물은 너무나 위험하여 수많은 사람들의 이해관계가 걸려 있고, 아직 그 기술적 해결 방안이 전문가들 사이에서조차 확실하게 합의된 상태가 아니며, 사안 자체가 기술적인 문제만이 아니라 사회적이고 정치적인 문제까지 수많은 이슈를 포함하고 있기 때문에[17] 관리 방안에 대한 공론화는 더 많은 사회 구성원이 참여할 수 있는 열린 공론화가 되어야 한다고 주장했다.[18] 그런데 앞에서 살펴본 바와 같이 사용후핵연료 공론화 태스크포스는 그 내부에서 벌어진 이러한 전문성을 둘러싼 각축에도 불구하고, 궁극적으로는 열린 공론화를 지향해야 한다는 내용으로 권고안을 작성해 정부에 보고했다. 다시 말해 공론화를 기술적 전문가들에만 국한하는 '기술적 공론화'로 설계할 것이 아니라, 이해당사자와 일반 시민들까지 참여할 수 있는 '사회적 공론화'로 나아가야 한다는 원칙을 수용하고자 한 것이다. 이는 당시 참여정부가 국정을 운영하면서 기본적으로 밀어붙이기 방식보다는 참여적 방식을 강조했던 분위기의 영향도 있었고, 이미 2004년도에 원자력위원회가 고준위핵폐기물인 사용후핵연료 관리는 충분한 토의를 거쳐 국민적 공감대를 형성

---

17 사용후핵연료는 재처리를 할 경우 플루토늄을 얻을 수 있어 핵무기의 제조 가능성을 높인다는 점에서 정치적으로 매우 민감한 문제이다. 아울러 고준위핵폐기물 처분장 설치 문제는 지역적·계급적·세대적 차원의 '환경 부정의(environmental injustice)'와 같은 여러 가지 사회적이고 윤리적인 문제를 내포하고 있다. Durant and Johnson(2009), Strandberg and Andren(2011) 참고.

18 이처럼 공론화 방식과 관련해 누가 진정한 전문성을 갖추고 있으며 존중되어야 하는지를 둘러싼 전문성의 정치 과정의 일단을 태스크포스의 최종 보고서에 간략하게 실려 있는 회의록을 통해 엿볼 수 있다(사용후핵연료 공론화 TF(2008) 참고. 아울러 필자는 이 태스크포스에 인문사회학자로 참여해 공론화 방안을 둘러싼 내부 논의 과정을 면밀히 관찰할 수 있었음을 밝힌다.

해 추진하겠다고 천명한 바 있기 때문에 그러한 기조를 쉽게 무너뜨릴 수 없었으리라 판단된다.

고준위핵폐기물 관리를 둘러싸고 표면화된 또 다른 전문성의 정치는 정치권력 구조의 변화와 함께 전개되었다. 앞에서 언급한 것처럼, 새로 집권한 정부는 2009년 8월에 공론화 태스크포스의 권고안에 따라 취하기로 했던 사회적 공론화를 위한 수순 밟기를 갑작스럽게 무기한 연기한다고 선언했다. 정부는 사용후핵연료 관리에 일반 시민 및 이해관계자의 참여를 기반으로 한 공론화 계획을 무기한 연기하게 된 가장 중요한 이유로 사용후핵연료 관리 문제의 전문성 확보가 필요하다는 점을 들었다. 지식경제부는 보도자료를 통해 사용후핵연료 관리 문제는 기술적·전문적인 사항으로서 과학적·기술적 검토 없이 일반 국민을 상대로 공론화가 추진될 경우 불필요한 논란이 증폭될 우려가 있기 때문에 연기하게 되었다고 주장했다(지식경제부, 2009c). 사용후핵연료 공론화 태스크포스 내부에서 벌어졌던 전문성을 둘러싼 각축 과정에서 핵산업 및 그 분야 전문가 그룹에 의해 개진된 바 있던 닫힌 공론화 또는 기술적 공론화 주장이 이번에는 정부에 의해 다시 등장한 것이다. 그럼 왜 정부는 갑자기 태도를 바꾼 것일까? 정부는 정책적 관성으로 인해 전 정부에서 추진되던 정책기조, 즉 고준위핵폐기물 관리에 대해 열린 공론화 또는 사회적 공론화를 추진하겠다는 방침을 따르고 있었지만, 바로 전해인 2008년 봄 미국산 소고기 수입 문제와 관련해 일반 시민들이 대규모로 참가한 촛불시위로 홍역을 치른 바 있었기에, 상층부에서 일반 시민의 참여를 촉구하는 사회적 공론화 방식에 정치적으로 크게 부담을 느낀 나머지 마지막 순간 제동을 걸었던 것으로 짐작된다. 즉 일반 시민들이 대규모로 참가했던 촛불시위가 전문성이 없는 일반 시민들이 '광우병 괴담'에 휘둘렸기 때문에 확산되었다고 믿는 정권 상층부에서, 사용후핵연료의 관리와 같은 휘발성 높은 사안이 일반 시민들의 공론화 대상이 될 경우 다시 촛불시위와 같은 혼란이 발생할 가능성이 높다고 판단하고 전문적 정책 사안은 전문가에게 맡겨야 한다는 기술관료주의적 입장으로 선회하게 된 것으로 보인다(이영희, 2010).

정부의 이러한 방향 선회에 환경단체를 비롯한 시민사회단체들은 일제히 비난 성명을 발표했다. 시민사회단체들은 공론화 태스크포스가 제안한 사회적 공론화를 추진할 것을 정부에 다시 주문했다. 그러나 시민사회단체들의 비난에도 불구하고 정부는 2009년 12월에 산하기관인 한국방사성폐기물관리공단으로 하여금 한국원자력학회, 한국방사성폐기물학회, (사)그린코리아21포럼 등 주로 핵발전 관련 기술적 전문가 그룹과 핵발전에 우호적인 인사들에게 '사용후핵연료 관리 대안 및 로드맵'이라는 이름의 연구용역을 주도록 했다. 연구용역 보고서는 2011년 8월에 공표되었다(한국원자력학회 외, 2011). 이 보고서의 공표와 함께 정부는 '사용후핵연료 정책포럼'을 구성하고 시민사회단체 쪽에 사용후핵연료 관련 의견수렴절차에 위촉할 위원 추천을 요청했으나 주요 에너지 관련 시민사회단체들은 정부의 요청을 집단적으로 보이콧했다.[19] 이 시민사회단체들은 정부가 공론화의 추진 주체를 법적 기구인 공론화위원회가 아니라 지식경제부 산하 정책포럼이라는 임의적 형식을 취함으로써 일반 시민과 이해당사자들이 폭넓게 참여할 수 있는 실질적인 의미의 공론화가 아니라 원자력계 전문가와 관료들이 주도하며 시민과 이해당사자들은 부분적·형식적으로만 의견수렴절차용으로 참여시키고, 그 결과도 임의로 취사선택하는 방식으로 나가고자 한다는 점들을 보이콧의 이유로 들었다.

결국 고준위핵폐기물 관리 방안의 공론화를 둘러싼 전문성의 정치에서 정부 교체로 인해 거시적 정치권력이 더 보수주의적으로 변화함에 따라 핵폐기물 관

---

19 환경운동연합, 녹색연합, 에너지정의행동 등의 에너지 관련 주요 시민사회단체들은 2011년 10월 27일에 '사용후핵연료 정책포럼 대응 회의'를 열고 정부의 참여 요청을 공식적으로 보이콧하기로 결정했다.

리에 대한 전문가주의적이고 기술관료주의적인 입장이 참여주의적 입장을 압도하게 되었고, 에너지 관련 주요 시민사회단체들도 다시금 정부와 첨예하게 대립하는 방향으로 나갈 수밖에 없게 되었다고 할 수 있을 것이다.

4. 맺음말: 전문성의 정치의 새로운 유형

지금까지 우리는 서구 STS 학계에서 이뤄지고 있는 전문성의 정치에 대한 연구 현황을 검토하고, 전문성의 정치의 두 가지 사례를 한국의 경험 속에서 살펴보았다. 서구 STS 학계의 연구와 한국의 사례분석을 통해 우리는 전문성 혹은 지식의 문제가 현대의 사회운동과 민주주의를 이해하는 데 매우 중요함을 알수 있었다. 하지만 전문성의 정치와 관련해 서구 STS 연구자들이 제시한 사례들과 여기서 분석한 한국의 사례들 간에는 공통점도 있지만 차이점도 존재한다. 서구의 STS 연구자들이 제시한 전문성의 정치 유형들은 모두가 전문가 집단 사이에서 벌어지는 내부 정치가 아니라 전문가와 일반인 사이에서 일어나는 전문성 각축에 초점을 맞춘다는 점, 그리고 미시적 수준에서 전문성의 정치를 분석한다는 점에 그 특징이 있었다. 그런데 앞서 설명한 한국의 두 사례는 서구 STS 학계가 보여준 전문성의 정치의 특징들을 공유하는 부분도 있지만, 그들과는 다소 다른 특징들을 보여주기도 한다는 점에서 전문성의 정치의 새로운 유형들로 볼 수 있다.

먼저 삼성반도체 백혈병 산재인정투쟁 사례는 전문가 지식에 맞서는 과정에서 일반인들이 경험으로 체득한 지식이 중요한 역할을 수행했다는 점에서 서구의 사례들과 유사성을 지닌다고 할 수 있다. 백혈병의 산재 인정 여부를 둘러싼 법정투쟁에서 근로복지공단과 삼성 측의 전문가 그룹에 대적하는, '진실의 집짓기'라는 지식생산 과정에 반도체 공장에서 현장 노동자로 근무했던 경험적 지식들이 매우 중요한 역할을 수행할 수 있었던 점은 서구 STS 학계가 주목한 전문성의 정치의 전형적인 모습에 매우 가깝다고 볼 수 있다. 또한 삼성반도체 백혈병 산재인정투쟁의 사례는 전문성의 각축이 주로 작업장 수준에서 독성물질에의 노출 여부와 정도를 둘러싸고 전개되었다는 점에서, 상대적으로 미시적인 수준의 전문성의 정치를 주로 분석한 서구 STS 연구 사례들과 유사성을 지닌다. 하지만 서구의 사례들과 다른 점들도 있다. 그중 가장 두드러지는 차이는, 삼성반도체의 이 사례는 비록 현장 노동자들의 경험적 지식도 중요한 역할을 수행하기는 했지만 산재 인정을 둘러싼 전문성의 정치를 처음부터 끝까지 조직하고 이끌어나간 것은 기성의 사회운동단체들 및 거기에 결합해 있던 전문가 활동가들이었다는 점이다. 서구의 경우를 보면 컴브리아의 목양농이나 에이즈 행동주의 사례에서처럼 온전히 목양농이나 환자(환자단체)와 같은 일반인들이 처음부터 전문성의 정치에서 주연을 맡거나, 대중역학의 사례에서처럼 보통의 지역 주민들이 주도적으로 문제를 제기하고 사회화한 다음에 대항 전문가들과 연합하는 방식으로 전문성의 정치가 전개되었음을 알 수 있다. 다시 말해 전문성의 각축 과정에서 경우에 따라 전문가들과 연합전선이 형성되기는 하지만 더 주도적인 역할은 일반인들에 의해 수행되고 있음을 보여주고 있다. 이에 비해 삼성반도체 사례는 전문가 활동가의 주도하에 일반인(노동자)과의 적극적인 연합을 바탕으로 전문성의 정치가 전개되었다는 점에서 서구 사례들과 일정한 차별성을 띠는 새로운 유형으로 볼 수 있을 것이다.

그런데 고준위핵폐기물 공론화 사례에서 드러난 전문성의 정치는 서구의 사례들뿐만 아니라 삼성반도체 사례와도 사뭇 다르다. 이 사례에서 드러난 전문성의 정치는 미시적 수준이 아니라 거시적 수준에서 전개되었고, 구체적인 지식생산이 아니라 지식생산을 위한 틀 혹은 거버넌스를 어떻게 만들어야 하는지를 둘러싸고 전개되었다는 점에서 특징적이다. 먼저 고준위핵폐기물 공론화 사례는 전문가 지식과 시민지식을 둘러싼 각축이 작업장이나 지역 등의 국부적 수준의 지식생산 과정에서가 아니라 국가 수준에서 공공정책을 둘러싸고 진행되었다는 점에서, 서구 STS 연구자들의 사례들이나 삼성반도체의 사례와는 달리 상대적으로 거시적인 수준의 전문성의 정치를 보여주고 있다.[20] 또한 이 사례가 보여주는 전문성의 정치는, 일견 기술적 성격을 강하게 갖는 듯한 고준위핵폐기물이라는 지극히 위험한 독성물질 관리 방식에 대한 공적 논의 과정의 참가 주체를 기술적 전문가들에게 국한시켜야 하는가, 아니면 이해당사자와 일반 시민들까지 포함하는 모든 사회 구성원들로 할 것인가를 둘러싸고, 폐쇄적 전문가주의·기술관료주의를 주장하는 집단과 전문가주의 및 기술관료주의를 비판하며 열린 참여주의를 주장하는 집단들 사이에서 전개된 것이다. 이 점 역시 서구 STS 연구 사례들이나 삼성반도체 사례와는 다른 점이다.[21] 따라서 여기서의 전문성의 정치는 전문가 지식과 시민지식의 직접적인 각축이 아니라, 공공정책의 수립 과정에서 전문성의 의미와 가치를 서로 다르게 부여하는 입장들

20 서구 학계에서 거시적 수준의 전문성의 정치에 주목하는 대표적인 학자는 비판정책학자인 프랭크 피셔(Frank Fischer) 교수라고 할 수 있다. 그는 전문성의 정치에 대한 STS 연구자들의 문제의식을 일부 받아들여 그간 전문가들에 의해 무시되었던 일반인들의 국부적 지식(local knowledge)이 복잡한 사회적·환경적 문제들을 해결하는 데 기여할 수 있으며, 더 나아가 국가의 공공정책 결정 과정에서도 중요한 역할을 수행할 수 있다고 주장한다. Fischer(1990, 2009) 참고.

21 물론 고준위핵폐기물 공론화 사례가 삼성반도체의 사례와 비교해 볼 때 유사한 점이 없는 것은 아니다. 삼성반도체의 사례와 마찬가지로 고준위핵폐기물 사례에서도 사회운동이 중요한 역할을 수행했다. 원자력위원회가 천명할 수밖에 없었던, 고준위핵폐기물 관리 방식이 국민적 공감대 형성을 위한 공론화를 통해 만들어져야 한다는 참여주의적 원칙은 기본적으로 바로 전해에 일어났던 부안사태라고 하는 심각한 사회적 소요 사태, 그리고 그것과 밀접하게 관련되어 있던 사회운동의 영향을 받은 것이었다. 바로 이러한 사회운동의 힘으로 사용후핵연료 공론화 설계를 위한 태스크포스에 반핵운동단체와 그들에 우호적인 인문사회학자들이 참여할 수 있는 공간이 열렸다. 하지만 앞에서 살펴본 바와 같이 거시적 권력구조의 변화에 따라 사회운동이 침체되자 폐쇄적인 기술관료주의적인 입장의 집단들이 결국 고준위핵폐기물 공론화를 둘러싼 전문성의 정치를 자신들에게 유리하게 끌고 갔던 것이다.

사이에서 일어났다는 점에서 거시적 정책 거버넌스를 둘러싼 전문성의 정치라고 이름 붙일 수 있을 것이다.

우리는 지금까지 전문성의 정치와 관련해 서구 STS 연구자들에 의해 제시된 사례들과 한국의 경험적 사례들을 살펴보고, 그 유형적 유사점과 차이점에 대해 논의했다. 서구의 STS 연구자들이 밝혀낸 사례들은 정도의 차이는 있을지언정 모두가 일반인의(lay), 혹은 국부적인(local) 관점들과 지식을 중시하고, 그들이 지배적인 전문가 집단에 맞서 때때로 대항 전문가들과 연합하며 새로운 지식생산에 참여하는 지식의 공동생산 모형에 입각해 있다는 점을 부각시켜 준다. 이러한 점에서 볼 때 전문성의 정치는 기본적으로 전문성의 민주화 혹은 지식의 민주화라는 사회운동 프로젝트와 직결된다고 할 수 있다. 한국의 삼성반도체 산재인정투쟁 사례 역시 여기에 대체로 부합하는 사례라고 볼 수 있다. 하지만 고준위핵폐기물 공론화 사례는 그러한 미시적인 수준에서 지식의 공동생산을 가능케 만드는, 거시적인 국가 수준의 공공정책 거버넌스를 둘러싼 전문성의 정치에 대해서도 우리가 주의를 기울여야 한다고 말해주고 있다. 요컨대 이 사례는 사회운동을 이해하는 하나의 새로운 창으로서 전문성의 정치에 대한 연구가 미시적인 수준에서부터 거시적인 수준으로까지 확장되고, 전문가 지식 내부의 정치에서부터 전문가 지식과 시민지식 간 정치로까지 확장되는 것이 좀 더 바람직하다는 점을 시사한다.

참고문헌

김서용. 2006. 「환경갈등에서 과학기술적 사실의 사회적 구성과 해석」. ≪ECO≫, 10권 1호, 105~157쪽.
김종영. 2011. 「대항지식의 구성: 미 쇠고기 수입반대 촛불운동에서의 전문가들의 혼성적 연대와 대항

논리의 형성」. ≪한국사회학≫, 45집 1호, 109~152쪽.

박일환·반올림. 2010. 『삼성반도체와 백혈병』. 삶이 보이는 창.

베버, 막스(M. Weber). 2006. 『프로테스탄트 윤리와 자본주의 정신』. 김상희 옮김. 풀빛.

벡, 울리히(U. Beck). 1997. 『위험사회: 새로운 근대(성)를 향하여』. 홍성태 옮김. 새물결.

사용후핵연료 공론화 TF. 2008. 『사용후핵연료 공론화를 위한 권고보고서』.

서울행정법원. 2011. "2010구합1149 유족급여 및 장의비 부지급 처분 취소 등 청구에 대한 판결".

어윈, 앨런(Alan Irwin). 2011. 『시민과학: 과학은 시민에게 복무하고 있는가?』. 김명진·김병수·김병
　　윤 옮김. 당대.

윤순진. 2006. 「환경정의 관점에서 본 중·저준위 방사성 폐기물 처분장 입지선정 과정」. ≪ECO≫, 10
　　권 1호, 7~42쪽.

이근영. 2011.8.17. "삼성노동자 산재 밝히려 '반도체 열공하는 의사'". ≪한겨레≫.

이영희. 2010. 「핵폐기물 관리체제의 국제비교: 기술관료적 패러다임 대 과학기술사회론적 패러다임」.
　　≪경제와사회≫, 85호, 67~92쪽.

이영희 외. 2019. 『국내외 유사참사 사례의 진상규명 결과 비교분석』. 사회적참사 특별조사위원회 용
　　역 보고서.

이정. 2010. 「아토피 질환의 '한국적' 탄생과 부상: 대중적 지식활동의 역할을 중심으로」. ≪과학기술
　　학연구≫, 10권 1호, 107~152쪽.

이종란. 2011.11.12. 「한국 삼성전자 노동자들의 직업병과 투쟁」. 『반도체·전자산업 노동자 건강권과
　　환경정의』, 국제심포지움 자료집, 9~31쪽.

지식경제부. 2009a. "사용후핵연료 공론화 추진방안".

＿＿＿. 2009b. "사용후핵연료 관리 방안에 대한 공론화 지침". 지식경제부 고시 제 2009-150호.

＿＿＿. 2009c. "보도참고자료".

하버마스, 위르겐(J. Habermas). 1993. 『'이데올로기'로서의 기술과 과학』. 하석용·이유선 옮김. 이성
　　과 현실사.

황상기 외. 2010. "유족급여 및 장의비 부지급 처분 취소 등 청구 소장".

허남혁. 2000. 「유전자 조작을 둘러싼 담론」. 권영근 엮음. 『위험한 미래』, 50~86쪽. 당대.

희정. 2011. 『삼성이 버린 또 하나의 가족』. Archive.

한국원자력학회 외. 2011. 『사용후핵연료 관리대안 수립 및 로드맵 개발』.

Allen, B. 2003. *Uneasy Alchemy: Citizens and experts in Louisiana's chemical corridor
　　disputes.* Cambridge, M.A.: The MIT Press.

Bell, D. 1973. *The Coming of Post-Industrial Society.* New York: Basic Books.

Brown, P. and E. Mikkelsen. 1990. *No Safe Place: Toxic waste, leukemia, and community action.*

Berkeley: University of California Press.

Callon, M. and V. Rabeharisoa. 2003. "Research 'in the wild' and the shaping of new social identities." *Technology in Society*, Vol.25, pp.193~204.

Collins, H. and R. Evans. 2002. "The third wave of science studies: Studies of expertise and experience." *Social Studies of Sciences*, Vol.32, No.2, pp.235~296.

Corburn, J. 2005. *Street Science: Community knowledge and environmental health justice.* Cambridge, M.A.: The MIT Press.

CoRWM. 2006. *Managing Our Radioactive Waste Safely.* Final report.

Dewey, J. 1927. *The Public and Its Problems.* New York: Swallow.

Durant, D. and G. F. Johnson. 2009. *Nuclear Waste Management in Canada: Critical issues, critical perspectives.* UBC Press.

Ellul, J. 1964. *The Technological Society.* New York: Knopf.

Epstein, S. 1996. *Impure Science: AIDS, activism, and the politics of knowledge.* University of California Press.

Fischer, F. 1990. *Technocracy and the Politics of Expertise.* London: Sage.

_____. 2009. *Democracy and Expertise: Reorienting policy inquiry.* Oxford University Press.

Giddens, A. 1990. *The Consequences of Modernity.* Palo Alto, CA: Stanford University Press.

Hoffman, L. 1989. *The Politics of Knowledge: Activist movements in medicine and planning.* New York: State University of New York Press.

Kleinman, D. 2000. "Democratizations of sience and technology." in D. Kleinman(ed). *Science, Technology and Democracy*, pp.139~165. New York: State University of New York Press.

McCormick, S. 2009. *Mobilizing Science: Movements, participation, and the remaking of knowledge.* Philadelphia: Temple University Press.

Rich, A. 2004. *Think Tanks, Public Policy, and the Politics of Expertise.* Cambridge: Cambridge University Press.

Strandberg, U. and M. Andren. 2011. *Nuclear Waste Management in a Globalised World.* Routledge.

Touraine, A. 1971. *The Post-Industrial Society: Tomorrow's social history: Classes, conflicts and culture in the programmed society.* New York: Random House.

Wynne, Brian. 1989. "Sheepfarming after Chernobyl: A case study in communicating scientific information." *Social Studies of Science*, Vol.31, No.2, pp.10~39.

제 2 장

고준위핵폐기물 관리를 위한
사회적 의사결정과 전문성의 정치

1. 머리말

핵발전소에서 발생하는 핵폐기물은 일반적으로 중·저준위와 고준위핵폐기물로 구분된다. 상대적으로 독성이 약한 중·저준위에 비해 고준위핵폐기물은 독성이 매우 강하고 오래 지속된다. 핵발전소에서 사용된 핵연료는 대부분 고준위핵폐기물이 된다. 사용후핵연료는 독성이 매우 강해 최소한 10만 년 이상 인간 생활권으로부터 격리 처분되어야 한다고 알려져 있다(한국위험통제학회, 2007).

핵발전소를 운영하고 있는 나라들은 지난 수십 년 동안 바로 이 고준위핵폐기물의 안전한 관리 문제로 골머리를 앓아왔다. 인류가 지금까지 감당해 본 적이 없는 10만 년이라는 장구한 시간을 염두에 두면서, 치명적 독성을 가진 사용후핵연료를 안전하게 관리하기 위한 의사결정은 과연 어떻게 이뤄져야 하는가? 그러한 의사결정에는 누가 참여해야 하고, 의제는 얼마나 확장될 수 있는가?

이 장에서는 현재 핵발전소를 운영하는 한국과 스웨덴의 고준위핵폐기물 관리를 위한 사회적 의사결정 과정을 비교하고자 한다. 한국이 핵발전을 시작한 지는 오래되지 않았지만, 2021년 현재 24기의 핵발전소를 운영하면서 많은 양의 사용후핵연료를 발생시켜 이에 대한 관리 방안 마련이 시급한 실정이고, 그에 따라 사용후핵연료를 어떻게 관리할 것인지를 둘러싸고 현재 많은 논의가 이뤄지고 있다. 스웨덴은 현재 10기의 핵발전소를 운영하고 있는데, 핀란드와 더불어 사용후핵연료 최종처분장 부지를 최근 성공적으로 선정한 나라이며 핵폐기물에 대한 민주적 관리 방식을 가장 잘 실천한 '오스카르스함(Oskarshamn) 모델'의 나라로 알려져 있다.

이 장에서 던지는 질문은 두 가지이다. 첫 번째 질문은 사용후핵연료 관리 문제가 한국과 스웨덴에서 각각 어떻게 등장했고, 그에 대한 논의는 어떤 방식으로 진행되(었)는가 하는 점이다. 이 첫 번째 질문에 대한 답은 두 나라에서 이뤄진 (또는 지고 있는) 사용후핵연료 관리에 대한 사회적 의사결정 방식을 전문성의 정치 관점에서 비교·분석을 통해 찾고자 한다. 흔히 가장 선진적인 핵폐기물의 민주적 관리 모델로 알려진 것과 달리 스웨덴은 사용후핵연료 관리를 기술적인 부분과 사회적(정치적)인 부분으로 엄격히 나누고, 오로지 부지선정과 관련된 사회적(정치적)인 부분에 대해서만 의사결정의 사회화를 추진했다는 점에서 전문성의 정치가 그다지 활성화되지 못한 한계를 보인 것으로 드러났다. 반면에 한국은 정권의 변화에 따라 상당한 부침을 겪고 있기는 하지만, 기본적으로 사용후핵연료 관리의 전 주기(폐기 물량 현황, 중간저장 방식, 최종처분장 방식, 부지선정 방식 등을 모두 포함)를 대상으로 한 사회적 공론화 여부를 의제로 삼고 있다는 점에서 기술적인 것과 사회적(정치적)인 것의 엄격한 분리를 뛰어넘는 전문성의 정치가 현재 이루어지고 있다고 볼 수 있다.

이 장에서 던지는 두 번째 질문은 과연 한국과 스웨덴 사이의 이러한 차이가 어디에서 기인하는가 하는 점이다. 영국에서 2003년부터 2006년까지 진행된

핵폐기물 관리에 대한 광범위한 사회적 공론화 경험을 한국과 스웨덴 두 나라
가 얼마나 활용할 수 있었느냐와 사회운동이 전문성의 정치에 얼마나 적극적으
로 개입했느냐, 한마디로 영국 효과와 사회운동 효과로써 그 차이를 설명할 수
있을 것으로 본다.

2. 한국

한국 정부의 핵폐기물 처분장 입지 정책은 중·저준위와 고준위핵폐기물[1]을
한꺼번에 유치할 수 있는 지역을 찾는 통합 방식을 고수하다가, 부안사태를 거
치면서 2004년 말을 기점으로 중·저준위와 고준위 핵폐기장을 분리하는 새로
운 정책으로 선회했다.

정부 차원에서 사용후핵연료에 대한 관리 방침이 처음으로 표명된 것은
1986년도였다. 이해에 정부는 원자력위원회를 신설하고 전국을 대상으로 핵폐
기물 처분장 부지선정을 위한 문헌 조사와 현지 조사를 실시하며 경상북도 울
진, 영덕, 영일 세 곳을 후보지로 지정했다. 원자력연구원은 이 지역 중 한 곳을
선정해 동굴 처분 방식의 중·저준위핵폐기물 처분장과 사용후핵연료 중간저
장시설을 설립하도록 계획했지만 부지 지질조사 시행 중 주민 반발로 1989년
에 최종적으로 무산되었다.

1990년에 들어와 정부는 안면도에 사용후핵연료 중간저장시설을 연구소의
일부 시설로 개념화한 '제2원자력연구소' 건립을 추진했으나 곧 주민들의 격렬
한 반대에 직면해 1991년에 결정을 철회했다. 정부는 1993년 11월에 '방사성폐
기물관리사업촉진및그시설주변지역지원에관한법'(일명 방촉법)을 제정하고 부

---

1 고준위핵폐기물 관리의 최근 현황과 관련해서는 이 책 10장 참고.

지선정을 위한 사전 주민 협의절차 및 시설 지역에 대한 지원을 법률로 약속하기에 이르렀다. 이 지원법을 근거로 양산과 울진 지역을 유치 후보 지역으로 지정했으나 이번에도 군의회의 반대로 무산되었다.

정부는 다시 1994년 6월에 국무총리를 위원장으로 하는 '방사성폐기물관리사업위원회'를 결성하고 과거 제안된 지역 등 10개 지역을 대상으로 주민 수용성을 중시해 인천시 옹진군 덕적면 굴업도를 부지로 선정했다고 발표했다. 굴업도에 사용후핵연료 중간저장시설을 짓되, 습식 저장시설을 2001년 12월 말까지 총 3000톤 규모로, 건식 저장시설을 1999년 12월 말까지 400톤 규모로 준공할 것을 의결했다. 그러나 이 역시 주민들의 강력한 반발에 부딪혔고, 결정적으로 지질조사 중 활성단층이 발견되면서 지정 고시가 해제되었다.

1997년 1월에 열린 제245차 원자력위원회는 핵폐기물 처분장 사업 주관 부서를 과기부에서 산자부로 변경하고 사업 주관 기관 역시 한국전력으로 바꾸기로 결정했다. 같은 해 6월에 열린 제247차 원자력위원회는 사용후핵연료에 대해 국가정책 결정 시까지 중간저장을 원칙으로 하고 규모·방식 등은 충분히 검토해 결정하며, 그때까지 원전별로 부지 내에 임시 저장하기로 의결했다.

1998년 9월에 열린 제249차 원자력위원회는 '방사성폐기물관리대책'을 의결하고, 사용후핵연료는 소 내 저장 능력을 확충(원전별로 조밀저장대 설치, 동일 부지 내 원자로 간 운반·저장, 원전 부지 내 건식 저장시설 추가 설치 등)하여 2016년까지 각 원전 부지 내에서 관리하되, 중간저장시설이 건설된 후에는 사용후핵연료를 단계적으로 이송해 집중 관리하기로 결정했다. 한편 10만 드럼 규모의 중·저준위방사성폐기물 처분시설을 2008년에 건설하고, 2000톤 규모의 사용후핵연료 중간저장시설을 2016년까지 건설할 것을 계획했다. 또한 유치 공모 또는 사업자 주도의 부지선정 방식에 대한 가능성을 모두 열어놓았다.

2001년부터는 핵폐기물 처분장 부지선정이 사업자 주도 방식으로 바뀌었다. 아울러 2003년 2월에 출범한 참여정부는 부지선정과 관련해 새로운 절차를 발표했다. 자율 유치 신청에 의한 부지 공모 방식으로 변경한 것이다. 또한 그 해 4월 정부는 담화문을 통해 유치 지역에 제공할 막대한 인센티브를 발표했는데, 그 내용은 핵폐기물 관리 시설 사업과 양성자가속기 사업을 연계해 추진하고, 유치 지역에 한국수력원자력 본사를 이전하며, 3000억 원 이상의 지역 지원금에 대한 사용 용도를 지자체가 스스로 결정할 수 있도록 하며, 각 부처별로 지역 지원사업을 발굴하는 등 지역 숙원 사업 해결에 적극 나서겠다는 것이다.

이러한 상황에서 7월에 부안군수가 지역 주민들이 반대하는데도 핵폐기물 처분장 유치를 신청함으로써 '부안사태'로까지 불리는 엄청난 사회갈등을 유발하게 되었다. 부안사태는 2004년 2월 14일에 실시된 부안 지역 주민들의 주민투표로 일단락되었다. 부안사태를 거치면서 정부는 그해 12월에 부지선정 보완 방침을 발표한다. 즉 주민 유치 청원, 예비 신청, 주민투표, 본신청, 부지선정이라는 절차를 거치도록 한 것이다. 이는 해당 지역 주민들의 수용성을 절대적으로 중시할 수밖에 없게 된 상황을 반영한 것으로 보인다.

아울러 정부는 2004년 12월 원자력위원회 제253차 회의를 통해 중·저준위핵폐기물 처분과 고준위핵폐기물 처분을 분리해 그 저장시설을 이원화하기로 결정했다. 그 결과 2005년 들어 정부는 오랜 숙원 사업이던 핵폐기물 처분장 부지를 선정하는 데 일단은 '성공'한다. 중·저준위핵폐기물 처분장 유치를 신청한 군산, 영광, 울진, 경주의 네 곳 지역에서 실시된 주민투표를 통해 가장 높은 찬성률을 기록한 경주가 부지로 선정된 것이다. 비록 부지선정 과정에서 주민들 간 갈등의 골은 매우 깊어졌지만, 이와 같은 '성공'을 이끌어낸 핵심적인 요인으로는 엄청난 액수의 특별지원금 제공과 더불어 정부가 새롭게 들고 나온 중·저준위와 고준위핵폐기물 처분장 분리 정책을 들 수 있다.

일단 중·저준위핵폐기물 처분장 부지선정에 성공한 뒤 정부는 고준위핵폐기물 관리 정책 마련에 착수했다. 이미 부안사태 직후인 2004년 말에 열린 원자력위원회는 고준위핵폐기물인 사용후핵연료 처리는 충분한 토의를 거쳐 국민적 공감대를 형성해 추진하겠다고 공표한 바 있다. 제1장에서 언급한 바와 같이, 2009년에 정부가 전문가, 지역 주민, 일반 시민 등의 참여를 통해 사용후핵연료 관리 방안을 마련하겠다고 약속하고 이를 위한 추진 기구로서 공론화위원회를 설립하려는 움직임을 보인 것은 바로 이러한 맥락에서였다. 하지만 정부는 공론화위원회 출범 직전에 돌연 공론화를 무기한 연기하겠다고 일방적으로 선언했다.

정부는 이러한 선언과 함께 '사용후핵연료 정책포럼'을 구성하고 시민사회단체 쪽으로 사용후핵연료 관련 의견 수렴 과정에 위촉할 위원 추천을 요청했다. 하지만 주요 에너지 관련 시민사회단체들은 정부의 요청을 집단적으로 보이콧했다.[2] 이에 따라 정부는 보이콧한 시민사회단체들을 제외하고 상대적으로 정부에 대해 우호적인 핵발전소 지역 시의원, 과학기술 전문가, 일부 인문사회 전문가들로 구성된 '사용후핵연료 정책포럼'을 2011년 11월부터 운영했다. 이 정책포럼은 2012년 8월에 사용후핵연료 처분을 위한 중간저장시설을 2024년까지 완공해야 한다는 대정부 권고서를 제출하고 운영이 종료되었다(사용후핵연료 정책포럼, 2012).

한편 정부는 2012년 11월 20일에 국무총리 주재로 제2차 원자력진흥위원회를 개최해 '사용후핵연료 관리대책 추진계획(안)'을 의결했는데, 그 골자는 사회적 수용성을 최대한 확보하면서 사용후핵연료에 대한 관리 대책을 수립하기

---

2 환경운동연합, 녹색연합, 에너지정의행동 등이 보이콧을 주도했다. 이 시민사회단체들은 정부가 공론화 추진 주체를 법적 기구인 공론화위원회가 아니라 지식경제부 산하 정책포럼이라는 임의의 형식을 취함으로써 일반 시민과 이해관계자들이 폭넓게 참여할 수 있는 실질적인 의미의 공론화가 아니라 원자력계 전문가와 관료들이 주도하고 시민과 이해관계자들은 부분적·형식적으로만 의견 수렴 절차용으로 참여시키며, 그 결과도 임의적으로 취사선택하는 방식을 취하려 한다는 점을 보이콧의 이유로 들었다. 후쿠시마 원전사고 이후 한국의 반핵운동은 확장되는 추세이다. 김혜정(2011) 참고.

위해 2013년 상반기에 공론화위원회를 구성·운영하며, 지경부는 2014년까지 공론화위원회의 권고 사항을 최대한 반영해 부지선정 계획과 투자계획이 포함된 법정계획인 방사성폐기물관리 기본계획을 수립하고, 2015년부터 이 계획에 따라 부지선정 절차와 건설 작업에 착수하겠다는 내용이다. 정부에 따르면 2013년 구성될 공론화위원회는 정부로부터 독립된 민간 자문기구로서 인문학 및 사회과학, 기술공학, 시민사회계, 핵발전소 지역대표 등으로 이뤄져 토론회·설명회·공청회 등 다양한 논의 프로그램을 통해 대국민 공론화를 추진하게 되며, 논의 주제는 한정되지 않지만 중간저장시설 등 중단기적으로 현실적 대안 모색에 집중될 것이라고 한다(지식경제부, 2012).

이러한 정부의 발표는 즉각 시민사회단체들의 반발을 불러일으켰다. 환경운동연합은 성명서를 내고 정부의 사용후핵연료 공론화 계획은 그 진정성을 믿을 수 없다면서 사실상은 사용후핵연료 처분시설 부지를 선정하기 위한 계획이 아니냐고 비판했다(환경운동연합, 2012.11.22). 탈핵 법률가 모임 역시 사용후핵연료 공론화는 중간저장시설을 건설하겠다는 것이 핵심이라고 지적하면서 중간저장시설 건설에 앞서 핵발전소를 추가로 건설할지를 먼저 공론화해야 한다고 주장했다(탈핵법률가모임, 2012.11.23).

반핵 성향의 시민사회단체들은 사용후핵연료 관련 정부의 또 다른 움직임에도 주목하고 있었다. 그것은 바로 사용후핵연료 재처리를 위한 시도이다. 교육과학기술부와 한국원자력연구원은 핵발전소에서 나오는 사용후핵연료의 재처리 방식으로 건식의 '파이로 프로세싱(pyro-processing)'이라는 기술 연구에 2000년대 초기부터 집중적으로 투자하고 있다.[3] 이 기관들은 파이로 프로세싱 기술이 사용후핵연료 속의 물질을 추출해 다시 핵연료로 사용하고, 이 핵연료

---

3 2011년 11월에 확정된 제4차 원자력진흥종합계획(2012~2016)에도 파이로 프로세싱 기반 기술개발이 중점 추진 과제에 포함되었다.

의 사용이 끝나면 또 다시 재처리하는 과정을 되풀이함으로써 우라늄 자원의 효율적인 이용이 가능해질 것이라고 주장한다. 하지만 사용후핵연료의 재처리와 관련한 현실적인 장벽은 미국의 허가 없이는 한국이 사용후핵연료를 재처리할 수 없게 한 한미원자력협정이다. 사용후핵연료를 재처리할 경우 우라늄과 플루토늄이 나오게 되는데, 플루토늄은 바로 핵폭탄으로 전용될 수 있기 때문에 핵 비확산을 위해 미국이 재처리를 금하고 있는 것이다. 그런데 1974년에 체결된 기존의 한미원자력협정은 2014년에 만료되기 때문에 다시 새로운 협정을 맺어야 했다. 이러한 상황에서 정부와 핵과학자들 일부는 파이로 프로세싱을 할 경우에는 플루토늄을 다른 핵분열 생성물들과 함께 분리하므로 핵무기 원료로의 전용 가능성이 전혀 없으면서도 핵연료를 '재활용'할 수 있는 새로운 기술이라는 점을 내세우면서, 파이로 프로세싱을 통해 재처리할 수 있도록 한미원자력협정을 바꾸고자 애쓰고 있었다. 하지만 반핵단체들은 파이로 프로세싱 역시 핵무장으로 쉽게 연결될 수 있다는 점, 찬성 측 주장과는 달리 재활용률이 매우 낮고 기술 자체의 실현 가능성 역시 매우 낮다는 점들을 들어 파이로 프로세싱을 통한 재처리 주장에 반대했다(장정욱, 2010).

3. 스웨덴

스웨덴은 제2차 세계대전 직후부터 핵에너지를 이용한 전기 생산과 무기 개발 양쪽 모두에 관심을 기울였다. 그리하여 1950년대와 1960년대에 이미 3개의 연구개발용 원자로를 운영했다. 하지만 스웨덴 정부는 1970년대에 들어와 핵무기 개발을 포기하고 그 대신 상업용 핵발전소 건설 정책으로 돌아섰다. 그 결과 스웨덴 최초의 핵발전소가 1972년에 오스카르스함 지역에 건설되었다(Swahn, 2011). 그 후 총 12개의 핵발전소가 운영되다가 5기가 폐로 되어 현재

는 7기의 핵발전소가 전체 전력의 40% 정도를 생산하고 있다.[4]

1972년은 최초의 핵발전소가 건설된 해이기도 하지만, 동시에 핵발전을 둘러싼 논쟁이 스웨덴 전역으로 확산되면서 핵발전의 정치화가 시작된 해이기도 했다. 핵발전을 둘러싼 논쟁의 핵심에는 핵폐기물 문제가 있었다. 사실 1950년대와 1960년대에는 핵폐기물 문제가 그다지 중요한 것으로 간주되지 않았다. 하지만 1970년대 초반부터 핵폐기물이 극히 위험한 물질이라는 것이 알려지기 시작하면서 핵폐기물 문제는 핵심적 논쟁 사안으로 떠올랐다. 처음에는 지식인들과 전문가들 사이에서 과연 스웨덴의 미래와 관련해 핵발전 문제를 어떻게 봐야 할지를 놓고 논쟁이 전개되다가, 1972년에 핵폐기물 문제가 처음으로 국회에서 논의되는 등 이 문제가 급속히 정치화 과정을 밟게 된다(Lidskog and Litmanen, 1997).

특히 정치권에서, 예전에 농업당이었다가 당시 현대적인 환경주의 정당으로 변신을 꾀하던 중앙당(Centre Party)이 핵발전 문제에 집중하기 시작했다. 1973년 국회의원 선거 과정에서 중앙당은 핵발전, 특히 핵폐기물 문제를 핵심 쟁점으로 부각하는 데 성공해 25%라는 전례 없는 득표율을 기록했다. 1976년의 총선에서는 시민 대부분이 핵발전에 대한 견해에 따라 투표를 했고, 그 결과 스웨덴에서는 44년 만에 최초로 비사회주의 정부가 출현했다. 반핵을 표방하던 중앙당과 핵발전 확대에 긍정적이던 자유당 및 보수당 연합으로 이뤄진 새 정부의 총리 토르비요른 팰딘(Thorbjörn Fälldin)은 선거 과정에서 스웨덴 내 핵발전 확대를 중단하겠다고 공약한 바 있었다.[5]

---

4 1990년대에 유럽에 불어닥친 에너지 시장 자유화 바람으로, 스웨덴 핵발전소는 현재 3개 기업이 지배하고 있다. 스웨덴 정부가 소유한 공기업 바텐팔(Vattenfall), 핀란드 정부가 60% 지분을 소유한 공기업 포르툼(Fortum), 유럽 최대의 에너지 사기업 E. ON이 현재 스웨덴의 핵발전소들을 공동소유 하고 있다. Elam and Sundqvist(2011a).

5 하지만 2009년 2월에 중앙당은 기존의 탈핵 입장을 핵발전소 신규 건설을 찬성하는 쪽으

새 연합정부 내부의 핵발전을 둘러싼 의견 차이와 갈등은 1977년에 새로 제정된 '핵발전규정법(Nuclear Power Stipulation Act)'에 일정 정도 타협하는 방식으로 반영되었다. 이 법은 핵발전소 소유주는 핵발전소에 연료를 새로 주입하기 전에 사용후핵연료를 어떻게 그리고 어디에서 '절대적인 안전성(absolute safety)' 기준을 충족하면서 최종적으로 처분할 수 있는지를 보여주어야 한다고 규정했다. 좀 더 구체적으로 살펴보면, 핵발전소 소유주들은 ① 사용후핵연료의 재처리를 제공하는 회사와의 계약서를 제출하고, 이와 함께 재처리 과정에서 나오는 고준위핵폐기물의 최종처분을 어떻게 그리고 어디에서 절대적인 안전성 기준에 맞춰 수행할 수 있을지를 보여주거나, 그렇지 않으면 ② 재처리되지 않은 사용후핵연료가 어떻게 그리고 어디에서 절대적인 기준에 맞춰 최종처분될 수 있을지 보여주어야 한다. 핵폐기물이야말로 핵발전의 아킬레스건이자 핵발전이 당면한 가장 어려운 문제라는 중앙당의 판단이, 핵발전 자체가 아니라 핵폐기물에 초점을 맞추도록 한 것이었다고 할 수 있다(Elam and Sundqvist, 2011b).

이 법이 발효되었을 때 6기의 핵발전소가 운영 중이었고, 4기는 건설 중, 3기는 계획되어 있었다. 이 법에 따라 핵발전소 소유주들은 당시 건설 중이던 원자로의 가동을 승인받기 위해 핵폐기물의 최종처분을 위한 기술적 개념을 개발해야만 했다. 이에 따라 핵발전소 소유주들은 핵폐기물 관리를 담당할 KBS(kaernbraenslesaekerhet, Nuclear Fuel Safety)라는 이름의 프로그램을 공동으로 추진했다. 이 프로그램은 1973년에 설립된 스웨덴핵연료공급회사(SKBF: 1984년에 핵폐기물 관리 담당 회사인 SKB로 이름이 바뀌었다)[6]의 책임하에 추진되었

로 전면 전환했다.

6 SKB는 스웨덴 핵발전소 소유주들이 공동으로 출자해 만든 핵폐기물 관리 회사이다. 하지만 스웨덴 정부가 소유한 공기업 바텐팔이 56%의 지분을 보유하여 기업에 대한 지배력을

는데, 약 9개월 동안 450여 명의 과학기술자들이 절대적으로 안전한 핵폐기물 처분 시스템 개발에 몰두했다. 그 결과 나온 것이 KBS 개념이었다.

KBS라는 이름의 이 기술 시스템은 다중 안전 방호 원칙에 입각했는데, 기술적 방호(납과 타이타늄으로 만들고 점토로 사이를 채운 완충 존이 있는 보관통)와 지질학적 방호(지하 500m 암반에 위치한 처분장)가 그것이다.[7] 이 개념을 '핵발전규정법'에 조응한 KBS-1은 스웨덴 핵발전소에서 나온 사용후핵연료는 해외에 위탁해 재처리하고, 거기서 나온 고준위핵폐기물은 국내에서 지층 처분을 한다는 내용이었다. 이 당시 사용후핵연료는 직접 처분해야 할 폐기물이 아니라 재처리되어야 할 자원으로 간주되었다. 스웨덴의 7번째 핵발전소에 대한 연료 주입 허가를 받기 위해 1977년 12월에 제출되었고, 격렬한 논의 끝에 1979년 3월에 잠정적으로 정부의 승인을 받았다(Lidskog and Sundqvist, 2004).

그러나 그해 미국의 스리마일섬 핵발전소에서 일어난 사고는 또 한 번 스웨덴 내에서 핵발전소 논쟁을 격화시켰다. 그 결과 스웨덴의 정당들은 1980년 초에 핵발전을 계속할지를 놓고 국민투표를 실시하기로 합의했다. 1980년 3월에 치러진 국민투표에서 선택지는 세 가지였다. 1안은 "고용과 복지를 유지하기 위해 필요한 전기 수요의 부족을 초래하지 않을 만한 속도로 핵발전소의 점진적 폐쇄. 하지만 시한은 못 박지 않음. 아울러 6기의 신규 핵발전소 건설 추진 승인", 2안은 "핵발전소의 점진적 폐쇄. 아울러 6기의 신규 핵발전소 건설 추진 승인. 핵발전소의 국유화 추진"(선거 캠페인 과정에서는 25년 후 완전한 폐지를

유지하고 있다.

7 이 개념은 1972년에 AKA 위원회(사용후핵연료와 핵폐기물에 대한 정부조사위원회라는 뜻이다)가 제출한 개념과 꽤 유사한 것이다. AKA 위원회는 1972년부터 1976년까지 활동한 정부 산하 위원회로, 핵발전 논쟁이 가열되자 설립되어 핵폐기물 관리에 대한 해법을 제안할 것을 요구받았다. 이 위원회는 1976년도 보고서에서 사용후핵연료의 지층 처분(geological disposal)에 대한 상세한 개념을 처음으로 제출한 바 있다. Sundqvist, 2002.

주장), 3안은 "핵발전소 신규 건설 중단. 기존 핵발전소도 10년 내에 가동 중단" 을 주장했다. 세 개의 선택지 모두가 당시 스리마일섬 핵발전소 사고 이후 높아 진 반핵 여론을 반영하여 궁극적으로는 탈핵을 전제하고 있지만, 사실상 1안과 2안은 핵발전 확대 찬성이고 3안만이 핵발전 반대로 이해되었다. 실제로 1안은 핵발전 업계의 의견에 가까운 것으로 18.9%의 지지를 받았고, 2안은 사민당이 지지한 안으로 39.1%, 3안은 중앙당과 공산당이 지지한 것으로 38.7%의 득표 율을 기록했다. 1안과 2안을 합쳐 58.0%에 달했는데, 이는 비록 궁극적으로는 탈핵으로 가야 한다고 하면서도 사실상은 당시 가동 중이던 6기의 핵발전소에 더해 향후 6기의 핵발전소를 더 지을 수 있도록 인정함으로써, 총 12기의 핵발 전소 프로그램의 완성을 승인해 줬다는 점에서 당시 반핵운동을 주도하던 반핵 단체 핵발전반대민중운동(People's Campaign Against Nuclear Power)의 패배를 의미하는 것이었다. 어쨌든 스웨덴 의회는 이 국민투표 결과에 따라 당시 건설 중이거나 계획된 6기의 핵발전소에 대한 연료 주입을 허용하되, 2010년까지는 모든 핵발전소를 없애겠다는 방침을 공표했다(Sundqvist, 2002).[8]

그 결과 국민투표 이후 핵발전 문제는 전국적 논쟁의 장에서 점차 사라지고, 그 대신 핵폐기물 문제가 핵발전소 인근 주민들 사이에서 새로운 의제로 떠오 르기 시작했다.

1984년, 당시까지의 '핵발전규정법'을 대체하는 '핵활동법(Act on Nuclear Activities)'이 새로 제정되었다. 핵활동법은 '절대적 안전성'에 대한 기존의 의도 된 적대적인 요구 조건을 다소 완화시켰다. 이 새 법은 핵발전소 소유주들이 스 웨덴의 핵발전소에서 나오는 사용후핵연료에 대한 안전한 관리, 중간저장 및

---

8   이에 따라 1999년과 2005년에 원자로 두 기가 폐쇄되었다. 하지만 1997년에 들어와 스웨 덴 정부는 핵발전소를 완전히 없애기로 한 2010년 데드라인 정책을 폐기했다. 아울러 2010년에 스웨덴 정부는 핵발전소 신규 건설을 허용하는 쪽으로 입장을 전환했다.

국내의 지층 처분을 확실히 할 수 있도록 포괄적인 연구개발 프로그램을 성실히 추구할 책임이 있음을 재확인했다. 1987년 체르노빌 원자로 폭발사건 이후에는 스웨덴 내에서 그 어떤 원자로도 추가로 건설하는 것을 명시적으로 금지한다는 새로운 문장이 덧붙었다. 이런 점에서 볼 때, KBS 프로그램은 단순히 핵폐기물 관리 프로그램이 아니라 핵산업 자체를 매장하는 프로그램이기도 했던 것이다(Elam and Sundqvist, 2011a).

스웨덴 핵폐기물 관리 책임을 떠맡은 SKB는 사용후핵연료를 최소한 30년 동안 보관할 중간저장시설을 오스카르스함 지역에 있는 심페르바프(Simpervarp) 원자로 근방에 건설하겠다는 계획을 세우고 정부로부터 승인을 받았다. SKB는 1977년에 정부에 신청서를 제출했고 1979년에 승인을 받았다. 이 CLAB 사용후핵연료 중간저장시설은 1985년부터 운영되고 있다. 입지 선정과 건설 과정에서 별다른 논란이나 사회갈등은 일어나지 않았다. 한편 중·저준위핵폐기물 처분장(이하 SFR)은 외스탐마르(Oesthammar) 지역에 있는 포스마크(Forsmark) 원자로 부지에 건설되어 1988년부터 운영되고 있다. CLAB와 SFR를 만드는 과정에서 체계적인 이해관계자 참여 절차는 거의 도입되지 않았다. 그렇게 된 데에는 국민투표 이후에 반핵 환경단체들이 어쨌든 2010년까지는 탈핵이 이뤄질 테니 핵폐기물 중간저장과 처분장은 필요할 것 같다고 생각했던 탓도 있고, 당시로서는 사용후핵연료 중간저장 방식과 같은 기술적 논점에 익숙하지 않았던 탓도 있었다.[9] 아울러 오스카르스함과 외스탐마르 양 지역이 이 핵폐기물 관련 시설들을 유치함으로써 지역발전을 꾀하고자 한 것도 별 갈등을 유발하지 않은 또 다른 이유였다.[10]

---

[9] 스웨덴 반핵단체 밀카스(Milkas)와 MKG 활동가들과의 면담 인터뷰 내용(2013.2.12, 2013.2.14).

[10] 1980년에 치른 국민투표에서도 이 지역 주민들의 핵발전 반대 의견은 타 지역에 비해 상당히

한편 SKB는 1986년부터 고준위핵폐기물에 대한 지층 처분을 연구하는 지하 암반 실증연구 개발 시설 아이디어를 발전시켜 1995년에는 오스카르스함 지역에서 멀지 않은 섬인 에스포(Äspö)의 지하암반층에 실증연구 개발 시설을 완공했다. SKB는 이와 같은 더 정교화되고 거대한 규모의 심지층 직접 처분 개념을 KBS-3로 명명했다.

이와 더불어 SKB는 1985년경부터 스웨덴 전역을 대상으로 고준위핵폐기물 최종처분에 적합한 지질학적 조사를 실시했고, 몇몇 지역에서는 시험 시추까지 진행했다. SKB는 지역 주민들과 아무런 대화 자리도 마련하지 않았으며, 사전에 땅 주인을 제외하고는 주민들에게 시추 계획을 고지하지도 않았다. 그 결과 시험 시추가 이뤄진 지역 대부분에서 강력한 저항이 나타났다. 지역 저항은 경찰과 지역 시위대들이 크게 충돌한 '알뭉에 전투'에서 정점에 달했다. '구조단(rescue group)'이라는 이름의 지역 조직들이 시험 시추 반대를 지휘했는데, 이들은 '폐기물 네트워크'라는 전국 조직으로 흡수되었다(Holmstrand, 1999).

이러한 일련의 충돌 사태는 SKB가 지질학 중심의 입지 선정 과정에서 탈피하게끔 하는 중요한 계기가 되었다. 1986년 이후 SKB는 이상적인 지질학적 암반 조건에 대한 언급은 자제하면서 그때까지의 조사 결과만으로도 이미 스웨덴 내에서는 최종처분장 건설에 지질학적으로 적합한 부지를 많이 찾을 수 있다고, 장기적인 사용후핵연료의 지질학적 방호를 통한 안전성 문제는 최종처분장의 기술적 방호 수준을 가일층 향상시킴으로써 더 잘 확보할 수 있다고 주장했다.

이에 따라 SKB는 1992년에 최종처분장 부지선정 절차를 위한 새로운 원칙을 채택했다. 그것은 바로 KBS-3 최종처분장 부지를 결정하는 핵심적인 요인으로 채택된 지역 수용성 원칙이었다. 상세한 지질조사 후보지를 정할 때 일차

낮았다. 이에 따라 핵발전 사업자들은 핵발전 시설이 입지한 지역에 관련 시설을 계속 확장하는 '핵 오아시스' 입지 전략을 취하는 경향이 있다고 한다. Blowers and Sundqvist(2010).

적으로는, 더 이상 지질학적 연구에 기반해 선정하지 않고 지역 차원의 참여 의사가 확인된 곳만을 대상으로 삼아 타당성 조사 대상지를 선정하겠다는 것이다. 이와 같은 새로운 부지선정 원칙에 따라 1992년 10월에 SKB는 KBS-3 최종 처분장 부지선정에 자발적으로 참여할 지역을 구한다는 편지를 스웨덴 내 286 개 지역 모두에 발송했다. 이어 1993년 스웨덴 북부에 위치한 스토루만(Storuman)과 말라(Mala)가 타당성 조사에 참여하기로 결정했으나, 조사 후 각각 1995년과 1997년에 치러진 주민투표를 통해 두 지역 모두 더는 참여하지 않기로 결정했다.

SKB는 1994년 이미 핵발전소를 유치한 지역을 대상으로 타당성 조사 가능성을 타진하기 시작했다. 핵발전소가 이미 있는 다섯 개 지역 중에서 지질학적으로 문제가 있는 한 곳을 제외하고 네 곳에 타당성 조사 참여 의향서를 보냈다. 그 가운데 한 곳을 제외하고 외스탐마르, 니쾨핑, 오스카르스함 세 지역이 참여했다. SKB가 핵발전소를 이미 유치한 지역을 타당성 조사 대상지로 주목한 것은 이 지역 주민들은 이미 핵시설에 익숙해져 있어 핵폐기물 처분장에 대해 좀 더 긍정적인 태도를 보일 것이라고 판단했기 때문이다. 1995년 스웨덴 정부가 타당성 조사에 참여하는 지역에 연간 최대 3억 원(200만 크로네)에 달하는 자금을 자체 검토와 대중 활동을 위해 쓸 수 있도록 하는 정책을 수립한 것도 이 지역들을 타당성 조사에 참여하도록 하는 데 한몫 거들었다고 할 수 있다.

2000년이 되자 앞에서 언급한 다섯 지역을 포함해 티에르프(Tierp)와 엘브칼레뷔(Alvkarleby), 훌츠프레드(Hultsfred) 등 모두 여덟 개 지역에 대한 타당성 조사가 완료되었다. SKB는 이미 주민투표를 통해 탈퇴 의사를 밝힌 두 지역을 제외한 여섯 개 지역 가운데 외스탐마르, 오스카르스함, 티에르프를 암반 시추를 포함한 부지 조사 대상 지역으로 선정했지만, 티에르프 시의회가 거부함으로써 외스탐마르와 오스카르스함 두 지역만이 사용후핵연료 최종처분장 후보가 되었다. 이에 대해 스웨덴에서 가장 영향력 있는 일간지 ≪다겐스 뉘헤테르

(Dagens Nyheter)≫는 2002년 1월에 "최악의 지역이 선정되다"라는 헤드라인을 통해 SKB가 고준위핵폐기물 처분장 부지로 단단한 암반 조건을 갖춘 지질학적으로 가장 안전한 지역을 찾는 것이 아니라 주민들의 수용성에만 매달렸다고 비판하면서 결론적으로 두 지역은 과학적 근거에 의해 방어될 수 없는 지역이라고 못 박았다(Elam and Sundqvist, 2011b).

이 당시 오스카르스함이 부지 조사에 참여하는 조건으로 SKB에 제시한 전제 조건은 두 개였다. 하나는 향후 처분장 관련 논의와 조사 과정에 소요되는 시의 참여 비용은 핵폐기물기금에서 지불해야 한다는 것이고, 두 번째는 주요 당사자들[핵발전 기업 SKB, 핵발전 감독기관 SKI(Swedish Nuclear Power Inspectorate), 방사능 안전기관 SSI[Swedish Radiation Protection Authority)와 지역]이 칼마르주(Kalmar County)의 부지사가 의장이 되는 환경영향평가 포럼(EIA Forum) 개최를 받아들여야 한다는 것이었다. 시정부가 참여의 전제 조건으로 환경영향평가를 고집한 것은 제도적으로 환경영향평가법이 주민 참여의 핵심 요소들, 즉 공개성, 조기 참여와 대안 검토 등을 제공하기 때문이었다(OECD, 2009). 오스카르스함 환경영향평가 포럼이 맨 처음 한 일 가운데 하나는 지역 준거집단(local reference group)을 만든 것인데, 51명의 선출 인사들로 구성된 시의회가 지역 준거집단 기능을 수행했다. 아울러 서로의 역할이 각기 다른 여섯 개의 실행 그룹을 조직해 부지 조사 과정의 다양한 측면을 모니터했다. 이들은 필요할 경우 외부 컨설팅과 자문을 자유롭게 이용할 수 있었다. 부지 조사 작업을 모니터하기 위해 만들어진 여섯 개의 실행 그룹들은 각각 2인의 시의원, 1인의 공무원, 2인의 지역 주민, 1인의 외부 전문가로 구성되었고, 모든 회의록은 공개되었다. 이 실행 그룹들에 의해 제기된 주요 질문과 관심 사항들은 환경영향평가 포럼으로 전달되었고, 거기서 SKB·SSI·SKI 측 인사들과 더 깊이 있는 논의를 거치도록 했다.

이와 같은 오스카르스함 지역에서의 활동은 흔히 '오스카르스함 모델'로도 불리는데, 그 핵심 요소들은 공개성과 참여 중시, 환경영향평가 프로세스를 상호작용과 이해관계자 참여를 위한 틀로 활용, 시의회가 정치적 의사결정자들의 지식 증진을 위한 수단으로서의 준거집단 역할을 수행, 작업 그룹(task groups)과 실행 그룹(working groups)을 통한 지역 참여, SKI와 SSI 같은 핵발전 규제 기관의 참여, 환경단체 참여, 투명성 중시 등이 거론된다(Elam and Sundqvist, 2006).[11]

외스탐마르 역시 오스카르스함과 비슷하게 부지 조사 참가의 전제 조건을 내걸었고, 환경영향평가 포럼과 지역 준거집단을 통해 지역 주민과 NGO의 참여와 정보 제공을 꾀했다. 대표적인 핵폐기물 관련 NGO로는 2004년에 5개 환경단체가 모여 조직한 MKG(The Swedish NGO Office for Nuclear Waste Review), 폐기물 네트워크, 그린피스 스웨덴 지부, 지구의 벗 스웨덴 지부, 스웨덴반핵운동(The Swedish Anti-Nuclear Movement), 밀카스(이하 Milkas) 등을 들 수 있다. 외스탐마르와 오스카르스함에서 환경영향평가 포럼을 통해 주민 참여가 활성화될 수 있었던 것은 1999년에 통과된 '스웨덴 환경법전(Swedish Environmental Code)'에 기인한다. 스웨덴 환경법전에 따라 SKB는 부지 조사 과정에서 계획된 핵폐기물 처분장 시설이 미칠 환경적·보건적·사회적 영향을 파악하고, 이 결과를 환경법원에 보내 승인을 받아야 했기 때문이다. 따라서 환경영향평가가 환경법원을 무리 없이 통과하도록 하려면 더 많은 이해관계자들을 참여시키는 것이 SKB의 측에도 바람직했다.[12]

2009년 여름에 SKB는 이 두 지역을 대상으로 2002년부터 실시한 부지 조사 결과를 바탕으로 사용후핵연료 최종처분장 부지로 외스탐마르를 선정했다고

---

11 SKI와 SSI는 2008년에 합병되어 스웨덴의 대표적인 핵발전 안전 규제 기관 SSM(Swedish Radiation Safety Authority)이 되었다.

12 SKB가 환경법전의 환경영향평가 규정에 따라 시행한 주민 참여 활동에 대한 내용은 SKB (2011a, 2011b) 참고.

공식 발표했다. 최종처분장 유치에 대한 지역 주민의 여론조사 결과는 84% 대 79%로서 오스카르스함 지역 주민의 찬성률이 좀 더 높지만, 지질학적 적합도 면에서 더 뛰어난 외스탐마르를 선택하게 되었다는 것이 SKB의 설명이었다.[13] 그리하여 약 30년을 끌어온 사용후핵연료 최종처분장 부지선정 문제는 이제 스웨덴 환경법원과 중앙정부의 최종 승인만을 남기게 되었고,[14] 최종 승인을 받으면 2015년부터 본격적으로 공사에 착수해서 2025년부터 운영에 들어갈 예정이었다. 2018년 1월에 스웨덴 환경 법원은 SKB가 제출한 신청서가 고준위핵 폐기물을 감싸는 구리 원통의 부식 가능성 문제를 충분히 검토하지 않았다며 정부에 SKB의 신청서를 반려할 것을 권고했다. 그 결과 스웨덴 정부는 현재까지도 외스탐마르 최종처분장 승인에 대해 최종 결정을 내리지 않고 있는 상태이다(Swahn, 2019).

한편 SKB는 이 두 지역과의 협상을 통해 2009년 초에 지역에 대한 경제적 지원 프로그램을 공식적으로 확정했다. 이에 따르면 두 지역에 제공될 지역 지원 사업의 총 가치는 약 3000억 원에 이르며(직접 현금 지원은 없음), 이 중 75%는 최종처분장 유치에 실패한 지역인 오스카르스함에, 그리고 나머지 25%는 최종 처분장이 건설될 지역인 외스탐마르에 돌아가도록 되어 있다(OECD/NEA, 2012).[15]

---

13 SKB의 환경영향평가 및 이해관계자 담당부서장 에리크 세츠만(Erik Setzman)은 두 후보 지 중 최종 후보지를 선정하는 과정에서 지질학적 적합도가 중요하게 작용한 것은 경제적 인 이유라고 진술했다. 즉 지질학적 적합도가 외스탐마르보다 상대적으로 떨어지는 오스 카르스함을 최종 후보지로 선정할 경우, 지질학적 문제점을 공학적으로 더 많이 보강해야 하므로 결국 처분장 건설에 훨씬 더 많은 돈이 들어갈 것을 우려했기 때문이라는 것이다. 2013년 2월 13일 면담 내용.

14 최종처분장을 유치하기로 한 시의회는 중앙정부가 최종 승인을 하기 직전에 거부권을 행 사할 수 있다. 그러나 법적으로 시의회의 이 거부권은, 거부권을 행사한 시설이 국가이익 에 반드시 필요하다고 중앙정부가 판단할 경우 중앙정부가 파기할 수 있다.

4. 한국과 스웨덴의 비교

한국과 스웨덴은 사용후핵연료 관리 측면에서 볼 때 진행 수준이 다르다. 스웨덴은 이미 중간저장시설을 운영하고 있으며 최근에는 최종처분장 후보지까지 확보한 반면, 한국은 아직 중간저장시설도 확보하지 못했을 뿐만 아니라 최종처분장 문제는 논의도 시작하지 못한 실정이다. 한국에서는 부안사태 직후인 2005년부터 사용후핵연료 관리 정책 결정을 위한 사회적 논의가 조금씩 이뤄지고 있는 상황이다.

그러나 필자는 이처럼 한국과 스웨덴 사이에 존재하는 사용후핵연료 관리를 위한 의사결정 진행 수준의 차이에도 사용후핵연료 관리를 위한 의사결정 방식과 관련해 두 나라를 비교해 보는 것이 의미가 있다고 본다. 특히 이 글에서는 사용후핵연료에 대한 정책 결정 과정에서 드러나는 의사결정의 사회화 혹은 공론화 정도를 중심으로 두 나라의 사용후핵연료 관리를 둘러싼 전문성의 정치를 비교해 보고자 한다.

먼저 스웨덴을 보자. 통상적으로 해외에서뿐만 아니라 한국에서도 스웨덴은 핵폐기물 관리를 아주 민주적인 방식으로 수행해 온 모범적인 나라로 소개되어 왔다(Dawson and Darst, 2006; *Financial Times*, 2009.9.18; 박진희, 2004; 정지범, 2010). 그러나 스웨덴 방식을 민주주의의 실현이라는 점에서 모범적이라고 보

---

15 처분장 유치 실패 지역이 보상금의 75%를, 유치 성공 지역이 25%를 받기로 한 결정은 2009년 초 오스카르스함과 외스탐마르 시장 두 사람이 합의해 내린 것이다. 처분장 유치에 성공한 지역은 시설 유치로 향후 계속 다양한 형태로 편익을 얻지만, 부지선정 과정에 오랜 기간 참여했으나 결국 유치에 실패한 지역은 향후 이익을 전혀 기대할 수 없고 실패에 따른 심리적 피해의식이 클 것이므로 그 지역에 더 많은 보상금을 주어야 한다는 논리였다고 한다. SKB 환경영향평가 및 이해관계자 담당 부서장 에리크 세츠만과의 면담 내용(2013.2.13).

는 이러한 평가는 다소 일면적으로 판단된다. 왜냐하면 전문성의 정치 관점에서 보면 스웨덴은 핵폐기물 관리를 위한 의사결정을 철저하게 기술적인 것과 사회적인 것으로 구분한 다음, 기술적인 것은 전문가들만의 영역으로 제한하고 오로지 사회적인 부분만을 주민 참여 대상으로 개방함으로써, 사용후핵연료 관리를 위한 사회적 의사결정 여지를 상당히 축소하는 결과를 낳았기 때문이다.

여기서 기술적인 것은 KBS로 통칭되는 사용후핵연료의 안전한 저장 방식에 대한 의사결정을 의미하고, 사회적인 것은 핵폐기물 시설 입지에 대한 의사결정을 말한다. 스웨덴의 핵폐기물 관리회사인 SKB와 정부 규제 기관들은 KBS를 포함한 사용후핵연료 관리 방식 그 자체에 대해서는 철저하게 전문가주의적 태도를 견지했다. 이에 대한 논의 과정은 일반 시민이나 단체에 개방되지 않았고, 오로지 전문가 사회 안으로 제한되었다. 앞에서 살펴본 바와 같이 SKB는 KBS 개념을 완성시켜 나가는 과정에서 국내외적으로 450명에 이르는 많은 전문가들의 자문을 받기는 했지만, 이에 대한 논의를 사회적으로 개방하지는 않았다. 아울러 SKB가 1992년 들어 사용후핵연료 처분장 부지선정 기준과 관련해 그 전까지 가장 중시했던 지질학적 안전성 대신에 지역 주민의 수용성을 새롭게 내걸게 되는 쪽으로 핵폐기물 정책에 매우 중요한 변화가 일어났는데, 이 역시 기술관료적으로 결정되고 공표된 것이었다. 또한 오스카르스함 근처에 들어선 사용후핵연료 중간저장시설 CLAB는 중앙집중형 중간저장시설인데, 중간저장시설을 집중형으로 할 것인가 아니면 분산형으로 할 것인가와 같은 핵심적 의사결정 과정 역시 사회적으로 개방되지 않은 상태에서 기술관료적으로 밀실에서 이루진 것이었고, 이에 대해 환경운동단체들도 별다른 문제를 제기하지 않았다.

반면 스웨덴의 SKB와 정부 기관들은 지역 내에서의 타당성 조사를 비롯해 입지 선정을 위한 부지 조사 과정에는 지역자치단체, 지역 의회, 지역 주민과 사회단체의 참여를 장려했다. 특히 환경영향평가 과정에서 주민 참여를 활성화한 것은 주목할 만한 것이었다. 1999년부터 발효된 환경법전은 환경영향평가 과정이 최대한 일찍 시작되어야 하며, 사업으로부터 영향을 받는 사람들과 일반 대중과의 협의가 반드시 이뤄져야 함을 규정하고 있다. 이는 지역 주민의 수용성이 사용후핵연료 처분장 부지선정의 가장 중요한 기준으로 바뀐 상황을 반영하는 것이라고 할 수 있다. 특히 조사에 응한 지역에 지원금을 제공해 주민들의 학습 역량을 고취하고 다양한 방식으로 참여할 수 있도록 한 '오스카르스함 모델'은 적어도 입지 선정 단계에서는 상당한 정도로 의사결정의 사회화를 가능하게 한 것이었다고 평가할 수 있다. 하지만 이 경우에도 SKB는 지역 주민들의 참여를 지역 주민에 대한 '권능부여(empowerment)' 측면이 아니라 주민들에 대한 교육과 계몽을 통해 시설에 대한 수용성 증대를 꾀하기 위한 방편으로 인식했기 때문에, 의제 설정이나 논의 전개 과정에서 주민들의 적극적인 참여를 원하지는 않았다는 평가도 있다(Sundqvist, 2004; Sundqvist and Elam, 2010). 한 환경단체 간부는 부지 조사 과정에서의 이러한 주민 참여를 "물타기"라고 비판하기도 했고(Elam, Soneryd and Sundqvist, 2010), 이 분야의 주요 연구자 순드크비스트와 엘람은 SKB 측의 전문가들과 지역 주민 사이에 종종 '방화벽'이 쳐졌다고 평가하기도 했다(Sundqvist and Elam, 2007).

이상에서 본 바와 같이 스웨덴은 사용후핵연료 관리를 위한 의사결정과 관련해 한마디로 과학과 사회, 과학과 민주주의는 엄격히 구분될 수 있다는 전통적인 인식론에 기반을 두고 있었다고 할 수 있다. 다시 말해 스웨덴 모델은 기술적 의사결정(=과학)은 전문가가, 사회적(정치적) 의사결정[=사회(민주주의)]은 정치인(시민)이 담당하자는 전통적인 분업론을 벗어나지 못했다는 점에서 사용후핵연료 관리를 위한 의사결정의 사회화 측면에서는 일정한 한계가 있다고 평가할 수 있다. 이를 전문성의 정치 관점에서 보자면, 적어도 사용후핵연료 관리와 관련해 스웨덴에서는 기존의 전문가주의 담론이 크게 도전받지 않았음을 의미하는 것이라고도 할 수 있다.

한국의 경우에도 사용후핵연료 관리를 위한 의사결정은 2000년대 중반까지 철저히 폐쇄적인 기술관료적 방식으로 이뤄져 왔다. 하지만 부안사태를 거치면서 정부가 부분적이나마 사회적 공론화를 통하여 사용후핵연료 관리 방안에 대해 의사결정을 하겠다는 입장을 표명하고, 그에 대한 후속 조치들을 일부나마 취한 것은 전문성의 정치와 관련한 새로운 변화이자 스웨덴의 사용후핵연료 관리 방식과 다른 점이라고 할 수 있다.

앞에서 살펴본 바와 같이 한국 정부는 부안사태 이후에 "중간저장시설 건설 등을 포함한 사용후핵연료 관리 방침에 대해서는 국가정책 방향, 국내외 기술 개발 추이 등을 감안해 중장기적으로 충분한 논의를 거쳐 국민적 공감대하에서 추진하겠다"라고 언명했고, 그 후속 조치로 사용후핵연료 공론화 태스크포스를 구성해 공론화 방안을 수립하도록 했다. 여기서 나온 정책 권고안을 받아들여 정부가 만든 사용후핵연료 관리 방안에 관한 공론화 지침에 따르면, 향후 구성될 공론화위원회는 사용후핵연료 포화 시점과 관리 필요성 검토, 다양한 사용후핵연료 관리 대안 검토, 중간저장으로 결정 시 중간저장시설의 입지 기준, 운영 기간, 부지선정 절차, 지역 지원 방안 등에 관한 사항, 최종 관리 방안에 대한 논의 시기 등의 사항들을 일반 시민과 이해관계자가 폭넓게 참여하는 공론화 과정을 통해 도출하여 정부에 권고하도록 되어 있었다.

이러한 사회적 공론화 방침은 비록 무한정 '연기'되었고 최근까지도 부침을 겪고 있기는 하지만, 공론화 범위에 단지 중간저장시설이나 최종처분장 부지선정의 절차만이 아니라 사용후핵연료 관리 전반의 이슈들에 대한 논의까지도 포괄하고 있다는 점에서 한국이 스웨덴보다 사용후핵연료 관리를 위한 의사결정의 의제가 좀 더 사회적으로 개방되어 있다고 평가할 수 있다. 다시 말해 한국의 경우에는 사회적 논의의 대상으로 부지선정과 같이 사회적 사안이라고 알려진 것만이 아니라 사용후핵연료 관리 대안 검토와 같이 기술적 사안이라고 알려진 내용들도 포괄한다는 점에서 의사결정의 사회화와 전문성의 정치가 좀 더 진전될 가능성을 보여준 것이다. 그러나 이러한 주장을 사용후핵연료 관리 정책에 대한 의사결정에 곧바로 적용해 현재 한국이 스웨덴보다 더 진보적이거나 민주적이라는 말로 이해해서는 안 된다. 한국에서도 현재 의사결정의 사회화 정도를 둘러싸고 치열한 전문성의 정치가 진행되고 있으며, 그 최종 결과는 아직 속단할 수 없기 때문이다. 다만, 처음부터 기술적 영역과 사회적 영역을 명확히 분리했던 스웨덴과는 달리 한국에서는 아직 경계선이 명확히 그어져 있지 않기 때문에 의사결정의 사회화가 더 진전될 가능성이 있다고 볼 수 있다.

그럼 한국과 스웨덴 사이의 이러한 차이는 어디서 비롯된 것일까? 두 가지를 생각해 볼 수 있는데, 하나는 '영국 효과'이고, 다른 하나는 '사회운동 효과'이다. 영국 효과란 영국에서 고준위핵폐기물 관리와 관련해 2003년부터 2006년까지 일반 시민과 이해관계자들의 광범위한 참여를 바탕으로 진행되었던 사회적 공론화 경험이 부안사태를 거치면서 지역 주민과 시민사회단체들의 거센 저항에 직면해 고전했던 한국 정부에 상당한 자극을 주었다는 점을 가리키는 개념이다. 당시 영국의 CoRWM가 주도한 사회적 공론화 과정은 고준위핵폐기물 관리 방안에 대한 논의 과정에 약 2년 반 동안 5000명 이상의 일반 시민과 이해관계자들을 참여시켰다. 당시 영국 CoRWM에서는 이러한 일반 시민과 이해관계자들의 참여를 PSE(Public and Stakeholder Engagement)라고 불렀다(CoRWM, 2006). 이뿐만 아니라 논의 주제도 부지선정 절차만이 아니라 핵폐기물 관리 관련 사안이면 무엇이든 가리지 않고 다룰 수 있도록 개방함으로써 세계적으로 주목을 받아 위험관리의 '베스트 프랙티스'로 간주되었다. 마침 민주적 절차의 결여가 주요 원인이 되어 발생한 부안사태를 겪으면서 한국 정부는 향후 사용후핵연료에 대해서는 사회적 공론화를 거치겠다고 약속했고, 그 일환으로 시민사회단체까지 포괄해 공론화 과정을 설계하도록 했다. 이때 참여한 시민사회단체 인사들과 학자들이 태스크포스 내부의 상당한 반발에도, 영국에서 개발되고 실행되던 사회적 공론화 개념과 원리를 한국의 사용후핵연료 관리 방식 설계에 적극 끌어들였던 것이다.

그럼 구체적으로 영국 효과가 한국에서의 공론화 논의 과정에 어떻게 반영되었는지 살펴보자. 태스크포스의 보고서에는 먼저 공론화에 대한 정의를 "특정한 공공정책 사안이 초래하는 혹은 초래할 사회적 갈등에 대한 해결책을 모색하는 과정에서 일반 시민 및 이해관계자들과 전문가들의 다양한 의견을 민주적으로 수렴함으로써 정책 결정에 대한 사회적 수용성을 확보하고자 하는 일련의 절차"라고 하고 있는데, 여기서 "일반 시민 및 이해관계자들과 전문가의 다양한 의견을 민주적으로 수렴"한다는 것은 영국 CoRWM이 PSE라고 일컬은 일반 시민과 이해관계자들의 참여의 중요성을 받아들인 것이라고 할 수 있다. 당시 CoRWM의 PSE를 기반으로 한 공론화 경험은 전 세계에 모범 사례로 소개되었기 때문에 한국의 사용후핵연료 공론화 논의에서도 시민과 이해관계자를 참여시켜야 한다는 목소리가 상당히 설득력을 얻고 있었다. 아울러 태스크포스 보고서에 중간저장과 최종처분이 공론화 대상으로 포함되어 있었고, 공론화 방법론도 시민들의 적극적인 참여를 기반으로 하는 숙의적 참여 프로그램을 제시했는데 이 역시 영국 효과라고 할 수 있다. 공론화 대상과 방법론에 대한 태스크포스의 이와 같은 제안은 공론화 범위를 부지선정 문제에 국한하지 않고 핵폐기물 관리의 전 주기로 넓혔을 뿐만 아니라, 시민을 참여시키는 방법도 단순한 여론조사나 설명회 같은 전통적인 방식을 뛰어넘어 충분한 정보 제공과 학습을 기반으로 한 토론 중심의 CoRWM 공론화 경험을 근거로 한 것이었다.

이러한 영국 효과는 사용후핵연료 관리와 관련해 적어도 담론 수준에서는 계속 의미 있게 작용하고 있다고 판단된다. 이미 2009년에 개정된 '방사성폐기물관리법'은 제6조의2(공론화 등)에서 "지식경제부장관은 방사성폐기물 관리 기본계획 수립 과정에서 사용후핵연료 관리 등 사회적 갈등이 예상되는 사항에 대해 이해관계인·일반 시민 또는 전문가 등으로부터 광범위한 의견수렴절차(이하 '공론화'라 한다)를 거칠 수 있다"라고 하여, 강제 조항은 아니지만 사용후핵연료 관리에 대한 사회적 공론화를 명문화하고 있으므로 이를 쉽게 무시하기는 어려운 상황이다.

이처럼 사용후핵연료 관리와 관련해 사회적 공론화가 불안정하기는 하지만 그래도 어느 정도 제도화된 개념으로 자리를 잡은 데는 부안사태와 그 뒤를 이은 사회운동, 즉 국가에너지위원회와 그 산하의 사용후핵연료 공론화 태스크포스에 시민사회단체들의 참여 공간을 마련한 것이 크게 작용했다고 볼 수 있다. 따라서 영국 효과와 사회운동 효과는 따로 떨어져 독립적으로 작용한 것이 아니라 서로 결합하여 움직였다고 보는 것이 올바르다고 생각한다.

스웨덴의 경우 부지선정이 2009년에 결정되었으므로, 2003년부터 2006년까지 실시된 영국 CoRWM의 사회적 공론화 경험을 잘 알고 있었지만, 당시 이미 구체적인 부지 조사 단계에 있었기 때문에 영국 효과는 거의 의미가 없었다고 할 수 있다. 아울러 스웨덴에도 Milkas, MKG 등 핵발전과 핵폐기물 문제를 주로 다루는 환경운동 단체들이 스웨덴 정부와 SKB의 핵폐기물 관리 활동에 비판적인 태도를 취하면서 나름대로 다양한 활동을 전개했지만,[16] 이들 역시 SKB가 오래전부터 만들어놓아 이미 공고화된 기술과 사회의 이분법적 인식틀, 그에 따른 전문가주의 담론에 효과적으로 도전하지는 못했던 것으로 보인다. 스웨덴의 시민사회운동이 전반적으로는 상당히 강력함에도 이처럼 기존의

---

16 이 단체들은 SKB가 KBS 방법 이외의 다른 대안에 대해서는 진지하게 연구를 진행하지 않고 오로지 KBS 방법만을 옹호하는 데 주력했다고 비판했다. 또한 사회적 수용성을 중시하는 방향으로 부지선정의 기준 바뀐 것에 대해서도 비판적이었다. SKB의 KBS와 부지선정 방법에 대한 스웨덴 환경단체들의 입장은 The Peoples' Movement Against Nuclear Power and Weapons(1988), Holmstrand(2003), MKG(2006, 2010, 2011), Milkas(2011), Swahn(2011), OECD/NEA(2012) 참고. 특히 2013년 2월 14일에 실시한 면담에서 MKG의 활동가는 KBS-3을 기반으로 한 심지층 처분 방식이 사용후핵연료를 담는 구리 통 부식 가능성 문제를 과소평가하고 있다고 비판하면서 그에 대한 대안으로 심층 시추공 처분(deep borehole disposal) 방식을 제시했다.

기술/사회 분업론과 전문가주의 담론에 큰 위협을 가하지 못한 데는 스웨덴의 전문가 체제가 누리는 높은 사회적 신뢰도가 작용한 것으로 보인다. 요컨대 사용후핵연료 관리 문제와 관련해 스웨덴에서 기존의 기술/사회 분업론과 전문가주의 담론이 그다지 크게 도전받지 않았던 것은 앞서 살펴본 여러 가지 이유로 영국 CoRWM의 경험과 사회운동의 목소리가 스웨덴 사회에서 상대적으로 효과를 내지 못했기 때문이다.

참고문헌

김혜정. 2011. 「후쿠시마 이후의 한국 반핵운동과 시민사회의 역할」. ≪시민과 세계≫, 19호, 136~150쪽.
박진희. 2004. 「스웨덴: 민주적 합의에 기반한 핵폐기물 정책」. ≪녹색평론≫, 통권 74호, 143~152쪽.
사용후핵연료 정책포럼. 2012. 「사용후핵연료 관리 정책 수립과 공론화를 위한 권고」.
장정욱. 2010.11.24. "핵연료 재처리 안전성도 경제성도 없다". ≪프레시안≫.
정지범. 2010. 「입지정책분야에서의 갈등과 조정: 경주 방폐장과 스웨덴 방폐장 사례 비교연구」. ≪행정논총≫, 48권 4호, 145~170쪽.
지식경제부. 2012. 「사용후핵연료 관리대책 추진계획(안)」.
탈핵법률가모임. 2012.11.23 "사용후핵연료 중간거장시설 추진에 대하여 반대한다". 성명서.
한국위험통제학회. 2007. 『사용후핵연료의 관리체계 및 공론화방안 연구』. 지속가능발전위원회.
환경운동연합. 2012.11.22. "말뿐인 사용후핵연료 공론화 계획, 사실상 처분 부지선정 계획". 성명서.

Blowers, A. and G. Sundqvist. 2010. "Radioactive waste management-technocratic dominance in an age of participation." *Journal of Integrative Environmental Sciences*, Vol.7, No.3, pp.149~155.
CoRWM. 2006. "Managing our radioactive waste safely." Final report.
Dawson, J. and R. Darst. 2006. "Meeting the challenge of permanent nuclear waste disposal in an expanding Europe: Transparency, trust and democracy." *Environmental Politics*, Vol.15, No.4, pp.610~627.
Elam, M. and G. Sundqvist. 2006. "Stakeholder involvement in Swedish nuclear waste

management." SKI Report. 2007: 02.

Elam, M. and G. Sundqvist. 2011a. "The Swedish KBS project: A last word in nuclear fuel safety prepares to conquer the world?" in U. Strandberg and M. Andren(eds). *Nuclear Waste Management in a Globalised World.* London: Routledge.

_____. 2011b. "Meddling in Swedish success in nuclear waste management." *Environmental Politics*, Vol.20, No.2, pp.246~263.

Elam, M., L. Soneryd and G. Sundqvist. 2010. "Demonstrating safety-validating new build: The enduring template of Swedish nuclear waste management." *Journal of Integrative Environmental Sciences*, Vol.7, No.3, pp.197~210.

Financial Times. 2009.9.18. "How 2 Swedish towns vied for nuclear waste".

Fischer, F. 1990. *Technocracy and the Politics of Expertise.* London: Sage.

Holmstrand, O. 1999. "Participation of local citizens groups in the Swedish nuclear waste process." http://www.folkkampanjen.se.

Holmstrand, O. 2003. "Nuclear waste management in Sweden in comparison with other European countries: NGO experiences of the COWAM process." *The Waste Network.*

Lidskog, R. and T. Litmanen. 1997. "The social shaping radwaste management: The cases of Sweden and Finland." *Current Sociology*, Vol.45, No.3, pp.59~79.

Lidskog, R. and G. Sundqvist. 2004. "On the right track? Technology, geology and society in Swedish nuclear waste management." *Journal of Risk Research*, Vol.7, No.2, pp.251~268.

Milkas. 2011. "Friends of the Earth Sweden and the Swedish anti-nuclear movement's position on the nuclear waste issue." http://nonuclear.se.

MKG. 2006. "The Swedish NGO office for nuclear waste review, MKG, presents its view on alternative methods och sites for the final disposal of Swedish high-level nuclear waste." *MKG Information Sheet 2.*

_____. 2010. "Not a good method! Not the best site!" http://www.mkg.se.

_____. 2011. "Rust is always a risk when using old technology: A critique of the planned Swedish repository for spent nuclear fuel." http://www.mkg.se.

OECD. 2009. *Nuclear Legislation in OECD Countries: Regulatory and institutional framework for nuclear activities.*

OECD/NEA. 2012. *Actual Implementation of a Spent Nuclear Fuel Repository in Sweden: Seizing opportunities: Synthesis of the FSC national workshop and community visit.* Paris: OECD.

SKB. 2011a. *Consultations According to the Environmental Code: Compilation 2009~2010.*

_____. 2011b. *Environmental Impact Statement: Interim storage, encapsulation and final disposal of spent nuclear fuel.*

Sundqvist, G. and M. Elam. 2007. "Fission or fusion? Reconciling technical and social aspects of radioactive waste management." *CARL Thematic Report.*

_____. 2010. "Public involvement designed to circumvent public concern? The 'participatory turn' in European nuclear activities". *Risk, Hazards and Crisis in Public Policy*, Vol.1, No.4, pp.203~229.

Sundqvist, G. 2002. *The Bedrock of Opinion: Science, technology and society in the siting of high-level nuclear waste.* Dordrecht: Kluwer Academic Publishers.

_____. 2004. "Constrained deliberation: Public involvement in Swedish nuclear waste management." STAGE Discussion Paper 25.

Swahn, J. 2011. "Sweden and Finland." in International Panel on Fissile Materials(ed). *Managing Spent Fuel from Nuclear Power Reactors: Experience and lessons from around the world.*

_____. 2019. "Comments on the ongoing licensing review of the planned repository for used nuclear fuel in Forsmark." http://www.mkg.se.

The Peoples' Movement Against Nuclear Power and Weapons. 1988. *Nuclear Waste in Sweden: The problem is not solved!.* 1988. Uppsala: Lindbergs Grafiska HB.

제3장

가습기살균제 참사에 대한
사회적 해법의 모색

1. 머리말

1994년 세계 최초로 우리나라에서 개발되어 시장에 출시된 가습기살균제는 2011년 판매 중지 결정이 내릴 때까지 1000만 개 정도가 판매될 정도로 가정과 공공시설에서 사용하기 편리한 생활 화학제품으로 인기를 끌었다. 하지만 시장에 풀린 가습기살균제는 규제되지 않은 맹독성 화학물질을 함유해 수많은 이용자들에게 회복하기 어려운 심각한 피해를 입혔다. 가습기살균제 사용 피해자로 정부에 신고한 사람은 2021년 2월 말 현재 7284명인데, 그중 공식적인 사망자 수가 1629명에 이르고 있다. '세계 최초의 바이오사이드 사망 사건', '안방의 세월호 참사'로도 불리는 가습기살균제 사건은 현대 과학의 산물인 생활 화학제품이 제대로 관리되지 않을 경우 사회에 어떤 재난을 가져다주는지를 극명하게 보여준 사건이다.

이 글에서는 가습기살균제 참사의 여러 측면을 사회학적 시각으로 살펴보면서, 궁극적으로는 피해자 구제와 관련해 기존의 의과학적 접근법을 넘어 사회적 해법 방향을 모색해 보고자 한다.

먼저 가습기살균제 참사의 전개 과정과 참사 이후 피해자 구제 및 지원 과정에 주로 활용되어 온 의과학적 접근의 공헌과 한계를 분석하고, 가습기살균제 참사가 던지는 사회적 함의를 살펴본 다음 가습기살균제 참사에 대한 사회적 해법의 방향을 모색할 것이다. 이를 통해 가습기살균제 참사에 대한 대응 과정이 우리 사회의 민주주의를 확대·심화하는 과정이기도 하다는 점을 강조하게 될 것이다.

2. 가습기살균제 참사의 전개와 의과학적 접근

가습기살균제 참사는 1994년 SK케미칼의 전신인 유공에서 세계 최초로 가습기살균제를 개발하면서부터 시작되었다(안종주, 2016; 이규연, 2016). 유공의 연구진은 가습기를 세정하는 세정제가 아니라 물에 타서 세균을 죽이는 살균제를 만들기로 하고, 농약과 산업용 살균제에 사용되던 CMIT/MIT를 원료로 선택했다. CMIT/MIT는 독성이 있는 물질이었지만, 연구 팀은 농도를 잘 맞추면 흡입독성 없이 이를 가습기살균제로 쓸 수 있다고 판단했다(홍성욱, 2018). 그 결과 유공은 '가습기메이트'라는 가습기살균제를 시장에 처음으로 내놓을 수 있었다. 2001년 (주)애경은 이 CMIT/MIT 가습기살균제의 판권을 넘겨받아 '애경 가습기메이트'라는 가습기살균제를 판매하기 시작했다. 이후 이마트 등에서도 같은 성분으로 PB(private brand) 상품을 제조·판매했다. 가장 널리 사용되었고 가장 많은 사망자를 낸 '옥시싹싹가습기당번'은 동양화학그룹 계열사 옥시에서 2000년 가을에 출시했다. 이 제품은 SK케미칼이 개발한 PHMG라는 살균제를 원료로 사용했다. 이 PHMG 성분도 홈플러스와 롯데마트 등에서 PB 상품으로 만들어져 널리 판매되었다. 또 다른 회사인 버터플라이 이펙트는 PGH를 수입해 '세퓨'라는 가습기살균제를 만들어 판매했는데 이 역시 많은 사망자를 냈다.

가습기살균제 참사의 전모가 밝혀지기 시작한 것은 2011년 봄에 서울아산병원에 입원한 다수의 임산부에게 원인을 알 수 없는 폐질환이 집중적으로 발생하자 담당 의료진이 질병관리본부에 신고하고 역학조사를 의뢰하면서부터였다. 역학조사를 수행한 질병관리본부는 가습기살균제가 원인 미상 폐질환의 주범임을 밝혀냈고, 곧바로 제품 출시 금지와 강제 수거 명령을 내렸다. 이어 피해 신고를 받는 동시에 폐손상조사위원회를 구성해 피해자 구제 및 지원 업무 수행을 위해 피해 단계와 판정기준을 마련하도록 했다. 2014년 3월에는 가습기살균제로 인한 폐질환이 환경성질환으로 '환경보건법' 시행규칙에 규정되면서 가습기살균제 피해 구제와 지원 담당 부처도 환경부로 바뀌었다. 2016년 들어와 가습기살균제 문제가 다시 사회적으로 크게 부각되면서 검찰 수사가 진행되었고, 국정조사도 이뤄졌다. 2018년에는 가습기살균제 사건을 포함한 사회적참사 특별조사위원회가 설립되어 오늘에 이르고 있다. 가습기살균제 참사의 주요 사건을 정리하면 다음과 같다.[1]

1994년 - 유공, 세계 최초 가습기살균제 개발.

1995년 - 최초 사망자 발생(8월 54세, 11월 50일 된 영아. 가습기살균제 피해신고자 기준).

2000년 - 옥시, 가습기살균제 원료를 프리벤톨R80에서 PHMG로 바꿈(10월).

　　　　 - 옥시싹싹가습기당번(주성분: PHMG)을 2011년까지 415만 개 판매.

2001년 - 영국계 RB(레킷벤키저) 옥시 인수.

1　이 내용은 사회적 참사 특별조사위원회 홈페이지(http://socialdisasterscommission. go.kr/)에 게재되어 있는 것을 필자가 일부 수정한 것이다.

2006년   - 의학계 원인 미상 소아 사망 발생 인지.

2011년   - 질병관리본부 역학조사 중간 결과 발표. 가습기살균제를 원인 미상 폐손상 위험 요인으로 추정, 사용 및 출시 자제 권고(8월 31일).

        - 6종 제품 강제 수거 명령 발동(옥시싹싹 뉴 가습기당번, 세퓨 가습기살균제, 와이즐렉 가습기살균제, 홈플러스 가습기청정제, 아토오가닉 가습기살균제, 가습기 클린업 등 6종), 나머지 제품도 사용 중단 강력 권고(11월 11일).

2014년   - 3월 12일 질병관리본부 1차 피해 신청자 조사 결과 발표

        - 3월 13일 가습기살균제로 인한 폐질환이 환경성질환으로 규정됨(환경보건법 시행 규칙)

2016년   - 서울중앙지방검찰청 가습기살균제 피해 사건 특별수사팀 전담 수사 개시(1월 26일)

        - 검찰 수사 과정에서 옥시의 서울대학교·호서대학교 실험 조작 의혹 및 매수 의혹 드러남(3~4월)

        - 국정조사(7~10월)

2017년   - 가습기살균제 피해구제를 위한 특별법 제정(2월 8일)

        - 제조물책임법 개정(최대 세 배 징벌적 손해배상제 도입, 4월 18일)

        - 문재인 대통령 공식 사과(피해자 청와대 초대, 8월 8일)

        - 가습기살균제 피해구제를 위한 특별법 시행(8월 9일)

        - 옥시RB 익산공장(옥시 유일 직영 공장) 폐쇄(9월 30일)

        - 사회적 참사의 진상규명 및 안전사회 건설 등을 위한 특별법 국회 본회의 통과(11월 24일)

2018년   - 가습기살균제 사건 관련 형사재판 대법원 확정 판결(1월 25일)

        - 생활화학제품 및 살생물제 안전관리법(일명 '바이오사이드법') 제정(3월 20일)

        - 사회적참사 특별조사위원회 위원 임명(3월 22일)

        - 가습기살균제 피해구제를 위한 특별법 일부 개정·공포(8월 14일)

        - 사회적참사 특별조사위원회(이하 특조위) 업무 개시(12월 11일)

2019년	- 검찰, 애경 전산센터 압수수색 및 필러물산 전 대표 구속기소/공장장 불구속기소(2월 24일)
	- 검찰, 애경산업 전 대표와 전무 등 2명 구속(증거인멸 혐의, 2월 28일)
	- 특조위 가습기살균제 참사 피해 가정 실태조사 결과 발표(3월 14일)
	- 법원, SK케미칼 부사장 구속영장 발부(3월 14일)
	- 특조위, 애경 가습기메이트(CMIT/MIT) 노출 반려동물 사망, 폐섬유화 등 치명적 건강 피해 확인(3월 22일)
	- 검찰, 가습기살균제 사건 재수사 결과 발표 및 34명 기소(7월 23일)
2020년	- 가습기살균제 피해구제를 위한 특별법 개정(3월 24일)

　　가습기살균제 참사 원인이 밝혀진 2011년부터 피해자 구제와 지원을 위해 정부가 취해 온 주된 방법은 의과학적 접근법이었다. 의과학적 접근법이란 가습기살균제로 인한 피해 정도와 피해 판정 기준을 주로 의과학 연구자들로 구성된 전문가 집단에서 의과학적 지식을 바탕으로 만들어 적용하는 것을 의미한다.[2] 정부는 이러한 의과학적 접근을 통해 가습기살균제 피해 정도를 4단계로 나누고, 각 단계의 판정기준을 제시했다. 보건복지부 소속 질병관리본부는 2012년 말에 민관합동으로 가습기살균제 폐손상조사위원회를 구성해, 이 폐손상조사위원회가 신고자 개인별로 가습기살균제 노출 및 건강 피해를 확인하고, 그에 근거해 가습기살균제 피해 여부를 판정하도록 했다. 위원회는 피해 판정 결과를 1단계 '가능성 거의 확실함', 2단계 '가능성 높음', 3단계 '가능성 낮음', 4단계 '가능성 거의 없음'의 4단계로 나누고 각 단계 판정기준을 다음과 같이 제시했다(보건복지부 질병관리본부 폐손상조사위원회, 2014).

2 　현재 환경부 산하에 설치된 가습기살균제 피해자 판정을 위한 각종 위원회의 구성원을 보면 압도적 다수가 의과학 분야의 전문가들임을 알 수 있다. 자세한 내용은 한국환경산업기술원 가습기살균제 피해 지원 종합 포털(https://www.healthrelief.or.kr/)에서 확인할 수 있다.

1단계 가습기살균제 노출이 확인된 사례로서, 질병 경과를 따라서 소엽중심성 섬유화를 동반한 폐질환이 발생하고 진행하는 과정의 대부분을 일정 시점에서의 병리조직검사·영상의학검사 또는 임상소견 등을 통해 확인할 수 있으며, 그 전체적인 진행 경과를 설명할 수 있는 다른 특별한 원인이 없이 가습기살균제로 인한 말단기관지 부위 중심의 폐질환 가능성이 거의 확실함.

2단계 가습기살균제 노출이 확인된 사례로, 질병 경과를 따라서 소엽중심성 섬유화를 동반한 폐질환이 발생하고 진행하는 과정의 일부를 일정 시점에서의 병리조직검사·영상의학검사 또는 임상소견 등을 통해 확인할 수 있으며, 그 전체적인 진행 경과를 설명할 수 있는 다른 특별한 원인이 있을 수도 있으나, 가습기살균제로 인한 말단기관지 부위 중심의 폐질환 가능성이 보다 높음.

3단계 가습기살균제 노출이 확인된 사례로서, 질병 경과를 따라서 소엽중심성 섬유화를 동반한 폐질환이 발생하고 진행하는 과정의 일부를 일정 시점에서의 병리조직검사·영상의학검사 또는 임상소견 등을 통해 의심할 수 있어 가습기살균제의 영향을 완전히 배제할 수는 없으나, 그 전체적인 진행 경과가 소엽중심성 섬유화를 동반한 폐질환의 발생 및 진행과 일치하지 않아, 다른 원인들을 고려할 때 가습기살균제로 인한 말단기관지 부위 중심의 폐질환 가능성이 낮음.

4단계 가습기살균제에 노출된 사례이지만, 질병 경과를 따라서 소엽중심성 섬유화를 동반한 폐질환이 발생하고 진행하는 과정들을 일정 시점에서의 병리조직검사·영상의학검사 또는 임상소견 등을 통해 확인할 수 없으며, 그 전체적인 진행경과가 소엽중심성 섬유화를 동반한 폐질환의 발생 및 진행과 일치하지 않아 가습기살균제로 인한 말단기관지 부위 중심의 폐질환 가능성이 거의 없음.

정부는 폐손상조사위원회가 만든 이러한 단계 구분에 따라 1단계와 2단계 판정을 받은 신고자만을 피해자로 간주하여 구제급여라는 이름의 정부 지원금 대상으로 인정한 반면, 3, 4단계 판정자의 경우는 그중 소수만이 구제계정이라는 기업 출연 기금으로 병원비와 장례비 등을 지원받았다. 2019년 7월 19일 현재 전체 6476명의 피해 신고자 중 5435명이 폐질환 신고자인데, 이 가운데 1단계 판정자는 264명(4.8%), 2단계 판정자는 210명(3.9%), 3단계 판정자는 298명(5.5%), 4단계 판정자는 4512명(83.0%), 판정 불가자는 151명(2.8%)이었다. 아울러 2017년부터 태아 피해, 2018년부터 천식과 아동간질성폐질환 등이 점차 피해 질환으로 인정받고 있다. 그 결과 현재 태아 피해자 인정 27명, 천식 피해자 인정 324명, 특별 구제계정 대상자는 2127명에 달했다.

이상에서 살펴본 의과학적 접근법은 피해 신고자들을 대상으로 엄밀한 의과학적 '증거주의'에 입각해 '피해자성'의 정도를 판정함으로써 판정의 객관화·과학화를 증진시켰다고 볼 수 있다. 하지만 이러한 의과학적 접근에 기반을 둔 판정기준의 확정과 실행이 가습기살균제로 인한 건강 영향 평가에서 발생할 수 있는 불확실성 문제에 대한 고려를 충분히 한 것이라고 보기는 어렵다. 무엇보다 이러한 의과학적 단계 구분과 판정기준 확정은 관련 사전 연구가 충분히 축적되지 않은 상태에서 제한적인 자료와 경험에 기초해 이뤄졌다는 한계가 있을 뿐만 아니라, 피해 판정 초기에는 말단기관지 폐질환만 피해 인정 질환으로 한정하고, 천식이나 비염·폐렴 등 피해자들이 가습기살균제 사용 이후 겪고 있다고 주장하는 질환에 대해서는 비특이성 질환이라는 이유로 피해 인정 대상에서 제외함으로써 피해자들이 몸으로 겪고 있는 경험적 지식과도 커다란 간극을 보였다(최예용, 2017). 이는 결국 정부의 피해 단계 구분과 판정기준에 대해 피해 신고자들의 사회적 수용성을 떨어뜨리고, 궁극적으로는 판정 불복으로 인한 사회적 갈등을 증폭하는 결과를 초래했다.[3]

이처럼 피해 단계 구분과 판정 기준을 둘러싼 비판과 갈등이 고조되자 정부는 2020년 3월에 가습기살균제 피해 구제를 위한 특별법을 개정하게 된다. 개정 법안은 피해 정도를 4단계로 나누던 기존의 단계 구분 방식을 폐지하여 보다 포괄적으로 건강 피해가 인정될 수 있는 길을 열었다. 따라서 구제급여와 구제계정도 통합되어 피해자는 모두 구제급여 수급자가 되도록 했다. 아울러 법 개정 후 인과관계 추정 요건도 달라졌는데, 핵심은 피해 신청자가 엄격한 개별적 인과관계가 아니라 역학적 상관관계를 입증할 경우 피해자로 인정한다는 점이다. 구체적으로 피해 신청자가 ① 가습기살균제에 노출된 사실, ② 노출 이후 건강 피해가 발생한 사실, ③ 가습기살균제 노출과 질환 간에 역학적 상관관계가 있음을 증명한 경우 인과관계를 추정하도록 했다. 다만 기업이 피해 신청자의 건강 피해가 가습기살균제로 인한 피해가 아니라는 것을 반증할 경우는 추정된 인과관계를 배제할 수 있도록 했다. 그 결과 2021년 2월 말 현재 가습기살균제 피해 신청자 7284명 중에서 4114명이 구제급여 지급 대상자로 인정되었다.

3. 가습기살균제 참사의 사회적 함의

지금까지 가습기살균제 참사의 전개 과정을 살펴보고, 가습기살균제 피해자 판정 과정에서 주로 활용되어 왔던 의과학적 접근법의 공헌과 한계를 검토했다. 의과학적 접근법이 많은 공헌을 해왔지만, 여기에만 의존함으로써 수많은 피해자들이 피해자로 인정받지 못하는 결과를 초래했다는 인식, 그리고 가습기살균제 참사와 같은 비극의 재발방지책 마련을 위한 좀 더 근원적인 성찰의 필

---

3 일본 미나마타병 연구의 권위자 미야모토 겐이치(宮本憲一) 교수는 미나마타병의 원인 규명 및 피해자 판정기준 문제와 관련해 '과학자의 실패'를 언급한 바 있는데(Kenichi, 2019), 가습기살균제 피해 단계 및 판정기준과 관련해 여기서 지적되는 문제점 역시 의과학 전문가들의 의도하지 않은 실패로 볼 수 있을 것이다.

요성은 기존의 의과학적 접근을 뛰어넘어 사회적 차원의 해법 마련을 위한 다양한 접근이 요구됨을 시사한다. 이 장에서는 가습기살균제 참사에 대한 사회적 해법을 모색하는 사전단계로, 먼저 가습기살균제 참사에 내포된 여러 사회적 함의를 살펴보기로 한다.

1) 역사문화적 배경

주지하듯이 한국은 1960년대 이후 매우 빠른 속도로 높은 경제성장을 이룩해 왔다. 사회과학자들에 의해 '압축적 근대화' 혹은 '돌진적 산업화'라고도 불리는(장경섭, 1998; 노진철, 2004; 이병천, 2006) 이러한 고속 경제성장은 1960년에 군사쿠데타로 정권을 잡은 박정희가 권위주의적으로 추진한 개발주의·성장주의 정책들을 기반으로 하는데, 이러한 개발주의·성장주의를 떠받치는 한 축이 과학기술 중심주의 이념이다. "과학기술입국"을 기치로 내건 박정희 군사정권은 4월 21일을 '과학의 날'로 정하고 해마다 여러 가지 행사를 통해 과학에 대한 일반 국민들의 관심을 불러일으키고자 했다(이영희, 2014).

1970년대 초에 박정희는 "전 국민의 과학화 운동"을 주창하기도 했는데, 전 국민의 과학화 운동은 겉으로는 합리·능률·창의를 기본 정신으로 설정해 과학적 생활 풍토 조성, 전 국민의 기술화 및 기능화, 산업기술 개발 촉진을 주요 시책으로 삼고 있었지만, 실은 당시 박정희 군사정부가 추진하던 경제개발을 통한 조국 근대화를 뒷받침해 줄 필요에 의해 위로부터 조직된 일종의 문화혁명과도 같은 성격을 띤다. 당시 박정희 정부는 전 국민의 과학화 운동의 최종적인 목표가 국민들을 근대화의 역군이자 산업전사로 만드는 데 있다고 천명한 바 있다(송성수, 2008). "과학기술이야말로 '조국 근대화'의 핵심 도구이니 국민이라면 누구나 과학기술을 익혀 근대화의 역군으로서 당당한 산업전사가 되어야 한다"라는 성장주의·개발주의 논리하에서 국민들은 과학기술을 부지런히 익혀 국가 발전에 기여할 것을 요구받았다.

박정희 정권이 추진한 개발주의·성장주의 이념과 정책은 시간이 누적되면서 국민들의 행동과 심리에 크게 영향을 미치는 하나의 사회문화로 굳어진다. 그 결과 과학기술 자체가 진보이며 모든 문제의 해결책으로 보는, 대부분의 문제를 과학기술로 해결하려는 '기술적 해법' 우선주의, 다시 말해 기술결정론적 사고방식을 기반으로 한 대중문화가 국민들 사이에 뿌리내린 것이다.

이는 가습기살균제 피해가 짧은 시간 내에 광범위하게 퍼지게 된 배경 중 하나가 되었다. 가습기를 청소하지 않고 사용할 경우 세균이 가습기 물통에서 자랄 수 있어 가습기를 매일 번거롭게 청소해야 하는데, 알약 하나만 넣거나 뚜껑에 액체로 된 가습기살균제를 한두 번만 부어주면 세균을 깔끔하게 박멸할 수 있다는 판매회사들의 광고와 선전은 사람들에게 엄청나게 편리하고 명쾌한 기술적 해법으로 다가갔던 것이다.

2) 전문가 체제의 문제

가습기살균제 참사는 한국 사회의 전문가 체제에 담긴 문제점을 드러내는 계기가 되었다. 가습기살균제 참사로 인해 드러난 전문가 체제의 대표적인 문제점으로는 지적 권위를 행사할 수 있는 전문가 상당수가 기업에 포획된 '청부과학자'(마이클스, 2009)가 되었다는 점, 그리고 기술관료들이 관리하고 운영하는 국가의 위험물질 관리 체계가 불완전해 많은 허점을 드러냈는데, 그 근저에는 정부 부처 간의 비협조와 소통 부재로 인한 '조직화된 무책임성(organized irresponsibility)'이 있었다는 점을 들 수 있다.[4]

---

4 독일의 사회학자 울리히 벡에 따르면 복잡하게 조직화된 현대사회에서는 사고나 재난의 발생 과정에 여러 조직이 서로 맞물려 상호작용을 하기 때문에 사고나 재난이 누구의 책임

먼저 기업에 포획된 '청부과학자' 문제는 서울대학교와 호서대학교 교수의 실험 결과 조작 사건에서 그 실체를 확인할 수 있었다. 2016년 '가습기살균제 피해 사건 특별수사팀'을 꾸린 서울중앙지방검찰청은 가장 많은 피해자를 낸 옥시레킷벤키저가 법원에 제출한 서울대와 호서대 교수의 가습기살균제 물질에 대한 독성 평가 보고서가 조작되었다고 발표했다. 서울대 수의과대 조아무개 교수는 옥시의 의뢰를 받고 '가습기살균제와 피해 사실에는 인과관계가 명확하지 않다'는 옥시 측에 유리한 연구 보고서를 낸 인물인데, 옥시는 이 실험의 연구용역비 2억 5000만 원 외에 '자문료' 명목으로 조 교수 개인 계좌에 수천만 원을 입금한 것으로 알려졌다. 이에 조 교수는 지난 2016년 가습기살균제 사건 검찰 수사 당시 데이터 누락 행위, 연구비 편취 등에 대해 수뢰후부정처사, 증거 위조, 사기 혐의 등으로 구속기소 됐다. 그는 2016년 9월, 1심 재판에서 세 가지 혐의 모두 유죄판결을 받아 징역 2년 및 벌금 추징 선고를 받았지만, 2017년 4월에 2심 재판부는 데이터 누락 행위 등이 부정행위가 아니라고 보아 수뢰후부정처사 및 증거 위조 부분에 무죄를 선고했고, 사기 혐의에 대해서만 조 교수에게 유죄를 선고했다. 하지만 서울대학교 연구진실성위원회는 2018년 12월경 조 교수의 데이터 누락 행위 등에 대해 '연구 데이터 임의 변경·누락을 통한 조작'으로서 연구부정행위에 해당하고, 연구 진실성 위반의 정도가 중대한 것으로 판단된다고 결정했다. 호서대학교 유 아무개 교수도 2011년 9월 무렵 옥시로부터 가습기살균제 흡입독성시험 등 용역을 의뢰받아 옥시에 유리한 최종 보고서를 작성한 바 있다. 그는 배임수재 등으로 1년 4월의 실형을 선고받고, 2017년에 대법원에서 유죄판결이 확정되었다. 이 두

인지를 정확히 알 수 없는 상황이 종종 발생하는데, 이것이 바로 '조직화된 무책임성'이다. 아울러 잠재적인 위험의 피해자들이 정책 결정 과정에 참여할 수 없게 되어 있는 관료주의적 의사결정 구조 탓에 정책결정자들은 그 결정으로 영향받을 피해자들을 제대로 고려하지 않게 된다는 점도 조직화된 무책임성의 한 부분을 이룬다. 벡(1997).

교수의 사건은 우리 사회의 전문가들이 자본에 얼마나 쉽게 포획될 수 있는지를 잘 보여준다.

아울러 가습기살균제 참사 발발 이후 위험한 화학물질에 대한 정부 규제에 상당한 사각지대가 존재했다는 점이 드러났다(홍성욱, 2018). 예를 들어 가습기살균제의 주성분으로 쓰인 CMIT/MIT, PHMG, PGH 등은 모두 공장에서 만들어낸 화학물질, 즉 공산품이기 때문에 '품질경영 및 공산품안전관리법'(이하 품공법)의 규제를 받아야 하는데도 그렇지 않았던 것이다. 품공법의 대상이 되는 제품 중에서는 국가에 의해서 안전인증을 받아야 하는 '안전인증제품'이 있고, 자율적으로 안전 확인을 하는 '자율안전대상제품'이 있지만, 가습기살균제는 그 어디에도 포함되지 않는 사각지대에 놓여 있었던 것이다. 독성에 대한 규제도 마찬가지였다.

독성은 '유해화학물질관리법'(이하 유해법)에 의해 규정되었는데, 이 유해법은 1990년에 제정되어 1991년부터 시행되었다. 그렇지만 이 법령이 시행될 때 이미 3만 종 이상의 화학물질이 나와 있었기 때문에, 이미 사용하던 기존 화학물질에 대해서는 리스트만 작성하고 유해성 심사에서 제외했다. 이 리스트는 환경부에 의해 작성되었고, 1996년에 환경부와 노동부가 협의해 합본을 만들었다. 유공에 의해 1994년 첫 가습기살균제 원료로 사용했던 CMIT/MIT는 당시 기존 화학물질에 포함되어 있다는 이유로 유해성 심사에서 면제되었다(보건복지부 질병관리본부 폐손상조사위원회, 2014). 이러한 문제의 근저에는 정부 부처 간의 칸막이로 인한 비협조와 소통 부재를 그 특징으로 하는 경직된 관료주의(bureaucracy)가 있었다(홍성욱, 2018). 예컨대 정부 관료조직 내에서도 원료와 제품에 대한 규정과 관장 부서가 달라 원료의 독성 등 '화학적 위해 요인'의 심사는 환경부 소관이었고, 제품의 재질이나 모양 등 '물리적 위해 요인'과 관련된 것은 산업통상자원부 소관이었는데, 이 두 부서 사이의 관계는 협력보다 견제가 주를 이뤘던 것이다. 그 결과 가습기살균제는 정부가 나름대로 촘촘하게 처놓은 규제 그물망을 빠져나가 결국 사회적 참사를 불러일으켰다. 한마디로, 경직된 관료주의적 행태는 정부의 가습기살균제 위험관리에서 '조직화된 무책임성'을 야기한 제도적 배경으로 작용했다고 할 수 있다.

3) 지식생산의 정치와 사회운동의 역할

지식생산의 정치란 과학화·기술화·전문화를 특징으로 하는 현대사회에서 과연 어떤 집단이 생산해 내는 지식(전문성)을 사회적으로 가장 가치 있고 믿을 만한 것으로 여겨야 하는지를 둘러싸고 개인이나 집단 사이에서 형성되는 갈등적인 경합 과정이라고 할 수 있다(Fischer, 2009). 이러한 지식생산의 정치는 자격증이나 학력 등을 통해 사회적으로 제도적 기반이 있는 전문가 지식(expert knowledge) 내부에서 이뤄질 수도 있고, 보통 사람들이 일상의 경험을 통해 체득한 시민지식(lay knowledge)이 전문가 지식에 맞서는 형태로 전개될 수도 있다. 가습기살균제 피해 단계 구분과 각 단계의 판정 기준을 마련하는 과정 역시 지식생산의 정치가 작동되는 장이 되고 있다.

앞에서 살펴본 바와 같이 정부가 공식적으로 피해자 신고를 접수하면서부터 과연 신고한 이들 중 누가 보상받을 자격이 있는 피해자인지 가려내는 일이 매우 중요해졌다. 보건복지부 소속 질병관리본부가 2011년에 발생한 다수의 '원인 미상 폐질환'으로 인한 사망이 가습기살균제에 의한 것임을 확인하고 2012년 말에 민관합동으로 '가습기살균제 폐손상조사위원회'를 구성하게 된 것은 바로 이런 이유에서였다. 폐손상조사위원회는 신고자 개인별로 가습기살균제 노출 여부와 정도, 건강 상태를 확인하고, 이에 근거해 가습기살균제 피해를 판정할 목적으로 활동했다. 위원회는 피해 판정 결과를 '가능성 거의 확실함'의 1단계부터 '가능성 거의 없음'의 4단계로 나누고 각 단계 판정기준을 정했다.

이처럼 폐손상조사위원회가 피해 단계와 판정기준을 만든 것은 환경보건 분야 전문가들이 가습기살균제 참사 피해 규모를 파악하고 피해자에게 보상하는 데 활용할 수 있는 새로운 환경보건 지식을 생산한 것으로 볼 수 있다. 하지만 폐손상조사위원회가 만든 이러한 지식은 피해자 단체들이 주도하는 사회운동의 도전을 계속 받아야 했다. 그들의 요구는 내용상 두 가지로 집약된다. 첫째는 폐질환 이외의 질환도 가습기살균제 피해로 인정해야 한다는 것이다. 폐질환 이외의 질환으로 제시된 것은 태아 피해, 천식, 독성 간염, 아동 간질성 폐질환, 성인 간질성 폐질환, 폐렴, 기관지확장증, 비염 등이다. 이 중 태아 피해와 천식은 2017년부터, 아동 간질성 폐질환은 2018년부터 가습기살균제 피해 질환에 포함되었다. 정부는 성인 간질성 폐질환, 기관지확장증, 폐렴, 독성 간염 등도 가해 기업으로부터 징수한 구상금에서 우선 지원하는 구제 계정 대상으로 정했고, 알레르기성비염이나 결막염, 중이염, 피부염 등 동반질병도 점차 구제 계정 대상으로 확대해 나가겠다고 밝힌 바 있다(환경부, 2018). 두 번째는 폐질환 단계 구분 자체를 폐지하라는 요구이다. 앞서 살펴보았듯이 당시의 단계 구분에 따르면 신고자의 8.7%만이 정부 지원금 대상자로 인정받고 대다수는 정부 지원금 비대상자로 배제되었는데, 여기서 배제된 피해자 대다수는 정부가 만든 판정기준과 단계를 수용할 수 없다면서 정부에 항의했던 것이다. 특히 2019년 4월에 폐섬유증으로 숨진 조덕진 목사가 이전에 가습기살균제 피해자 신청을 했지만, 4단계 판정을 받았었다는 사실이 알려지면서 단계 판정의 타당성에 대한 피해자 단체의 도전이 더욱 거세졌다. 이러한 도전은 결국 앞에서 언급한 바와 같이 '가습기살균제 피해구제를 위한 특별법' 개정을 이끌어냈다. 이는 단계 구분과 피해 판정기준에 대한 기존 전문가 위주의 지식생산이 피해자 단체를 비롯한 사회운동의 도전을 받으면서, 생산되는 지식의 내용이 변화되거나 향후 변화될 가능성이 있음을 의미한다. 이를 통해 볼 때 현재 가습기살균제 피해 판정과 보상 제도를 둘러싼 지식생산의 정치가 활발히 수행되고 있다고 할 수 있다. 그리고 가습기살균제 피해 단계 구분과 판정기준을 둘러싼 이러한 지식생산의 정치는 전문가 집단 내부에서의 경합과 갈등이라기보다는, 피해자 운동 집단이 자신들의 몸의 경험을 기반으로 한 시민지식을 무기로 전문가 지식에 도전하는 형태를 취하고 있다.

4. 가습기살균제 참사의 사회적 해법 모색

지금까지 우리는 가습기살균제 참사의 전개 과정, 피해자 구제 및 지원을 위한 제도 설계에서의 의과학적 접근법의 공헌과 한계, 가습기살균제 참사가 던지는 사회적 함의를 살펴보았다. 이 절에서는 앞서 살펴본 가습기살균제 참사의 사회적 함의를 바탕으로 가습기살균제 피해자 구제와 지원을 위한 사회적 해결 방안의 대략적인 틀과 방향성을 모색해 보기로 한다.

1) 입증책임의 완화와 전환을 위한 사회적 공론화[5]

가습기살균제 피해자 구제와 관련해 기존의 의과학적 접근 방식에 큰 한계가 있으므로 사회적 해법의 모색이 절실한 상황이다. 무엇보다 사회정책 차원에서 피해자 구제 확대가 시급한데, 이를 가능케 하기 위해서는 피해 입증책임의 완화 또는 전환이 이뤄져야 한다. 피해 입증책임의 완화란 피해 입증책임 부담이 전적으로 신고자에게 있는 현행 제도를 개선해 신고자의 입증책임 부담을 경감하는 것을 말한다. 예컨대 신고자가 앓고 있는 질환이 가습기살균제

---

5   이 부분은 2020년 3월 '가습기살균제 피해구제법'이 개정되기 전에 쓴 것이어서 개정 법안의 내용을 담고 있지 않다. 개정 법안에는 입증책임 완화 및 전환과 관련해 이 장에서 필자가 제시한 사회적 해법의 문제의식과 방향성이 어느 정도 반영된 것으로 보인다.

사용 이후에 발생했다는 시간적 선후관계가 입증되고, 그 질환이 가습기살균제 사용에 의한 것일 개연성이 역학조사로 뒷받침된다면 신고자는 입증책임 부담 없이 가습기살균제 피해자로 인정받는 안을 생각해 볼 수 있을 것이다. 이와 같은 입증책임 완화 사례는 1980년대에 미국에서 벌어진 담배 소송에서 찾아볼 수 있다.

미국에서 1954년 첫 소송이 제기된 이후 1980년대까지 담배회사들은 흡연과 폐암의 역학조사 결과를 개별적 인과관계로 인정하지 않았으며, 한 번도 패소하지 않았다. 그러나 1980년대 말에 다시 제기된 소송에서 미국 법원은 역학적 증거를 통해 흡연이 폐암 발병의 주된 원인임을 주장하는 원고의 손을 들어주었다(박진영·이두갑, 2015). 흡연자 각각이 개별적으로 피해를 입증하는 것이 아니라 흡연자 집단을 대상으로 한 역학조사 결과를 증거로 하여 흡연자 개인에 대한 담배회사의 법적 책임을 인정할 수 있다는 판결이었다. 이는 개별적 피해 입증의 엄격한 책임을 역학조사 결과로 대체했다는 점에서 피해 입증책임의 완화라고 할 수 있다.

피해 입증책임의 전환이란 입증책임의 완화보다 더 적극적인 개념으로, 기본적으로 피해 입증책임 부담을 피해자가 아니라 가해자가 져야 한다는 발상이다. 따라서 입증책임의 전환이 이뤄진다는 것은, 만약 어떤 사람이 가습기살균제 피해자로 신고할 경우 신고자가 자신이 피해자임을 입증해야 하는 것이 아니라 가해자가 이 신고자가 진짜 피해자인지 검증할 책임을 지도록 하는 것이다.

그런데 이러한 입증책임의 완화 또는 전환이라는 중요한 정책 변화는 누가 결정해야 하는가? 필자는 이러한 정책 변화에 대한 논의가 특정 전문가 집단이 아니라 더욱더 많은 전문가와 이해관계자, 공중이 참여하는 정책 공론화를 통해 이뤄져야 한다고 본다. 입증책임의 완화 또는 전환을 위한 정책 공론화는 관련 전문가, 피해자단체, 학술단체, 정부, 국회, 시민단체, 언론매체 등 다양한 사회 구성원으로 이뤄진 '정책네트워크'를 기반으로 한 개방적 토론과 숙의를 통해 추진되어야 한다. 따라서 사회적 논의의 확산과 더불어 사회 구성원들의 포괄적 참여를 기반으로 한 문제 해결 방법인 것이다. 특히 가습기살균제 피해자 인정과 보상에는 가해 기업이 낸 기금만이 아니라 국민이 낸 세금인 공적자금도 투입되고 있다는 점에서 국민적 공감대를 형성하기 위한 사회 공론화 추진이 필요한 사안이라고 할 수 있다.

이러한 정책 공론화를 통한 입증책임 정책의 변화 필요성에 대한 논의는 실비오 펀토비치(Silvio Funtowicz)와 제롬 라베츠(Jerome Ravetz)가 이야기하는 불확실성 위험에 대한 사회적 관리전략과도 상통한다. 대부분의 위험은 불확실성을 특징으로 한다. 펀토비치와 라베츠에 따르면 불확실성에는 기술적 불확실성, 방법론적 불확실성, 인식론적 불확실성이 있다(Funtowicz and Ravetz, 1992). 기술적 불확실성(technical uncertainty)은 측정의 부정확성을 의미하며 응용과학을 적용해 쉽게 해결할 수 있고, 방법론적 불확실성(methodological uncertainty)은 위험 정보를 분석하는 데 사용되는 방법과 분석자에 대한 신뢰와 관련되는 것으로 고도로 숙련된 전문가의 판단을 통해 해결할 수 있는 반면, 인식론적 불확실성(epistemological uncertainty)은 주로 가치의 개입에 따른 인식의 차이가 야기한 지식의 불확정성과 인간 인지능력의 한계에서 비롯된 무지 때문에 발생한다. 가습기살균제 피해 판정 문제도 이러한 지식의 불확정성과 인지능력의 한계를 내포한다는 점에서 인식론적 불확실성에 해당한다. 사회적 공론화를 통한 위험 거버넌스 구축은 일차적으로는 기술적 의사결정이 던져주는 불확실성, 더 구체적으로는 인식론적 불확실성 문제에 대한 대응이라는 성격을 띤다(Renn, 2008). 인식론적 불확실성 문제에 대한 대응이란 기술적 의사결정이 향후 어떤 위험스러운 결과로 나타날 것인지 전문가들조차 확실히 예측하기 어려운 불확실한 상황일 경우, 위험관리를 논의하는 과정에 가능한 한 많은 이해당사자들을 참여시켜 그 불확실성을 최소화하려는 전략을 말한다(이영희, 2010).

펀토비치와 라베츠는 이처럼 인식론적 불확실성이 높은 의사결정 상황에서는 협소한 범위의 전문가에 국한하는 것이 아니라 '확장된 동료 공동체(extended peer community)'를 참여시키는 것이 의사결정을 더 합리적으로 하는 데 필요하다고 본다. 확장된 동료 공동체는 문제가 되고 있는 의사결정 이슈에 대한 '사실의 확장(extended facts)'을 위해 좁은 의미의 해당 분야 전문가들만이 아니라 넓은 의미의 관련 전문가들, 일반 시민이나 지역 주민과 같은 직간접적인 이해관계자들까지 참여시킴으로써 인식론적 불확실성에 대한 관리를 민주적으로 수행하게 하는 것이다. 이는 독성평가나 위험평가, 환경영향평가 등을 수행하고 그 결과를 공공정책에 반영하는 규제과학(regulatory science) 분야에서 만큼은 협소한 전문가주의를 기반으로 한 '오만의 기술(technologies of hubris)' 대신 인지적 불확실성을 인정하고 다른 사람들의 목소리에도 귀 기울이는 '겸허의 기술(technologies of humility)'이 요청된다는 과학기술학자 실라 재서너프(Sheila Jasanoff)의 주장과도 상통한다(Jasanoff, 2003). 이처럼 사회적 공론화를 통한 참여적 의사결정은 가습기살균제 피해 판정과 관련해 기존의 의사결정 방식에 내재된 과도한 과학주의나 전문가주의의 위험과 한계를 극복하고 가습기살균제 피해의 다면적이고 복합적인 측면을 인정하게 함으로써 더욱 합리적인 의사결정에 다가설 수 있도록 한다.

그런데 이러한 참여적 의사결정이 사회적 합리성만이 아니라 과학적 합리성 향상에도 기여한다는 점을 간과해서는 안 된다. 예컨대 앞에서 살펴본 바와 같이 '체화된 보건운동(Embodied Health Movement)' 사례들에 대한 필 브라운과 에드윈 미켈슨의 연구(Brown and Mikkelsen, 1990), 에이즈 행동주의(AIDS activism)에 대한 스티븐 엡스타인의 연구(Epstein, 1996), 프랑스의 근육퇴행위축 환자들과 과학자들 사이의 협력 연구에 대한 미셸 칼롱과 라베하리소아의 연구(Callon and Rabeharisoa, 2003) 등은 참여적 연구가 사회적 합리성은 물론이고 과학적 합리성도 드높인다는 것을 잘 보여주고 있다. 요컨대 이러한 연구들은 가습기살균제 참사 피해자를 치료와 보상의 '대상'으로서만이 아니라 인식론적 차원의 지식생산의 한 '주체'로 포함시키는 것이 중요함을 시사한다.

2) 국가 책임의 인정과 일괄 구제

또 다른 사회적 해법으로 생각해 볼 수 있는 것은 피해 신고자들 중에서 해당되지 않는 것이 명백한 사람들 외에는 모두 일괄 구제하는 방법이다. 이와 같은 일괄 구제 방식은 가습기살균제 피해자들에 대한 의과학적 연구 진전에 따른 성과를 반영해 피해 대상 질환을 확장하려는 현행 제도 내의 점진주의적 접근과 달리 기존 제도를 뛰어넘어 사회·정치적인 타결을 꾀하는 방식이라고 할 수 있다. 아울러 일괄 구제 방식은 앞에서 살펴본, 피해 입증책임의 완화나 전환을 통해 가습기살균제 피해자의 인정 범위를 확대하자는 주장에 비해서도 더 포괄적인 해법이라고 할 수 있다. 왜냐하면 일괄 구제 방식이란 구제 신청자의 가습기살균제 노출이 확인되고, 피해 질환 주장에 대해 조금이라도 가능성이 존재하는 한 모두 구제 대상으로 하자는 것이기 때문이다.

이러한 일괄 구제 방식은 일본의 미나마타병 피해자에 대한 사회적 구제 방식으로 활용된 바 있다. 미야모토 겐이치(宮本憲一) 교수에 따르면 미나마타병은 일본의 4대 공해병 중 하나인데, 1956년 일본 구마모토현 미나마타시에서 처음으로 확인되었다(미야모토 겐이치, 2016). 미나마타시에 있는 대규모 화학공장인 신일본질소비료 공장은 여러 가지 화학제품을 만드는 과정에서 발생한 독성이 매우 강한 메틸수은을 공장폐수와 함께 미나마타만에 무단 방류했고, 그렇게 버려진 메틸수은을 조개 등의 어패류가 섭취하고 그 어패류를 미나마타시 인근 사람들이 오랫동안 섭취하면서 발생한 대표적인 수은중독이다. 1965년에는 니가타현 아가노강 유역에서도 미나마타병과 동일한 병이 발생했는데, 이는 쇼와전공가노세(昭和電工鹿瀬)의 배수에 포함된 메틸수은에 의한 것이어서

'니가타 미나마타병'(제2 미나마타병)으로 불린다. 미나마타병의 주된 증상으로는 양손과 양다리의 감각이 둔해지고 움직임이 부자연스러워지며, 시야 범위가 좁아지고 귀가 잘 안 들리며, 말이 부정확해지는 것 등을 들 수 있다. 발생 당시 증상이 심한 사람은 경련을 일으키거나 의식불명으로 사망하기도 했고, 임산부 체내에 들어간 메틸수은은 탯줄을 통해 태아에게 전달되어 태어나면서부터 미나마타병 증상을 보이는 태아성 미나마타병 환자도 다수 발생했다.

일본 정부는 첫 환자 보고 후 12년 만인 1968년 9월에야 구마모토 미나마타병은 신일본질소 미나마타 공장 아세트알데히드 초산 설비 내에서 생산된 메틸수은 화합물이 원인이라며 공해로 인정하고, 새롭게 법률을 만들어 1969년부터 미나마타병 환자 구제에 착수했다. 구제 방식은 피해 신고자가 먼저 인정심사회의 심사를 받고 국가나 현으로부터 미나마타병으로 인정받으면 질소공장으로부터 의료비나 요양 수당, 일시금(위자료) 등을 보상받는 식이었다. 하지만 1977년에 정부가 만든 피해자 인정 기준은 감각장애와 시각장애 등 복수의 증상이 나타나는 신고자만을 피해자로 인정하는 것이어서 실제 피해를 입은 사람도 인정을 받기가 매우 어려웠다. 그 결과 일본 정부가 미나마타병으로 공식 인정한 환자 수는 3000명이 채 안 되었다. 이와 같은 극히 제한적인 피해자 구제는 많은 피해자들을 법적 소송에 매달리도록 만들었고, 피해 구제를 둘러싼 사회갈등을 심화했다. 일본 정부는 이러한 상황을 타개하기 위해 미나마타병 환자로 공식 인정받지는 못했지만, 미나마타병으로 의심되는 증상이 있는 사람에 대해 1995년과 2010년 두 차례에 걸쳐 '정치적 타결'이라는 사회적 해법을 추진했다. 그 결과 1995년에 약 1만 2000명이 일시금(1인당 250만 엔)을 지급받았고(제1차 정치적 타결), 2009년 미나마타병 피해자의 구제에 관한 특별조치법 제정으로 2010~2012년 약 6만 명이 일시금(1인당 210만 엔)을 받았다(제2차 정치적 타결)(Hanada, 2019).

일본 정부가 미나마타병 피해자로 공식 인정받지 못한 사람들을 대상으로 두 번에 걸쳐 시행한 일괄 구제 방식에 대해서는 일본 내에서도 '기만적'이라는 비판 의견이 나왔다.[6] 하지만 우리가 주목할 점은 의과학적 인과관계 증명을 입증하지 못해 제외되었던 수많은 피해자들이 비록 제한적이나마 일괄 타결 방식을 통해 정부로부터 어느 정도 보상을 받을 수 있게 되었다는 점이다. 구제와 보상 내용을 더 충실히 채울 수 있다면, 미나마타병 해결 과정에서 등장한 일괄 구제 방식은 가습기살균제 참사 피해자 구제 방안을 강구하는 데 참고할 점이 많다.

그런데 미나마타병 피해자 일괄 구제와 관련해 또 한 가지 우리가 간과해서는 안 되는 것은, 미나마타병의 발발 및 확산과 관련해 1987년에 구마모토법원이 국가와 지방정부의 책임을 인정하는 판결을 했다는 점이다. 즉, 국가의 책임이 공식적으로 인정된 상황이기 때문에 일본 정부가 1995년에 미나마타병 피해자 인정 범위를 확대한 정치적 타결 방안을 내놓을 수 있었던 것이다. 이는 사회적 해법을 마련하는 데 국가 책임의 인정이 선행되어야 함을 의미하는 것으로 해석할 수 있다. 국가 책임에 대한 공식적인 인정 없이 이러한 피해자 구제 문제에 정부가 적극적으로 나오기를 기대하기는 어렵기 때문이다. 가습기살균제 참사의 경우 2017년 8월에 문재인 대통령이 피해자들을 청와대에 초청해 공식 사과하고 2017년 11월에 '사회적 참사의 진상규명 및 안전사회 건설 등을 위한 특별법'(사회적 참사 특별법)을 제정하는 등 노력을 기울이기는 했지만, 아직 국가 책임에 대한 법적 인정이 이루어지지 않은 상태이다. 하지만 많은 법학자들이 지적하듯이 가습기살균제 참사가 발행한 데 대해 국가가 책임져야 할 부분

---

6   2019년 2월 25일에 일본 미나마타시 공민관에서 열린 '미나마타병과 가습기살균제 참사 한일 워크숍'에서 미나마타연구센터 소장 하나다 마사노리(花田昌宣) 교수를 비롯해 오랫동안 미나마타병 피해자 지원 사업에 관여해 온 일본의 학자와 활동가들은 일본 정부의 이러한 일괄 구제 방식이 적은 액수의 돈으로 피해자들을 입막음하려 한 것이라며 대체로 비판적인 견해를 피력했다.

이 꽤 있다. 예컨대 김용화는 당시 국가의 화학물질 유해성 심사 및 평가를 규정하던 '유해화학물질관리법'이 신규 고분자 화학물질 등록 시 위해성 평가를 위한 자료 제출 면제 조치 중에서 특수한 종류의 고분자 화학물질, 특히 양이온성 고분자 화학물질에 적용하는 예외 조항이 미비했는데, 미국이나 호주처럼 면제 예외 조항이 있었다면 가습기살균제 참사를 예방하는 데 일조했으리라 추정되므로 이에 대해 국가의 책임을 물어야 한다고 보고했다(김용화, 2016). 박태현 역시 가습기살균제 참사에 대해 국가는 책임을 져야 마땅하다고 보고했다. 그에 따르면 유해성 심사기관이 2003년 심사 당시 PGH의 흡입독성과 경피독성을 평가하지 않은 채 유해성 여부를 판정한 것은 유해성 심사 규정을 위반한 것인데, 만약 환경부가 당시 규정에 따라 유해성 심사를 제대로 했더라면 사용 제한 등 적절한 손해 회피 조치를 취했을 것이고 그 결과 가습기살균제 사용으로 인한 피해를 방지할 수 있었다고 보기 때문에 국가의 책임을 물을 수 있다고 보고했다. 또한 신규 용도 변경에 따른 유해성 재심사 제도가 유해 화학물질로부터 국민의 생명과 신체 안전을 보호하기 위한 적절하고 효율적인 최소한의 보호조치라는 점으로 볼 때, 당시 신규 용도변경에 따른 유해성 재심사 제도를 두지 않았던 국가는 참사 발생에 대해 책임을 면할 수 없다고 보고했다(박태현, 2016).

이상에서 본 바와 같이 가습기살균제 참사에 대한 국가 책임의 인정을 전제로, 정부는 사실상 피해를 입었지만 제도적으로는 피해자로 인정받지 못한 많은 피해 신고자들을 일괄 구제할 수 있는 사회적 해결 방안에 대해 전향적인 태도를 취할 필요가 있다. 물론 국가가 책임을 인정한다 하더라도 일차적 가해자인 기업에 대해서는 더 엄중히 그 책임을 물어야 한다. 가해 기업은 구제기금을 더 많이 부담하는 것으로 참사에 대한 책임을 이행해야 한다. 이는 피해자 구제 방안 설계에서 국가의 책임과 기업의 책임을 통합적으로 고려하는 방안이라고 할 수 있을 것이다.

3) 참사에 대한 기억의 사회화

앞에서 살펴본 입증책임의 완화나 전환, 일괄 타결 방식 등이 가습기살균제 피해자 개개인에 대한 물질적 지원과 보상을 구체화하는 해법이라면, 좀 더 거시적인 차원에서 피해자들에 대한 정신적인 지지를 가능케 하는 사회문화적 해법도 생각해 볼 수 있다. 진정한 의미에서의 피해 복구란 참사 피해자가 참사 이전의 정상적인 상태로 완벽하게 복귀하는 것은 사실상 불가능할지라도, 피해에 대한 물질적인 지원이나 보상과 함께 정신적인 위로와 치료를 함께 제공할 때 비로소 시작된다고 할 수 있기 때문이다. 이러한 점에서 볼 때 가습기살균제 참사가 단일 사건으로는 가장 많은 희생자를 야기한 바이오사이드 참사라는 점을 고려해 이를 현재와 미래의 사회 구성원들이 항구적으로 기억하고 성찰할 수 있도록 가습기살균제 참사 기념일 제정, 기념관 설립, 관련 서적 및 영상 교재를 제작·보급하여 재난을 사회적으로 학습할 수 있도록 해야 한다.

참사 기억의 사회화는 다시는 한국 사회에서 이러한 참사가 일어나지 않도록 사회 구성원들이 성찰하고 노력하게 하는 문화적 기제로 작동할 뿐만 아니라, 가습기살균제 참사를 겪으면서 몸과 마음이 함께 피폐해져 버린 수많은 피해자들의 존재를 사회적으로 기억하게 하고 그들의 고통에 대한 동료 시민으로서의 연민을 확산시킬 수 있다. 이를 통해 피해자들도 정신적 지지와 연대감을 느낄 수 있을 것으로 기대한다.[7]

---

7   이처럼 참사 기억의 사회화는 재난 관련 의사결정에 대한 이해관계자와 일반 시민들의 참여의 권리만이 아니라 재난 위험사회를 살아가는 시민의 책무감과 덕성까지도 고양할 수 있다는 점에서 사회 구성원들 내 재난 시티즌십(disaster citizenship)을 형성하는 데 크게 기여한다. 재난 시티즌십 개념에 포괄되는 시민의 의무와 책무로는 첫째, 자신과 공동체의 안전 확보를 위해 재난 위험에 대한 지식을 학습하고 활용해야 할 책무, 둘째, 자신과 공동체를 둘러싼 재난 위험에 대해 시민적 관심을 기울이고 성찰성을 유지해야 할 책무, 셋째,

아울러 가습기살균제 참사에 대한 기억의 사회화를 위한 문화적 기제들은 가습기살균제만이 아니라 현대 과학기술의 양면성에 대한 시민적 성찰성을 증진하는 계기로 작동함으로써 한국 사회에서 또다시 이와 같은 참사가 발생하지 않도록 하는 데 기여할 수도 있다. 앞에서 살펴본 바와 같이 한국 사회는 압축적이고 돌진적인 근대화를 통해 짧은 시간에 높은 경제성장을 이룩하면서 개발주의·성장주의에 대한 확고한 지지가 사회 구성원들 사이에 뿌리내렸고, 그 기저에는 과학기술을 경제성장의 중추적 엔진이자 각종 사회문제 해결의 핵심적 열쇠로 믿는 과학기술 만능주의가 자리하고 있다. 그런데 가습기살균제 참사에 대한 기억을 보존하기 위한 이러한 문화적 장치들은 가습기살균제와 같은 독성 위험물질을 별다른 생각 없이 손쉽게 구입·사용하도록 사람들을 추동했던 맹목적인 과학기술 만능주의에 경종을 울림으로써 현대 과학기술과 전문가주의를 더 비판적으로 성찰하도록 하는 계몽적 역할을 수행할 수 있을 것이다. 화학제품과 같은 과학기술에 대한 성찰 증진은 가습기살균제 참사 피해자에 대한 개별적 보상을 넘어 더 근원적인 수준에서 참사 발생 원인을 깨닫게 해줌으로써 사회 구성원들이 생활 속 과학기술에 대해 좀 더 주의하도록 한다는 점에서 향후 가습기살균제 참사와 유사한 사태의 재발을 미리 막을 수 있는 참사 예방을 위한 사회적 해법으로서의 성격도 아울러 지닌다고 할 수 있다.

5. 맺음말: 가습기살균제 참사와 민주주의

미국의 역사학자 티모시 조지(Timothy George)는 일본의 미나마타병 피해자들이 벌인 지난한 인정투쟁을 분석한 책에서 미나마타병 피해자들의 인정투

재난 피해자에 대한 연민과 공감, 시민적 연대성의 책무 등을 들 수 있다(이 책 6장 참고).

쟁이 피해자 보상운동을 뛰어넘어 전후 일본의 민주주의를 한 단계 성숙시킨 민주주의 심화 운동의 성격을 띤다고 주장한 바 있다(George, 2001). 미나마타병 피해자들의 인정투쟁은 제2차 세계대전 패전 이후 승전국인 미국에 의해 이식된 자유·공정 선거와 같은 제도적·절차적 민주주의만이 민주주의의 전부가 아니라 사회적 소수자들과 일반 시민들의 목소리가 존중되고, 이것이 공공정책 결정 과정에도 반영되도록 하는 시민참여적 민주주의가 더 중요하다는 점을 일깨워주었다는 것이다. 요컨대 미나마타병 피해자 운동은 전후 일본의 국가 건설 과정에서 새로운 형태의 사회적 시민권이 발전하는 데 중요한 역할을 했다.

가습기살균제 참사에 대응하는 과정 역시 단순한 피해자 구제를 넘어 한국 사회에 민주주의를 더 확대하고 심화하는 측면이 있다. 먼저 가습기살균제 참사를 수사하는 과정에서 드러난 기업들의 비윤리적 이윤추구 행동, 기업의 일부 전문가 포획 등은 무분별한 기업의 이윤추구 활동에 대한 시민적 통제와 전문가 집단의 사회적 책임 강화 필요성을 증대하고 있다. 최근 기업의 비윤리적 불법행위에 대해 손해 금액의 세 배까지 배상을 요구할 수 있는 징벌적 손해배상제도가 국회를 통과한 것은 가습기살균제 참사를 계기로 기업에 대한 시민적 통제 요구가 반영된 것이라고 할 수 있다. 아울러 가습기살균제 판매사인 옥시와, 가습기살균제 성분의 독성 실험을 수행한 서울대 및 호서대 교수와의 결탁에 의한 실험 결과 왜곡 의혹을 계기로 전문가에게 부여된 지적 권위가 때로는 시민들의 삶에 커다란 피해를 줄 가능성이 있다는 점에서 전문가 집단의 사회적 책임 강화에 대한 요구가 널리 제기되고 있다. 이 역시 전문가 집단에 대한 민주적 통제가 안팎으로 필요하다는 인식이 확산되고 있음을 보여주는 것이다.

또한 우리 사회 민주주의의 확대 및 심화와 관련해 가습기살균제 참사로 인한 사회운동의 대응이 절대적으로 중요한 역할을 해왔다는 점을 지적할 수 있다. 먼저 가습기살균제 참사가 이 정도라도 사회적으로 공론화된 데는 시민단체 및 피해자 단체의 문제 제기와 직접행동이 큰 역할을 했다. 참사 초기 단계에서는 시민환경단체인 환경보건시민센터가 피해자 신고 접수, 진상규명과 피해자 보상 요구를 의제로 내걸면서 가습기살균제 참사에 대응하는 사회운동의 물꼬를 텄고, 이어 피해자들을 중심으로 조직된 피해자 단체들이 참사의 진상을 시민들에게 알리고 진상규명과 보상을 요구하는 운동을 펼쳐나가면서 가습기살균제 참사에 대한 사회적 관심을 확산시킴으로써 결국 2016년에 검찰 수사와 국정조사 실시, 2017년에 '가습기살균제 피해구제를 위한 특별법' 시행과 2018년 사회적참사특별조사위원회 설치라는 성과를 거두게 된 것이다. 그뿐만 아니라 최근 가습기살균제 참사에 대한 기존의 의과학적 해법의 한계가 지적되면서 사회적 차원에서의 새로운 해법에 대한 논의가 활발히 이뤄지고 있는 배경에도 피해자 단체를 중심으로 한 사회운동의 문제 제기와 직접행동이 자리하고 있다고 할 수 있다.

아울러 가습기살균제 참사 이후 피해자들이 자신의 몸의 경험을 바탕으로 진행하고 있는 피해자 운동을 통해 정부로부터 피해자로 인정받기를 요구하고 있는 것은 새로운 시민권을 요구하는 것으로 볼 수 있다. 이 역시 민주주의와 관련해 커다란 함의가 있다. 인류학자 아드리아나 페트리나(Adriana Petryna)는 구소련 붕괴 이후 사회보장제도가 무너진 우크라이나에서 체르노빌 원자로 폭발 사건 피폭자들이 기존 보상 체계를 문제시하면서 치열하게 시민적 권리를 주장하는 모습을 통해 '생물학적 시민권(biological citizenship)'이라는 개념을 새롭게 제안한 바 있다(Petryna, 2002). 페트리나에 따르면, 생활비나 의료서비스와 같이 삶의 유지에 필요한 최소한의 요건들이 쟁취의 대상이 되면서 시민들이 국가를 상대로 '살 권리'를 주장하는 것은 전통적인 시민권과는 다른 새로운 차원의 시민권 주장이라는 것이다. 가습기살균제 참사의 경우에도 피해자들이 정부와 의과학 전문가들이 만든 피해자 인정 단계 구분과 단계 판정기준에 문제를 제기하고 기업과 국가에 적절한 보상을 요구하는 것은, 앞서 말한 생물학적 시민권을 바탕으로 기술관료주의와 전문가주의에 도전하는 것이라는 점에서 '기술민주주의(technological democracy)'적 상상과 실천의 한 방식이라고 할 수 있다. 기술민주주의는 기본적으로 인지적 혹은 인식론적 차원의 민주주의이다(이영희, 2011). 규제과학을 둘러싸고 전개되는 지식생산의 정치 혹은 전문성의 정치는 기본적으로 인지적 혹은 인식론적 차원에서의 불확실성에 대한 다양한 인식 주체들의 경합과 쟁투를 내포하고 있다. 가습기살균제 피해자 인정 단계와 판정기준을 둘러싼 국가, 전문가, 피해자들 사이의 갈등과 대립, 타협 등은 우리 사회에 기존의 제도적·절차적 민주주의를 뛰어넘는 새로운 민주주의의 가능성, 즉 기술민주주의의 가능성을 시사한다. 이처럼 가습기살균제 참사에 대한 대응을 기술민주주의의 실현 과정으로 바라보는 것은, 티모시 조지가 전후 일본 민주주의 발전에 대한 미나마타병의 기여를 형식적 민주주의가 아니라 시민의 참여라는 실질적 민주주의 측면에서 찾았던 것과 일맥상통한다. 하지만 이 글은 가습기살균제 참사에 대한 대응이 만들어내는 한국의 새로운 민주의의를 절차적 차원에서의 참여만이 아니라 인지적·인식론적 차원에서의 참여, 즉 전문성의 정치를 경유하여 달성되는 지식생산의 민주주의 문제로까지 확대·심화해 인식함으로써 티모시 조지의 문제의식을 뛰어넘고자 했다.

위험사회론으로 잘 알려진 독일의 사회학자 울리히 벡(Ulrich Beck)은 위험과 재난은 역설적으로 '해방적 파국(emancipatory catastrophe)'을 통해 사회를 '탈바꿈(metamorphosis)'할 수 있는 기회이기도 하다고 강조했다(Beck, 2014). 위험과 재난은 사회 구성원들이 이를 얼마나 성찰적인 자세로 대응하느냐에 따라 사회의 완전한 파국이나 종말이 아니라 사회를 완전히 새롭게 혁신할 수 있는 탈바꿈의 계기로 작동할 수 있다는 의미다. 가습기살균제 참사는 우리 모두에게 커다란 상처와 충격을 주었지만, 이 참사가 우리 사회를 위험사회에서 안전 사회로 '탈바꿈'하는 '해방적 파국'의 계기가 될 수 있도록 우리 모두가 깊이 있게 성찰하고 실천해야 한다. 궁극적으로 이러한 '탈바꿈' 과정은 우리 사회가 형식적이고 제도적인 민주주의를 뛰어넘어 기술민주주의라는 새로운 민주주의적 상상과 실천을 구현하는 과정이 될 것이다.

참고문헌

김용화. 2016. 「환경독성학적 관점에서 본 가습기살균제 사건과 국가의 책임: 고분자물질 등록 시험 자료 제출 면제 조항을 중심으로」. ≪환경법과 정책≫, 16집, 83~99쪽.

노진철. 2004. 「'압축적 근대화'와 구조화된 위험: 대구지하철재난을 중심으로」. ≪경제와 사회≫, 61호, 222~247쪽.

마이클스, 데이비드(David Michael). 2009. 『청부과학』. 이홍상 옮김. 이마고.

미야모토 겐이치(宮本 憲一). 2016. 『공해의 역사를 말한다: 전후일본공해사론』. 김해창 옮김. 미세움.

박진영·이두갑. 2015. 「한국 담배소송에서의 위험과 책임: 역학과 후기 근대적 인과」. ≪과학기술학 연구≫, 15권 2호, 229~262쪽.

박태현. 2016. 「가습기살균제 사건과 국가배상책임」. ≪환경법과 정책≫, 16집, 35~56쪽.

벡, 울리히(Ulrich Beck). 1997. 『위험사회』. 홍성태 옮김. 새물결.

보건복지부 질병관리본부 폐손상조사위원회. 2014. 『가습기살균제 건강 피해 사건 백서: 사건 인지부터 피해 1차 판정까지』.

송성수. 2008. 「'전(全)국민의 과학화운동'의 출현과 쇠퇴」. ≪한국과학사회학회지≫, 30권 1호, 171~211쪽.

안종주. 2016. 『빼앗긴 숨』. 한울엠플러스.

이규연. 2016. 『가습기살균제 리포트』. 중앙북스.

이병천. 2006. 「반공 개발독재와 돌진적 산업화: '한강의 기적'과 그 딜레마」. ≪시민과 세계≫, 8호, 115~138쪽.

이영희. 2010. 「참여적 위험거버넌스의 이론과 실천」. ≪동향과 전망≫, 79호, 281~314쪽.

_____. 2011. 『과학기술과 민주주의』. 문학과지성사.

_____. 2014. 「과학기술 시티즌십의 두 유형과 전문성의 정치: 과학기술 대중화 정책과 차일드세이브의 활동을 중심으로」. ≪동향과 전망≫, 92호, 174~211쪽.

장경섭. 1998. 「압축적 근대성과 복합위험사회」. ≪비교사회≫, 2호.

최예용. 2017. 「가습기살균제 참사의 진행과 교훈(Q&A)」. ≪한국환경보건학회지≫, 43권 1호, 1~22쪽.

홍성욱. 2018. 「가습기살균제 참사와 관료적 조직 문화」. ≪과학기술학연구≫, 18권 1호, 63~127쪽.

환경부. 2018. '가습기살균제 피해 지원 추진현황 및 향후 계획'.

Beck, U. 2014. "Emancipatory catastrophism: What does it mean to climate change and risk society?" Public speech at the Seoul Press Center.

Brown, P. and E. Mikkelsen. 1990. *No Safe Place: Toxic waste, leukemia, and community action.* Berkeley: University of California Press.

Callon, M. and V. Rabeharisoa. 2003. "Research 'in the wild' and the shaping of new social identities." *Technology in Society,* Vol.25, pp.193~204.

Epstein, S. 1996. *Impure Science: AIDS, activism, and the politics of knowledge.* University of California Press.

Fischer, F. 2009. *Democracy and Expertise: Reorienting policy inquiry.* Oxford University.

Funtowicz, S and J. Ravetz. 1992. "Three types of risk assessment and the emergence of post-normal science." in S. Krimsky and D. Golding(eds). *Social Theories of Risk*, pp.661~668. London: Praeger.

George, T. 2001. *Minamata: Pollution and the struggle for democracy in postwar Japan.* Cambridge: Harvard University Asia Center.

Hanada M. 2019. "Applying the lessons learned from Minamata disease and its mistakes to the future." Proceedings of the 3rd International Forum on Environmental Pollution and Social Impacts.

Jasanoff, S. 2003. "Technologies of humility: Citizen participation in governing science." *Minerva,* Vol.41, No.3, pp.223~244.

Kenichi. 2019. "Redress for damages by environmental pollution and the issue of regional revitalization-mainly about Minamata disease." Proceedings of the 3rd International Forum on Environmental Pollution and Social Impacts.

Petryna, A. 2002. *Life Exposed: Biological citizens after Chernobyl.* Princeton University Press.

Renn, O. 2008. *Risk Governance: Coping with uncertainty in a complex world.* London: Earthscan.

제 2 부

과학기술·환경·재난 시티즌십의 형성과 실천

제 4 장

과학기술 시티즌십의 두 유형과
전문성의 정치

1. 머리말

과학기술은 오랫동안 전문성 또는 전문 지식이 중시되는 대표적인 분야로
인식되어 왔다. 사회의 다른 영역에서는 민주주의의 원리와 가치가 중요하다
는 점을 받아들인다 하더라도 과학기술만큼은 전문성을 갖춘 이들만이 발언
하고 영향력을 행사해야 한다는 믿음은 오랫동안 도전받지 않았다. 이러한 상
황에서 과학기술 전문가들은 과학기술에 무지한 일반 시민들이 과학기술화
된 현대사회에서 잘 살아갈 수 있도록 과학기술의 중요성을 시민들에게 일깨
워주고 과학기술 지식을 교육하는 역할을 할 것으로 기대된다. 한마디로 과학
기술 전문가와 시민의 관계는 일종의 교사-학생 관계와 같은 위계적 성격으로
인식된다.

하지만 과학기술과 사회와의 접점이 커지고 과학기술이 사회적 쟁점이 되는
상황이 많아지면서 과학기술만큼은 전문가들에게 맡겨야 한다는 목소리가 시

민사회로부터 도전을 받기 시작했다. 유전자조작식품의 안전성 문제나 광우병 파동 혹은 원자력발전소 사고 등과 같은 과학기술적 재난을 경험하면서 과학기술, 그리고 그 담당 주체로서의 과학기술 전문가들에 대한 시민들의 불신이 확산되면서 이들의 지적 권위에 대한 도전도 거세지고 있다. 이처럼 과학기술이 사회에서 차지하는 비중이 커지고 문제시되는 경우가 많아지면서 현대사회에서 과연 과학기술과 시민의 바람직한 관계는 무엇이어야 하는가라는 질문이 등장하고 있다.

그렇다면 과연 한국에서는 과학기술과 시민의 관계가 어떻게 형성되고 전개되는가? 통상적으로 한국의 STS 연구자들은 과학기술과 대중 혹은 시민의 관계를 '대중의 과학기술 이해(Public Understanding of Science, 이하 PUS)'라는 개념적 틀로 분석해 왔다(김동광, 2002; 박희제, 2002; 송성수, 2009; 이영희, 2000; Hak-Soo Kim, 2012). 이러한 연구들은 대체로 한국에서 과학기술과 대중의 관계가 위계적임을, 즉 과학지식이 결여된 대중을 과학기술자들이 계몽해야 할 대상으로 전제하고 있음을 지적하면서 '과학기술에 대한 대중의 참여(Public Engagement with Science, 이하 PES)'가 중요하다고 주장한다. 이 글도 기본적으로 과학기술에 대한 대중의 참여가 중요하다는 주장에 동의한다. 하지만 기존의 PUS/PES 분석은 과학기술에 대한 시민들의 이해 정도 혹은 시민의 참여 정도와 양태 등을 보여주는 데 주력함으로써 과학기술과 시민의 관계를 다소 단순하고 정태적인 방식으로 묘사하는 데 그치는 경향이 있다. 이들도 기존의 PUS가 시민들이 과학기술 지식을 결여하고 있어 종종 비과학적이고 반과학적 태도를 보인다는 결핍 모형에 근거한다고 지적하면서 이를 극복해야 한다는 당위론적 주장을 하지만, 과학기술과 시민 사이의 관계가 형성되는 과정에 권력, 더 구체적으로는 지식권력이나 전문성 문제가 어떻게 개입되고 있는지에 대해서는 별로 관심을 기울이지 않았다.

그런데 최근 과학기술과 시민의 관계를 주로 연구하는 서구의 STS 학자들 가운데 과학기술과 시민의 관계를 좀 더 동태적으로 이해할 수 있는 하나의 분석 틀로 '과학 시티즌십' 혹은 '기술 시티즌십'이라는 개념을 개발하여 활용하는 사람들이 늘어나고 있다(Irwin, 2001; Elam and Bertilsson, 2003; Davies and Wolf-Phillips, 2006; Hagendijk and Irwin, 2006; Horst, 2007; Tutton, 2007; Bickerstaff et al., 2010; Michael and Brown, 2005; Kurian and Wright, 2010; Mejlgaard and Stares, 2010; Valkenburg, 2012; Arnason, 2012; Kurian, Munshi and Bartlett, 2014). 이들은 기존의 PUS/PES 접근 방식을 더 발전시켜 과학기술과 시민의 관계를 더욱 풍부하게 분석할 수 있는 새로운 틀로서 시티즌십 개념에 주목한 것이다.

이 글은 이와 같은 문제의식에 공감하면서 한국에서도 과학기술과 시민의 관계를 더욱 잘 보여줄 수 있는 개념이 과학기술 시티즌십이라고 보고, 그 대표적인 유형들을 분석해 보고자 한다. 구체적으로, 정부가 전통적으로 추진해 온 과학기술 대중화 정책의 사례와 최근 주부들이 자발적으로 모여 시민과학 활동을 수행하는 '차일드세이브'의 사례를 분석하여 시기적으로 한국에서 과학기술 시티즌십이 매우 상이한 형태로 형성되고 있으며, 시민사회가 성장함에 따라 과학기술 시티즌십에 구조 변동이 일어나고 있음을 밝힐 것이다. 아울러 과학기술 시티즌십, 즉 과학기술-시민 관계의 형성 과정은 필연적으로 전문성의 문제를 경유해야 하기 때문에 한국에서 이러한 두 유형의 과학기술 시티즌십이 형성되는 과정에서 전문성의 정치가 어떻게 발현되는지도 살펴볼 것이다. 이처럼 과학기술 시티즌십의 형성과 전문성의 정치를 결합해 파악함으로써 한국에서 과학기술과 시민의 관계가 어떻게 자리매김되고 있으며, 어떻게 변화하고 있는지 더 동태적으로 이해할 수 있을 것이다.

2. 과학기술 시티즌십과 전문성의 정치

1) 과학기술 시티즌십

일반적으로 시티즌십은 시민의 지위와 시민적 실천에 관련된 일련의 가치와 규범의 관계를 표현하는 개념이라고 할 수 있다. 하지만 역사적으로 보면 시티즌십은 기본적으로 사회 내 세력들 간의 정치적 경합의 산물이라는 동태적 성격이 있기 때문에, 그 내용이 시공간적으로 동일하지 않고 다양할 수 있다는 점을 강조할 필요가 있다. 이와 관련해 학자들은 시티즌십 형성을 과연 지배계급에 의해 위로부터 아래로 부과되는 과정으로 볼지, 아니면 일반 대중에 의해 아래로부터 위로 만들어지는 것으로 볼지를 둘러싸고 대립되는 의견을 표명했다. 마이클 만(Michael Mann)은 시티즌십을 정치적 경합이라기보다는 지배계급이 사회갈등을 완화해 사회통합을 이루고자 시민들에게 위로부터 부과하는 정치적 전략에 불과하다고 보았다(Mann, 1987). 그러나 브라이언 터너(Bryan Turner)가 지적하듯이 시티즌십은, 크게 보면 만이 주장하는 것처럼 지배세력이 위로부터 시민들에게 부과하는 수동적(passive) 형태도 있을 수 있지만, 종속적 지위에 처해 있는 시민들에 의해 요구되어 아래로부터 사회적 쟁투를 통해 만들어지는 능동적(active) 형태도 있다(Turner, 1990). 생물학적 시티즌십을 이야기하는 니컬러스 로즈(Nikolas Rose)와 카를로스 노바스(Carlos Novas) 역시 생물학적 차원에서 위로부터 부과되는 국민 만들기 기획으로서의 시티즌십만이 아니라, 질병과 관련된 환자 운동이 등장해 적극적인 치료법을 요구하는 것과 같이 아래로부터 형성되는 적극적인 시티즌십도 존재한다는 것을 강조한다(Rose and Novas, 2003). 이러한 논의들을 고려하면, 시티즌십을 단지 사회갈등 해결과 사회통합 제고를 위한 지배계급의 통치 전략으로만 바라보는 것은 사회운동으로 대표되는 아래로부터의 시티즌십 쟁취를 위한 투쟁과 시티즌십의 동태적 변형을 설명할 수 없는 한계를 지닌다. 따라서 이러한 문제를 감안하면 결국 시티즌십은 크게 보아 국가가 중심이 되어 위로부터 기획하고 실행해 나가는 형태와, 사회운동이 중심이 되어 아래로부터 형성해 나가는 두 가지 유형이 있다고 할 수 있다.

아울러 시티즌십은 본래 내용적으로 시민적 권리와 의무, 그리고 시민적 가치와 행동규범을 포함하는 시민성(civility)으로 구성된다고 할 수 있다(조형, 2007).[1] 이처럼 역사적으로 보면 시티즌십 개념이란 원래 시민으로서의 권리와 의무의 총체를 뜻하는 개념이었지만, 실제로는 점차 자유주의적인 권리 개념이 공동체에 대한 시민의 의무나 책무 또는 덕성 등에 비해 지나치게 강조되는 경향을 보이게 되었다(Isin and Turner, 2002). 이러한 자유주의적인 권리 중심의 시티즌십 개념은 공동체주의적이고 공화주의적인 입장을 취하는 학자들에 의해 교정되고 있다. 이들은 자유주의적 전통하에 발전한 시티즌십 개념에서 그간 상대적으로 소홀히 취급되던 공동체에 대한 의무와 책무, 더 나아가 덕성 등의 요소들을 강조하기 시작했다. 그리하여 최근의 시티즌십 개념은 이제 시민들의 권리만이 아니라 의무 및 책무, 덕성까지도 적극적으로 포괄하는 총체적 개념으로 발전되었다(Isin and Turner, 2002; Leach et al., 2005; 포크, 2009; 최희경, 2013).[2]

---

1 우리나라에서는 시티즌십이라는 용어를 보통 시민권으로 번역하고 있다. 하지만 여기서 언급한 대로 시민권은 권리 담론만을 강조하는 것이어서 의무나 덕성, 책임성 따위를 동등하게 중시하고자 하는 원래의 의미를 담아내지 못하기 때문에 이 글에서는 시민권 대신 시티즌십을 사용했다.

2 대표적으로, 생태 시티즌십(ecological citizenship)을 주창하는 앤드루 돕슨(Andrew Dobson)은 기존의 시티즌십 논의가 사적 영역에서 행위의 중요성을 간과하고 있으며 지속 가능한 사회를 만드는 데 필요한 시민적 덕성을 제시하지 못하는 한계가 있다고 비판했다. 또한 생태 위기를 해결하기 위해서는 권리만이 아니라 의무와 책무성, 덕성 그리고 이웃에 대한 연민 등이 포함된 새로운 유형의 시티즌십이 필요하다고 역설했다. Dobson(2003).

과학기술학자들이 많이 쓰고 있는 과학기술 시티즌십이라는 개념도 일차적
으로는 과학기술과 사회의 접점이 넓어지고 있는 '과학기술사회'에서 과학기
술 정책 결정과 관련해 사회 구성원들이 향유해야 하는 참여의 권리를 강조하
는 개념으로 이해되어 왔다. 필리프 프랑켄펠트(Philip Frankenfeld)에 따르면
기술 시티즌십(technological citizenship)과 관련된 권리는 크게는 첫째, 지식 혹
은 정보에 대한 접근 권리, 둘째, 과학기술 정책 결정 과정에 대한 참여 권리, 셋
째, 의사결정이 합의에 기초해야 함을 주장할 권리, 넷째, 집단이나 개인들을
위험에 빠지게 할 가능성을 제한할 권리 등으로 구성된다(Frankenfeld, 1992).
결국 기술 시티즌십이라는 용어는 시민참여를 통해 과학기술에 대한 민주적 통
제를 추구하는 개념적 장치로 기능한다. 물론 기술 시티즌십을 구성하는 네 가
지 요소들은 사실 서로 결합되어 있지만, 여기에서 가장 핵심적인 것은 시민들
이 중요한 과학기술 관련 의사결정 과정에 어떤 형태로든 참여함으로써 과학기
술이 보다 민주적인 방향으로 전개될 수 있도록 영향력을 행사한다는 점이다.
즉, 과학기술의 사회적 형성 과정에 더 시민적이고 민주적이며 생태 친화적인
가치들을 부여할 수 있도록 과학기술 발전에 대한 민주적 거버넌스를 잘 구축
하고, 그 속에서 시민들이 정당한 역할을 수행할 수 있도록 하는 것이 바로 과학
기술 시티즌십이라는 것이다(Alan Irwin, 2011).

시티즌십 개념의 발전사가 그러하듯 이처럼 과학기술 시티즌십 역시 기본적
으로는 과학기술 관련 의사결정에 대한 시민들의 참여 권리를 강조하는 개념
으로 받아들여져 왔다. 이는 과학기술 영역이 그만큼 신비화되고 시민들의 민
주적 통제가 허용되지 않았기 때문이라는 점에서 이해할 만하다. 하지만, 시티
즌십 개념이 이제는 의무와 덕성 등의 가치까지 포함하고 있는 것처럼, 과학기
술 시티즌십 또한 단지 시민들의 참여의 권리만이 아니라 과학기술사회에서 시
민의 의무와 책무, 덕성까지를 포괄하는 개념으로 이해하는 것이 바람직하다
(Zimmerman, 1995; Mejlgaard, 2009). 앞에서 살펴본 프랑켄펠트 역시도 사실상

기술 시티즌십에서 권리는 의무와 불가분하게 연결되어 있다고 주장한다. 과학기술 시티즌십 개념에 포괄되는 시민의 의무와 책무에는 첫째, 자신의 안전 확보를 위해 과학기술적 지식을 학습하고 활용해야 할 의무, 둘째, 국가의 위험 관리를 위한 다양한 단계들에 적극적으로 참여해야 할 시민적 의무, 셋째, 자신을 둘러싼 과학기술에 시민적 성찰과 판단을 내려야 할 의무와 책무 등이 지적된다(Frankenfeld, 1992). 요컨대 과학기술 시티즌십은 과학기술 관련 의사결정에 대한 참여의 권리와 더불어 그러한 참여를 내실 있게 할 수 있는 과학기술적 학습과 성찰, 그리고 자신이 살고 있는 사회의 과학기술적 문제들에 대한 실천적인 관여(engagement)의 의무를 강조하는 개념이다. 다시 말해 과학기술이 사회적으로 점점 더 중시되는 현대 과학기술사회의 시민으로서 살아가는 데 필요한 새로운 시티즌십 개념이라고 할 수 있다(홍덕화·이영희, 2014).[3]

그런데 지금까지 논의한 과학기술 시티즌십의 내용은 앞에서 논의한 시티즌십의 두 가지 형성 경로, 즉 위로부터의 시티즌십 부여 유형과 아래로부터의 시티즌십 형성 유형 경로 중 후자에 해당된다. 시민들이 과학기술 정책과 관련해 참여의 권리를 요구하고, 자신의 삶에 심대한 영향을 미치는 과학기술에 대해 시민적 성찰과 관여를 스스로 해나가는 것은 기본적으로 아래로부터의 시티즌십 형성이라는 범주에 속하기 때문이다. 하지만 우리가 주목할 것은, 마이클 만

---

3 과학기술 시티즌십과 유사한 개념들, 즉 디지털 시티즌십(digital citizenship), 생물학적 시티즌십(biological citizenship), 의료적 시티즌십(medical citizenship), 환경적 시티즌십(environmental citizenship), 생태적 시티즌십(ecological citizenship), 먹거리 시티즌십(food citizenship) 등이 현재 널리 쓰이고 있다. 기본적으로 이 개념들은 특정 과학기술과 일정한 방식으로 관계를 맺고 있는 사람들이 형성한 과학기술적 정체성을 기반으로 한 과학기술에 어떻게 참여하거나 관여하는지를 보여준다. 예컨대 생물학적 시티즌십 개념은 어떤 질병과 같은 특정한 생물학적 특성을 공유하는 인구집단이 고유의 정체성을 형성하면서 자신들을 규정하는 생물학적 상태의 개선을 위해 참여하거나 관여함을 보여주고 있다. Petryna(2002); Rose(2007); 강양구·채오병(2013).

이나 니컬러스 로즈와 카를로스 노바스 등의 연구가 시사하는 것처럼 비록 시티즌십이라는 명시적인 표현을 쓰고 있지 않을지라도, 과학기술과 관련해 사회 구성원들을 특정한 방식으로 호명하고 동원하려는 정부나 기업 혹은 과학단체들의 시도 또한 일종의 위로부터의 과학기술 시티즌십 형성 전략이라고 할 수 있다는 점이다. 따라서 명시적으로 시티즌십이라는 용어를 쓰건 쓰지 않건 상관없이 정부나 기업 혹은 과학단체들이 과학기술에 대한 시민의 관계, 특히 과학기술과 관련된 시민의 지위와 역할을 특정한 방향으로 형성하려는 시도 역시 과학기술 시티즌십 프로젝트로 해석할 수 있는 것이다. 궁극적으로는, 이러한 위로부터의 시티즌십 형성 시도와 아래로부터의 시티즌십 쟁취 노력이 부딪치면서 한 사회에서 과학기술과 시민이 관계 맺는 방식과 내용이 만들어지고 채워지는 것이다.

2) 전문성의 정치

전문성의 정치(politics of expertise)란 과학화·기술화·전문화를 특징으로 하는 현대사회에서 과연 어떤 집단의 전문성(지식)을 사회적으로 가장 가치 있으며 믿을 만한 것으로 여겨야 하는지를 둘러싸고 사람들 사이에서 형성되는 갈등과 그 경합 과정이라고 정의할 수 있다(이영희, 2012). 이러한 전문성의 정치는, 자격증이나 학력 등을 통해 사회적으로 제도적인 기반을 가지고 있는 전문가 지식 내부에서 이뤄질 수도 있고, 전문가 지식에 반하여 보통 사람들이 일상 속에서의 경험을 통해 체득한 시민지식이 맞서는 형태로 전개될 수도 있다. 전문가 지식 내부에서 이뤄지는 전문성의 정치의 사례로는 새만금 개발사업의 환경영향평가를 둘러싸고 개발사업에 찬성했던 주류 전문가들과, 제도적으로는 비슷한 자격 요건(학위나 직업 등의 측면에서)을 갖춘 전문가이기는 했지만, 주류와는 달리 비판적인 입장을 개진했던 대항 전문가들 사이에서 벌어진 갈등과 투쟁을 들 수 있다(김서용, 2006; 김종영, 2011).

반면 후자, 즉 전문가 지식과 시민지식 사이의 경합과 투쟁을 내용으로 하는 전문성의 정치와 관련해서는 미국 매사추세츠주 워번(Woburn) 지역에서 널리 발생하던 백혈병의 원인 규명 과정에서 의학적 전문성을 가지고 있지 않던 지역 주민들이 매우 중요한 역할을 수행했던 '대중역학'의 사례(Brown and Mikkelsen, 1990)나, 전통적으로 전문가들에 의해 독점되었던 에이즈 연구 과정에 비전문가인 에이즈 활동가들과 환자 단체들이 참여함으로써 새로운 의학(과학)지식을 생산할 수 있게 된 사례(Epstein, 1996) 등이 대표적이라고 할 수 있다. 한국의 경우에도 삼성반도체 공장 백혈병 산재 인정을 요구하는 노동자들과 그 가족들의 투쟁 사례가 있다. 산재 판정과 관련된 주류 전문가 집단의 입장에 대해 일반 노동자들이 오랜 경험에 기초한 현장의 전문성과 지식을 동원하여 도전하고 대안적 해석을 제시했다는 점에서, 전문성의 정치를 잘 드러낸 대표적인 사례라고 할 수 있을 것이다(이영희, 2012).

그런데 우리가 앞에서 살펴본 과학기술 시티즌십도 위로부터의 시티즌십이건 아래로부터의 시티즌십이건 간에 이러한 전문성의 정치와 관련될 수밖에 없다는 점을 인식하는 것이 중요하다. 왜냐하면 과학기술 시티즌십은 과학기술과 시민 사이의 관계 맺음 방식을 의미하지만, 실질적으로는 과학기술 전문가와 시민 사이에서 맺어지는 관계 방식과 내용이 핵심이기 때문이다. 예컨대 정부나 기업 혹은 과학단체가 시민들을 호명하고 동원하여 위로부터의 과학기술 시티즌십을 만들어나가려고 하는 경우에, 과학기술 전문성이라는 과학기술자들만이 가지고 있고 사회적으로 협상될 수 없는 고정된 실체가 된다. 일반 시민들은 그러한 전문성을 지닌 과학기술자들로부터 교육을 통해 계몽됨으로써 진정한 과학기술 시민이 될 수 있다는 믿음 체계를 사회적으로 확산하고 공고화할 것인데, 이 자체가 바로 기존의 전문지식 권력을 유지하고 재생산하는 전문성의 정치의 한 방식이라고 할 수 있다. 반면 사회운동을 통해 아래로부터의 과학기술 시티즌십을 형성해 나가는 경우에는 기존의 주류 과학기술 전문가들에 대한 일반 시민과 대항 전문가들의 도전이 격화됨으로써 전문성과 비전문성의 경계가 새로 그어지고 재구성될 가능성이 높다. 전문성을 둘러싸고 사회적으로 벌어지는 이러한 경합과 투쟁이야말로 전문성의 정치의 가장 동태적인 양상이라고 할 수 있다. 결국, 과학기술 시티즌십의 형성 과정은 직접적이건 간접적이건 언제나 과학기술 전문가 체계와 시민들 사이에서 벌어지는 전문성의 정치와 연계될 수밖에 없는 것이다.

3. 위로부터의 과학기술 시티즌십과 전문성의 정치: 과학기술의 대중화 정책

한국에서 위로부터 추구된 과학기술 시티즌십의 대표적인 사례로는 정부가 1960년대부터 추진해 온 과학기술 대중화 정책과 활동들을 들 수 있다. 당시 경제성장과 개발을 지상 목표로 내걸었던 정부는 시민들을 때로는 조국근대화의 역군이자 산업전사로, 때로는 과학화된 혹은 과학 문화로 충만된 국민으로 호명하면서, 이들을 과학기술의 대중화를 통해 계몽 및 동원하고자 했다. 정부에 의한 과학기술 대중화 정책과 활동을 어떻게 위로부터의 과학기술 시티즌십 만들기로 이해할 수 있으며, 이것이 다시 전문성의 정치와는 어떻게 연관되는지 살펴보도록 하자.

1) 과학기술 대중화 정책의 전개

우리나라에서 과학기술의 대중화 사업이 과학기술 정책의 한 영역으로 추진되기 시작한 것은 중앙행정 부처로서 과학기술처가 발족된 1967년부터이다.[4]

과학기술처는 1969년에 국립과학관을 문교부로부터 이관받아 증축하여 과학기술 대중화를 위한 중추적 기관으로 육성하고자 하는 한편, 해마다 4월 21일을 '과학의 날'로 정하고 여러 가지 행사를 통해 과학에 대한 일반 국민들의 관심을 불러일으키고자 했다. 과학기술처에 따르면 이러한 사업을 추진한 목적은 "국민일반을 대상으로 계몽과 보급활동을 전개해 근대과학기술을 널리 이해하고 과학지식을 생활에 활용하게 하는 한편 이런 실천적인 과정을 통해 합리적·능률적이며 나아가서 창조적인 의식구조로 일찍 전환하여 다가올 고도산업사회에 적응할 수 있게 한다"라는 것이었다.

본격적인 의미에서 과학기술 대중화 정책은 1973년에 대통령이 연두 기자회견에서 '전 국민의 과학화 운동'을 강조한 것을 계기로 더욱 조직적이고 광범위하게 전개되기 시작했다. 전 국민의 과학화 운동은 합리·능률·창의를 기본 정신으로 설정했으며 과학적 생활 풍토 조성, 전 국민의 기술화 및 기능화, 산업기술 개발 촉진을 주요 시책으로 삼고 있었다. 전 국민의 과학화 운동은 당시 박정희 군사정부가 추진하던 경제개발을 통한 조국 근대화를 뒷받침해 줄 필요에 의해 위로부터 조직된 일종의 문화혁명 같은 성격을 띠는 것이었다. 당시 박정희 정부는 전 국민 과학화 운동의 최종적인 목표가 국민들을 근대화의 역군으로서 산업전사로 만드는 데 있다고 천명한 바 있다(송성수, 2008). 이러한 기조 위에서 과학기술 대중화와 관련해 1970년대 초반부터 비교적 적극적으로 추진되어 온 사업들로는 과학기술풍토조성사업과 국립과학관, 전국학생과학관, 한국과학기술진흥재단의 활동 등을 들 수 있다.

과학기술풍토조성사업은 국민의 과학기술에 대한 호의적 태도와 우수한 과학기술자의 양성이 경제성장을 효과적으로 달성할 수 있을 첩경이라는 인식에

---

4   과학기술 대중화 정책에 대한 다음의 서술 중 1990년대 말까지의 상황은 이영희(2000)에 주로 의거하고 있다.

서 출발했다. 이 사업 안에는 과학적 창의·창작 기풍 조성, 실생활 기술 지도·계몽, 과학기술 지식의 계몽·보급, 과학기술 단체의 학술 활동 조성, 새마을 기술 지도·보급 등을 포괄하고 있었다. 국립과학관은 "과학기술 문화의 광장으로서 이공학·산업기술·과학기술사 및 자연사에 관한 자료를 수집·보존·연구 및 전시해 과학기술 지식을 보급하고 생활의 과학화 촉진 및 과학기술에 대한 청소년의 흥미 유발과 창의력을 개발시켜 주는 것"을 목적으로 하고 있었으나, 예산 부족으로 활동이 그다지 활발하지는 않았다. 과학기술 대중화와 관련해 추진되는 구체적인 사업들로는 학생과학교실 운영, 과학캠프 운영, 과학동산 운영, 과학강연회 개최, 영화관 운영, 학생 과학발명품 경진대회 운영 등이 있다. 전국 학생과학관 설치 사업은 문교부가 주도했던 사업으로, 청소년들에게 과학기술에 대한 호기심을 자극함으로써 이들이 과학기술 인재로 양성될 수 있도록 기여하겠다는 목적으로 설치되었다. 학생과학관은 주요 시·도에 1개씩 설치되었는데, 1990년도에 연수 기능을 보강하면서 그 명칭을 과학교육원으로 개칭했다. 과학교육원은 그 기능으로서 학교의 과학교육을 지원하고, 학생과 교사, 그리고 일반인을 대상으로 생활의 과학화를 유도하며, 과학 정보를 제공한다는 점들을 내걸고 있다.

한편 한국과학기술진흥재단의 설립은 과학기술 대중화를 전문적으로 추진할 구심점이 형성되었음을 의미한다. 한국과학기술재단은 은퇴한 과학기술자들에게 재정적인 지원을 할 목적으로 1969년에 설립된 재단법인 한국과학기술후원회(설립자: 대통령)가 1972년에 이름을 바꾼 것이었다. 설립 목적은 "청소년의 과학교육을 진흥하고 국민생활의 과학화 촉진과 과학기술풍토조성을 통해 건전한 과학기술문화를 창달함으로써 국가발전에 기여"하는 것으로 되어 있다. 한국과학기술진흥재단은 설립 이후 과학기술 대중화 사업으로 과학 도서의 발간·보급, 전파·활자매체를 통한 과학기술 계몽, 과학 영화필름 라이브러리 설치·운영, 이동 과학차 운영, 과학기술자 지방 순회강연, 주부 생활과학강좌 개최 등의 활동을 전개해 왔다. 아울러 과학기술에 대한 국민들의 이해 수준과 지지도 파악을 위해 국민의식 조사를 1980년대 후반부터 실시했고, 과학 언론매체 활성화 사업 등도 추진했다.

1990년대 이후에는 기존의 과학기술 대중화 정책이 '과학기술 국민이해 중진사업'이나 '과학기술문화 확산사업'이라는 이름으로 시행되었는데, 그 주체나 범위가 이전에 비해 크게 확대된 것이었다.[5] 특히 1996년에 한국과학기술진흥재단이 한국과학문화재단으로 개편되고, 1997년에는 과학기술부의 과학기술진흥과가 과학기술문화과로 변경됨과 동시에 과학기술 대중화 정책은 더욱 확장된다. 아울러 2003년에는 '과학기술기본법' 제30조에 따라 한국과학문화재단을 한국과학창의재단으로 개칭하고, 그 사명을 "과학기술에 대한 국민의 이해와 지식수준을 높이고 국민생활 및 사회전반에 과학기술이 널리 보급·이용될 수 있도록 과학기술문화를 창달하며, 국민의 창의성을 함양하고 창의적 인재를 육성하여 국가 발전에 기여하는 것"으로 했다.[6] 하지만 주요 담당 기관의 명칭을 변경했음에도 이 기관들의 가장 중요한 역할은 예나 지금이나 한결같이 과학기술의 대중화라고 할 수 있다. 한국과학창의재단은 과학기술에 대한 국민의 이해와 지식수준을 높임으로써 과학기술 문화를 창달하는 것이 핵심 사명이라고 천명했지만, 이는 기본적으로 1970년대부터 정부가 추진했던 과학기술 대중화 정책 범주 안에 들어 있는 것이기 때문이다. 어쨌든 이들 과학기술 대중화 기관의 주도로 1997년 이후 매년 '대한민국과학축전'이 열리고 있으며, 1990년대 후반에 인터넷이 급속히 보급되면서 이를 활용한 과학기술 문화사업도 아울러 확대되었다. 대표적으로 1999년에는 과학 문화 종합 정

5 　이에 대한 더 구체적인 내용은 김영우 외(1997), 송성수(2009) 참고.

6 　한국과학창의재단이 수행하는 과학기술 대중화 관련 사업에 대한 자세한 내용은 www. kofac.re.kr 참고.

보망인 '사이언스올(www.scienceall.com)'이 서비스를 시작해 2002년에 초등, 청소년, 교사, 일반, 오피니언리더 등 5개의 채널을 운영하는 체계를 구축했다. 2001년에는 과학인터넷방송국(www.scienceall.tv)이 개국되기도 했다(송성수, 2009).

아울러 사회적으로 예민한 과학기술 정책에 대해서는 정부가 직접 나서는 대국민 홍보 사업이 과학기술 대중화의 중요한 수단으로 활용되어 왔다. 환경이나 원자력문제와 관련해 원자력발전소 건설이나 핵폐기물 처리장 부지선정 문제, 환경오염 폐기물 처리 문제 등을 둘러싸고 사회적 갈등이 야기되는 상황에서는 정부가 직접 국민 대중에게 정부의 정책과 입장의 불가피성을 홍보하는 것이 그러한 경우이다. 예컨대 정부는 1989년 동양화학 TDI공장 건설 반대 시위, 1990년 핵폐기물 중간저장시설과 관련된 안면도 사태 등을 거치면서 과학기술 정책에 대한 대국민 홍보의 중요성을 다시 한번 절감했다. 이에 1991년에는 과학기술 국민 이해 사업을 민간 주도로 추진한다는 원칙하에 과학기술계 및 비과학기술계 지도층 인사 29명으로 '과학기술 국민이해협의회'를 구성하고, 여기에 과학기술 대중화 사업을 총괄적으로 기획·조정하고 추진 결과를 분석·평가하는 기능을 부여한 바 있다. 아울러 정부는 사회적으로 논란이 되고 있는 특정 과학기술에 대한 대중화를 전담하는 기관을 설립함으로써 특정 과학기술의 증진을 도모하기도 했다. 그중 대표적인 것이 사회적으로 뜨거운 논쟁을 불러일으키곤 하는 핵발전의 안전성을 국민들에게 홍보하기 위해 정부가 1992년에 세운 원자력문화재단이다. 원자력문화재단은 에너지원으로서 원자력이 끊임없이 논란의 대상이 되고, 원자력에 대한 대안적 에너지원도 존재하는 상황에서 오로지 원자력 안전론과 불가피론만을 국민들에게 홍보하고 있다(홍성태, 2007). 이러한 홍보활동이 과학기술의 대중화라는 이름하에 이뤄져 왔다는 점을 고려하면, 민감한 과학기술 문제에 대한 정부의 홍보 사업과 과학기술의 대중화 사업은 사실상 같은 활동이라고 할 수 있을 것이다.

2) 위로부터의 과학기술 시티즌십: 계몽을 통한 근대화의 역군 혹은 과학시민 만들기

앞서 우리는 과학기술 대중화 정책의 내용을 살펴보았다. 우리나라의 과학기술 대중화 정책은 1970년대 초반부터 본격적으로 시작되었는데, 1970년대와 1980년대 중반까지는 주로 국민 대중에 대한 단순한 계몽을 중요시했다면, 민주화가 진행되던 1980년대 후반부터는 과학기술(정책)의 국민적 수용성(public acceptance)을 강화하기 위한 사업들에 강조점을 둔 것처럼 보인다. 특히 1990년대로 들어오면서 사회 원로들로 구성된 과학기술 국민이해협의회가 설립되고, 사회적으로 민감한 과학기술상의 이슈에 대해 정부의 대국민 직접 홍보가 증가했는데, 이는 민주화와 더불어 일반 국민 대중의 발언권이 상대적으로 커지는 상황 속에서 정부 정책에 국민적 지지와 수용을 확보하기 위한 새로운 현상이라고 할 수 있다.

그럼 과학기술 시티즌십의 시각에서 이러한 과학기술 대중화 정책을 어떻게 평가할 수 있을까? 과학기술 시티즌십의 시각이라 함은 과학기술 대중화 정책에서 나타난 과학기술과 시민의 관계, 구체적으로는 과학기술에 대한 시민의 위치와 역할 부여를 중점적으로 살펴보는 것을 의미한다. 1960년대 후반부터 시작된 과학기술 대중화 정책하에 과학기술과 시민 간 관계성의 구체적인 내용은 시대에 따라 조금씩 달라졌다. 1970년대와 1980년대 중반까지도 시민들은 근대화의 역군이자 산업전사로 호명되었다. "과학기술이야말로 '조국근대화'의 핵심 도구이니 국민이라면 누구나 과학기술을 익혀 근대화의 역군으로서 당당한 산업전사가 되어야 한다"라는 성장주의·개발주의 논리에 따라 시민들은 과학기술을 부지런히 익혀 국가발전에 기여할 것을 요청받았다. 1980년대 후반 이후 정치적 민주화의 진전과 함께 시민들은 이제 산업전사라기보다는 과학기술을 이해하고 지지할 줄 아는 '과학화된' 국민이 되기를 요구받았다.

그러나 이처럼 과학기술과 관련해 시민을 어떻게 호명하는지와는 상관없이,

과학기술과 시민 간 관계의 본질적 성격은 동일했다. 과학기술 정책의 다른 영역에서와 마찬가지로(이영희, 2000), 지금까지의 과학기술 대중화 정책에서는 과학기술과 시민의 관계를 교사-학생의 위계적 관계로만 파악했던 것이다. 즉, 기존의 과학기술 대중화 모델에서 일반 시민은 과학기술에 대해 무지몽매하므로 전문가들이 시민들을 계몽해 과학기술의 합리성·효율성의 가치를 체득하게 함으로써 정부나 기업이 추진하는 경제성장·과학기술 정책에 동원하고 그러한 정책에 대한 국민적 수용성을 강화하겠다는 엘리트주의적·계몽주의적 인식을 바탕으로 하고 있었다. 이는 시민을 근대화의 역군으로 보던 시대나 과학기술에 대한 시민들의 사회적 수용성을 강조하는 시대나 공통적으로 보이는 내용이라고 할 수 있다.

이러한 측면은 과학기술 대중화에 대한 기존의 정의가 '일반 대중의 과학기술에 대한 이해를 증진하는 활동'이라고 되어 있는 것에서도 잘 나타난다. 일반 시민은 과학기술 전문가나 기술관료들에 의해 일방적으로 가르침을 받아야 하는 피동체로 호명되는 것이다. 여기서 일반 시민은 과학과의 관계에서 그 자체가 주체로 인정되기보다는 필요할 때 위에서 동원하는 객체로 규정된다. 다시 말해 일반 시민들이 과학화된 사회에서 과학시민으로 인정받기 위해서는 과학적 교양과 지식을 많이 쌓아야 하는데, 이러한 과학적 시민 됨의 과정은 결국 위로부터의 계몽과 교육에 의할 수밖에 없다고 본다는 점에서, 기존의 과학기술 대중화 정책에 나타난 과학과 시민의 관계는 위로부터 동원되는 하향적 과학기술 시티즌십이라고 평가할 수 있다.

3) 전문성의 정치

지금까지 살펴본 바와 같이 정부가 추진해 온 과학기술 대중화 활동은 정부가 시민들을 대상으로 위로부터의 하향식 과학기술 시티즌십을 만들어나가기 위한 시도라고 할 수 있는데, 이는 전문성의 정치 관점에서도 다음에 살펴볼 아래로부터의 상향적 시티즌십 형성과는 크게 다르다고 할 수 있다.

정부가 추진해 온 과학기술 대중화 정책과 활동은 기본적으로 과학기술자나 기술관료들만이 과학기술과 관련해 전문성이 있으며, 일반 시민들은 전문성을 결여하고 있기 때문에 전문가들로부터 교육받아 계몽되어야 과학기술 사회에서 시민으로서의 자격을 갖추게 된다는 이른바 '결핍모형(deficit model)' 혹은 '잠자는 숲 속의 미녀 모형(sleeping beauty model)'에 입각해 이뤄졌다(이영희, 2000). 이 모형에서 전문성이란 오로지 과학기술자 같은 특정 집단만이 갖고 있는 것으로서 도전의 대상으로 여겨지지 않기 때문에 전문성을 둘러싼 경합이 나타나지 않는다. 전문성을 둘러싼 경합이 아니라 전문성에 대한 추종과 숭배가 암묵적으로 강요된다. 하지만 이처럼 오로지 과학기술 전문가들과 기술관료들만이 전문성을 가지고 있는 것으로 전제하고, 비전문가로 인식되는 일반 시민들에게는 그에 대한 도전을 허용하지 않는 것, 이처럼 전문성 및 전문가를 문제화하는 것이 금기시되고 오로지 전문성에 대한 추종과 숭배만이 장려된다는 사실 그 자체가 바로 전문성의 정치의 한 방식이라고 할 수 있다. 전문성에 대한 도전을 허용하지 않음으로써 전문성을 둘러싸고 형성된 기존의 권력과 질서를 유지하고자 한다는 점에서 이 역시 전문성을 매개로 한 하나의 정치적 행위라고 할 수 있기 때문이다. 한마디로 전문성 경합 부재의 전문성의 정치라고 할 수 있을 것이다.

요컨대 과학기술 대중화 정책과 활동은 전문성과 비전문성, 전문가와 비전문가를 확연하고 고정된 범주로 구분하고 후자에 대한 전자의 흔들림 없는 지적 우위를 승인한 다음, 결국 과학기술 전문가 주도의 위로부터의 교육을 통해 일반 시민들을 과학기술적으로 계몽하고 동원함으로써 과학기술에 대한 일반 시민들의 사회적 지지와 수용성을 드높여 과학과 전문성의 권력을 공고히 하고자 하는 시도라고 할 수 있는데, 이러한 과정 자체가 바로 전문성에 대한 정치적 행위로 이해될 수 있는 것이다.

4. 아래로부터의 과학기술 시티즌십과 전문성의 정치: '차일드세이브'의 시민과학 활동

   과학기술의 대중화 정책을 통해 정부가 위로부터의 과학기술 시티즌십을 만들어 가고자 하는 시도는 2011년 동일본 후쿠시마에서 일어난 원전사고를 계기로 크게 도전받게 된다. 아이를 키우는 평범한 주부들이 후쿠시마 원전사고 이후 방사능 위험 문제에 눈을 뜨게 되면서 스스로를 시민과학 활동의 주체로 내세우고 정부와 공공기관의 방사능 전문가들과 방사능 위험 문제를 둘러싸고 격돌한 것이다. '차일드세이브'라는 명칭으로 조직된 이 주부들의 시민과학 활동은 그 누구의 강요나 동원이 아니라 스스로가 아래로부터 상향적으로 과학기술 시티즌십을 형성해 나간 대표적인 사례라고 할 수 있다.

1) 방사능 위험과 차일드세이브의 활동

   차일드세이브라는 이름의 단체는 2011년 3월 11일에 발생한 일본 후쿠시마 원전사고를 계기로 그해 7월에 방사능 위험으로부터 아이들을 보호하자는 취지로써 만들어진 온라인 커뮤니티(http://cafe.naver.com/save119/)이다. 현재 차일드세이브의 회원 수는 약 3만 명 정도인데 그들 대부분의 연령은 30~40대로 어린 자녀를 둔 주부들이다. 차일드세이브의 초창기 구성원의 상당수는 온라인 요리 커뮤니티인 '82.cook'에서 활동하던 사람들이었는데, 좋은 식재료에 관심을 기울이던 요리 커뮤니티 구성원들이 일본 후쿠시마에서 심각한 원전사고가 일어나자 방사능 위험 문제에 대해서도 관심을 기울이게 된 것이다. 요리에 관심을 보이던 이들이 갑자기 방사능 위험에 관심을 갖게 된 것은 음식 섭취로 인해 발생할 수 있는 몸 안에서의 방사능 피폭 가능성 때문이었다(최미진, 2014). 특히 차일드세이브 회원 대부분이 어린아이를 키우는 주부이기 때문에 아이들을 방사능 위험으로부터 지켜야 한다는 생각이 이들로 하여금 방사능 위험 실태에 적극적인 관심을 갖게 만든 중요한 요인이 되었다.[7]

차일드세이브는 일차적으로 후쿠시마 원전사고로 인한 방사능 위험의 실태를 정확히 알고자 했지만, 이에 대한 정부와 주류 전문가들(원자력안전기술원 소속)의 답변은 항상 "안전하니 안심하라"라는 것이었다. 그러나 차일드세이브 회원들은 정부나 주류 전문가들의 답변을 믿지 못하겠다는 입장이었기 때문에 결국 본인들이 직접 방사능 위험 문제에 대해 학습하고, 스스로 나서서 방사능 오염 정도를 측정하기로 결정했다.[8] 학습은 온라인을 통한 질문과 답변, 관련 자료와 정보의 게시 등을 통해, 그리고 오프라인에서의 전문가 강연 등을 통해 이뤄졌다.[9] 이러한 학습을 바탕으로 그다음 수순으로 차일드세이브 회원들 스

---

[7] 차일드세이브의 창립자 중 한 명인 최경숙 씨에 따르면 "후쿠시마 원전에선 엄청난 양의 방사능 물질을 뿜어내는데 과연 우리나라로는 날아오지 않는가? 최악의 해양오염이 일어났는데 그 바다에서 가져온 먹거리들은 안전한가? 빗물이며 공기 중에서 검출된 방사능 물질은 미량이라 안전하다고 하는데 과연 그 기준을 우리 아이들에게도 그대로 적용해도 되는가?라는 합리적인 의문들"이 차일드세이브를 만들게 한 계기였다고 한다. 최경숙(2012) 참고.

[8] 차일드세이브의 한 회원이 한 말은 왜 주부들이 이 단체를 만들고 가입했는지 잘 보여준다. "3·11 사고 이후 정부에서는 편서풍 때문에 안전하다는 입장으로 일관했는데, 사실을 은폐하고 축소해 왔어요. 만약 후쿠시마 원전 4호기의 폭발이나 우리나라 원전에서 끔찍한 사고가 나도 일본이나 우리 정부는 은폐할 가능성도 있다고 생각해요. 결국 스스로를 지키기 위한 움직임이 필요하다고 생각했습니다." 최미진(2014: 50)에서 재인용.

[9] "세슘이 뭔지, 베크렐이 뭔지도 모르던 평범한 시민들이 음식과 공기를 통한 내부 피폭과 저선량 피폭에 대해서 염려하고 방사성 물질의 종류와 그 피해, 반감기 등을 공부하며 대책을 강구합니다. 음식의 제염에 대한 자료를 수집하고, 정보를 나누었습니다." 최경숙

스로 방사능오염 측정에 나서는 '시민과학(citizen science)' 활동을 수행하게 된다.[10] 차일드세이브 회원들은 휴대용 방사능 측정기를 구입하거나 대여해 주변 지역을 대상으로 방사능 수치를 측정하고 그 결과를 온라인에서 공유하고 있다. 그중 일부는 사회적 쟁점으로 부각되기도 했다. 대표적인 예가 방사능 아스팔트 사건이다.

방사능 아스팔트 사건은 노원구에 사는 한 회원이 휴대용 측정기를 들고 길을 가던 중 방사능 수치가 상당히 높게 나온 것을 우연히 발견하여 노원소방서에 신고하고 환경운동연합에 제보함으로써 사회에 알려지게 된 것이었다. 그러나 이에 대해 원자력안전위원회는 "지역 주민이 받을 수 있는 연간 방사선량은 0.51~0.69 밀리시버트(mSv)로, 원자력안전법에서 정한 일반인 연간 선량 한도인 1밀리시버트 미만"이므로 별문제가 없다는 입장을 보였다. 차일드세이브와 환경운동연합은 이에 맞서 진상 조사와 원인 규명, 방사능 아스팔트 제거, 주민 안전대책 마련 등을 촉구하는 기자회견 및 캠페인을 진행했고,[11] 결국 노원구청장과 서울시장이 이들의 요구를 받아들여 오염된 아스팔트를 제거함으로써 사건은 일단락되었다.[12]

이와 더불어 차일드세이브는 먹거리 및 공산품의 방사능 관련 정보를 공개할 것을 요구하는 활동을 수행해 왔다. 이들이 주로 요구하는 정보는 제품 원산

(2012) 참고.

10 시민과학의 정의는 다양하지만, 기본적으로 전문가가 아닌 일반 시민이 과학 활동의 주체가 된다는 점이 강조된다. 자세한 내용은 Irwin(2011) 참고.

11 이러한 주민들의 요구에 따라 서울시는 하미나 단국대학교 의대 교수를 주축으로 연구팀을 꾸려 주민 대상 건강 역학조사를 실시했는데, 그 결과 월계동 주민 중 87명이 연간 피폭 한도인 1밀리시버트를 초과한 것으로 나타났다. 문혜준(2014) 참고.

12 이와 유사한 사건이 방사능 벽지 사건인데, 역시 차일드세이브 회원이 대형마트에서 쇼핑하던 중 우연히 쇼핑몰의 벽지에서 높은 수치의 방사능이 검출되는 것을 발견한 사건이다.

지, 제조 방법, 원료 성분 등에 관한 내용인데, 그중에서도 특히 일본산 먹거리와 공산품의 방사능오염 가능성에 대한 우려 때문에 원산지에 신경을 많이 쓴다. 알권리 요구의 연장선상에서 차일드세이브는 스스로 특정 제품에 대한 조사를 실시하기도 한다. 2012년에 분유에 대해 실시한 제품 조사가 대표적이다. 분유가 어린아이들이 일상적으로 섭취하는 음식이라는 점에서 민감한 제품군인 데다가 이미 일본의 유명 분유 제품에서 세슘이 검출되었다는 것을 뉴스 보도를 통해 알게 된 차일드세이브는 일동후디스 분유를 대상으로 한 조사 결과 미량의 세슘(0.391±0.050Bq/kg)이 검출되자 이를 외부에 공개했다. 비록 미량이기는 하지만 아기들이 먹는 분유에 세슘이 함유된 것 자체가 우려할 만하다고 판단했기 때문이다(최미진, 2014).[13]

이러한 일련의 시민과학 활동을 바탕으로 차일드세이브는 2013년 4월에 유관 시민단체들과 함께 더욱 체계적으로 방사능 위험을 모니터링할 수 있도록 시민방사능감시센터라는 새로운 단체를 결성했다. 휴대용 방사능 측정기의 한계를 넘을 수 있는 핵종 분석기 구입을 위한 모금 활동으로부터 출발한 시민방사능감시센터는, 구입한 핵종 분석기를 이용해 시민들이 원하는 품목을 저렴한 가격에 분석해 주는 일을 수행하고 있다.[14]

이상에서 살펴본 시민과학 활동 수행과 더불어 차일드세이브는 그 활동 범위를 사회운동적 차원으로까지 확대해 왔다. 차일드세이브는 일본산 농수산물에 대한 수입의 전면 금지를 요구함과 동시에, 학교급식에서의 일본산 식재료 배제를 주 내용으로 하는 학교급식 조례 개정 요구 등 일종의 소비자운동을 벌

---

13 이에 반발한 일동후디스 측은 차일드세이브와 환경운동연합을 대상으로 민사소송과 형사소송을 제기했다. 재판 결과 명예훼손 관련 형사소송은 기각되었지만, 민사소송에서는 재판부가 미량의 세슘이 위험하다는 증거가 부족하다고 판단함으로써 환경운동연합 측이 패소했다.

14 자세한 활동 내용은 홈페이지(http://www.korearadiationwatch.org/) 참고.

였다.[15] 먼저 일본산 농수산물에 대한 수입금지와 관련해 다른 시민단체들과 함께 기자회견을 열어 적극적으로 의견을 개진했고 국회 정책토론회에도 시민 패널 대표로 참여하는 등의 활동을 수행했다. 얼마 지나지 않아 정부는 후쿠시마 주변의 8개 현에 대한 수산물 수입금지 조치를 발표했다. 급식 조례 개정에 관련해서도 차일드세이브는 다른 시민 환경단체들과 적극적으로 연대했고, 그 결과 서울시로 하여금 방사능 안전 급식 조례안을 통과하도록 하는 성과를 거두었다.

차일드세이브는 여기에서 더 나아가 방사능 안전을 확보하기 위한 사회구조적인 해결책을 추구하는 활동을 전개하고 있다. 탈핵운동 참여가 그것이다. 차일드세이브 온라인 게시판에 있는 다음 글들은 이러한 사회구조적 문제의식을 잘 보여준다. "우리의 궁극적 목적! 바로 탈핵입니다. 우리가 우리 아이들에게 좋은 것만 가려 먹이고 애지중지 길러도, 우리 아이들의 미래를 좀먹는 원전을 멈추지 않는 이상, 우리의 모든 행동이 의미가 있을까요?"(최미진, 2014: 72에서 재인용). "진실을 깨달았기 때문입니다. 처음에는 안전한 먹거리만 챙기면 될 줄 알았습니다. 우리나라 원전이 그렇게 말도 안 되는 사고덩어리인 줄 예전엔 몰랐습니다. 청정에너지라고 배웠으니 그런 줄만 알았지요. 원전의 모든 문제점을 묻어둔다 처도 모든 것이 원전사고 한번이면 모든 것이 끝이라는 걸 후쿠시마를 통해 배웠습니다. 그래서 이 땅에서 살아갈 아이들을 위해서 탈핵을 해야겠다고 결심했습니다"(최미진, 2014: 81에서 재인용). 이러한 사회구조적 인식에 바탕으로 차일드세이브는 '핵 없는 사회를 위한 공동행동'이라는 탈핵을 지향하는 시민 환경단체들의 연대 조직에도 참여하고 있다.

---

[15] 학교급식 개정을 요구하는 차일드세이브의 입장에 대한 자세한 내용은 차일드세이브 (2012) 참고.

2) 아래로부터의 과학기술 시티즌십: 성찰과 행동을 통해 과학시민 되기

지금까지 살펴본 방사능 위험에 대응하는 차일드세이브의 활동 사례는, 정부가 위에서부터 시민들을 과학시민으로 호명하고 동원하는 과학 대중화 정책과는 달리, 후쿠시마 원전사고를 계기로 시민들 스스로가 방사능 위험에 대한 지식을 습득하고 방사능오염 정도를 자체적으로 장비를 구입해 측정하는 시민 과학 활동을 벌이며, 더 나아가 공공정책에 개입하고 궁극적으로는 탈핵운동에 까지 참여하고 있다는 점에서 아래로부터의 과학기술 시티즌십을 실천해 가는 대표적인 형태라고 할 수 있다. 아래로부터의 과학기술 시티즌십 형성에서 가장 중요한 것은 시민들 스스로의 각성에 기반을 둔 적극적인 행동을 통해 과학에 대한 시민적 권리와 책무를 다하고자 하는 점이다. 이미 언급한 바와 같이, 과학기술 시티즌십은 과학기술 관련 의사결정에 대한 알권리 및 참여의 권리와 더불어 그러한 참여를 내실 있게 할 수 있는 과학기술적 학습과 성찰, 그리고 자신이 살고 있는 사회의 과학기술적 문제들에 대한 실천적인 차원에서의 시민적 관여(engagement)의 책무를 강조하는 개념이다.

차일드세이브는 후쿠시마 원전사고 이후 제기된 방사능의 위험이라는 문제 상황에 직면해 정부와 기존의 방사능 관련 전문가들이 제시하는 위험평가를 불신할 뿐만 아니라 기존의 전문가 체제에 과감히 도전했다. 차일드세이브 회원들은 온라인과 오프라인에서 방사능의 실체와 그 위험성에 대해 집중적으로 학습했다. 학습을 위해 회원 상호 간의 질의응답은 물론 전문가의 강연회를 조직하기도 했다. 이러한 학습을 바탕으로 이제 회원들은 스스로 방사능 측정기를 들고 거리로 나가 방사능 문제와 직접 맞서게 된다. 결국 이들은 측정된 방사능 수치에 대한 해석을 둘러싸고, 그리고 더 나아가서는 방사능 문제가 연관되어 있는 공공정책과 관련해 주류 전문가들에게 도전도 불사하는 적극적인 과학시민으로 탈바꿈하게 된 것이다.

이처럼 차일드세이브가 자녀들을 안전하게 지키기 위해서 자발적으로 방사능 위험이라는 문제 상황을 공유하고 학습하며 측정하는 시민과학 활동을 수행하게 된 것은, 방사능의 측정과 위험도 해석이라는 주류 전문가들의 과학 활동에 대한 신뢰성이 사회적으로 문제가 되는 상황에서 시민들 스스로 수행한 시민적 책무라고 할 수 있다. 동시에 차일드세이브가 급식 조례 개정 요구 운동이나 탈핵을 주장하는 시민운동에까지 참여하게 된 것은 바람직한 과학시민이 되는 데 필요한 시민적 권리를 적극적으로 나서서 행사하는 행위의 하나로 볼 수 있다.[16] 그리고 이러한 과학기술 시티즌십의 책무와 권리의 실천은 정부나 기업 혹은 과학단체 등이 위로부터 동원한 것이 아니라 시민들의 자발적인 노력에 기반하고 있다는 점에서 아래로부터 형성된 과학기술 시티즌십이라고 이해할 수 있는 것이다. 차일드세이브를 통해 바야흐로 동원되고 계몽되는 과학기술 시민이 아니라 도전적이고 급진화된 과학기술 시민이 등장하게 된 것이다.

3) 전문성의 정치

앞에서 언급한 바와 같이 비전문가들인 주부들로 구성된 차일드세이브는 방사능의 위험 문제에 대해 시민들이 직접 구입한 측정기를 통해 주위의 방사능오염 정도를 조사할 뿐만 아니라, 관련 정책에 대해 참여를 요구하는 등의

---

16 차일드세이브의 한 회원은 "차일드세이브는 방사능에서 아이들을 지키고자 하는 엄마들의 마음이 모인 곳이라 내 개인적인 필요보다는 희생과 배려가 두툼합니다. 나 하나 잘되자고 모인 게 아니라 우리 모두가 잘되자고 모였으니까요. 이곳은 정보를 얻는 곳이기도 하지만 아이를 지키기 위해 모인 엄마들이 행동하는 곳이기도 합니다. 내 자식을, 우리 아이들을 지키고 싶은 마음이 간절합니다"라고 말하고 있다(최미진, 2014: 79 재인용). 이는 방사능 위험의 심각성을 자각한 시민들이 서로에 대한 희생과 배려를 통해 안전 공동체를 위한 시민적 책무를 수행하는 것이자 시민적 권리를 행사하고 있음을 의미하는 것으로 해석할 수 있다.

시민과학 활동을 수행함으로써 아래로부터의 과학기술 시티즌십을 만들어간 대표적인 사례이다. 이는 앞에서 살펴본, 정부가 과학기술 대중화 활동을 통해 위로부터의 과학기술 시티즌십을 형성하고자 하는 시도와는, 특히 전문성의 정치 차원에서 크게 다르다고 해석할 수 있다.

차일드세이브가 아래로부터의 과학기술 시티즌십을 스스로 만들어가는 과정은 끊임없이 주류 전문가들과 갈등을 빚는 과정이었다는 점에서 차일드세이브의 활동은 전문성의 정치를 잘 드러낸다. 무엇보다도 차일드세이브는 방사능 위험 문제에 대해 정부 기관 등에서 일하는 주류 전문가들의 판단을 일방적으로 수용하는 대신 그들의 말을 불신하고 그들의 과학에 도전했다. 이러한 점에서 전문성 기반의 전문지식 권력을 탈신비화·문제화하고, 방사능 위험에 대한 대안적 활동과 해석을 통해 전문성을 둘러싼 경합을 주도했다고 할 수 있다. 앞에서 살펴본 바와 같이 차일드세이브가 노원구 아스팔트에서 인체에 위험한 정도의 방사능이 나오고 있음을 지적하자 정부 기관인 원자력안전기술원에 소속된 전문가들은 노원구 아스팔트에서 나오는 방사능량이 안전한 범주에 속한다고 응대했다. 이에 다시 차일드세이브가 측정 방식과 방사능 안전치의 기준에 대한 해석상의 문제 등을 들어 원자력안전위원회 전문가들에게 도전했다. 이는 기존의 전문지식 권력에 대한 일대 도전이었다.

차일드세이브의 이러한 행동은 전문성의 정치 차원에서 매우 중요한 의미가 있다. 대부분이 주부인 일반 시민들로 구성된 차일드세이브는 방사능의 위험성 측정과 판단이라는 과학 활동은 그 분야의 훈련받은 전문가들만이 수행할 수 있는 것이라는 통념을 깨고 주류 전문가들에 도전했기 때문이다. 그들은 단지 방사능의 위험 가능성에 대한 의혹만을 제기한 것이 아니라 스스로 방사능 과학지식을 학습하고 측정 도구를 구입해 조사하는 등의 시민과학 활동에 나섰고, 그러한 시민과학 활동의 결과를 해석하는 과정에서 기존의 주류 전문가들과 충돌하고 그들의 과학에 도전하게 되었다. 이 과정에서 그들은 주류 전문가들과 대립하고 있던 대항 전문가들과의 연대를 통해 주류 전문가 집단의 과학과 맞서기도 했다. 이는 누구의 지식과 전문성을 더 신뢰할 수 있는지를 둘러싼 전문성의 정치의 전형적인 모습을 보여주는 것이라고 해석할 수 있을 것이다.[17]

차일드세이브는 여기에서 더 나아가 학교급식 조례안 개정 운동에 주도적으로 참여했고, 현재는 사회구조적 안전 확보의 방안으로서 탈핵운동에도 참여하고 있다. 이러한 활동들 역시 기본적으로 관련 분야의 주류 전문가들이 결정하고 만들어놓은 기존 정책들을 무조건 수용하지 않고 시민적 관점에서 비판과 도전의 대상으로 삼고 있다는 점에서 전문성의 정치의 또 다른 양상을 보여주는 것이라고 할 수 있다.

5. 맺음말: 과학기술 시티즌십 변화의 다이내믹스

앞에서 살펴본 과학기술 시티즌십의 두 가지 유형, 즉 위로부터의 과학기술 시티즌십과 아래로부터의 과학기술 시티즌십은 과학기술과 시민의 관계가 예전에는 엘리트주의적이고 위계적인 것이 지배적이었지만 이제는 시민들이 과학기술에 대해 더욱 도전적으로 관여하고 있다는 것을 보여준다. 이 두 시티즌십 유형은 현실적으로는 여전히 함께 존재한다. 하지만 근래 들어와 뚜렷하게

---

17 물론 주류 전문가들과의 경합 과정에 차일드세이브의 시민 회원들만이 참여한 것은 아니었다. 차일드세이브는 대항 전문가들, 특히 환경단체인 환경운동연합에 속해 있던 전문가들의 도움을 많이 받았다. 이러한 시민(주민)과 대항 전문가의 연합은 전문성을 둘러싼 경합적 정치과정에서 흔히 나타나는 양상인데, 앞에서 언급한 바와 같이 미국 워번 지역에서 갑자기 빈발하게 된 백혈병 발발의 원인을 둘러싸고 지역 주민-대항 전문가 연합이 수행한 '대중역학(popular epidemiology)' 사례나 한국의 삼성반도체 공장 백혈병 산재인정투쟁 사례가 대표적이다.

나타나고 있는 아래로부터의 시티즌십의 등장은 우리나라 과학기술 시티즌십에 상당한 구조 변동이 일어나고 있음을 상징하는 것으로도 볼 수 있다. 한마디로, 과학기술의 현명한 수용자 또는 소비자로서의 시민상이 주도하던 전통적인 과학기술 시티즌십 패러다임이, 과학기술에 대한 성찰자 또는 변혁자로서의 시민상을 핵심 내용으로 하는 새로운 과학기술 시티즌십에 의해 도전받고 있는 것으로 해석할 수 있는 것이다. 그러면 이러한 과학기술 시티즌십의 구조 변동은 어떻게 가능하게 되었는가?

앞에서 언급한 바와 같이 기본적으로 시티즌십이란 한 사회 안에서 시민을 어떤 이름으로 호명하고 자격을 부여할 것인가를 둘러싸고 이뤄지는 사회적 쟁투로써 형성된다고 할 수 있다. 무엇보다도 1980년대 후반부터 한국 사회 전반에서 이뤄져 온 정치적·사회적 민주화 투쟁과 그에 따른 시민사회의 성장이 시티즌십 일반의 발전을 초래한 가장 중요한 배경이 되었다. 아울러 기본적으로 시민참여와 생활 정치에 초점을 두면서 새롭게 등장하던 시민운동과는 운동의 지향성과 성격에 있어 상당한 차이를 보이기는 했지만, 총체적 사회변혁을 위한 국가권력 장악을 목표로 하던 과거의 기층 민중운동 역시 비록 변화의 주체를 '시민'이 아니라 '민중'이라는 이름으로 호명했음에도 불구하고 저항의 정치를 통해 기득권과 기존 권력구조에 과감히 도전하며 사회, 정치적 '성역'을 무너뜨림으로써 일반 시민들의 권리의식과 행동성 증진에 크게 기여했다고 할 수 있다.

시티즌십의 형성과 관련해 주목할 만한 사실은, 과거 권위주의적인 군사정부하에서 오로지 동원의 대상인 '국민'이라는 이름으로만 호명되던 사회 구성원들이 민주화의 진전과 함께 드디어 적극적인 사회참여의 주체인 '시민'이라는 이름으로 불리게 되었다는 점이다.[18] 경제개발의 과정에서 위로부터 동원되

---

18 최장집에 따르면 국민이라는 말은 시민을 의미하기보다는 대체로 권위주의적인 성격을

는 '개발시민권'(장경섭, 2010)이 권위주의적 군사정부가 확산시킨 국가주의와 국민의 담론 속에서 강화되었다면, 민주화와 더불어 아래로부터 활발하게 전개된 시민 주체의 형성은 우리 역사상 처음으로 적극적인 시티즌십을 등장토록 한 것이었다. 특히 1990년대에 들어와 활발해진 시민운동은 능동적 시민의 등장을 가져오는 데 크게 기여했다(정상호, 2013). 1989년에 경제정의실천시민연합(경실련)이, 1993년에는 환경운동연합이, 그리고 그다음 해에는 참여연대 등 한국의 대표적인 시민단체들이 속속 생겨나면서 시민운동 역시 폭발적으로 성장하게 되었다. 이러한 시민운동의 확산과 성장은 시민의식에도 매우 긍정적인 영향을 미쳤다고 할 수 있다. 민주화 이후 성장한 젊은 시민들은 민주화 이전에 교육받은 시민들에 비해 자유권 의식이 높고, 정치적·사회적 참여에도 적극적이며, 다른 집단의 정치적·사회적 활동에 대해서 개방적인 것으로 보고되었다(최현, 2006). 이러한 보고는 민주화 이후 한국 사회 내에 시티즌십이 충실히 발전하고 있다는 증거로 해석할 수 있을 것이다.

민주화에 따른 시민사회의 성장은 사회의 다양한 영역에서 사회 구성원들의 시민의식 고양과 주체 형성을 이루었다. 계급운동에 기반을 둔 구사회운동에 대비되는 의미로 쓰이는 신사회운동이 활성화되면서 사회 각 부문에서 시민들이 자발적으로 모여 조직한 풀뿌리운동이 확산되기 시작했다. 예컨대 여성운동, 소비자운동, 인권운동, 환경운동, 생태운동 등이 그 대표적인 풀뿌리운동이라고 할 수 있다. 이러한 시민사회의 성장과 시민운동의 경험 축적은 이제 시민들이 시민과학 활동을 통해 과학기술 영역에서 전문가 지식에 도전하는 것도 가능하게 했다. 특히 활동의 성격상 전문성을 둘러싸고 주류 전문가들과 종종 경합을 벌여야만 하는 환경운동의 성장은 시민들이 전문가 지식에 도전하는 과정에서 의지하고 도움을 청할 수 있는 큰 힘이 되어주었다. 그리하여 과학기술

갖는 국가의 구성원이라는 의미를 더 많이 갖고 있었다. 최장집(2011).

은 전문가들의 고유 영역이라는 오래된 관념에도 불구하고, 후쿠시마 원전사고를 계기로 그간 누적된 시민사회의 역량이 드디어 일부 시민들로 하여금 전문성 자체를 문제화하고, 시민과학을 기반으로 주류 전문가 과학에 도전하도록 한 것이다. 물론 후쿠시마 원전사고 이전에도 전문성을 둘러싼 투쟁은 존재했지만 이러한 전문성의 정치는 주로 전문가들 내부에서, 즉 주류 전문가와 대항 전문가 사이의 갈등과 투쟁이었다. 혹은 전문가 과학에 대한 시민들의 도전이 있었다고 해도, 시민들이 관련된 과학 활동을 직접적으로 수행해 얻은 지식을 바탕으로 도전하는 경우는 거의 없었다. 이러한 점에서 볼 때 이 글에서 살펴본 차일드세이브는 우리나라에서 민주화 이후 시민사회의 발전과 더불어 과학기술 영역에서도 시티즌십이 더욱 심화되고 있음을 보여주는 좋은 사례라고 할 수 있을 것이다.

참고문헌

강양구·채오병. 2013. 「21세기 생명정치와 시민권의 변동: 글리벡 정체성의 탄생」. ≪경제와 사회≫, 97호, 39~64쪽.

김동광. 2002. 「과학과 대중의 관계 변화: 대중에 대한 인식 변화를 중심으로」. ≪과학기술학 연구≫, 2권 2호, 1~23쪽.

김서용. 2006. 「환경갈등에서 과학기술적 사실의 사회적 구성과 해석: 새만금개발사업에서 수질오염 논쟁 분석」. ≪ECO≫, 10권 1호, 105~158쪽.

김영우·최영락·이달환·이영희·하헌표·오동훈. 1997. 『한국 과학기술정책 50년의 발자취』. 과학기술정책관리연구소.

김종영. 2011. 「대항지식의 구성: 미 쇠고기 수입반대 촛불운동에서의 전문가들의 혼성적 연대와 대항논리의 형성」. ≪한국사회학≫, 45권 1호, 109~152쪽.

문혜준. 2014. 「'생활 속 방사능'의 구성: 월계동 아스팔트 방사능 논쟁 연구」. 서울대 과학사 및 과학철학 협동과정 석사학위논문.

박희제. 2002. 「공중의 과학이해 연구의 두 흐름: 조사연구와 구성주의 PUS의 상보적 발전을 향하여」. 《과학기술학연구》, 2권 2호, 25~54쪽.

송성수. 2008. 「'전(全)국민의 과학화운동'의 출현과 쇠퇴」. 《한국과학사회학회지》, 30권 1호, 171~211쪽.

_____. 2009. 『과학기술과 문화가 만날 때: 과학기술문화론 탐구』. 한울엠플러스.

어윈, 앨런(Alan Irwin). 2011. 『시민과학: 과학은 시민에게 복무하고 있는가?』. 김명진·김병수·김병윤 옮김. 당대.

이영희. 2000. 『과학기술의 사회학』. 한울엠플러스.

_____. 2012. 「전문성의 정치와 사회운동: 의미와 유형」. 《경제와 사회》, 93호, 13~41쪽.

장경섭. 2010. 「개발시민권의 사회학」. 《경제와 사회》, 88호, 338~343쪽.

정상호. 2013. 『시민의 탄생과 진화』. 한림대 출판부.

조형. 2007. 「여성주의 시민화 시대의 시티즌십과 시민사회」. 조형 외. 『여성주의 시티즌십의 모색』, 17~70쪽. 이화여대출판부.

차일드세이브. 2012. 『방사능으로부터 안전한 식생활을 위한 학교급식 개정 제안서』.

최경숙. 2012. 「시민들이 방사능오염을 감시한다」. 『핵발전과 전문성의 정치』, 시민과학센터 가톨릭대 SSK 연구팀 공동주최 토론회 자료집.

최미진. 2014. 「방사능에 대한 시민사회의 위험인식과 대응」. 가톨릭대 사회학과 석사학위논문.

최장집. 2011. 『민중에서 시민으로』. 돌베개.

최현. 2006. 「한국 시티즌십: 1987년 이후 시민권 제도의 변화와 시민의식」. 《민주주의와 인권》, 6권 1호, 171~205쪽.

최희경. 2013. 「과학기술 시티즌십에 기반한 참여형 환경정책 모형: 스웨덴과 덴마크 사례」. 《공간과 사회》, 23권 3호, 5~51쪽.

포크, 키이스(Keith Faulks). 2009. 『시티즌십』. 이병천·이종두·이세형 옮김. 아르케.

홍덕화·이영희. 2014. 「한국의 에너지 운동과 에너지 시티즌십: 유형과 특징」. 《ECO》, 18권 1호, 7~44쪽.

홍성태. 2007. 「원자력문화재단의 활동과 문제 : 생태민주적 전환의 관점에서」. 《시민과 세계》, 11호, 300~322쪽.

Epstein, S. 1996. *Impure Science: AIDS, activism, and the politics of knowledge*. University of California Press.

Arnason, V. 2012. "Scientific citizenship in a democratic society." *Public Understanding of Science*, Vol.22, No.8, pp.927~940.

Bickerstaff, K., I. Lorenzoni, M. Jones and N. Pidgeon. 2010. "Locating scientific citizenship: The institutional contexts and cultures of public engagement." *Science, Technology, and Human Values*, Vol.35, No.4, pp.474~500.

Brown, P. and E. Mikkelsen. 1990. *No Safe Place: Toxic waste, leukemia, and community action.* Berkeley: University of California Press.

Davies, K. and J. Wolf-Phillips. 2006. "Scientific citizenship and good governance: Implications for biotechnology." *TRENDS in Biotechnology*, Vol.24, No.2, pp.57~61.

Dobson, A. 2003. *Citizenship and the Environment.* New York: Oxford University Press.

Elam, M. and M. Bertilsson. 2003. "Consuming, engaging and confronting science: The emerging dimensions of scientific citizenship." *European Journal of Social Theory*, Vol.6, No.2, pp.233~251.

Frankenfeld, P. 1992. "Technological citizenship: A normative framework for risk studies." *Science, Technology and Human Values*, Vol.17, No.4, pp.459~484.

Hagendijk, R. and A. Irwin. 2006. "Public deliberation and governance: Engaging with science and technology in contemporary Europe." *Minerva*, Vol.44, No.2, pp.167~184.

Horst, M. 2007. "Public expectations of gene therapy: Scientific futures and their performative effects on scientific citizenship." *Science, Technology, and Human Values*, Vol.32, No.2, pp.150~171.

Irwin, A. 2001. "Constructing the scientific citizen: Science and democracy in the biosciences." *Public Understanding of Science*, Vol.10, No.1, pp.1~18.

Isin, E. F. and B. S. Turner. 2002. in E. F. Isin and B. S. Turner(eds). *Citizenship studies: An introduction.* in *Handbook of Citizenship Studies.* London: SAGE.

Kim, Hak-Soo. 2012. "Measuring PEP/IS, a new model for communicative effectiveness of science." in Martin W. Bauer, Rajesh Shukla and Nick Allum(eds). *The Culture of Science: How the public relates to science across the globe.* New York: Routledge.

Kurian, P. and J. Wright. 2010. "Science, governance, and public participation: An analysis of decision making on genetic modification in Aotearoa/New Zealand." *Public Understanding of Science*, Vol.21, No.4, pp.447~464.

Kurian, P., D. Munshi and R. Bartlett. 2014. "Sustainable citizenship for a technological world: Negotiating deliberative dialectics." *Citizenship Studies*, Vol.18, No.3-4, pp.435~451.

Leach, M. and I. Scoones. 2005. "Science and citizenship in a global context." in M. Leach, I. Scoones and B. Wynne(eds). *Science and Citizens: Globalization and the challenge of engagement.* New York: Zed Books.

Mann, M. 1987. "Ruling class strategy and the citizenship." *Sociology*, Vol.21, No.3, pp.339~354.

Mejlgaard, N. and S. Stares. 2010. "Participation and competence as joint components in a cross-national analysis of scientific citizenship." *Public Understanding of Science*, Vol.19, No.5, pp.545~561.

Mejlgaard, N. 2009. "The trajectory of scientific citizenship in Denmark: Changing balances between public competence and public participation." *Science and Public Policy*, Vol.36, No.6, pp.483~496.

Michael, M. and N. Brown. 2005. "Scientific citizenships: Self-representations of xenotransplantation's publics." *Science as Culture*, Vol.14, No.1, pp.39~57.

Mouffe, C. 1992. "Democratic citizenship and the political community." in C. Mouffe(ed). *Dimensions of Radical Democracy: Pluralism, citizenship, community*. London and New York: Verso.

Nose, N. and C. Novas. 2003. "Biological citizenship." in A. Ong and S. Collier(eds). *Global Anthropology*. London: Blackwell.

Petryna, A. 2002. *Life Exposed: Biological citizens after Chernobyl*. Princeton University Press.

Rose, N. 2007. *The Politics of Life Itself: Biomedicine, power, and subjectivity in the twenty-first Century*. Princeton University Press.

Turner, B. S. 1990. Outline of a theory of citizenship." *Sociology*, Vol.24, No.2, pp.189~217.

Tutton, R. 2007. "Constructing participation in genetic databases: Citizenship, governance, and ambivalence." *Science, Technology, and Human Values*, Vol.32, No.2, pp.172~195.

Valkenburg, G. 2012. "Sustainable technological citizenship." *European Journal of Social Theory*, Vol.15, No.4, pp.471~487.

Zimmerman, A. 1995. "Toward a more democratic ethic of technological governance." *Science, Technology, and Human Values*, Vol.20, No.1, pp.86~107.

제 5 장

돌진적 근대화와
환경 시티즌십의 형성

1. 머리말

우리 사회는 20세기 후반에 '돌진적 근대화'라고도 불리는 압축적인 산업화 과정을 겪었다. 그 결과 세계에서 유례가 없을 정도로 산업화가 매우 빠른 속도로 이뤄지고 경제 규모도 눈부시게 성장해, 지구상에서 가장 가난한 나라 중 하나에서 부유한 국가로 짧은 기간에 성공적으로 변신한 대표적인 모범 사례로 국제사회에서 칭송받아 왔다. 하지만 그러한 돌진적 근대화, 급속한 산업화 과정의 이면에는 우리 사회의 어둡고 부정적인 측면도 많이 있었다. 급속한 산업화 과정에서 수많은 산업재해로 노동자들이 희생되었고, 통제받지 않은 무분별한 개발주의로 인한 공해 문제로 지역 주민과 시민 대중의 피해가 확산되었다. 이처럼 지난 시기 우리 사회의 급속한 산업화로 노동자 및 시민의 피해와 희생이 증대되었다는 사실은 산업화가 인간으로서 당연히 누려야 할 권리, 즉 인권을 극도로 억압하면서 진행되어 왔다는 것을 의미한다.

5장에서는 먼저 급속한 산업화 과정에서 비롯된 공해로 인한 피해를 살펴보고, 그 피해가 압축적 근대화 과정이 초래한 시민들의 환경권에 대한 억압이었다는 문제의식을 바탕으로 이러한 재난과 피해에 맞서 시민들이 건강한 환경을 만들기 위해 어떤 노력을 해왔는지를 환경 시티즌십 형성이라는 개념을 통해 제시한 다음 마무리를 짓고자 한다.

2. 돌진적 산업화와 환경 시티즌십

이 장에서는 권위주의적 개발국가에 의한 돌진적 산업화와 성장제일주의로 인한 지역 주민 및 시민들의 피해와 희생을 인권의 관점에서 살펴보고, 그러한 인권침해에 맞서 시민들에 의해 아래로부터 제기된 대응 활동을 환경 시티즌십이라는 개념으로 파악하고자 한다.

1961년에 5·16 쿠데타로 집권한 박정희는 한편으로는 반공, 다른 한편으로는 경제성장을 주된 목표로 내걸고 돌진적 근대화를 추진하기 시작했다. 그 첫삽으로 1962년에 제1차 경제개발 5개년 계획이 발표되었다. 당시 박정희는 울산공단 기공식에서 "공업생산의 검은 연기가 대기 속에 뻗어나가는 그날엔 국가 민족의 희망과 발전이 눈앞에 도래했음을 알 수 있는 것입니다"라고 하며 빠른 산업화만이 살 길임을 강조하면서 성장주의와 개발주의 시대를 열었다. 그 결과 한국은 '가난한 농업사회'에서 '부유한 산업사회'로 전환될 수 있었다(홍성태, 2006). 하지만 '한강의 기적'으로 일컬어지는 이 대전환은 권위주의적 개발국가의 강력한 시장개입으로 이루어졌으며, 주로 해외에서 도입한 자본과 원료를 값싼 노동력과 결합해 상품을 생산한 후 다시 해외시장에 수출하는 전략을 구사했다. 즉 '압축적 근대화'는 국가가 시장의 육성과 지원을 위해 사회 전반에 대한 강력한 통제를 행사했던 권위주의적 개입에 의해 수행되었던 것이다. 이 과정에서 권위주의적 개발 국가는 세계시장에서의 경쟁력 확보를 위해 노동조합 활동을 물리적 강제력을 동원해 탄압했을 뿐만 아니라 국토 공간을 계획적으로 분할해 산업용지로 활용했으며, 도시를 공업단지 혹은 아파트 밀집 주거단지로 조성하여 수출을 위한 생산기지로 삼았다. 비록 일부 산야를 개발제한구역(그린벨트)로 지정하기도 했지만, 대규모 공업단지 건설은 공해산업의 계획적인 유입과 산업공해의 광범위한 확산으로 이어졌다(노진철, 2008).

1970년대 들어 유신헌법으로 권력을 연장한 박정희 권위주의 정부는 산업구조의 고도화를 위해, 국가 기간산업을 중앙집권적인 관료화 및 대기업들과의 유착을 통해 경공업 및 수입대체산업 중심에서 중화학공업 중심으로 전환했다. 정부는 자원과 기술이 부족한 상태에서 중화학공업육성정책을 추진함으로써 선진국의 공해산업들이 국내기업들과의 기술 합작을 통해 국내로 유입되는 것을 방조했다(정규호, 2003). 또한 국토종합개발계획에 따라 전 국토를 산업용지로 동원했다. 외국에서 수입한 자원을 전량 가공할 수 있는 대규모 공업단지들을 포항(철강), 울산(석유화학), 온산(비철금속), 옥포(조선), 마산·창원(기계), 여수(석유화학)를 잇는 동남권 임해 지역에 집중적으로 조성했다. 중화학공업단지의 조성은 1970년대 서구의 초국적기업들이 두 번의 오일쇼크에 따른 경기침체와 자국 정부의 강화된 환경규제를 피해 첨단산업으로 전환하는 과정에서 상대적으로 노후화된 자원·에너지 다소비형, 공해 다발형 생산 시설들이 이전되는 형태로 이뤄졌다(최병두, 1992). 이처럼 1970년대 들어와 추진된 산업화의 새로운 방식은 대체로 대규모, 고에너지 집약적 장치산업 위주로 이루어져 대재벌과 같은 거대 산업 체제를 출현시켰다. 집약적 산업화는 자연환경의 많은 부분을 생산의 영토적 체계로 끌어들여 이용하고자 하기 때문에, 그에 따른 자연환경의 대규모 파괴와 오염 발생이 불가피해졌다. 국토 환경의 파괴는 해안의 매립, 녹지의 파괴, 수자원 확보를 위한 광역 댐 건설로 인한 생태계의 파괴, 대규모 공업도시 건설에 따른 산업·생활 폐기물의 방출, 부실한 공해 방지시설로 인한 유해 물질의 방출과 인근 주민들에 대한 생존 위협 등의 현상으로 가시화되었다(조명래, 2001).

이러한 개발주의적 정책은 1980년대에 들어와서도 변함없이 추진되었다. 전두환 정권과 노태우 정권 역시 개발 국가의 정책기조를 그대로 답습해 자원·에너지 다소비형, 공해 다발형 중화학공업을 활성화하는 데 주력했을 뿐 환경문제에 대한 관심은 미약했다(노진철, 2008). 1980년대에 들어와 정부도 환경문제의 중요성을 인식하기 시작했지만, 그 대응은 형식적인 차원에 그쳤다. 1980년에 환경청이 설립되고 헌법에 환경권이 포함되었으며 환경영향평가제도(1981), 폐기물관리법(1986) 등이 도입·제정되고 대기환경기준(1983), 음용수 수질기준(1984) 등이 설정되었지만, 실질적인 환경개선 효과를 발휘하지는 못했던 것이다(구도완·홍덕화, 2013).

이상에서 살펴본 권위주의적 개발 국가에 의한 경제성장 지상주의적 개발주의 논리와 정책은 그 성격상 폭압적일 수밖에 없었다. 권위주의적 개발 국가는 무엇보다도 노동자의 저임금과 순종을 기반으로 해외자본의 유치와 자본축적을 도모하는 성장전략을 내세웠기 때문에 노동자들의 희생이 전제될 수밖에 없었다. 아울러 개발 국가에 의한 무분별한 국토개발과 생산시설 확충은 시민들의 건강권과 환경권을 희생하는 결과를 낳을 수밖에 없었다. 좋은 환경에 대한 시민들의 요구는 체제에 대한 도전으로 간주되었을 정도로 권위주의적 정부들에 의한 개발주의는 시민적 인권의 광범위한 희생 위에서 추진되었던 것이다.

하지만 개발 국가의 권위주의적 성장 정책에 시민들이 순응하기만 했던 것은 결코 아니었다. 시민들은 다양한 방식으로 폭압적 산업화에 저항했다. 이 글에서는 폭압적 산업화에 대한 이러한 시민들의 저항을 환경 시티즌십의 형성과정이라는 관점에서 파악해 보고자 한다. 전통적으로 시티즌십은 근대사회에서 시민의 지위와 시민적 실천에 관련된 일련의 가치와 규범의 관계를 표현하는 개념이라고 할 수 있다. 영국의 사회학자 토머스 마셜(Thomas Marshall)은 영국에서 시티즌십이 18세기에는 개인의 자유권(civil rights, 언론·사상·출판·집회·결사의 자유 등)만을, 19세기에는 정치권(political rights, 정치권력 행사와 관련된 선거권과 피선거권 등)까지, 그리고 20세기에는 사회권(social rights, 인간적 품위를 지킬 수 있도록 도와주는 최소한의 사회 서비스)까지도 포함하는 제도와 개념으로 내용적으로 확대·발전되어 왔다고 주장한 바 있다(Marshall, 1950). 마셜이 발전시킨 이러한 시티즌십 개념은 기본적으로 자유주의적 전통에 입각해 개인의 권리만을 지나치게 강조하고 있다는 비판을 받기도 했지만, 제2차 세계대전 이후 서구에서 전개된 시티즌십 논의에 많은 영향을 미쳤다는 점은 분명하다(홍덕화·이영희, 2014).

이처럼 시티즌십 개념은 공동체의 구성원 자격을 의미하는 개념으로부터 시민적 권리, 나아가서는 정치적 주체로서 참여 의무 및 덕성의 의미로 확장되어 왔다. 물론 마이클 만과 같은 학자는 시티즌십을 정치적 경합이라기보다 지배계급이 사회갈등을 완화하여 사회통합을 이루고자 시민들에게 위로부터 부과하는 정치적 전략에 불과하다고 보기도 했지만(Mann, 1987), 터너가 지적했듯이 시티즌십은 지배세력이 위로부터 시민들에게 부과하는 수동적 형태만이 아니라 종속적 지위에 처한 시민들의 요구로 아래로부터 사회적 쟁투를 통해 만들어지는 능동적 형태도 있다(Turner, 1990). 이 글에서는 터너가 제시한, 시민들에 의해 아래로부터 만들어지는 좀 더 능동적인 의미의 시티즌십 형성에 주목하고자 한다.

이 글에서 환경 시티즌십은 환경을 파괴해서라도 개발과 성장만을 추구하던 권위주의적 개발 국가에 의해 호명되고 동원되던 '개발시민'들이 급속한 산업화로 인해 악화되는 공해 문제에 맞서 푸른 하늘과 맑은 공기를 요구하는 환경단체를 조직해 환경운동에 나서고, 공해를 유발하는 주범인 기업과 그것을 조장·보호하는 정부에 책임을 묻고 해결에 나서게 하는 적극적인 '환경시민'으로 재탄생하는 과정을 일컫는 개념으로 쓰인다.

3. 산업화에 따른 공해와 시민 피해

공해는 무분별한 개발주의에 따라 통제받지 않은 산업화가 공장 주변 지역의 주민, 더 나아가서는 일반 시민들에게 커다란 해악을 끼치는 것을 의미한다. 이 장에서는 한국의 급속한 산업화 과정에서 야기된 대표적인 공해로서 1980년대 초반에 울산시 온산공단에서 발생한 온산병을 비롯해, 최근 널리 알려진 석면병, 가습기살균제 참사, 미세먼지와 같은 대기오염 등에 초점을 맞춰 산업화에 따른 공해 발생이 시민들에게 어떤 피해를 주었는지 살펴보기로 한다.[1]

1) 석유화학공단 지역의 공해 문제

전국의 공업도시들 가운데 1980년대 이후 공해 문제가 가장 심각한 곳은 석유화학업체들이 자리 잡은 울산과 여수였다. 울산 지역에는 울산미포공단이 1962년에 울산특정공업지구로 지정되었고, 1974년에는 온산공단이 비철금속 제련 기지로 형성되었다. 여수에는 1967년부터 여천공단이 조성되었고, 대부분의 입주 업체들은 정유와 석유화학, 비료 등을 포함한 화학업종에 종사했다.

울산에서는 1967년부터 1969년 사이에 울산공단 내에 몇몇 공장이 준공되면서 대기오염 피해가 나타나기 시작했고, 울산공단 인근에서는 1978년부터 어업 피해가 발생했으며, 1982년부터 '온산병'이라 불리는 신경통과 피부병 증세가 인근 주민들 사이에서 나타났다. 온산병은 1985년에 환경시민단체인 공해문제연구소가 일본의 이타이이타이병과 초기 증세가 유사한 공해병이 온산 주민들 사이에서 발병하고 있다고 주장하고, 이것이 언론보도를 통해 알려지면서 사회문제가 되었다. 정부는 1963년에 '공해방지법'을 제정했지만 유명무실한

---

1   가습기살균제 참사에 대해서는 이 책의 3장을 참고하기 바란다.

상태로 방치되었고, 1970년대에 들어와 공업화로 인한 공해가 공단 주변에 가시적으로 나타나자 1977년에야 국회는 '환경보전법'을 제정했다. 그 후 1986년 당시 환경청은 '환경정책기본법'에 의거해 울산미포공단과 온산공단을 '대기보전 특별대책지역'으로 지정하기에 이르렀다. 울산시는 1981년에 공단 주변 주민을 집단 이주시키기로 결정하고, 온산병이 사회문제로 널리 알려진 1985년부터 울산공단 주변의 7500여 세대를 대상으로 집단 이주를 본격적으로 추진했다. 여기에 포함된 지역은 울산 미포공단의 6개 동과 온산공단의 15개 마을이었는데, 시행 후 15년이 지나서야 거의 마무리되었다.

여천공단 주변의 환경 피해는 1977년부터 본격적으로 나타났다. 낙포리에서는 1978년 한 해 동안 눈병과 피부병 환자가 무려 708명이나 발생해, 결국 1981년까지 주민들이 공해권 밖으로 이주하는 사태가 벌어졌다. 그리고 그로부터 20년 뒤인 지난 1996년 당시 여천시가 한국과학기술원(KIST)에 의뢰한 환경영향 조사 결과, 해안에서 수은이 검출되는 등 여수의 환경오염 정도가 매우 심각하다는 사실이 밝혀졌다. 그리하여 1996년에 여천공단은 울산에 뒤이어 대기보전 특별대책지역으로 지정되기에 이르렀고(한상진, 2015), 1999년에는 '여천산단 주변 마을 이주계획'이 확정되었다. 이주계획에 따르면 2000년부터 2006년까지 7년에 걸쳐 인근 지역 주민 1671세대를 대상으로 이주를 추진하고, 철거 지역은 국가산업단지로 추가 지정하도록 했다.

이 외에 1991년 두산전자 구미공장에서 인체에 유해한 페놀 원액이 낙동강으로 유출되면서 발생한 '페놀 오염 사고'도 빼놓을 수 없는 중요한 환경 사고라고 할 수 있다. 페놀 오염 사고로 수돗물에서 심한 악취가 나기 시작했고, 오염된 수돗물이 대구 시민들에게 공급되었다. 검찰 수사 결과 두산전자는 1990년부터 페놀 폐수를 무단 방류한 것으로 드러났다. 이에 분노한 시민들이 전국적으로 두산그룹 제품 불매운동을 벌이기도 했다. 페놀 오염 사고는 전국적으로 많은 사람들이 환경문제의 중요성을 인식하는 계기가 되었다.

2) 석면병

20세기 초 미국 광산 개발업자들에 의해 발견된 석면석은 값싸고 효율 좋은 '마법의 물질'로 널리 알려졌다. 석면은 내연성, 절연성, 내구성이 좋아 방음재, 단열재, 전자제품, 선박, 자동차 부품은 물론이고 화장품에 이르기까지 널리 사용되었다. 하지만 지금은 세계보건기구(WHO) 국제암연구소가 지정한 1급 발암물질로 '소리 없는 살인자'라고도 불린다(안종주, 2008). 한국에서 석면 광산은 1920년대부터 채굴되었으며, 1970년대부터는 석면이 건축자재, 마찰재 및 단열재와 배관 개스킷 제품 등으로 제조되어 광범위하게 사용되기 시작했다. 하지만 2000년대 들어서 석면을 다루던 공장 노동자들이나 석면을 채굴하던 광부들, 광산 인근의 지역 주민들에게서 집단적인 석면 피해가 드러나면서 2009년에는 석면 제품의 제조 및 사용이 전면적으로 금지되기에 이르렀다. 이 과정에서 석면으로 인한 환경오염으로 건강 피해를 입은 이들에게 보상해야 한다고 주장하는 사회운동이 활발하게 이뤄지기 시작했는데, 그 영향을 받아 2010년 제정된 '석면피해구제법'은 석면으로 건강상의 피해를 입은 사람들에게 정부가 기금을 마련해 일정 수준의 보상금을 지급하는 것을 기본 골자로 하고 있다(함태성·정민호, 2011).

우리나라에서 석면의 위험성이 본격적으로 드러난 것은 석면 방직공장에서 근무했던 노동자들 중 많은 수가 석면 관련 질환을 앓고 있다는 사실이 알려지면서부터였다. 한 노동자가 근로복지공단에 산업재해보상보험(산재) 신청을 한 것이 중요한 계기가 되었다. 이 환자는 우리나라에서 가장 큰 규모의 석면 방직공장을 부산 지역에서 운영했던 제일화학(당시 이름)에서 근무한 노동자로, 석면 노출이 직접적인 원인이 되어 2004년 '석면암'으로 불리기도 하는 악성중피종 진단을 받았다. 이처럼 석면 공장의 노동자들 사이에서 석면 노출로 인한 직업성 건강 피해가 속속들이 드러나는 한편, 공장의 담장 밖 환경에서의 석면 오염으로 인한 건강 피해도 점차 드러나기 시작했다. 2007년 부산 MBC는 석면 공장이 있었던 지역의 악성중피종 발생률이 그렇지 않은 지역에 비해 11배 이상 높다는 충격적인 내용을 보도했다. 또 한 가지 사회에 충격을 안겨준 사건 은 충청남도의 석면 광산 지역에서 석면병 집단 발병이 밝혀진 것이었다(환경 부, 2009). 더욱이 경기도 도심에서 평생 살아온 석면암 환자가 발견된 점도 충 격을 더했다. 최형식은 2008년 악성중피종으로 진단을 받았다. 산업보건 전문 가인 백도명은 이 환자와의 면담을 통해 경기도 지역에서 광범위하게 진행된 재개발 공사 과정에서 비산된 석면 먼지에 노출되었을 확률이 높은 것으로 진 단했다(환경보건시민센터·한국석면추방네트워크, 2014). 최형식의 사례는 노출 원이 비교적 명확한 석면공장이나 광산이 있는 마을이 아니라 도심에서 노출되 어 발생한 석면병이라는 측면에서 '순수(한) 환경'성 석면 질환의 가능성을 시 사했다. 이후 이어진 시민단체의 석면 조사 활동들은 수백, 수천 명의 최형식이 나타날 가능성이 충분하다는 메시지를 전달했다. 예를 들어 2009년에 환경보 건시민센터에서 낸 석면 조사 보고서들은 광산 지역뿐 아니라 정부종합청사나 은평구청과 같은 공공기관, 택지개발 지구나 뉴타운 개발 지구 같은 도심 재개 발 지역, 소금 같은 제품이나 열차 등 다양한 곳을 조사함으로써, 다양한 곳에 서 일어날 수 있는 석면 노출 가능성에 대해 경고 메시지를 보냈다. 이 두 사건 외에 석면을 생활 속의 위험물질로 각인시킨 것은 2009년 4월에 발생한 '석면 베이비파우더' 사건이다. 시판되는 다양한 베이비파우더 제품에 석면이 포함 된 텔크 성분이 다량 함유되었다는 것이 식품의약품안전청에 의해 밝혀진 것이 다. 이 사건에 대한 대중의 관심도는 질병 피해가 직접 드러난 부산과 충남의 사례에 비해서 결코 낮지 않았다(강연실·이영희, 2015).

　이처럼 석면을 직접 다루는 공장 안에서 이뤄진 노출뿐 아니라 다양한 조건 에서 석면에 노출될 수 있고, 그로 인해 석면병이 발병할 수 있다는 점은 충격으 로 다가왔다. 서울 지역 환경단체들은 지하철 노동자의 석면병에 대해 논평하는 한편, 서울 지하철을 이용하는 "시민들에게도 노동자들과 같은 건강 피해를 우려하지 않을 수 없"으며 결국 "지하철 이용으로 시민의 건강이 위협받고 있는 것"이라고 지적하기도 했다(환경운동연합, 2008).

3) 대기오염: 미세먼지 공해

우리나라의 돌진적 근대화와 압축적 산업화가 낳은 매우 심각한 부작용 중의 하나는 대기질 악화, 즉 대기오염이었다. 1962년 군사쿠데타로 집권한 당시 국가재건최고회의 의장 박정희 육군 대장이 울산공업단지 기공식에 맞춰 공업탑에 남긴 기념문에는 "제2차 산업의 우렁찬 건설의 수레소리가 동해를 진동하고 공업 생산의 검은 연기가 대기 속에 뻗어나가는 그날엔, 국가와 민족의 희망과 발전이 눈앞에 도래⋯⋯"라고 되어 있을 정도로 공장의 '검은 연기'는 가난을 물리치는 산업화의 상징이었다.

1988년의 서울올림픽은 우리나라의 대기오염을 인식하고 개선하는 데 중요한 계기로 작용했다. 당시 국제올림픽위원회(IOC)가 서울 대기오염 상태를 크게 우려해 개선을 요구하는 분위기였고, 그 결과 비로소 대기오염 모델링과 저감 대책 같은 연구들이 시작되었다. 1990년대 들어 뿌연 스모그는 언론매체에 자주 보도되기도 했지만, 아직 정체가 분명하게 드러나지는 않았다. 1993년 한 신문은 거의 한달 내내 이어지는 서울의 뿌연 대기오염을 보도하면서 "아황산가스와 분진이 결합해 생긴 런던형 스모그나 자동차 배기가스 중의 오존이 햇빛과 반응해 생긴 로스앤젤레스형 광화학스모그"와는 다른, 새로운 유형의 한국형, 서울형 스모그일 가능성이 있다는 전문가 분석을 보도했다(오철우, 2019.2.16).

대기 중의 먼지는 크기나 성분이 다른 매우 많은 종류의 먼지들이 섞여 있다. 이것들의 전체 무게를 측정하면 TSP(Total Suspended Particles, 총부유분진)가

된다. 이 중 입경이 10㎛ 이하인 것만 따로 모아서 측정한 것이 PM10이고, 2.5㎛ 이하인 것만을 측정한 게 PM2.5이다. 크기가 다른 입자들이 각각 별도로 존재하는 것이 아니라 공기 중에 섞여 있는데, 단지 어떤 방식으로 측정해서 평가했는가의 차이가 있을 뿐이다(장재연, 2019.2.27).

전반적인 추세를 보자면 우리나라의 대기오염은 대체로 1990년대와 2000년대를 지나며 나아졌다. 무엇보다 자동차·공장·난방 연료에서 아황산가스와 일산화탄소를 줄이는 연료 정책이 큰 효과를 발휘했다. 황 성분을 줄인 저유황유의 사용을 확대하고, 천연가스로 연료를 대체하는 정책이 지속적으로 추진됐다. 자동차 배출가스 규제 기준도 강화되었고 고체연료의 사용도 규제됐다. 1995년 측정을 시작한 미세먼지의 오염은 연료 정책과 자동차 배출 규제 덕분에 덩달아 꾸준히 낮아졌다. 미세먼지의 연평균 농도 변화를 보면, 1995년 이래 계속 낮아지다가 몇 해 동안 다시 높아졌으나 2002년 이후 10여 년 동안은 꾸준히 줄어드는 추세를 보여주었다. 하지만 줄곧 낮아지던 미세먼지의 연평균 농도는 2012년(서울 41㎍/㎥)을 기점으로 더 이상 낮아질 조짐을 보이지 않고 있다.

미세먼지는 중국 등 국외로부터 발생·유입되는 것도 상당한 비중을 차지하고 있으나(대체로 최대 45% 정도로 알려져 있음), 더 많은 부분은 국내의 급속한 산업화에 따른 부정적 효과라고 할 수 있다. 실제로 산업 부문의 미세먼지 배출량은 국내 미세먼지 배출량의 약 41%를 차지해 배출원 중 최다(14만 2864톤/16년)인데, 산업체 중에서도 전체 사업장(4만 8965개)의 2.4%(1156개)를 차지하는 1종 사업장(주로 대기업)이 산업 부문 배출량의 80.8%인 115만 5000톤을 배출한다. 수송 부문(자동차·건설기계·선박 등 포함)은 전체 미세먼지 배출량의 29%를 차지하는데, 특히 경유차·건설기계·선박이 주된 배출원(수송 부문의 약 92% 배출)이다. 수송 부문 중에서도 자동차의 미세먼지 배출량은 전체의 13%(4만 6756톤/년)이며, 이 중 경유차는 대도시에서 가장 큰 미세먼지 배출원이 되고 있다. 발전 부문은 우리나라 전체 미세먼지 배출량의 12%에 해당하며, 석탄발전소에서 배출되는 미세먼지가 그 대부분을 차지하고 있다. 발전소 중 석탄 화력은 개수로는 전체의 33%(전체 180기 중 60기)를 차지하나, 미세먼지 발생량으로는 발전 부문 전체의 93%를 배출하고 있는 것이다. 이 외에도 도로와 건설공사장(도심), 농업 잔재물 불법 소각(농촌) 등 도심과 농촌 등의 생활 주변 미세먼지도 전체 배출량의 약 18%(6만 2062톤)를 차지한다(국가기후환경회의, 2019).

한편 세계보건기구가 2013년 대기오염과 미세먼지를 '1군 발암물질'로 지정하면서 우리나라에서도 미세먼지의 건강 영향에 대한 연구와 보도가 많아졌다. 실제로 2012년에 국내 5개 주요 일간지의 미세먼지 기사는 74건이었지만, 2014년에는 1분기에만 996건으로 대폭 늘어났다(김영욱, 2019). 더욱이 미세먼지 예보제가 2013년부터 시범 시행되고 2014년 이후에 본격 시행되어, 기상예보처럼 날마다 미세먼지 정보를 접하게 되면서 사회적 관심이 더욱 높아졌다. 우리나라는 2015년부터 전국적으로 PM2.5 오염도를 측정한 공식 통계를 발표하고 있다. 서울의 초기 자료는 공식적으로 발표하지 않았으나 2000년대 초반부터 PM2.5를 측정하기 시작했다. 〈그림 5-1〉에서 보듯이 서울시의 PM2.5 자료에 따르면 해마다 다소간의 오르내림은 있지만 지속적으로 감소하다가, 2013년부터는 약간 증가 추세 또는 제자리걸음을 하고 있음을 알 수 있다.

급기야 2019년 3월 우리나라는 관측 사상 최악의 미세먼지를 경험했다. 서울을 비롯한 수도권에서는 '고농도 미세먼지 비상저감조치'가 역사상 최장기간인 7일 동안 연속 발령되었으며, 이 기간 서울시 초미세먼지(PM2.5) 농도는 세계보건기구 24시간 권고 기준(평균 $25\mu g/m^3$)보다 최대 5배 이상 높았다(44~135 $\mu g/m^3$. 전국은 $56\sim84\mu g/m^3$). 이에 따라 고농도 미세먼지 비상저감조치가 전국적으로 발령되고 차량 2부제 등 비상저감조치의 범위가 확대되었지만, 비상저감조치의 효과는 시민들이 기대하는 것과는 달리 미세먼지 농도를 줄이는 데

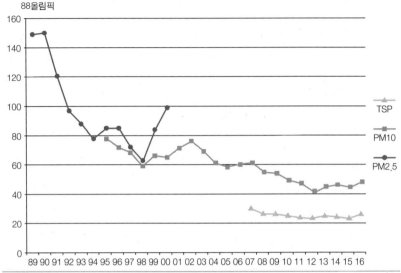

그림 5-1   서울시 미세먼지의 연평균 농도 변화

자료: 장재연(2019).

큰 역할을 하지 못했다(황인창, 2019). 이런 상황에서 미세먼지를 피해 이민을
준비한다는 이야기가 사람들 사이에 심심찮게 회자될 정도로 미세먼지에 대한
시민들의 불안도 커져갔다. 이에 따라 국회는 2019년 3월 13일에 '재난 및 안전
관리 기본법'을 개정해 미세먼지를 사회적 재난에 포함하고 미세먼지 문제가
전 국가 차원의 '재난관리' 대상임을 천명했다. 아울러 미세먼지 문제의 해결을
목표로 여야가 함께하는 범국가기구로 '국가기후환경회의'가 2019년 4월 29일
에 출범해 다양한 활동을 전개하고 있다.

4. 환경운동의 등장과 환경 시티즌십의 형성

　1970년대 이후 공해 문제가 점차 심각해지면서 이에 관심을 기울이는 사람들이 생겨났고, 1980년대 들어서는 환경운동단체들도 결성되기 시작했다. 1982년에는 한국공해문제연구소(공문연), 1986년에는 공해반대시민운동협의회(공민협), 1987년에는 공해추방운동청년협의회(공청협)가 활동을 시작했다. 한국공해문제연구소가 이 시기를 대표하는 환경운동단체라고 할 수 있다. 공해문제연구소는 각종 공해 문제를 공론화하면서 문제의 심각성을 알리고 대책을 촉구했는데, 온산병이 가장 잘 알려진 사례이다(구도완·홍덕화, 2013). 1987년 6월 항쟁으로 민주화가 진전되면서 환경운동은 더욱 급속히 발전했다. 1988년에는 공해반대시민운동협의회와 공해추방운동청년협의회 회원들, 그리고 한국공해문제연구소에서 일하던 최열이 함께 모여 새로운 통합조직인 공해추방운동연합(공추련)을 창립했다. 당시 이러한 단체들이 벌이는 활동은 주로 공해 문제에 초점을 맞춰 그 피해자들을 지원하는 운동이었기 때문에 반공해운동이라고 불린다.

　1980년대의 반공해운동은 독재체제로 인해 민주화가 이뤄지지 못했기 때문에 공해 피해자들이 고통을 받는다고 보았다. 공해 문제의 원인을 경제적 독점과 정치적 억압 및 분단에서 찾아 이를 해결하기 위해서는 민주화가 우선되어야 한다는 담론이 이 시기 반공해운동의 이념이었다. 반공해운동은 1987년 민주화 이후 열린 정치적 공간에서 합법적이고 제도화된 운동을 펼쳐나갔다. 이념적으로는 여전히 공해의 가해자인 자본과 군사독재로부터 민주적 권리를 쟁취하고 지켜야 한다는 담론이 지배적이었다. 이러한 흐름은 1992년에 브라질 리우데자네이루에서 열린 유엔환경개발회의에 많은 환경운동가들이 참여하면서 바뀌게 되었다. 이 회의를 계기로 많은 환경운동가들은 환경문제를 지구적인 관점에서 다루는 대중적인 운동으로 발전시켜야 한다는 인식을 갖기 시작했다(구도완, 2015).

환경운동은 석면병에 어떻게 대응했는가? 앞에서 언급한 바와 같이 일반 시민들에게로 '확장된 석면 정체성'은 전국적인 석면추방운동이 형성되는 밑거름이 되었다. 석면추방운동은 서울과 부산 지역의 노동 및 환경 분야 단체들과 운동가, 전문가, 석면병 환자들의 연합체인 한국석면추방네트워크(Ban Asbestos Korea, BANKO)가 이끌어나갔다(최예용, 2009). 부산 지역의 석면병 환자들과 시민단체, 전문가 연합 및 서울 지역 시민단체들과 운동가들이 모여 2008년 7월 조직한 이 단체는 주로 석면공해 실태조사, 정부 정책 감시 활동, 피해자 구제 활동 등을 수행했으며, 아시아 지역 다른 나라들의 석면 문제에 대해서도 깊은 관심을 기울였다(한국석면추방네트워크, 2008). 부산 석면 공장 노동자들과 충남 광산 지역 주민들 사이에서 집단 폐질환 발병이 확인되고 다양한 공간에서 석면으로 인한 오염이 드러나고 있는 상황에서, 석면병 환자들이 모여 단체행동을 하고 이를 지원하는 시민단체와 전문가들이 여기에 동참한 것은 석면이라는 위험에 대한 환경운동의 필연적인 반응이었던 것이다.

환경운동은 가습기살균제 문제에 대해서도 석면과 비슷한 방식으로 대응했다. 석면병 문제의 심각성을 사회에 알리고 피해자 구제 활동에 앞장섰던 환경보건시민센터가 가습기살균제 참사에 대한 사회적 공론화와 피해자 지원활동에도 앞장섰고, 이후 많은 시민사회단체들이 이 활동에 결합했다. 시민사회의 이러한 활동에 힘입어 2016년 7월부터 가습기살균제 참사에 대한 국정조사가 진행되었고, 2017년 2월에는 가습기살균제 피해 구제를 위한 특별법이 제정될 수 있었다. 이처럼 가습기살균제 참사가 사회에 알려지기 시작하고 곳곳에서 피해자들이 모습을 나타내면서 피해자들을 중심으로 단체들이 꾸려지기 시작해 현재는 약 20여 개의 피해자 단체가 활동을 벌이고 있다.

환경단체를 비롯한 시민단체들은 미세먼지 문제에 대해서도 적극적으로 발언하고 활동하고 있다. 환경단체들은 정부의 미세먼지 대책이 문제의 심각성에 비춰볼 때 지나치게 미온적이라고 비판하면서 더욱 강도 높은 대책을 요구하고 있다. 예컨대 환경단체들은 미세먼지를 많이 배출하는 석탄화력발전소에 대해 미세먼지 고농도 시기에만 한시적으로 운행을 중단하거나 감축하는 데 그치는 것이 아니라 최대한 빨리 폐쇄 절차에 들어가야 한다고 주장한다. 또한 최근에 수많은 기업이 오염물질 배출량을 조작했다는 사실이 알려지자 산업시설 오염물질 배출 조작 사태에 대한 국정조사 실시, 배출 조작 범죄 사업장 및 측정 대행업체 엄벌, 자가측정제도의 공영화 전환 등을 주장하면서 정부에 보다 적극적인 대응을 주문하기도 했다.

산업화의 부작용에 대응하기 위한 환경운동의 등장과 성장 과정은 시민들이 환경문제에 좀 더 민감하게 반응하고 대응하는 적극적인 환경 시티즌십(environmental citizenship)의 형성 과정이라고도 할 수 있다. 앞에서 지적한 바와 같이 1960년대 이후 한국의 경제적·사회적 근대화를 추동하고 궁극적으로 오늘날의 대규모 산업자본주의 사회를 만들어낸 것은 국가(군부정권)의 중상주의적 개발 정치와 이에 조응해 경제활동에 전력투구한 기업가, 노동자, 시민들의 물질적 성취욕구였다고 할 수 있다. 개발주의 군사정권은 정치적 시민권을 부정하는 것은 물론이고 사회적 시민권을 적극적으로 확충해 나가려는 의지도 보이지 않았다. 그 대신 "우리도 한번 잘살아 보세"라는 구호 아래, 국가의 경제개발 위주 국정에 시민들이 전인적으로 지지하고 참여할 것을 요구했다(장경섭, 2010). 이처럼 '개발시민'으로 호명되고 동원되던 시민들이 폭압적 방식으로 급속하게 추진되던 산업화의 폐해에 점차 각성하면서 우리 사회에도 서서히 환경단체들이 조직되고 환경운동이 전개되기 시작한 것이다. 이는 예전의 '개발시민'으로서의 정체성을 버리고 '환경시민'으로서의 정체성을 새롭게 획득하게 된 시민들이 증가했기 때문인데, 이러한 변화는 우리 사회에 환경 시티즌십이 형성되어 점차 강고하게 뿌리내리는 과정으로 이해할 수 있을 것이다.

5. 맺음말

지금까지 우리는 국내외적으로 흔히 '한강의 기적'으로 칭송되곤 하는 한국의 급속하고 압축적인 산업화 과정에서 노동자와 시민들이 입은 산업재해와 공해 피해의 실상과 심각성에 대해 살펴보고, 사실상 인권 유린이나 마찬가지였던 공해 피해에 맞서 시민들이 공해 추방을 위해 들인 노력들을 환경 시티즌십의 형성이라는 개념을 통해 분석했다.

그 어떤 경우라도 건강한 사회발전은 사회 구성원 전부 혹은 일부의 인권을 억압하거나 희생하면서 성취될 수는 없다. 따라서 건강한 사회발전을 추구하기 위해서는 무엇보다 경제성장과 개발을 최우선 가치로 놓는 성장지상주의·개발주의 발전 패러다임과 결별해야 한다. 한국의 지난 압축적 근대화 과정이 그랬던 것처럼 성장지상주의·개발주의 발전 패러다임하에서 인권은 부차적이며, 때로는 희생될 수도 있는 가치로 전락하기 쉽기 때문이다. 결국, 인권이 보장되고 존중되는 사회란 산업재해나 공해와 같은 재해로부터도 자유로운 사회를 의미한다고 할 수 있다. 다행스럽게도, 한국의 시민들은 지금까지 지난한 민주화 투쟁을 통해 환경 분야에서 이제 어느 정도 시티즌십을 획득했다. 하지만 다소 약화된 형태이긴 하지만 여전히 성장지상주의·개발주의 발전 패러다임이 한국 사회에 이어지고 있다는 사실을 잊지 말아야 한다. 이러한 점에서, 성장지상주의·개발주의 발전 패러다임이 기본적으로 지니고 있는 반인권적 성격을 직시하면서 환경 분야에서의 시티즌십 확대를 위한 시민들의 각성과 노력이 계속되어야 할 것이다.

참고문헌

강연실·이영희. 2015. 「환경위험과 생물학적 시민권: 한국의 석면 피해자 보상운동을 중심으로」. ≪시민사회와 NGO≫, 13권 1호, 125~162쪽.

구도완. 2015. 「환경운동」. 한국환경사회학회 엮음. 『환경사회학: 자연과 사회의 만남』. 한울엠플러스.

구도완·홍덕화. 2013. 「해방 이후 한국의 환경문제」. 한국환경사회학회 엮음, 『환경사회학 이론과 환경문제』. 한울엠플러스.

국가기후환경회의. 2019. 『미세먼지 문제 해결을 위한 제2차 국민대토론회 자료집』.

김영욱. 2019. 「미세먼지, 공포와 위험은 어떻게 만들어지는가」. ≪참여사회≫, 4월 호.

노진철. 2008. 「환경문제의 역사: 산업공해, 환경훼손 그리고 환경위험」. ≪한국사회학회 심포지움 논문집≫, 47~68쪽.

안종주. 2008. 『침묵의 살인자, 석면』. 한울엠플러스.

오철우. 2019.2.16. "한국 미세먼지 내리막을 왜 멈췄나". ≪한겨레≫.

이영희. 2012. 「전문성의 정치와 사회운동: 의미와 유형」. ≪경제와 사회≫, 93호, 13~41쪽.

_____. 2019. 「가습기살균제 참사에 대한 사회적 해법의 모색」. ≪한국환경보건학회지≫, 45권 4호, 295~309쪽.

장경섭. 2010. 「개발시민권의 사회학」. ≪경제와 사회≫, 88호, 338~343쪽.

장재연. 2019.2.27. "미세먼지 오해와 진실". ≪오마이뉴스≫.

정규호. 2003. 「국가주도 대규모 개발사업의 특성과 지속가능성 문제」. ≪환경사회학연구 ECO≫, 5호, 162~185쪽.

조명래. 2001. 「한국의 환경의식과 환경운동」. ≪한국지역개발학회지≫, 13권 3호, 141~154쪽.

최병두. 1992. 「한국 환경운동의 재인식」. ≪실천문학≫, 28호, 302~331쪽.

최예용. 2009. 「환경성 석면노출과 건강문제」. ≪환경법과 정책≫, 2호, 61~80쪽.

한국석면추방네트워크. 2008. "출범선언문".

한상진. 2015. 「사회발전과 환경문제」. 한국환경사회학회 엮음. 『환경사회학: 자연과 사회의 만남』. 한울엠플러스.

함태성·정민호. 2011. 「석면피해구제에 대한 법적 검토」. ≪환경법과 정책≫, 6호, 179~216쪽.

홍덕화·이영희. 2014. 「한국의 에너지 운동과 에너지 시티즌십」. ≪ECO≫, 18권 1호, 7~44쪽.

홍성태. 2006. 『개발주의를 비판한다: 박정희체계를 넘어 생태적 복지사회로』. 당대.

환경보건시민센터·한국석면추방네트워크. 2014. 「환경보건시민센터 보고서 175호: 재개발로 인한 석면노출 위험성 일깨운 석면추방운동가 최형식 선생 별세 한국 환경성 석면피해구제 1호」.

환경부. 2009. 『석면공장 및 광산 등의 인근 주민의 석면노출로 인한 건강영향조사를 위한 기초연구』.

환경운동연합. 2008. "성명서: 서울메트로 노동자 석면노출로 10명 중 3명 폐흉막 이상, 하루 평균 400

만 이용 시민의 건강은?」.

황인창. 2019. 「미세먼지, 비상저감조치도 속수무책?」. ≪참여사회≫, 4월 호.

Mann, M. 1987. "Ruling class strategy and the citizenship." *Sociology,* Vol.21, No.3, pp.339~354.

Marshall, T. 1950. *Citizenship and Social Class.* Cambridge University Press.

Turner, B. 1990. "Outline of a theory of citizenship." *Sociology,* Vol.2.

제6장

재난관리, 재난 거버넌스, 재난 시티즌십

1. 머리말

2014년 4월 16일 오전 8시 48분경 전라남도 진도군 조도면 부근 해상에서 청해진해운 소속 인천발 제주행 연안 여객선 세월호가 전복되어 침몰한 사고로 탑승 인원 476명 중 295명이 사망하고 9명이 실종되었다. 침몰 사고 직후 전 국민들이 구조 상황을 실시간 보도 영상을 통해 숨죽이고 지켜보았으나 불행하게도 구조된 사람은 거의 없었고, 수학여행을 가고 있던 많은 수의 어린 학생들이 희생되었다. 세월호 침몰 사고가 수백 명의 인명을 앗아간 재난 사고로 비화된 것이다.

이 참혹한 재난 사고를 접하고서 많은 이들이 그 원인과 대응 방안에 대해 다양한 의견을 제시해 왔다(강수돌, 2014; 곽동기, 2014; 권영숙, 2014; 우석훈, 2014; 이도흠, 2014; 홍성태, 2014). 정부 일각에서는 세월호 참사를 '교통사고'와 같은 별 특별할 것이 없는 일상적인 단순 사고에 불과하다는 주장을 제기하기도 했지만, 배를 침몰시킨 직접적인 원인으로 선장을 비롯한 선원들의 비정규직 고용에 따른 직업윤리 결여와 근무 태만, 기업 경영진의 이윤극대화를 위한 불법 행위(화물 과적, 객실 증축, 평형수 부족 등), 규제 기관(해피아)과 기업의 결탁 및 불법 묵인, 정치인에 의한 신자유주의적 규제(선령 제한 규제) 완화 등의 요인들이 대체로 거론되었다. 세월호 침몰 사고에는 책임감이 결여된 선원, 탐욕에 눈이 먼 선주와 경영진, 불법을 눈감아 준 규제 기관 종사자 같은 요인들이 크게 작용했다는 데 이론의 여지가 없을 것으로 여겨진다. 하지만 인적 요인에만 초점을 맞추는 것은 비교적 손쉽게 책임자를 색출하고 그에 대한 대중적 분노를 쏟아붓게 함으로써 대중의 격화된 감정을 무마하는 효과를 거둘 수는 있겠지만, 자칫 '비난의 의례 정치(ritual politics of blame)'의 함정에 빠질 수도 있다는 점에 유의해야 할 것이다. 그러므로 사고와 재난에 직접적으로 책임이 있는 사람들을 밝혀내는 데 그치지 말고 사고와 재난을 유발하고 악화시켰던 더 구조적인 원인들에도 눈을 돌려야 한다는 점을 강조할 필요가 있다. 이것이 우리가 재난관리시스템의 원리에 주목해야 하는 이유이다.[1]

---

[1] 재난관리시스템의 구조적 원리에 초점을 맞춘 이 글의 범위를 벗어나는 것이기는 하지만, 1986년에 미국에서 발생한 우주왕복선 챌린저호 폭발 사고에 대한 분석에서 사회학자 다이앤 본(Diane Vaughan)이 사고의 구조적 원인으로 지목한 '일탈의 정상화(normalization of deviance)'와 생산의 압박과 같은 조직문화적 요소들도 세월호 침몰 사건의 원인을 어느 정도 설명해 줄 수 있다고 생각한다. 본은 흔히 챌린저호 사고의 직접 원인으로 지목된 '오링' 문제와 관련해 일반적으로 주장되는 것과 달리, 엔지니어들이 '오링(O-ring)'의 문제점을 경고했음에도 NASA 경영진이 비윤리적으로 무리하게 발사를 강행한 것이 아니라, 엔지니어들 내부에서도 오링 문제가 공학적으로 '수용 가능한 위험'으로 받아들여졌기 때문에(이것이 '일탈의 정상화'이다) 발사 결정이 내려진 것이라고 주장한다(Vaughan, 1997). 본의 조직문화론적 시각은, 세월호 침몰 이전에 조타기의 전원 접속 불량과 관련된 이상 징후의 발생과 같은 기술적 일탈들 역시 아래로부터의 심각한 문제 제기에도 불구하고 기업 경영진에 의해 일방적으로 무시되었다기보다는, 그러한 일들이 흔히 일어나지만 대수롭지 않게 일상적이고 '수용할 만한 일탈'로 받아들여지는 '일탈의 정상화' 조직문화 속에서 어느 순간 결국 배를 침몰시키는 원인으로 작용했다고 볼 수 있음을 시사한다. 이러한 '일탈의 정상화' 가설이 제대로 검증되기 위해서는 세월호 침몰 사고 직전에, 그리고

이 재난관리시스템과 관련해 박근혜 정부는 상당한 변화를 꾀하려 했던 것처럼 보인다. 세월호 재난에 대한 대응과 관련해 주로 해경 지휘부의 무능력과 늑장 대응 문제가 거론되고 재난 대응을 위한 컨트롤타워의 부재 문제가 제기되자, 급기야 정부가 해경 해체 결정을 내리고 재난 컨트롤타워도 총리실 산하에 신설하겠다고 발표한 것 등이 그러한 변화의 일단이다. 박근혜 정부는 이미 2013년에 행정안전부의 이름을 안전행정부로 바꾸고 '재난 및 안전관리 기본법'을 개정해 안전행정부가 재난관리 총괄·조정 기능을 강화하도록 한 바 있었지만, 세월호 참사가 터지자 해경과 소방방재청을 해체하고 그 임무와 기능을 총리실 산하에 신설되는 국민안전처에 이관하는 것으로 결정한 것이다. 정부는 이 조치가 세월호 재난 사고 발생 직후 "국가의 재난관리시스템이 전혀 작동하지 않았기 때문에 희생자가 그토록 많이 나올 수밖에 없었다"라는 시민사회의 지적과 비판을 수용한 것임을, 이러한 정부의 국가 재난관리 조직 개편이 바람직한 재난관리시스템을 구축한 것임을 내세우고 싶었던 것일지도 모른다. 세월호 사건 이후 언론과 정치인, 관련 분야 학자들이 이구동성으로 구멍 난 기존 국가재난관리시스템을 재편해야 한다고 주장했던 사실을 생각해 보면, 박근혜 정부의 조직 개편은 이와 같은 사회적 요구에 일정 부분 부응한 것으로 볼 수도 있다.

하지만 이제 중요한 것은 재난관리 조직들의 통폐합과 구조조정, 배치전환 등과 같은 기술적 조정이 아니라 더 근본적인 차원에서 재난관리시스템 그 자체가 안고 있는 문제점에 대해 살펴보아야 한다는 점이다. 재난은 국가 통치의 위기를 초래하기도 하지만, 동시에 국가 통치의 정당성과 권한을 강화하기도

일상적인 운항 및 정비 과정에서 조타기 이상 및 불시 정전 등의 기술적 문제들이 얼마나 자주 일어났고, 어떻게 처리되곤 했는지에 대한 사실관계가 추후 엄밀하게 밝혀져야 할 것이다. 물론 이처럼 세월호 침몰 사고의 원인을 조직문화적 차원에서 찾을 수 있다고 해도 회사 경영진, 선원, 규제 기관의 책임이 면제되는 것은 아니다.

한다. 재난의 사태 해결을 시민사회에 맡기기보다는, 재난을 구실 삼아 강력한 국가통치성을 강화하는 것이 한국적 재난 사회의 특성이라는 지적(이동연, 2014)을 생각해 보면, 재난관리 시스템의 현재와 같은 조정은 기술관료적 재난 관리 패러다임만을 강화함으로써 재난에 대한 대비 및 대응과 관련해 더 근본적인 차원에서의 문제 인식과 해법 모색을 어렵게 하는 결과를 초래한다고 할 수 있다.

이러한 문제의식에서 먼저 지적할 수 있는 것은 통상적으로 국가 재난관리 시스템의 기반이 된 근대적 위험관리와 재난관리론은 기본적으로 과학주의와 전문가주의를 그 바탕으로 하고 있다는 사실이다. 그런데 이러한 과학주의·전문가주의는 재난관리에서 과학적 이성과 전문가의 역할을 중시하자는 의미를 뛰어넘어 재난과 관련된 불확실성과 다차원성을 인정하지 않고, 재난은 과학적 훈련을 받은 전문가들에 의해 충분히 예측·제어될 수 있다는 믿음을 공고히 한다는 데 문제가 있다. 이처럼 그릇된 과학주의·전문가주의에 대한 믿음을 바탕으로 설계되는 재난관리 시스템은 재난을 사전에 대비하거나 사후에 대응하는 데 근본적으로 한계가 있을 수밖에 없다. 이 장에서는 먼저 근대적 재난관리 시스템을 떠받치는 '재난관리 패러다임'의 인식론적 문제점을 분석한 다음, 재난에 대한 대비와 대응에서 국가나 전문가가 아닌 시민사회와 일반 시민이 적극적으로 참여하는 '재난 거버넌스'의 역할과 의미에 대해 논하고자 한다. 그리고 마지막으로, 재난 거버넌스가 잘 작동되기 위한 전제 조건으로 시민들 사이에 형성되어야 하는 '재난 시티즌십'의 내용과 의의에 대해 살펴보고자 한다.

2. 기술관료적 재난관리 패러다임의 한계

통상적으로 재난을 예방·대비·대응하기 위해 정부가 주도하는 재난 대처 방식을 재난관리(disaster management)라고 한다. 재난관리는 재난 발생 이전과 이후의 시간적 흐름에 따라 단계별로 대응 방식을 구분하는 것이 일반적이다. 완화(mitigation)와 대비(preparedness)는 재난 발생 이전의 단계이며, 대응(response)과 복구(recovery)는 재난 발생 이후의 단계로서, 총 4단계로 분류해 접근하는 것이 일반적이다(이재은·양기근, 2004; 위금숙 외, 2009).[2]

재난관리 4단계 분류를 구체적으로 살펴보자. 첫째, 완화 단계는 주로 장기적인 관점에서 재난의 위험에 대비하고자 하는 것으로 '건축법'을 통한 규제, 재난 보험, 토지이용 관리, 위험성 분석, 세제 지원 등을 들 수 있다. 둘째, 대비 단계에서는 재난 발생에 대비하기 위한 재난 대응 계획·체계 구축, 기관 협조 체계 및 비상통신망 구축, 비상 자원 확보 등을 수행한다. 셋째, 대응 단계에서는 재난 발생 시 재산 피해를 최소화하고 효과적으로 복구하기 위해 재난 대응 계획 시행, 재해의 긴급 대응과 수습, 구인·구난 활동을 전개한다. 넷째, 복구 단계는 장·단기로 구분해 단기 복구 활동으로는 이재민 지원, 임시 거주지 마련, 전염병 예방 및 방역 등이 있으며, 장기간 복구 활동으로는 잔해물 제거, 시설 복구 및 피해보상 등을 실시하는 것이다(이병기·김건위, 2010).

그런데 이러한 전통적인 재난관리 계획은, 공공계획 대부분이 그러하듯이 기술관료와 전문가들에 의해 설계되어 실행되고 있으며, 위험관리(risk management)에 대한 기존의 과학주의적 접근법을 재난 문제로 확장한 것이라고 할 수 있다.

위험관리에 대한 과학주의적 인식론에서는 기본적으로 재난 및 위험을 객관

---

2 우리나라의 대표적인 재난관리법이라고 할 수 있는 '재난 및 안전관리기본법'은 "재난의 예방, 대비, 대응, 복구 그 밖에 재난 및 안전관리에 관해 필요한 사항을 규정함을 목적으로 한다"라고 천명하고 있다. 재난을 예방·대비·대응·복구라는 과정별·단계별 모형에 입각해 관리하고자 하는 의도가 있음을 알 수 있다(이재은·양기근, 2004). 여기서 예방은 완화와 같은 의미로 사용되고 있다.

적인 과학의 힘을 빌려 정량화할 수 있고 통제할 수 있다고 본다(Renn, 2008). 다시 말해 위험을 정확하게 파악하고 통제할 수 있는 사회의 능력은, 위험을 얼마나 숫자로 잘 정량화해 객관화할 수 있느냐에 달려 있다고 보는 것이다. 모든 사회현상은 숫자로 정량화될 때 비로소 객관성이 획득될 수 있다고 보는 근대주의적 '숫자 신앙'(Porter, 1995)이 과학주의적 위험 인식론의 근간을 이루는 것이다. 이러한 과학주의적 위험 인식론은 대체로 위험관리 의사결정에서 전문가주의라는 폐쇄적 접근법을 선호하게 된다. 과학주의적 위험 인식론에 따르면 기술적 위험은 사회의 다른 영역과는 달리 복잡성과 난해함을 그 특징으로 한다. 그렇기 때문에 위험의 측정과 관리는 이를 정량화하기 위해 특정한 과학적·분석적 방법론을 구사할 수 있는 과학기술 및 경제 전문가들과 전문 관료들에 의해 수행되어야 한다는 것이다. 물론 이 전문가들의 지식은 가치중립적이고 객관적인 것으로 간주된다. 따라서 위험관리 체제에 객관적이고 가치중립적이며 과학적 능력을 갖춘 전문가가 아니라 주관적이고 가치편향적이며 과학적으로 무능한 일반 시민들이 참여하는 것은 오히려 위험을 증폭시킬 수 있기 때문에 피해야 하는 것으로 인식된다. 물론 때로는 전문가들도 위험 문제를 해결할 수 없는 상황이 있을 수 있다. 그러나 궁극적으로 전문가들에 의한 더 많은 그리고 더 좋은 과학의 투입으로 위험은 극복될 수 있을 것이라고 기대된다(이영희, 2010).

이처럼 기존의 재난관리 모형은 위험에 대한 과학주의적 접근법을 근간으로 발전했다. 이 때문에 재난 대처 과정에서 가장 중요한 것은 최선의 과학적 지식을 활용할 수 있는 잘 훈련받은, 올바른 전문가들을 찾아 적소에 배치하는 것이라는 주장이 어찌 보면 당연하다고 할 수 있다. 과학주의 패러다임하에서는 잘 훈련받은 올바른 전문가들만이 전문지식(전문성)을 바탕으로 재난 위험을 과학적으로 예측·계산·관리할 수 있는 유일한 집단으로 여겨지기 때문이다. 이러한 사고방식으로 굳어진 공적제도가 바로 기술관료적(technocratic) 재난관리 시스템이다. 기술관료주의는 기본적으로 공공정책 입안과 수행에서 과학적 합리성과 기술적 전문성의 가치를 그 무엇보다 앞세운다(Fischer, 1990). 재난에 대한 기술관료적 접근 역시 재난이나 위험에 대한 과학주의적 인식론을 강조하면서 전문가 중심의 폐쇄적인 방식으로 재난관리 시스템을 운영해야 더 합리적이라고 믿는 경향이 있다. 이러한 기술관료주의적 사고방식은 정부 차원에서 운영하는 재난관리 시스템 설계에서 실제로는 그렇게 구현되지 못한다고 할지라도 원칙적으로 그렇게 해야 할 바람직한 방향으로 천명되고 있다.

세월호 재난 사고를 겪은 이후 우리나라에서도 이러한 기술관료주의적 전문가 담론이 득세하는 것처럼 보인다. 제대로 된 전문가가 없어서 세월호 참사와 같은 그런 어처구니없는 재난이 발생했으므로, 향후 새로 구축될 재난관리 시스템에서는 비전문적인 정치가나 관료가 아니라 전문가들이 더 많은 역할을 할 수 있도록 해야 한다는 이야기가 여기저기서 계속되고 있다. 물론 재난관리에 있어 잘 훈련된 올바른 전문가들에게 힘을 실어주자는 말에 거부감을 느낄 사람은 거의 없을 것이다. 그러나 제대로 된 전문가를 찾아 그들에게 맡기면 문제가 다 해결되는 것인가라고 근본적으로 질문할 필요가 있다. 과연 소수의 전문가들만이 재난 예방과 대응 관련 의사결정 과정에 참여할 자격이 있는 것인가? 전문가들이 추구하는 과학적 합리성은 재난 예방과 대응에서 정말 충분히 합리적인가?

이러한 기술관료적 재난관리 패러다임은 위험과 재난에 직면해 상당한 한계를 노정한다. 무엇보다도 이러한 기술관료적 접근법하에서는 전문가와 일반 시민 사이의 지식권력의 분할과 비대칭성이 더욱더 커져, 대중의 합리적 의사결정 능력과 지적 능력은 별로 존중되지 않고 단지 위로부터의 필요에 따라 교육·계몽되거나 동원되어야 할 대상 정도로 취급되곤 한다. 광우병 파동 당시 시민들의 미국산 소고기에 대한 우려를 단순한 '괴담' 정도로 취급해 버린다거나(정태석, 2009), 후쿠시마 원전사고 이후 국내 원전의 안전성과 관련해 늘어나고 있는 시민들의 위험 인식을 근거가 없는 비과학적인 것으로 치부하는 사고방식(강윤재, 2012)이 바로 여기에 해당되는 사례일 것이다.

하지만 울리히 벡이 이야기했듯이 위험의 위해성을 객관적으로 조사할 수 있다는 과학의 합리성 주장은 그 자체가 영원한 논박 대상이므로, 위험의 전문가와 비전문가가 확연하게 구별될 수 있는 것이 아니다(벡, 1997). 많은 경우 재난 위험은 합리적으로 예측하거나 통제하는 것이 불가능하며, 재난이 발생한 경우 그에 대한 초기 대응도 현장 경험과 지식이 풍부한 지역민들이나 시민들이 훨씬 효과적으로 수행할 수 있기 때문이다. 따라서 전문가나 국가 관료만이 재난에 대한 대비 및 대응을 효과적으로 이끌고 조직할 수 있다고 믿는 재난관리 패러다임은 근본적으로 한계가 있다. 이러한 점은 정부의 공식적인 해양 구난 조직인 해경이 세월호 참사가 일어난 다음 구조 활동에 참여하기 위해 자발적으로 달려갔던 민간 어선과 민간 잠수사들을 통제하고 구조 활동에서 배제함으로써 결국 생존자 구조의 골든타임을 놓쳤다는 의혹을 받았던 것(민주사회를 위한 변호사모임, 2014)에서도 잘 드러난다.

3. 재난 대비 및 대응에서의 시민참여

앞에서 살펴본 기술관료적인 하향식 재난관리와 달리, 재난에 대한 대비와 대응 과정에 아래로부터 시민들이 참여하는 경우도 많을 뿐만 아니라 이러한 아래로부터의 시민사회 참여가 종종 재난 대비 및 대응 측면에서 더 효과적이라는 점이 많은 이들에 의해 지적되고 있다. 여기에서는 시민참여를 사전적인 재난 대비 단계에서의 참여와 사후적인 재난 대응 단계에서의 참여로 나누어 살펴보기로 한다.[3]

1) 재난 대비 단계에서의 시민참여

먼저 재난 대비 단계에서의 시민참여는 향후 일어날지도 모르는 재난의 가능성에 대비해 미리 재난 대응 계획이나 정책을 수립하는 과정에서 일반 시민들이 참여하는 것을 말한다. 재난 대비 계획의 수립 과정에서 개최하는 공청회 등에 시민들이 참여해 발언하는 것도 여기에 해당된다고 할 수 있지만, 이때의 시민참여는 정부나 공공기관이 이미 마련해 놓은 계획에 대해 약간의 코멘트를 하는 방식이라는 점에서 제한된 범위의 소극적인 방식이라고 할 수 있다. 이것보다 적극적인 방식은 시민들이 논의의 주체가 되어 자신들의 삶의 경험을 바탕으로 축적한 지혜와 지식을 서로 나누고 재난 대비 계획이나 정책 과정에 투입하는 것이다. 이러한 재난 대비 단계에 대한 더 적극적인 시민참여의 예로는 2008년에 조직되었던 국가 재난 질환 대응 정책에 대한 시민배심원 회의를 들 수 있다.[4]

2008년에 시민과학센터라는 시민단체가 실시했던 시민배심원 회의(citizens' jury)는 시민참여에 기반을 둔 재난 거버넌스의 가능성을 잘 드러내 주었다. 시민과학센터는 인구통계적 구성비를 반영해 무작위로 선발된 14명의 시민배심원들이 4일간 시민배심원 회의에서 국가의 재난 질환 대응체계에 대해 다양한 전문가들의 발표를 듣고, 질의응답하고, 자체적으로 숙의하는 과정을 거쳐 최종적인 평가 의견과 정책 권고안을 만들어내도록 했다. 당시 시민배심원들에게 주어진 주요 질문은 다음 세 가지였다. 첫째, 우리나라에서 조류인플루엔자

---

3   여기서는 통상적으로 구분하는 재난의 예방(완화), 대비, 대응, 복구의 단계 중 예방(완화) 과 대비를 합쳐서 대비 단계, 대응과 복구를 합쳐서 대응 단계로 부르고자 한다. 따라서 대비 단계는 사전적 단계이며, 대응 단계는 사후적 단계라고 할 수 있다.

4   시민배심원 회의에 대한 내용은 이영희(2009)에 근거한다.

(AI: Avian Influenza)로 인해 국가 재난형 대규모 전염 질환이 발생할 가능성은 어느 정도라고 할 수 있는가? 둘째, 국가 재난형 대규모 전염 질환의 발생에 대비한 우리나라의 대응체계는 어떻게 평가될 수 있는가? 셋째, 국가 재난형 대규모 전염 질환 발생에 대한 대비 및 대응 과정이 효과적으로 이뤄지기 위해 개선되어야 할 점은 무엇인가?

당시 잠재적인 국가 재난 질환으로 AI에 초점을 맞춘 이유는 다음과 같다. AI는 조류인플루엔자 바이러스에 조류가 감염되어 나타나는 급성 전염병으로, 닭, 칠면조, 기타 가금류 등에서 급성 호흡기 질환 증상과 함께 100%에 가까운 폐사율을 보이는 피해가 매우 심한 질병이다. 당시는 이 AI가 조류만이 아니라 사람에게도 전염된다는 사실이 알려지면서 문제가 더욱 심각해지고 있었다. 예컨대 1997년 홍콩에서 AI A형 H5N1 바이러스에 사람이 처음 감염되어 사망자가 발행한 이래 신종 인플루엔자에 의한 대유행성 전염병 발발 우려가 높아졌다. 실제로 2003년 말부터 동아시아와 동남아시아 각국의 가금류에서 유행하던 H5N1 조류인플루엔자가 지역 간, 생물종 간 장벽을 뛰어넘어 계속 확대되고 있었기 때문이다. 2003년 말부터 2007년 6월 말까지 공식적으로 12개국에서 317명의 환자가 H5N1 감염으로 확진되었으며, 이 중 191명(60.3%)이 사망했다. 사람에서 사람으로의 전파가 의심되는 사례도 보고되었다(천병철, 2007).

만약 AI 바이러스가 유전자변이를 통해 진화를 거듭하여 효율적인 사람 대 사람 간 감염 전파 능력을 획득하는 경우 신종인플루엔자 대유행이 발생하게 되며, 전 세계적으로 이로 인한 사망자 수가 최대 1억 명에 이를 것으로 추산되고 있었다(데이비스, 2008). 실제로 당시 세계 인구의 1%를 차지하는 약 4000만 명 정도의 목숨을 앗아가 인류 역사의 대재앙으로 불리는 1918년에 발생한 스페인독감의 원인이 바로 AI임이 최근 밝혀지기도 했다. 이처럼 문제가 심각해짐에 따라 세계보건기구는 1999년과 2005년 두 차례에 걸쳐 인플루엔자 대유행 대비 계획 지침을 발표하고, 각국이 실정에 맞는 구체적이고 실행 가능한 단계별 국가 대응 계획을 세우도록 촉구해 왔다. 우리나라 정부 역시 국립보건원 질병관리본부를 중심으로 AI로 인해 발생할 수 있는 대유행성 국가 재난 질환에 대한 대응체계를 나름대로 구축해 놓고 있었다. 시민배심원 회의는 이러한 잠재적인 국가 재난 질환에 대한 정부의 대응체계를 일반 시민들이 평가해 보고, 그 개선 방안을 도출하고자 한 것이다.

당시 일반 시민들이 재난 질환이라는 다소 전문적인 사안의 논의 과정에 과연 얼마나 참여할 수 있을까 우려하는 목소리도 있었지만, 시민배심원 회의에서 강의를 맡은 전문가들조차도 시민배심원들의 질문이 매우 전문적이고 정곡을 찌르는 날카로움이 있어 놀랐다는 반응을 보일 정도로 참여한 시민들의 열의와 관심, 그리고 경험을 바탕으로 보여준 지식과 지혜의 수준은 높았던 것으로 평가된다. 물론 일반 시민이 대상 주제에 대해 전문가와 같은 기술적 전문성을 단시일 내에 쌓을 수 없는 것은 분명하다. 하지만 배심회의 과정이 참가자들의 흥미를 유발할 수 있도록 잘 조직된다면, 비록 기술적으로 꽤 복잡한 대상이 주제이더라도 그에 대한 학습과 토론, 그리고 의사결정 과정에 일반 시민들도 자신의 경험 세계를 기초로 창출한 지적 자원을 통해 충분히 참여할 수 있다. 요컨대 2008년의 시민배심원 회의는 다소 복잡한 기술적 사안일지라도 전문적 지식이 없는 일반 시민들 또한 체계적인 숙의 과정을 통해 시민적 판단을 행하는 숙의 능력을 형성해 갈 수 있음을 보여주었던 것이다.[5]

---

5 이러한 점은 시민배심원 회의에 참가했던 한 시민이 시민배심원 회의에 대한 평가 설문지에 적은 다음과 같은 글에서도 잘 드러난다. "사실 이 시민배심원 회의라는 다소 낯설고 생소한 거에 대해 참여한다고 했을 때, 과연 아무런 전문적인 지식도 없는 제가 뭘 하고, 정책 권고안이라는 중대한 사항에 큰 영향을 미칠 수 있을지 걱정, 의문스러웠지만, 다양한 전문가들의 발표와 질의응답 및 저와 같은 입장의 일반 시민들의 토론 과정을 통해 마지막 정부, 국가에 정책 권고안을 도출해 냈을 때 한 나라의 국민으로서 뿌듯함을 느끼고 이런

지금까지 살펴본 국가 재난 질환 대응 정책에 대한 시민배심원 회의의 사례는, 정부가 국가적 재난에 대한 대비 및 대응 계획을 사전에 수립할 때 단지 전문가와 관료만이 아니라 시민들의 경험적 지식과 의견에도 더욱 귀 기울일 필요가 있음을 보여주었다. 시민들의 지식과 의견에 귀 기울인다는 것은 시민들의 경험적 지식과 의견이 재난 발생 시 문제 해결에 실제적으로 기여할 수 있다는 점을 인정하고, 이를 재난 대비 단계에서 최대한 반영한다는 의미이다.

2) 재난 대응 단계에서의 시민참여

재난 대응 단계에서의 시민참여란 이미 재난이 일어난 상황에서 피해를 최소화하기 위해 시민들이 개입하고 노력하는 것을 말한다. 물론 재난 대응을 위해 관 주도하에 시민들이 동원되는 경우도 종종 있지만, 이는 소극적인 시민참여라고 할 수 있을 것이다. 여기서 주목하는 시민참여는 시민들이 더욱 적극적으로 재난 대응 활동에 개입하는 것을 말한다.

1999년에 대만에서 발생한 921 지진에 대한 정유선의 연구는 재난 대응에 대한 시민들의 적극적인 참여를 잘 보여준다(정유선, 2014). 1999년 9월 21일 새벽, 대만에서 유사 이래 가장 심각한 자연 재난 중 하나로 기록된 리히터 규모 7.3도의 강한 지진이 대만 중부를 강타했다. 이로 인해 2415명이 사망하고 30명이 실종되었으며, 1만 1306명이 부상을 당했다. 지진 발생 직후 정부는 군 총동원령을 내리는 등 나름대로 노력했으나 시간이 갈수록 정부의 재난 대응 방식에 많은 문제점이 노출되었다. 특히 자원과 권한 배분 문제를 둘러싸고 중앙

기회를 통해 작고 미흡하지만 우리의 목소리를 낼 수 있다는 게 앞으로 더 발전해 나가는 지름길의 또 하나의 방안이라고 생각되어 정부 주도 및 민간 차원에서 이러한 제도가 더 적극적으로 홍보되었으면 합니다"(이영희, 2009).

정부와 지방정부 사이에 생긴 불화로 정부 조직 간 공조가 거의 이뤄지지 않았던 것이다. 반면 시민단체들의 재난 대응 활동은 매우 활발했고, 많은 성과를 거두었다고 평가된다. 시민단체들은 재난 발생 초기에 신속성과 기동력으로 정부가 해야 할 긴급 대응을 담당했다. 지진이 발생하자 인근 주민들이 물, 담요, 식량 등을 준비해 재난 현장으로 향했는데, 도로가 끊겨 차량이 진입할 수 없게 되자 오토바이나 도보를 이용해 신속하게 재난 현장에 도착해 이재민 지원, 피해 수습 등 재난 대응 활동을 활발히 수행했다.

2005년 미국 뉴올리언스를 강타한 허리케인 카트리나가 남긴 재난에 대한 레베카 솔닛(Rebecca Solnit)의 연구 역시 재난이 발생했을 때 정부의 대응이 비체계적이고 신속하지 못했던 데 비해 일반 시민들이 얼마나 적극적이고 효과적으로 대응 활동에 나섰는지를 잘 보여주고 있다(Solnit, 2014). 허리케인 카트리나는 미시시피강의 범람을 막아 인간 생활권을 보호하기 위해 세운 제방을 무너뜨려 뉴올리언스 지역 80퍼센트가 물에 잠겨, 모든 공공서비스를 파괴하고 중단시켰던 최악의 재난 중 하나였다. 재난 복구 과정에서 정부 기관들이 관료주의적 절차를 고수하느라 뉴올리언스의 요청을 제대로 지원을 못 한 반면, 전국에서 모여든 수많은 자원자들은 집 안의 쓰레기를 치우고, 먹을 것과 상담, 의료 등을 제공하며 인간이 살 수 있는 도시를 재건하기 위해 헌신했다. 뉴올리언스 재건을 위해 노력한 시민단체 조직들은 대부분 소규모였기 때문에 자신들이 봉사하는 지역의 상황에 맞게 즉흥적으로 대처할 수 있었다. 또한 뉴올리언스 시민들은 재난 복구 과정에서 저소득 지역이기도 한 저지대 지역을 없애버리려는 지방정부의 초기 계획을 저지하고, 정부가 다시 그 지역들을 재건하는 데 예산을 할당하도록 압력을 행사하기도 했다. 솔닛에 따르면, 재난이 발생하여 사회적 무질서 상태가 도래하면서 폭동이나 약탈, 강간 등의 반사회적 행위가 난무한다는 통상적인 인식과 달리, 재난은 보통 사람들에게 잠재되어 있던 어떤 것(예컨대 회복력과 관용, 상호부조의 공동체를 즉석에서 꾸려가는 능력)을 입증해 줌과 동시에, 우리들 대부분이 연대와 참여와 이타주의와 목적의식을 얼마나 갈망하는지를 보여준다.

2007년 충남 태안군 만리포 해상에서 삼성중공업 예인선 '삼성1호'와 홍콩 선적의 유조선 '허베이 스피리트호'가 충돌해 원유 약 1만 500톤이 유출되는 사상 최악의 환경 재난이 일어났을 때도 정부의 대응보다는 시민사회의 대응이 훨씬 활발했다. 정부 조직들이 초동 대응에 실패하는 등 재난 대응 활동에서 크게 미흡했다는 평가를 받았던 것에 비해(노진철, 2008), 시민들의 활발한 지원 활동은 큰 성과를 거둔 것으로 평가된다(이명석 외, 2008).

사고 직후 인터넷 포털 사이트에는 '태안을 돕자'는 열기가 뜨거웠고, 환경운동연합 홈페이지는 자원봉사자의 신청이 폭주해 접속이 곤란할 정도였는데, 최종적으로 방재 작업을 위해 태안에 온 자원봉사자의 수는 120만 명을 넘었다. 환경운동연합은 시민 성금을 활용해 주민구호물품(쌀과 난방용 기름) 지원, 선박을 이용한 기름 제거 활동 지원, 자원봉사자에 대한 장비 및 물품 지원, 야생동물 구조 지원, 방제 작업자 및 피해 지역 주민 건강영향조사 실시, 오염 사고의 사회경제적·심리적 영향 조사 지원 등의 활동을 전개했다(박재묵, 2008). 한 설문조사에 따르면 자원봉사자들의 절반 가까이(48.2%)는 "유출 기름에 의해 파괴된 생태계를 하루빨리 복원해야 한다는 자신의 판단으로" 참여하게 되었다고 응답했고, 29.2%는 "직장, 교회, 단체 등에서 참여하도록 독려해서" 참여하게 되었다고 응답했으며, 16.1%는 "어민들을 비롯한 지역 주민의 고통을 함께하고자 하는 자신의 생각에서" 참여했다고 응답했다(윤순진, 2008). 이 조사 결과를 보면 자원봉사자 셋 중 2명은 파괴된 생태계의 회복과 지역 주민의 고통을 나누기 위해 스스로 결단해 참여했음을 알 수 있다.

지금까지 살펴본 모든 사례가 기술관료적 방식으로 재난관리를 담당하는 정부 조직이 아니라 시민단체나 일반 시민들이 재난에 대한 대비 및 대응 과정에 커다란 역할과 기여를 할 수 있음을 보여주는 사례들이다.[6]

그런데 이처럼 재난 발생 시 구조나 구난에 직접 뛰어드는 행위가 아니더라도 재난 대응과 관련해 시민들의 참여가 빛을 발하는 영역이 또 있다. 그것은 바로 사회적 애도 의례 참여를 통한 공동체의 복원력 강화다(Eyre, 2007). 커다란 재난을 겪고 나면 사회와 사람들은 그 충격에서 벗어나기 쉽지 않은데, 시민들이 광범위하게 참여하는 집단적인 애도 의례를 통해 붕괴된 사회가 조금씩 복원되는 것이다.

세월호 참사 직후 큰 충격에 빠져 있던 희생자 가족들과 시민들은 사회적 애도 의례 행위를 통해 사회가 다시 정상적으로 복원될 수 있도록 진실 규명 및 책임자 처벌과 안전 사회를 만들 것을 국가와 사회에 호소하고, 촉구하고, 압박하는 등 다양한 시민행동들을 아래로부터 전개했다. 세월호 참사와 관련된 모든 것을 기록·정리·공유하기 위한 활동을 하고 있는 '세월호를 기억하는 시민네트워크'를 비롯해 '침묵행동—가만히 있으라', '검은티셔츠행동', '세대행동(세월호와대한민국을위해행동하는사람들)', '데모당', '시민원탁회의', '노란손수건', '동네촛불', '416청와대행동기획단', '세월호를 기억하는 미술인의 모임', '세월호 게릴라 음악인', '세월호를 기억하는 예술행동', '문화행동예술네트워크' 등의 시민단체들이 세월호 참사에 대한 사회적 애도 의례에 적극적으로 참여해 왔다(정원옥, 2014). 물론 이러한 시민단체 차원만이 아니라 개별적으로 광화문이나 청계천 또는 진도 팽목항 등지에서 열리는 세월호 참사에 대한 사회적 애도에 참여한 시민들의 숫자도 매우 많았다. 이러한 사회적 애도 의례는 문제 영역이 확장되는 것을 방지하고 통치 위기를 일단 수습하는 것을 주된 목적으로 국가가 나서서 수행하는 박제화된 애도 의례에 비해, 재난의 전후 과정을 보다 냉정하게 직시하도록 만들고 그 해결 방안을 집단적으로 모색하도록 함으로써 궁극

---

6 2014년 홍도 앞바다에서 발생한 유람선 좌초 사고 시 인근에 있던 민간 어선들과 유람선들이 신속하게 사고 선박에 접근해 승객을 전원 구조했던 것도 사례로 들 수 있다.

적으로는 사회의 복원력을 향상하는 데 기여하는 것이다.

4. 재난 거버넌스 패러다임의 특징과 의의

앞에서 살펴본 재난 대비 및 대응에서의 시민참여는 기술관료적 재난관리 패러다임과는 다른 재난 거버넌스(disaster governance) 패러다임의 등장을 의미한다고 해석할 수 있다. 재난 거버넌스는 재난에 대한 대처 방안을 소수의 전문가들이 기술적 차원에 국한해서 모색하는 협소한 재난관리와는 달리, 재난 대비·대응에서 전문가들만이 아니라 사회 구성원들 및 대의자들의 폭넓은 참여(이들의 경험 세계에서 나오는 합리적 질문, 의심, 공포, 선호 등에 대한 존중)를 기반으로 집단적 지혜를 모아 의제를 설정하고 그에 대한 해결책을 모색해 나가는 것을 지향한다. 이러한 점에서 재난 거버넌스는 일종의 협력적 거버넌스 (collaborative governance)라고도 할 수 있다(Tierney, 2012). 다시 말하면, 과학기술학 연구자인 실라 재서노프가 이야기한 것처럼(Jasanoff, 2003) 전통적인 재난관리 패러다임이 전문가의 과학적 합리성만으로 재난 문제를 해결할 수 있다는 '오만의 기술(technologies of hubris)'에 근거한다면, 새로운 재난 거버넌스 패러다임은 전문가 지식의 인식적 한계와 다양한 시민지식의 유용성을 인식하는 '겸허의 기술(technologies of humility)'에 기반을 둔다고 할 수 있다.

따라서 여기서 말하는 재난 거버넌스는 정부 주도의 재난 대응과 복구과정에서 단지 필요에 따라 자원봉사단체 동원 등과 같은 방식으로 시민들의 협력을 구하자는 (또는 동원하자는) 기술관료주의적 시민참여론을 뛰어넘어, 재난 대비와 대응에 대한 기존 전문가주의적 관점의 근본적인 변화를 주장하는 것이다.[7] 위로부터 설계되고 실행되는 재난관리 패러다임과 대중의 경험·국부적 지식(local knowledge)과 지혜, 선호와 관심사 등의 집적을 중시하는 아래로부터의 재난 거버넌스 패러다임은, '무엇이 문제인지와 같이 재난을 보는 틀 짓기 (framing), 누가 재난에 취약하고 재난이 사회적으로 어떻게 배분되는지에 대한 영향 평가, 재난의 영향(피해)에 대한 대책 마련, 그리고 그러한 재난 경험에 대한 집합적 학습을 통한 장기적 차원의 사회적 복원력 증대 등의 측면에서 크게 차이를 보일 수밖에 없을 것이다(Jasanoff, 2010).

그런데 과연 시민들은 재난의 대비 및 대응과 같이 기술적 전문성이 요구되는 것처럼 보이는 사안에 대해서도 참여할 능력을 갖추고 있는가? 이러한 질문은 일견 타당한 것처럼 보인다. 왜냐하면 통상적으로 기술적 사항은 그 분야에서 전문적으로 교육·훈련받은 전문가만이 다룰 수 있는 것으로 인식되고 있어, 일반인이 기술적인 영역의 의사결정에 참여하는 것은 바람직하지도, 가능하지도 않은 것으로 여겨져 왔기 때문이다. 그러나 문제가 되고 있는 과학기술, 특히 재난 관련 이슈에 대한 해결책을 모색하는 데 전문가들조차도 의견이 항상 일치하는 것은 아니다. 재난에 대비하고 대응하는 과정에서 예상치 못한 불확실성에 직면하는 경우가 많기 때문이다.

펀토비치와 라베츠에 따르면(Funtowicz and Ravetz, 1992), 위험과 관련된 불확실성에는 기술적 불확실성, 방법론적 불확실성, 인식론적 불확실성이 있다. 측정에서의 부정확성을 의미하는 기술적 불확실성(technical uncertainty) 차원의 위험관리는 대체로 응용과학을 적용해 이뤄질 수 있고, 위험 정보를 분석하는 데 사용되는 방법과 분석자에 대한 신뢰와 관련된 방법론적 불확실성

---

7 기존의 재난관리 시스템에서도 재난 대응에서 민관의 협력이 중요하다는 점을 강조하고 있기는 하다. 2013년에 개정된 '재난 및 안전관리기본법' 제12조의 2에 의하면 국가 및 지방자치단체의 민관협력을 강화하기 위해 '안전관리 민관협력위원회'를 구성·운영할 수 있다. 하지만 안전관리 위원회의 구성원은 지역 공공기관의 장들로 채워져 있으며, 민간위원들은 주로 지역 유지들의 몫이 되고 있다. 민관협력이라고 해도 여전히 관료적이고 동원적인 성격을 띠고 있음을 알 수 있다.

(methodological uncertainty) 차원의 위험관리는 높은 숙련을 쌓은 전문가의 판단을 통해 수행될 수 있다. 반면에, 주로 가치 개입에 따른 인식의 차이가 유발하는 지식의 불확정성과 인간 인식의 한계로 인한 무지 때문에 발생하는 인식론적 불확실성(epistemological uncertainty) 차원의 위험에 대해서는 전문가도 지식과 판단에 한계가 있을 수밖에 없다.

펀토비치와 라베츠는 이러한 불확실성 상황에서는 기존의 전문가들에만 국한되는 것이 아닌 '확장된 동료 공동체(extended peer community)'가 필요하다고 강조한다. 확장된 동료 공동체는 전문가들만이 아니라 일반 시민이나 지역 주민과 같은 직간접적인 이해관계자들까지 참여하도록 함으로써 재난 및 위험과 관련된 '사실의 확장(extended facts)'을 가져와 궁극적으로는 재난·위험에 대한 대비와 대응을 더 민주적으로 수행하는 통로로 기능할 수 있다. 전문가가 아닌, 오히려 일상적인 삶의 경험 속에서 축적한 일반 시민들의 지식이 경우에 따라서는 문제 해결에 더 효과적일 수도 있다는 것이다. 왜냐하면 일반인들도 스스로 인식하건 인식하지 못하건 간에 자신의 삶의 영역에서 경험과 통찰을 통해 끊임없이 학습을 하고 있으며, 그 결과 사물에 대한 나름의 안목과 지식을 축적하게 되기 때문이다. 물론 이러한 보통 사람들의 안목과 지식은 전문가의 그것처럼 체계적으로 정리되거나 쉽게 명제화될 수 있는 것이 아니라, 암묵적 지식의 형태로 축적되는 특성이 있다. 전문가의 지식은 주로 교과서나 통제된 실험실에서의 탐구활동의 결과로 발생하는 것인 데 반해, 일반인의 지식은 주로 삶의 현장에서의 경험을 통해 발생하는 것이다. 따라서 특정한 문제에 대해서는 그러한 환경에 오랫동안 놓여 있던 일반인이 오히려 문제 해결에 기여할 수 있는 생생한 지식을 더 많이 갖고 있을 수 있다. 이것이 바로 전문가 지식과 대비되는 '시민지식(lay knowledge)'이며, 이러한 시민지식이 기술적 문제 해결 혹은 지식생산 과정에서 중요한 기여를 한 사례도 많다.[8]

이처럼 참여적 재난 거버넌스 패러다임은 재난의 대비 및 대응 과정에 전문가만이 아니라 일반 시민들의 참여가 중요함을 강조한다. 이 접근법에서는 재난 혹은 위험의 규모나 시급성이 누구나 알아채고 동의할 수 있는 방식으로 객관적으로 실재하기보다는, 사회에 따라 집단에 따라 달리 인식될 수 있다는 것을 전제로 출발한다. 비록 동일한 대상을 볼지라도 재난 및 위험에 대한 전문가의 인식틀과 일반 시민의 인식틀이 상이하게 구성될 수 있다는 것이다. 아울러 재난·위험평가와 관리에 있어 전문가와 기술관료의 지식에도 한계가 있으며, 일반 시민들의 경험에 기반한 지식과 행동에도 나름의 맥락적 합리성이 존재하므로 일반 시민에게 기술관료나 전문가의 방식을 강제하기보다는 상호 소통과 학습이 필요한 것이다.[9] 또한 재난과 위험을 다루는 기관과 전문가들에 대한 일반 시민들의 신뢰 여부도 재난 및 위험에 대한 시민들의 인식에 매우 중요한 영향을 미친다고 할 수 있다(Wynne, 1992). 바로 이러한 이유들로 인해, 전문가와 관료들이 독점하던 전통적인 재난 및 위험관리 방식에서 탈피해 재난과 위험의 대비·대응 과정에 일반 시민들이 폭넓게 참여할 수 있는 참여적 재난 거버넌스 패러다임이 커다란 의미를 지니는 것이다.

요컨대 재난 대비·대응 관련 의사결정이나 활동에서 전문가들의 교과서적인 지식만이 아니라 일반인의 삶의 경험에서 우러나온 평범한 시민지식 역시도 그 실제적 중요성이 인정되어야 한다. 이와 비슷한 맥락에서 위험사회론을 주창한 울리히 벡 역시, 위험사회하에서 위험에 관한 지식 주장들은 과학 전문가와 정치적 이해관계자, 일반 시민들 사이에서, 다시 말해 상이한 인식론들 사이

---

8 대표적으로 Fischer(2000), Irwin(2011) 등을 참고할 수 있다.

9 이처럼 재난 거버넌스 패러다임은 재난 대비와 대응 체제 구축 및 운영 과정에 공인된 전문가 이외에도 다양한 가치와 관점, 지식과 경험들이 관여될 필요가 있음을 강조하고 있다는 점에서, 우리는 이를 불확실한 상황하에서 성찰성의 제도화를 증진하는 '성찰적 거버넌스(reflexive governance)'라고도 부를 수 있을 것이다. 성찰적 거버넌스에 대한 자세한 내용은 Voss et al.(2006), Stirling(2014) 참고.

에서 협상될 필요가 있다고 말했다. 또한 위험에 잘 대처하기 위해서는 더 많은 공중의 참여, 참여와 위험평가 및 관리 과정에서 민주적 절차의 확장이 요청된다고 주장한 바 있다(Beck, 2014). 이러한 점에서 보자면, 전통적인 재난관리 패러다임이 기술관료와 전문가 중심의 협소한 기술적 접근법인 데 반해, 재난 거버넌스 패러다임은 사회 구성원들의 다양한 경험과 지식을 존중하는 '인지적 정의(cognitive justice)'(Visvanathan, 2005)를 추구한다는 점에서 기본적으로 더 민주적인 지식 정치에 입각해 있다고도 할 수 있다.

5. 맺음말: 재난 시티즌십의 모색

지금까지 우리는 재난의 대비 및 대응에서 전통적인 기술관료적 재난관리 패러다임이 갖는 한계점을 지적하고, 참여적 재난 거버넌스 패러다임이 더욱 중요하고 의미가 있다는 점을 강조했다. 앞에서 논의한 바와 같이 재난 거버넌스는 기본적으로 재난의 대비 및 대응에서 시민들의 자발적인 참여를 핵심으로 한다. 이 글에서는 이처럼 같은 공동체에 속한 구성원이자 동료로서 시민들이 재난의 대비·대응 과정에서 보여주는 적극적인 참여의식과 행동을 재난 시티즌십(disaster citizenship)이라는 개념으로 파악해 보고자 한다.[10]

전통적으로 시티즌십이란 한 사회 내에서 시민의 지위와 시민적 실천에 관련된 일련의 가치와 규범의 관계를, 시민적 권리와 책무 또는 시민적 덕성으로서 표상하는 개념으로 정의되어 왔다(Turner, 1990; Janoski, 1998; 포크, 2009). 근

---

10 여기서 발전시키고 있는 재난 시티즌십이라는 개념은 필자가 2014년 전기사회학대회에서 열린 세월호 특별집담회(이영희, 2014a)와 과학기술정책연구원이 최근 발행한 잡지(이영희, 2014b)에서 이미 간략하게 언급한 바 있다.

래에 많은 연구자들이 이러한 전통적인 시티즌십 개념을 더욱 확장해 사회의 다양한 영역에 적용하려는 시도들을 활발히 수행해 왔던 것처럼,[11] 이 글에서도 재난에 대한 대비·대응 과정에서 재난과 시민들이 관계를 맺는 방식의 전개를 재난 시티즌십의 형성이라는 측면에서 살펴보았다. 통상적인 시티즌십 개념이 그러하듯이 재난 시티즌십이라는 개념도 시민들이 재난 문제에 일상적으로 관심을 기울이고 재난 관련 공적 의사결정에 적극적으로 참여할 권리를 주장하며, 재난으로 인한 공동체의 파괴에 대해 연민과 연대감을 가지고 그 복구과정에 정신적·육체적으로, 또는 다른 어떤 방식으로라도 참여하는 것을 의미한다고 할 수 있다. 더 구체적으로 재난 시티즌십의 권리적 측면으로는 첫째, 재난과 관련된 지식 혹은 정보에 대한 접근 권리, 둘째, 재난에 대한 정책 결정과정에 대한 참여의 권리, 셋째, 집단이나 개인들을 재난 위험에 빠지게 할 가능성을 제한시킬 권리 등으로 구성된다.[12] 결국 권리적 측면에서 재난 시티즌십이라는 용어는 시민참여를 통해 재난 활동에 대한 민주적 통제를 추구하는 개념적 장치로 기능한다고 볼 수 있다.

그런데 이처럼 재난 시티즌십 개념을 일차적으로 재난 관련 의사결정에 대한 참여의 권리를 중심으로 이해할 수 있지만, 더 엄밀하게 말하면 재난 시티즌십 개념은 시민들의 참여의 권리만이 아니라 재난 위험사회에서의 시민의 책무와 덕성까지 포괄하는 개념으로 이해하는 것이 바람직하다. 역사적으로 시민으로서의 권리와 의무의 총체를 의미했던 시티즌십 개념은, 점차 공동체에 대한 시민의 의무나 책무, 덕성보다 자유주의적인 권리 개념을 지나치게 강조하

---

11 기술적 시티즌십(Frankenfeld, 1992), 생태적 시티즌십(Dobson, 2003), 생물학적 시티즌십(Rose, 2007), 에너지 시티즌십(Devine-Wright, 2007) 등이 대표적인 예들이다.

12 이 부분은 기술적 시티즌십을 구성하는 시민의 권리에 대해 프랑켄펠트가 주장한 바(Frankenfeld, 1992)를 재난 위험에 적용한 것이다.

게끔 변화되어 왔다(Isin and Turner, 2002). 이 점을 고려해 보면 앞에서 말한 시티즌십에 책무와 덕성을 포함하는 것은 당연하다 할 수 있다. 재난 시티즌십 개념에 포괄되는 시민의 의무와 책무로는 첫째, 자신과 공동체의 안전 확보를 위해 재난 위험에 대한 지식을 학습하고 활용해야 할 책무, 둘째, 자신과 공동체를 둘러싼 재난 위험에 대해 시민적 관심을 기울이고 성찰성을 유지해야 할 책무, 셋째, 재난에 대한 대비 및 대응과 관련된 다양한 단계들에 적극적으로 참여해야 할 시민적 연대성 책무 등을 떠올릴 수 있다.

요컨대 재난 시티즌십은 재난 관련 의사결정에 대한 참여의 권리와 더불어 그러한 참여를 내실 있게 할 수 있는 학습과 성찰, 그리고 자신이 속해 있는 공동체의 재난 위험 문제들에 대한 지속적인 관여(engagement)의 의무를 강조하는 개념으로서, 재난이 빈발하는 '재난사회'의 건강한 시민으로서 살아가는 데 요청되는 새로운 시티즌십 개념이라고 할 수 있다. 이렇게 본다면 결국 재난 거버넌스를 지탱해 주는 것은 바로 재난 시티즌십이라고 할 수 있을 것이다.

세월호 참사 이후 세월호 희생자 가족들과 시민들이 집회와 시위 등을 통해 성역 없는 진상 조사와 정보공개가 이뤄질 수 있도록 세월호 특별법 제정을 요구한 것은 바로 이러한 재난 시티즌십의 권리적 측면이 표출된 것이라고 할 수 있다. 아울러 세월호 참사 범국민대책회의는 향후 재난에 대비하기 위해서는 다중시설 이용자인 시민이 참여하는 시민안전위원회 구성을 통해 안전관리 현황을 함께 점검하고 시민의 요구를 현장에 반영하는 것이 필요하다고 주장하고 있는데(세월호 참사 범국민대책회의, 2014.6.10), 이 역시 재난 시티즌십의 권리적 측면을 강조한 부분이라고 할 수 있다.

한편 앞에서 살펴본 바와 같이, 태안 앞바다 유조선 사고로 인한 환경 재난에 맞서 피해 복구를 위해 몰려든 자원봉사자 다수가 파괴된 생태계 회복과 지역 주민과 고통을 나누기 위해 스스로 결단해 참여했던 것이나, 세월호 참사 이후 수많은 시민들이 희생자 가족들 곁에서 희생자들을 애도하며 "이것이 과연 국가란 말인가"라고 한탄하고 세월호 참사의 진실 규명을 요구하면서 침몰해 가는 '고장 난 나라'를 다시 복원하기 위한 노력에 동참했던 것은 재난 시티즌십의 시민적 책무 혹은 덕성의 측면을 잘 드러낸 것이라고 할 수 있을 것이다. 우리는 여기서 시티즌십의 권리와 책무 또는 덕성은 서로 대립되는 것 같지만 궁극적으로는 시민들의 공동체 참여 행위를 통해 결합된다는 키스 포크스(Keith Faulks)의 주장(포크, 2009)이 재난 시티즌십에도 적용될 수 있음을 알 수 있다. 세월호 참사를 계기로 한 재난 시티즌십의 형성 역시 세월호 특별법 제정 과정에 대한 유가족 및 시민들의 참여 요구와 세월호 희생자에 대한 시민들의 애도 의례 참여를 통해 이뤄지고 있기 때문이다.

이상에서 살펴본 재난 시티즌십의 활성화에서 비롯된 재난 거버넌스 패러다임은 기본적으로 민주적 결손(democratic deficit)을 초래할 수밖에 없는 전문가주의와 엘리트주의에 기반을 둔 전통적인 재난관리 패러다임보다 재난을 대응·대비하는 데 민주주의 가치를 증진시킬 수 있을 것이다. 그뿐만 아니라, 여기저기 흩어진 사회 구성원들의 시민지식과 경험을 소중한 사회적 자산으로 존중하고 활용함으로써 재난에 대한 사회적 대응력과 사회의 복원력 향상에도 크게 이바지할 수 있을 것이다. 따라서 향후 재난에 대한 대비·대응 시스템을 구축하는 데 있어 시민들을 단순히 통제와 계도 또는 동원 대상이 아니라, 살아 있는 생생한 지식의 원천으로서 재난 대비와 대응 과정에 생산적으로 참여할 수 있도록 방도를 강구하는 것이 무엇보다 중요하다는 것을 재차 강조할 필요가 있다.

참고문헌

강수돌. 2014. 「세월호 사태와 기업·정부의 사회적 책임: 중독조직 이론을 중심으로」. 『4.16(세월호 사건)에 대한 인문적 성찰과 재난인문학』, 서울대 인문학연구원 HK 문명연구사업단 심포지 움 자료집.

강윤재. 2012. 「원전사고와 위험커뮤니케이션, 전문성의 정치: 후쿠시마원전사고를 중심으로」. ≪공 학교육연구≫, 15권 1호, 35~44쪽.

곽동기. 2014. 『세월호의 진실』. 도서출판 615.

권영숙. 2014. 「세월호와 노동문제 그리고 신자유주의」. 민주화를위한전국교수협의회, 전국교수노동 조합, 한국비정규교수노동조합. 세월호 대참사 교수단체 긴급 공동 토론회 자료집.

노진철. 2008. 「허베이 스피리트호 기름유출사고의 초기대응과 재난관리의 한계」. ≪ECO≫, 12권 1호, 43~82쪽.

데이비스, 마이크(Mike Davis). 2008. 『조류독감』. 정병선 옮김. 돌베개.

민주사회를 위한 변호사모임. 2014. 『416 세월호 민변의 기록』. 아름다운사람들.

박재묵. 2008. 「환경재난으로부터 사회재난으로: 허베이 스피리트호 기름유출사고에 대한 사회적 대 응 분석」. ≪ECO≫, 12권 1호, 7~42쪽.

벡, 울리히(Ulrich Beck). 1997. 『위험사회: 새로운 근대(성)을 향하여』. 홍성태 옮김. 새물결.

세월호 참사 범국민대책회의. 2014.6.10. 『안전한 사회를 위해 당장 실천해야 할 일』.

솔닛, 레베카(Rebecca Solnit). 2014. 『이 폐허를 응시하라』. 펜타그램.

어윈, 앨런(Alan Irwin). 2011. 『시민과학: 과학은 시민에게 복무하고 있는가?』. 김명진·김병수·김병 윤 옮김. 당대.

우석훈. 2014. 『내릴 수 없는 배』. 웅진지식하우스.

위금숙·백민호·권건주·양기근. 2009. 『한국의 재난현장 대응체계』. 대영문화사.

윤순진. 2008. 「허베이 스피리트호 기름유출사고의 자원봉사자 연구」. ≪ECO≫, 12권 1호, 145~179쪽.

이도흠. 2014. 「세월호 참사의 근본 원인과 성찰적 대안」. 민주화를위한전국교수협의회, 전국교수노 동조합, 한국비정규교수노동조합. 세월호 대참사 교수단체 긴급 공동 토론회 자료집.

이동연. 2014. 「재난의 통치, 통치의 재난」. ≪문화과학≫, 79호, 20~48쪽.

이명석·오수길·배재현·양세진. 2008. 「재난대응 거버넌스 분석: 민간자원봉사네트워크를 중심으로」. ≪한국정책학회보≫, 17권 3호, 163~187쪽.

이병기·김건위. 2010. 「재난관리에 있어서 위험거버넌스의 가능성과 한계: 태안 허베이 스피리트호 사고를 중심으로」. 『한국행정학회 학술대회 발표논문집』, 413~431쪽

이영희. 2009. 「기술과 시민: '국가재난질환 대응체계 시민배심원회의'의 사례」. ≪경제와 사회≫, 82 호, 216~239쪽.

_____. 2010. 「참여적 위험 거버넌스의 논리와 실천」. ≪동향과 전망≫, 79호, 281~314쪽.

_____. 2014a. 「재난에 대한 사회적 대응: '재난관리'에서 '재난거버넌스'로」. 2014 전기사회학대회 세월호 특별집담회 자료집, 81~83쪽.

_____. 2014b. 「사회적 대응력 향상을 위한 재난 시티즌십」. ≪Future Horizon≫, 21호, 17~19쪽.

이재은·양기근. 2004. 「재난관리의 효과성 제고 방안: 시민참여와 거버넌스」. ≪현대사회와 행정≫, 14권 3호, 53~81쪽.

정원옥. 2014. 「세월호 참사의 충격과 애도의 정치」. ≪문화과학≫, 79호. 48~66쪽.

정유선. 2014. 「재난 거버넌스와 국가-사회 관계: 대만 921 지진의 사례」. ≪아세아연구≫, 57권 2호. 7~46쪽.

정태석. 2009. 「광우병 반대 촛불집회에서 사회구조적 변화 읽기: 불안의 연대, 위험사회, 시장의 정치」. ≪경제와 사회≫, 81호, 251~272쪽.

천병철. 2007. 「조류인플루엔자 및 신종인플루엔자 대유행의 역학」. ≪보건학논집≫, 44권 1호, 27~40쪽.

포크, 키이스(Keith Faulks). 2009. 『시티즌십』. 이병천·이종두·이세형 옮김. 아르케.

홍성태. 2014. 「세월호 대참사와 사고사회 한국」. 『4.16(세월호 사건)에 대한 인문적 성찰과 재난인문학』. 서울대 인문학연구원 HK 문명연구사업단 심포지움 자료집.

Beck, U. 2014. "The problem of risk governance." 『서울은 안전한가?』. 제1회 서울도시정책포럼자료집.

Devine-Wright, P. 2007. "Energy citizenship: Pscychological aspects of evolution in sustainable energy technologies." in J. Murphy(ed). *Governing Technology for Sustainability*. Earthscan. pp. 63~86.

Dobson, A. 2003. *Citizenship and the Environment*. Oxford University Press.

Eyre, A. 2007. "Remembering: Community commemoration after disaster." in H. Rodriguez, E. L. Quarantelli and R. R. Dynes(eds). *Handbook of Disaster Research,* Springer, pp.441~455.

Fischer, F. 1990. *Technocracy and the Politics of Expertise*. Sage Publications.

_____. 2000. *Citizens, Experts and the Environment: The politics of local knowledge*. Duke University Press.

Frankenfeld, P. 1992. "Technological citizenship: A normative framework for risk studies." *Science, Technology and Human Values,* Vol.17, No.4, pp.459~484.

Funtowicz, S. and J. Ravetz. 1992. "Three types of risk assessment and the emergence of post-normal science." in S. Krimsky and D. Golding(eds). *Social Theories of Risk,*

Praeger, pp.251~273.

Isin, E. F. and B. S. Turner. 2002. "Citizenship studies: An introduction." in Isin, E. F. and B. S. Turner(eds). *Handbook of Citizenship Studies*, pp.1~10. SAGE.

Janoski, T. 1998. *Citizenship and Civil Society: A framework of rights and obligations in liberal, traditional, and social democratic regimes.* Cambridge University Press.

Jasanoff, S. 2010. "Beyond calculation: A democratic response to risk." in A. Lakoff(ed). *Disaster and the Politics of Intervention,* pp.14~40. Columbia University Press.

_____. 2003. "Technologies of humility: Citizen participation in governing science." *Minerva,* Vol.41, No.3, pp.223~244.

Porter, T. M. 1995. *Trust in Numbers: The pursuit of objectivity in science and public life.* Princeton University Press.

Renn, O. 2008. *Risk Governance: Coping with uncertainty in a complex world.* Earthscan.

Rose, N. 2007. *The Politics of Life Itself: Biomedicine, power, and subjectivity in the twenty-first century.* Princeton University Press.

Stirling, A. 2014. "From sustainability to transformation: Dynamics and diversity in reflexive governance of vulnerability." in A. Hommels, J. Mesman and W. Bijker(eds). *Vulnerability in Technological Cultures: New directions in research and governance,* pp.305~332. The MIT Press.

Tierney, K. 2012. "Disaster governance: Social, political, and economic dimensions." *Annual Review of Environment and Resources,* Vol.37, pp.341~363.

Turner, B. S. 1990. "Outline of a theory of citizenship." *Sociology,* Vol.24, No.2, pp.189~217.

Vaughan, D. 1997. *The Challenger Launch Decision: Risky technology, culture, and deviance at NASA.* The University of Chicago Press.

Visvanathan, S. 2005. "Knowledge, justice, and democracy." in M. Leach, I. Scoones and B. Wynne(eds). *Science and Citizens: Globalization and the challenge of engagement,* pp. 83~94. Zed Books.

Voss, J. P., D. Bauknecht and R. Kemp. 2006. *Reflexive Governance for Sustainable Development.* Edward Elgar.

Wynne, B. 1992. "Risk and social learning: Reification to engagement." in S. Krimsky and D. Golding(eds). *Social Theories of Risk,* pp.274~297. Praeger.

제 3 부

시민참여, 공론화, 민주주의

제 7 장

민주화와 사회갈등
공공정책을 둘러싼 사회갈등의 이해

1. 머리말: 사회갈등을 보는 기본 시각

최근 우리나라에서도 다양한 형태의 사회갈등이 분출하고 있는데, 그중에서도 정부의 국책사업(공공정책) 시행 여부를 둘러싸고 일어나는 격렬한 갈등들은 전에 보지 못한 새로운 현상들이다. 이처럼 우리 사회가 미처 대비하지 못한 상황에서 분출되는 사회갈등들에 대해 많은 사람들이 불안해하고 즉각적인 갈등 해결의 필요성을 주장하고 있다. 이러한 정서를 반영해 일부에서는 정부가 공권력을 동원해서라도 사회갈등을 제거해야 함을 역설하기도 한다. 그러나 이들이 주장하듯 사회갈등은 즉각적으로 제거되어야 할 '사회적 악'일까? 사회갈등이 빈발하는 '갈등의 시대'에 살고 있는 우리는 먼저 사회갈등을 바라보는 기본 시각을 정립할 필요가 있다고 생각한다.

먼저 사회갈등은 보편적인 현상임을 잊어서는 안 된다. 그 어느 시대나 그 어떤 사회나 갈등으로부터 자유로운 사회는 없었고, 현재도 그러하다. 물론 사회에 따라 갈등의 강도와 지속 정도에서 상당히 차이가 나지만, 기본적으로 갈등으로부터 완전히 비켜선 사회란 존재하지 않는다. 따라서 사회갈등을 사회해체의 징조로 과장해서 보고, 그러한 사회갈등을 물리력을 동원해서라도 제거해야 한다는 주장은 바람직하지 않은 것이다. 또한 사회갈등 분출은 사회 민주화의 징표라고 할 수 있다. 사회갈등이 분출하는 것은 사회가 그만큼 민주화되어 개인이나 집단이 자기표현을 자유롭게 할 수 있다는 것을 의미하기 때문이다. 따라서 통상 정부와 언론으로부터 '지역이기주의(NIMBY: Not In My Back Yard)'로 비난받는 집단행동들도, 기본적으로는 공공정책 결정 과정의 민주화와 이해 당사자의 참여에 대한 정당한 요구의 분출로 이해하는 것이 올바르다(Fielder, 1992; McAvoy, 1999). 아울러 사회갈등의 기능적 측면 또한 인식될 필요가 있다(Coser, 1956). 사회갈등의 기능적 측면이란, 사회갈등의 표출이 도대체 무엇이 문제인지를 사회에 분명히 드러내줌으로써 사회가 파국으로 가지 않도록 '조기경보'를 울려주어 결국에는 사회통합에 기능적인 역할을 수행하는 것을 말한다. 즉, 장기적으로 보면 갈등이 사회적으로 꼭 부정적인 효과만을 낳는 것은 아니라는 것이다.

이상에서 살펴본 것처럼, 흔히 부정적인 사회현상으로 묘사되곤 하는 사회갈등도 동전에 양면이 있는 것처럼 긍정적인 측면을 동시에 지니고 있다. 그러나 사회갈등은 어쨌든 당사자와 사회 구성원들에게 커다란 고통을 안겨주는 것이므로 가능한 한 이를 미리 예방하고, 갈등이 일어나도 최대한 짧은 시간 안에 평화적으로 해결할 수 있을 갈등 예방과 해결 체제가 필요하다는 점은 두말할 나위 없다.

이 장에서는 최근 우리 사회에 빈발한, 공공정책을 둘러싸고 일어나는 사회갈등 문제에 초점을 맞춰 공공정책 갈등의 현황 및 사회적 배경과 예방 방안을 참여민주주의 확대라는 관점에서 집중적으로 논의해 보고자 한다.[1]

2. 공공정책과 사회갈등

1) 공공정책을 둘러싼 사회갈등의 현황

최근 우리 사회에서 분출하는 사회갈등들은 1980년대나 1990년대의 그것과는 성격이 조금 다르다. 대체로 1970~1980년대 군사독재 시기의 우리나라 사회갈등은 주로 '정치의 민주화'와 관련해 발생했다. 이 시기의 사회갈등은 재야운동과 학생운동을 중심으로 한 강력한 반정부운동(민주화운동)과 이에 대한 군사정부의 탄압으로 점철되었다. 1987년 대규모의 민주화 투쟁과 그 직후의 노동자 대투쟁은 한국 사회의 핵심적 갈등의 성격을 변모시켰다. 1987년 이후 이제 적어도 형식적 차원에서 민주화가 진전됨에 따라 그동안 억눌려 왔던 산업현장의 노동자들이 사회갈등의 새로운 한 축을 구성하게 되었다. 그 결과 1990년대는 '산업의 민주화'와 관련된 노사갈등이 주된 사회갈등으로 부상했다. 1985년에 7.9일에 불과하던 노동 손실일수가 1990년에 409.8일, 1999년에 109.1일로 변화한 통계수치가 이를 단적으로 말해준다(지속가능발전위원회, 2004a). 한편 2000년대에는 1990년대의 핵심 사회갈등이었던 노사갈등이 여전

1　사실 갈등은 여러 차원과 영역에서 일어나기 때문에 다양한 방식으로 유형을 분류할 수 있다. 갈등의 주체가 개인일 수도 있고 집단일 수도 있으며, 민간 부문 사이의 민민(民民)갈등도 있고, 민간과 정부 사이의 민관(民官)갈등, 정부 부문 사이의 관관(官官)갈등도 있다. 또한 갈등이 일어나는 영역에 따라 노사갈등, 환경갈등, 교육갈등 등으로 유형을 분류할 수 있을 것이다. 그러나 이 글이 관심을 두는 갈등은 기본적으로 '사회적' 갈등이다. '사회적' 갈등이란 집단을 단위로 하여 '사회적' 쟁점을 둘러싸고 일어나는 것을 의미한다. 또한 여기서는 집단갈등 중에서도 국책사업 등 공공정책 입안과 실행을 둘러싸고 정부와 시민사회 사이에 일어나는 민관갈등에 초점을 맞추고자 한다. 일반론적인 수준에서 갈등의 다양한 측면을 분석하는 동시에 나름의 해결 방안을 제시하는 교과서적인 책으로 Susskind, McKearnan and Thomas-Larmer(1999), Cheldelin, Druckman and Fast(2003) 등을 들 수 있다.

히 분출되는 가운데, 정부가 추진하려는 공공사업의 정책 결정 과정에서 '정책의 민주화'와 관련된 새로운 갈등이 다수 야기되었다는 점이 특징이다. 특히 국민의 정부 이후 등장한 심각한 사회갈등 대다수가 공공정책을 둘러싸고 야기되었다는 점에 주목할 필요가 있다.

2) 사회갈등의 원인

그러면 최근에 들어와 이처럼 공공정책을 둘러싼 사회갈등이 광범위하게 확산되는 이유는 무엇인가? 먼저 일반적으로 공공정책을 둘러싸고 일어나는 갈등의 원천은 절차적 차원과 내용적 차원으로 나누어볼 수 있다. 절차적 차원이란 공공정책 입안 절차의 정당성과 관련된 것으로, 그 과정에서 관련 이해당사자들의 목소리를 제대로 들었는지를 둘러싼 갈등이다. 이는 '절차 갈등'이라고 할 수 있다. 반면 내용적 차원의 갈등은 시행하고자 하는 공공정책의 내용을 둘러싼 갈등으로, 크게 보면 '가치갈등'과 '이익 갈등'으로 다시 나눌 수 있다. 여기서 가치 갈등이란 새만금 문제나 생명복제 문제 등과 같이 기본적으로 해당 공공정책의 내용이 종교적·철학적 가치와 충돌을 일으키는 갈등을 말하며, 이익 갈등이란 그린벨트 정책이나 배기가스 규제 정책 등 해당 공공정책의 내용에 물질적 손해를 느끼는 집단이 강력하게 존재함으로써 야기되는 갈등을 말한다. 물론 이러한 분류는 어디까지나 분석적 편의를 위한 것이고, 현실적으로는 '부안사태'와 같이 절차적 차원의 갈등과 내용적 차원의 갈등이 상호 밀접하게 결합된 경우가 많다. 이처럼 사회갈등이란 복합적인 성격을 띠지만, 자세히 살펴보면 공공정책을 둘러싸고 일어나는 사회갈등 대부분이 일차적으로는 절차 갈등으로서의 성격을 지니고 있음을 알 수 있다. 왜 그러한가?

공공정책 갈등이 주로 절차 갈등의 성격을 띠는 이유는, 무엇보다도 우리 사회의 민주화 진전에 유기적으로 부응하지 못하는 기술관료의 경직된 문화에서 찾을 수 있다. 주지하듯이 우리 사회는 오랜 권위주의 체제에서 벗어나 민주화가 공고화되는 과정에 진입했으나, 일반 시민들의 삶과 직결된 공공정책을 기획·결정·실행하는 데는 여전히 DAD(Decide-Announce-Defend: 미리 결정해 선포하고 사후에 설득한다)로 상징되는, 효율성만을 중시하는 기술관료 문화가 지배하고 있다. 즉, 민주화의 진전에 따라 참여 욕구가 커지고 있는 시민사회와 기존의 정책문화를 유지하려는 관료들 사이에서 마찰과 갈등이 점점 더 확대되고 있는 것이다.[2] 이처럼 여전히 효율성의 가치를 더 중시하는 기술관료 문화와, 민주화의 진행 과정 속에서 공공정책의 개방성과 민주성(accountability [democracy])의 가치를 점점 더 강력하게 요구하는 시민사회 사이에 놓여 있는 '민주화 격차(democratization gap)'야말로 최근 우리 사회 갈등 분출의 근본적인 원인이라고 할 수 있는 것이다. 실제로 현재 우리나라에서 문제가 되고 있는 공공정책 사례 대부분은 해당 정책을 기획·결정하는 과정을 더 투명화하고 민주화하려고(예컨대 직간접적으로 관련되어 있는 이해당사자들의 목소리를 사전에 충분히 경청하는 것) 노력하지 않아 생긴 것이다. 이러한 공공정책 갈등은 기본적으로는 절차 갈등의 성격을 띤다고 할 수 있다. 이것의 대표적인 예가 바로 2003~2004년에 위도방사성폐기물처리장 건설을 둘러싸고 야기된 '부안사태'였다.

3) '부안사태'의 교훈

정부는 1986년부터 서해안에 있는 안면도, 굴업도 등의 섬을 대상으로 방사

---

2   관료문화에서는 공공정책을 둘러싸고 일어나는 사회갈등을 지역 주민들의 보상금 극대화 전략의 일환으로 보거나 '불순한' 시민사회단체의 사주와 선동에서 기인한 것으로 간주하려는 경향이 있다. 실제 2003년 부안사태 진행 과정에서 정부의 한 고위공무원은 부안사태의 악화 원인을 환경단체의 사주와 선동에서 찾기도 했다. 문제는 이러한 사고방식이 한 명의 돌출적인 관료만의 것이 아니라 다수 관료에게서 나타난다는 것이다.

성폐기물처리장(이하 방폐장) 부지 확보를 추진해 왔으나 지역 주민, 환경단체 등의 격렬한 반대 투쟁 때문에 부지선정에 실패했다. 그러다가 2003년 7월 14일 부안군수가 부안군 의회의 반대에도 불구하고 중앙정부에 방폐장 유치 신청서를 제출했다. 이에 중앙정부는 7월 24일에 부지선정위원회의 평가를 거쳐 부안군 위도를 방폐장 부지로 선정했다. 이 결정에 대해 일부 위도 주민을 제외한 부안 군민 대부분이 격렬하게 저항했다. 서해안고속도로 점거, 부안~전주 간 대규모 차량 시위, 해상 시위, 자녀들 등교 거부, 부안군수 폭행, 상경 시위, 촛불시위 등이 이어졌으며, 그 과정에서 경찰과 군민들 간에 유혈 충돌도 종종 발생하게 되었다. 이처럼 상황이 악화되자 정부는 같은 해 12월 10일에 부안 지역을 포함해서 새롭게 방폐장 유치 신청을 받겠다고 발표했다. 한동안 주민투표의 시기를 둘러싸고 정부와 반대 주민들 간에 논란이 일었지만, 부안 지역의 반대 주민들은 독자적으로 2004년 2월 14일에 주민투표를 실시했다(지속가능발전위원회, 2004b). 그 결과 전체 투표권자의 72%가 투표에 참여해 그중 91.8%가 방폐장 유치를 반대하는 것으로 집계되었다.

지금까지 간략하게 살펴본 부안의 방폐장 갈등은 전형적인 절차 갈등의 성격을 보여준다. 부안사태의 쟁점은 크게 보면 두 가지이다. 하나는 방폐장 입지 선정 절차상의 비민주성 문제이고, 다른 하나는 방폐장 자체의 안전성 문제이다. 이 두 쟁점 중 어느 것을 더 핵심 쟁점으로 보느냐는 관점에 따라 다를 수 있지만, 이 글에서는 절차상의 비민주성 문제가 핵심적 쟁점이었다고 본다. 사실 방폐장 자체의 안전성 문제는 매우 기술적인 문제로, 주로 반핵단체들이 집중적으로 제기해 왔던 쟁점이다. 그러나 이 방폐장 안전성 문제는 부안사태의 초기 단계부터 크게 대두된 쟁점이라기보다는 방폐장 유치 반대운동이 진행되는 과정에서 부가된 쟁점으로 보는 것이 타당하다(조승현, 2003).[3] 오히려 부안사

---

3   이러한 점을 보아도, 관료들의 생각과 달리 환경단체는 부안사태의 진행 과정에서 핵심적

태를 촉발한 결정적인 계기는 방폐장 선정의 절차적 측면에서 부안 군민 대다수가 정부(지방정부와 중앙정부 모두)로부터 무시당했다는 느낌을 받았던 데 있다. 삶의 터전에 엄청난 영향을 줄 수도 있는 시설물 유치 과정에서 직접적인 이해당사자인 자신들의 목소리가 전혀 존중되지 않았다는 데 크게 분노했던 것이다.

그런데도 정부에서는 부안 군수의 유치 신청이 정부가 정한 사전 공고 내용에 부합하는 것으로 절차상 하자가 없다고 발표했다. 즉, 부안 군민들이 직접 뽑은 군수는 군민을 대표하는 자리이므로 군수가 신청한 것은 민의를 충분히 반영한 것으로 볼 수 있다는 것이었다. 실제로 지방정부와 중앙정부는 군수가 신청했으니 법적으로 하자가 없다는 형식논리에 사로잡혀, 이해당사자인 지역 주민의 광범위한 의견 수렴과 참여를 통해 예견된 갈등을 예방하려는 노력을 거의 기울이지 않았다. 반면 부안 군민들은, 군의회와 지역 주민 다수가 방폐장 유치를 반대하는 상황에 군수의 결정을 핑계 삼아 절차상 아무 문제가 없다고 하는 것은 전혀 타당하지 않다고 주장하면서, 자신들의 손으로 뽑은 군수가 자기를 뽑아준 군민들을 무시하는 행동을 한 것에 배신감과 분노를 느꼈던 것이다. 그러나 중앙정부는 이처럼 의견이 충분히 수렴되지 않은 유치 신청을 법과 절차에 문제가 없다며 받아들여 군수의 대표성을 기정사실화했다. 결국 신청 10일 만에 부안군 위도를 방폐장 부지로 성급히 결정한 다음 사업자인 한국수력원자력주식회사(이하 한수원)를 통해 과거와 같은 방식으로 주민들을 설득·포섭하는 공작에만 치중한 결과, 부안 주민들의 반발이 더 거세진 것이다.

따라서 당시 부안사태의 전개 과정을 되돌아보면, 방폐장 유치를 둘러싼 갈등을 예방하기 위해 지역 주민들에게 사전에 충분한 정보를 제공하고 주민들의 의견을 민주적으로 수렴하는 절차를 충실히 거쳤다면, 적어도 그와 같은 극단

인 역할이 아니라 보조적인 역할을 수행했다고 보는 것이 옳다고 판단된다.

적인 갈등 상황은 발생하지 않았을 것으로 판단된다. 아울러 여기서 지적할 점은 이처럼 공공정책 입안 과정의 절차적 비민주성 문제 때문에 커다란 사회갈등이 야기된 사례가 부안사태만이 아니라는 점이다. 사패산터널 갈등이나 교육행정 정보시스템 갈등, 소각장 시설 갈등 등 주요 사회갈등 대부분이 바로 이러한 절차 갈등적 성격을 띤다는 사실은 절차적 민주성 확보가 사회갈등 예방에 얼마나 중요한지를 다시 한번 확인시켜 준다.

3. 공공참여를 통한 사회갈등의 예방

앞에서도 언급한 바와 같이 갈등은 기본적으로 사회에 긍정적 역할을 할 잠재력이 있음에도 불구하고 가능하면 최소화하는 것이 바람직한데, 특히 공공정책을 둘러싼 사회갈등의 경우에는 사후 갈등이 분출하기 전에 예방하는 것이 가장 바람직하다.

통상 사회갈등을 푸는 데는 예방적 접근법과 사후 해결적 접근법이 존재한다. 그런데 우리나라의 경우는 사회갈등 문제를 예방적 차원에서 접근하기보다, 일단 갈등이 야기되고 확대된 후에야 비로소 이를 어떻게 해결할 것인지 모색한다는 점에서 사후적 접근법에 더 치중되어 있다. 물론 그 경우에도 갈등에 대처할 수 있도록 정교하게 개발된 합리적인 중재(mediation) 제도[4]를 기반으로 갈등 해결을 모색하기보다는, 여전히 관료주의적 편의주의와 공작적 방식에 의거하는 경향이 강하기 때문에 갈등 해결이 더욱 어려워진다. 어쨌든 갈등은

---

4   중재(mediation)란 일단 갈등이 야기된 후, 갈등 당사자들이 모두 동의하는 중립적이고 객관적인 제삼자를 중재자(mediator)로 선정해 갈등을 원만히 해결하도록 도모하는 일련의 절차를 말하는데, 주로 미국에서 갈등 해결 방법으로 널리 활용되고 있다. 중재제도에 대한 자세한 내용은 강영진(2000)과 무어(Moore, 2003) 참고.

일단 한번 발생하면 사소한 계기에 의해서도 걷잡을 수 없을 정도로 격화되는 데서 볼 수 있듯이, 갈등 그 자체가 마치 생물처럼 스스로 진화하는 성격이라 인위적으로 해결하기 매우 어렵다. 그렇기 때문에 가능하면 갈등 자체가 아예 발생하지 않도록 예방해야 한다.

이러한 점에서 볼 때 유럽과 미국 일부 지역에서 공공참여(public participation)를 통해 사회갈등을 예방하고자 노력하고 있다는 사실은 주목할 만하다. 공공참여를 통한 사회갈등 예방은, 공공정책을 입안하는 과정에서 기본적으로 이해당사자들과 일반 시민들의 참여와 대화를 기반으로 한 사회적 합의 형성을 통해, 입안하고자 하는 공공정책의 사회적 수용성을 높이는 것을 매우 중시한다. 이 글에서는 이러한 접근법을 '공공참여적 갈등 예방'으로 부르고자 한다. 이는 조정이나 중재제도와는 달리 사회갈등이 발생한 다음 사후적내 해결하기 위함이 아니라, 공공정책과 관련된 사회갈등이 아예 발생하지 않도록 공공정책을 최종 결정하기 전에 관련 당사자들 사이로 합의 형성을 도모하는 방식이다. 현재 유럽의 많은 나라에서는 국민들의 삶에 큰 영향을 미칠 것으로 예상되는 국책사업 등 공공정책을 입안할 때는 그 공공정책이 야기할 사회갈등에 대한 예측을 기반으로, 이러한 '공공참여적 갈등 예방'을 위한 조치들을 실시하도록 하고 있다. 일종의 '갈등 영향 평가'와 공공참여적 갈등 예방이 동시에 진행되는 것이다.[5]

요컨대 공공정책을 결정하는 데 사전에 그 공공정책이 사회에 어떤 영향을 미칠지, 특히 사회갈등 유발효과가 얼마나 있는지 체계적으로 예측·분석한 결과, 입안하고자 하는 해당 공공정책이 갈등을 유발할 가능성이 높다면 관련 이

---

[5] 그렇다고 해서 유럽의 국가에서 '갈등 영향 평가'를 통한 공공참여적 갈등 예방 노력이 환경 영향 평가처럼 의무화되어 있다는 의미는 아니다. 참여와 사회적 합의를 강조하는 일종의 정책문화로 보는 것이 좋을 것이다.

해당사자들을 해당 정책에 대한 논의와 결정 과정에 참여시킴으로써 갈등을 미연에 예방하고자 노력하는 것이다.[6] 이처럼 사회적 합의를 중시하는 '공공참여적 갈등 예방'의 대표적인 제도들로는 합의회의, 시민배심원제, 시나리오 워크숍, 규제협상, 공론조사 등을 들 수 있다.[7] 이제 이 각각의 내용에 대해 살펴보기로 하자.

1) 공공참여적 갈등 예방의 모델

(1) 합의회의

합의회의(consensus conference)란 선별된 일단의 보통 시민들이 논쟁적이거나 관심을 불러일으키는 과학기술적·환경적 혹은 사회적 주제에 관해 전문가들에게 질의하여 전문가들의 대답을 청취한 다음, 이 주제에 대한 내부 의견을 취합하여 최종적으로 기자회견을 통해 자신들의 견해를 발표하는 하나의 시민포럼이라고 정의된다. 1987년 덴마크에서 처음 도입된 이 모델은 1990년대

---

6   물론 공공참여적 갈등 예방에 기반을 둔 공공정책 형성은 기존의 관료문화가 중시하는 효율성(efficiency)의 논리로 보면 많은 시간이 소요되므로 비효율적이라고 비판받기도 한다. 그러나 명심할 점은 사회의 민주화가 진전될수록 효율성 논리보다는 효과성(effectiveness) 논리가 더욱 중요해진다는 사실이다. 효과성이란 결정된 정책이 원래의 의도대로 잘 집행되어 소기의 성과를 거두는 것을 의미한다. 따라서 아무리 신속하고 효율적인 정책 결정이라고 하더라도 절차적 민주성이 담보되지 않으면 정책에 대한 사회적 수용성, 즉 효과성은 그만큼 떨어지므로 다소 시간이 더 걸리더라도 효과성을 높이는 노력이 장기적으로는 더 합리적인 것이다.

7   물론 엄밀히 말하자면, 이러한 제도들은 갈등 예방보다 공공정책 결정 과정에 대한 공공참여를 촉진함으로써 정책의 민주성과 사회적 수용성을 제고할 목적으로 고안·활용된다고 보는 편이 정확할 것이다. 그러나 이 글에서는, 공공정책의 결정 과정이 민주적이어서 그에 대한 사회적 수용성이 높아지는 것은 결국 갈등을 예방하는 것으로 볼 수 있으므로, 이 제도들을 '공공참여적 갈등 예방' 제도로 표기했다.

초 네덜란드와 영국을 필두로 도입되어 최근에는 캐나다와 미국, 호주, 일본 등 유럽 이외의 지역으로까지 널리 확산되었다(이영희, 2002).

합의회의 첫 번째 단계는 전국 각지에서 다양한 집단을 대표하도록 선발된 15명가량의 시민 패널(lay panel)에게 관련 주제에 대한 지식과 정보를 제공함으로써 이들이 전문가들에게 질문할 항목을 작성할 수 있도록 돕는 것이다. 이 단계에서 시민 패널은 통상 두 번에 걸친 예비 모임을 통해 다양한 전문가들의 강의를 듣고 자체적으로 토론을 진행하면서 쟁점 사안에 관한 지식을 축적한다. 이후 3일에 걸쳐 계속되는 본회의 단계에서는 시민 패널이 다양한 전문가들의 의견을 듣고 이를 취합한다. 그다음 단계에서 시민 패널은, 청취한 다양한 의견과 그에 대한 평가를 기초로 정부가 취해야 할 행동을 권고 형태로서 제출한다. 이 권고는 특정 주제에 대한 일반인들의 태도와 기대, 우려 등을 정치인들과 정책결정자들에게 전달하는 역할을 한다. 결국 합의회의가 추구하는 가장 중요한 목적은 사회적으로 논쟁이 되고 있는 문제에 대한 일반인과 전문가, 정치인들 간 상호 학습을 통해 지식과 인식의 간격을 좁히는 것이자, 시민들의 삶에 중요한 영향을 미치는 공공정책에 대해 시민들이 직접적으로 참여해 발언하고 이를 정책에 반영시킴으로서 사회갈등 예방의 기능을 하는 것이다.

합의회의의 대상이 되는 토의 주제는 전국적으로 관련성이 있는 공공정책인 경우가 많다. 유럽과 미국, 일본 등지에서 지금까지 열렸던 합의회의의 주제로는 전자주민카드, 유전자조작식품, 도시 폐기물 관리 정책, 국가전력정책, 방사능 폐기물 관리, 생명복제기술, 의료보험개혁 등이 있다.[8]

---

8 우리나라에서도 1998년과 1999년 두 번에 걸쳐 유네스코 한국위원회 주최로 '유전자조작식품'과 '생명복제'를 주제로 한 합의회의가 각각 개최된 바 있다. 더 자세한 내용은 김환석(1999)과 이영희(2008) 참고.

(2) 시민배심원

시민배심원(citizen jury) 모델은 1970년대 중반 미국의 제퍼슨센터(Jefferson Center)가 고안한 것으로, 사회적 합의를 형성하기 위해 짜여진 시민참여 프로그램이다.[9] 시민배심원 모델 역시 현재 미국뿐만 아니라 영국을 비롯한 유럽 지역과 호주, 캐나다 등지에서 공공정책 입안의 초기 단계에 널리 활용되고 있다.[10]

시민배심원 모델은 무작위로 선발된 시민들이 4~5일간 만나 공공적으로 중요한 문제를 주의 깊이 숙의하는 절차를 밟는다. 시민배심원을 무작위로 선발하는 것은 참여자의 대표성을 높이기 위해서이다. 하나의 시민배심원단(즉 시민 패널)은 일반적으로 12명에서 24명으로 구성되고, 일반 시민들을 대표해 일하게 된다. 그들은 배심원에 참여하는 대가로 일정한 보수를 받으며, 주어진 과제에 대해 해당 전문가들과 증인들의 증언을 듣고 해결책을 토론하고 숙의하는 과정을 거친다. 전문가들의 증언에는 다양한 시각과 주장들이 담기고, 시민배심원들은 제기된 문제를 해결하기 위한 질의응답식의 증언 과정에 참여한다. 증언은 문제의 모든 측면을 공정하게 다루도록 하기 위해 다양한 의견 간에 균형을 맞추도록 설계된다. 이러한 일련의 과정을 거쳐 시민배심원의 숙의 결과 나온 최종 결과는 정책 권고안 형태로 일반에게 공개된다.

제퍼슨센터는 1974년 '국가의료보건계획'에 관한 시민배심원제를 실시한 이래 농업용수의 수질 문제, 생명윤리 문제, 조세와 예산안 개혁 등에 관해 시민

---

9 독일에서도 1969년부터 페터 디에넬(Peter Dienel) 교수가 제안한 '플래닝셀(plannungzelle)' 이라는, 시민배심원 모델과 매우 유사한 프로그램이 이미 시행되고 있다. Dienel(1995) 참고.

10 특히 영국의 경우에는 노동당이 정권을 장악한 1990년대 중반 이후 노동당의 싱크 탱크인 공공정책연구소(Institute for Public Policy Research, IPPR)의 주도로 시민배심원 모델에 대한 연구와 홍보 및 확산이 활발하게 이뤄져, 현재까지 영국 내에서만 200여 차례나 시민배심원이 개최되었다. 이영희·김명진·김병수(2003) 참고.

배심원 프로그램을 개최해 왔다. 시민배심원 모델은 다루는 주제의 다양성만큼이나 다양한 지역에서 진행되고 있으며, 특히 연방정부와 주 정부 차원의 문제에서부터 지역 문제에 이르기까지 공간적 스펙트럼도 매우 다양하게 진행되고 있다.[11]

(3) 시나리오 워크숍

시나리오 워크숍(scenario workshop)이란 1990년대에 들어와 유럽 지역에서 활발하게 개발되고 있는 새로운 시민참여 제도로서, 지역 수준에서 미래의 기술적 필요와 가능성에 대한 전망과 계획을 수립할 목적으로 일련의 관련된 행위자들 사이의 토론을 통해 서로 의견을 수렴해 가는 조직화된 작업 모임이다 (European Commission, 1995; 김두환, 2002).

워크숍의 기초를 이루는 것은 특정한 주제를 둘러싸고 미래에 있을 법한 일련의 시나리오들이다. 각각의 시나리오는 미래에 나타날 수 있는 문제들을 사회적·기술적·조직적 측면에서 기술하고, 이에 대한 해결 방안을 제시하고 있어야 한다. 이러한 시나리오 워크숍은 지역개발 관련 정책 결정에 대한 좀 더 효율적인 시민참여 방안으로서 현재 유럽에서 널리 확산되고 있다. 예컨대 덴마크에서는 1993년에 의회 산하의 덴마크 기술위원회(Danish Board of Technology)가 주관이 되어 생태 친화적 도시개발을 위한 시나리오 워크숍을 개최한 바 있다.

---

11 시민배심원 모델은 앞서 다룬 합의회의와 상당히 유사하지만, 시민배심원은 의제와 관련 핵심 질문을 주관 기관이 미리 정하는 반면 합의회의는 조정위원회의 도움을 받아 시민 패널 스스로 의제를 결정한다는 점에서 차이가 있다. 또한 합의회의는 지원자들 중에서 시민 패널을 선정하지만, 시민배심원은 기본적으로 무작위 추출(random sampling)에 의해 시민 패널을 구성한다는 점도 다르다. 우리나라에서는 2008년에 처음으로 '국가 재난 질환에 대한 국가 대응 체계'를 주제로 시민배심원 회의가 열린 적이 있다. 이에 대해서는 이영희(2009) 참고.

이 워크숍은 생태 친화적 도시개발의 장애물이 무엇이고 그에 대한 해결책이 무엇인지를 다양한 참가자들이 함께 논의함으로써 향후 시행할 도시개발의 방향에 대한 사회적 합의를 미리 도출하는 데 목적이 있었다.

시나리오 워크숍은 통상 네 부류의 역할 집단들, 즉 정책결정자, 기술적 전문가, 기업/산업 관계자, 시민들이 참여한다. 참가자들은 의제가 되고 있는 지역개발 관련 프로그램에 대해 각자 자신의 비전과 견해를 확고히 발전시킨 다음, 다른 참가자들과 공유하는 내용이 무엇이고 공유하지 못하는 내용이 무엇인지를 밝혀냄으로써 최대한 합의된 실행 계획을 구체적으로 발전시켜 나간다. 이처럼 워크숍은 사회 각 집단 간 대화를 위한 일련의 장이다. 따라서 시나리오 워크숍이 사회 각 집단 사이의 효과적인 대화와 토론을 통해 성공적으로 이뤄지기 위해서는 먼저 시나리오 작성이 잘되어야 하고, 동시에 참여자들이 활발히 대화와 토론에 임해야 한다. 결국 시나리오 워크숍에서 핵심적인 것은 각 집단 사이의 대화이다. 대화를 통해 각자의 경험과 지식을 교환함으로써 새로운 아이디어와 제안이 발전되는 것이다. 또한 시나리오 워크숍은 시민에게 지역개발과 관련된 정책 입안 과정에 직접적으로 참여할 수 있도록 한다는 점에서 사회적 합의 형성을 바탕으로 갈등을 예방하는 갈등 조정 제도 중 하나라고 할 수 있다.

(4) 규제협상

규제협상(negotiated rule-making 또는 regulatory negotiation)은 행정기관의 규제로 영향을 받는 이해관계자들이 협상에 참여해 규제 내용에 대해 합의를 도출하고 행정기관은 이를 바탕으로 규칙을 제정하는 제도이다.[12] 따라서 행정기관이 주도하는 통상적인 하향식 규칙 제정과는 달리 이 제도는 일종의 상향

---

12 규제협상에 대한 더 자세한 내용은 조현석(2002) 참고.

식 의사결정 방식으로, 규칙 내용의 결정 과정에 사회집단의 참여가 직접 이뤄진다는 점에서 공공참여적 갈등 예방 기법의 하나로 볼 수 있다.

규제협상 과정은 협상 조직 단계, 협상 단계, 협상 후 단계 등 크게 세 단계로 나뉜다. 먼저 협상 조직 단계에서는 규제협상을 적용할 이슈와 참여자를 파악하고 주관자를 선정한다. 영향을 받는 집단 수가 너무 많지 않고, 적극적으로 이익을 표출하는 조직화된 집단이 존재하며, 협상에 참여하는 개인들이 대표성을 띨 수 있는 이슈가 규제협상에 적절하다. 다음 협상 단계에서는, 규칙의 바탕이 되는 합의를 도출하기 위해 구체적인 협상이 진행된다. 그러나 협상 단계에서 이뤄지는 구체적인 협상 활동은 일정한 틀이나 형식이 정해져 있는 것이 아니므로, 개개 협상별로 상당히 신축적인 방식으로 협상을 진행할 수 있다. 마지막으로, 협상이 성공적으로 마무리되어 합의가 이뤄지면 이것을 토대로 행정기관이 작성한 규칙제정안이 관보에 공고되어 행정기관 내외 이해관계자들의 의견을 제출받는다. 경우에 따라서는 협상위원회에서 규칙안의 자구까지 성안되는 경우도 있으므로, 합의 내용 그대로 행정기관의 규칙안으로 입법예고 되기도 한다. 공고된 규칙제정안에 대해 제출된 의견이 있으면 이것을 검토한 후 행정기관이 최종 규칙을 제정해 공포한다.

이와 같은 규제협상 모델은 미국 환경청에서 환경규제 정책을 입안할 때 많이 활용되는데, 관련 사안에 대한 이익집단이 분명히 존재하는 이익 갈등의 경우에 잘 적용되며, 가치 갈등일 경우에는 적용하기 어렵다.

(5) 공론조사

공론조사(deliberative poll)[13]란 1988년 미국 제임스 피슈킨(James Fishkin)

---

13 사실 '공론조사'가 'deliberative poll'에 대한 정확한 번역어는 아니다. 아마 '숙의적 의견
   조사' 정도가 가장 무난한 번역어일 것이다. 그러나 우리 사회에서 공론조사라는 개념이

교수가 개발한 '공론(public judgment)' 조사 방법으로, 과학적 확률 표집을 통해 대표성을 띠는 국민들을 선발한 다음 이들에게 해당 이슈에 대한 정보를 충분히 제공하고 이를 심도 있게 토론하도록 한 후 참여자들의 의견을 조사하는 방법이다. 이는 표피적인 의견이 아니라 질 높고 심사숙고한 의견을 수렴해 공공적 의사결정에 활용할 수 있다(Fishkin, 1991, 1995).[14]

공론조사의 핵심 전제는 사람의 의견이나 선호(preference)는 충분한 정보가 제공되고 토론이 이뤄지면 변화할 수 있으며, 그러한 심사숙고를 통해 변화된 의견과 선호가 더욱 합리적인 선택이라는 것이다. 따라서 공론조사는 일반적으로 행하는 일회적인 '여론조사' 혹은 '의견조사'와는 크게 다르다.

공론조사의 첫 번째 단계는 약 2000~3000명 정도의 표본을 대상으로 해당 이슈에 대해 의견조사를 실시한 후 이들의 성, 연령, 지역을 감안한 비례 할당 추출 방법을 통해 다시 200~300명 정도의 대표성 있는 최종 참여자(일반 시민)를 선발하는 것이다. 이렇게 선발된 참여자들에게 해당 이슈에 대한 찬반 주장 등 다양한 정보를 제공함으로써 참여자들이 해당 이슈를 숙지할 수 있도록 한다. 그다음 단계에서는 참여자들을 무작위로 소집단으로 나누어 해당 이슈를 심도 있게 논의하는 토론회를 개최하고, 이후에 있을 전체 토론회에서 전문가 패널에게 질문할 내용을 선정하도록 한다. 소집단 토론회가 종료되면 이제 찬반 측 전문가들로 각각 구성된 패널과 함께 일반 참여자들이 토론하는 전체 토론회를 개최한다. 이 전체 토론회 직후에 일반 참여자들을 대상으로 다시 한번 해당 이슈에 대한 의견조사를 실시하고, 그 결과를 발표함으로써 공론조사 과정은 종료된다. 대체로, 1차 의견조사 결과와 심사숙고 과정을 거쳐 나온 2차 의견조사 결과가 상당히 다른 경우가 많다.

비교적 널리 수용되고 있는 현실을 감안해 공론조사로 표기했다.

14 공론조사에 대한 국내 문헌으로는 김원용(2004) 참고.

2) 공공참여적 갈등 예방 모델 비교

우리는 지금까지 공공참여에 기반을 둔 다섯 개의 갈등 예방 모델들을 살펴보았다.[15] 각 모델의 특성을 갈등 범위, 갈등의 성격, 이해당사자, 장점과 단점을 중심으로 요약한 것이 〈표 7-1〉이다.

표 7-1 **공공참여적 갈등 예방 모델들의 비교**

	갈등의 범위	갈등의 성격	이해당사자	장점	단점
합의회의	국적/지역적 갈등	가치 갈등	전 국민	충분한 정보 제공과 토론을 통해 일반인들의 합리적 의견을 얻을 수 있음	시민 패널을 지원자 중심으로 구성하므로 대표성이 취약함
시민배심원	전국적/지역적 갈등	가치 갈등	전 국민	충분한 정보 제공과 토론을 통해 일반인들의 합리적 의견을 얻을 수 있음	배심원으로 참여하는 시민의 수가 적어 대표성이 취약함
시나리오 워크숍	지역적 갈등	가치 갈등/ 이익 갈등	전 지역민	일반 지역민과 이해당사자들이 지역개발 계획 수립 과정에 대등하게 함께 참여함	이해당사자들이 참여하므로 합의 도달이 상대적으로 어려울 수 있음
규제협상	전국적 적 갈등	이익 갈등	뚜렷한 이해 당사자 존재	사회집단과 정부 대표들이 동등한 지위로 협상을 벌여 규칙을 제정하므로 사회집단의 참여 효과가 극대화될 수 있음	조직화된 사회집단이 아니면 협상 과정에 참여하기 어려움
공론조사	전국적/지역적 갈등	가치 갈등/ 이익 갈등	전 국민, 특정 집단	단순 여론조사에 비해 많은 정보와 토론을 기반으로 도출된 의견을 조사할 수 있다는 점, 합의회의나 시민배심원에 비해 참여자의 대표성이 훨씬 높다는 점이 장점임	참여자 수가 많기 때문에 합의회의나 시민배심원만큼 심사숙고 과정을 거치지 못함

---

15 물론 현실적으로 이 모델들은 구체적인 실행 과정에서 조금씩 변형되기도 하고, 서로 다른 모델들이 결합해 새로운 모델을 만들기도 한다. 따라서 이 글에서 제시하는 다섯 개 모델은 일종의 '이념형'인 셈이다. 또한 이 다섯 개 모델 말고도 공공참여를 기반으로 하는 갈등 예방 모델이 더 있을 수 있다는 점은 두말할 나위가 없다.

먼저 갈등 범위를 보면 합의회의, 시민배심원, 규제협상, 공론조사 등은 전국적/지역적 갈등 사안 모두를 포괄하는 데 비해, 시나리오 워크숍은 주로 지역 수준의 갈등만을 대상으로 한다고 볼 수 있다.

갈등의 성격을 보면, 합의회의와 시민배심원이 주로 가치 갈등 관련 사안의 사회적 합의를 형성하는 데 활용되는 반면, 규제협상은 이익 갈등 관련 사안에 초점을 맞추고, 시나리오 워크숍과 공론조사는 가치 갈등과 이익 갈등 모두에 적용될 수 있는 것으로 평가할 수 있다.

이해당사자를 보면, 합의회의와 시민배심원은 전 국민이 이해당사자가 되는 경우에, 시나리오 워크숍은 전 지역민이 이해당사자가 되는 경우에, 규제협상은 뚜렷한 이해집단이 존재할 경우에, 공론조사는 전 국민이나 특정 집단이 이해당사자가 되는 경우에 적용될 수 있다.

아울러 이 다섯 모델의 장점과 단점은 참여자의 대표성과 심사숙고성 정도에 따라 평가될 수 있다. 먼저 참여자의 대표성 측면에서 공론조사는 합의회의나 시민배심원, 규제협상, 시나리오 워크숍 등에 비해 상대적으로 전국 혹은 지역적 대표성을 확보할 수 있는 모델이다. 따라서 대표성 확보가 중요한 정책 사안의 경우에는 공론조사를 활용하는 것이 바람직하다(물론 가장 대표성이 높은 것은 해당 지역 주민 모두가 참여하는 주민투표이다). 시나리오 워크숍, 규제협상, 시민배심원, 합의회의 중 시나리오 워크숍은 일반 지역 주민만이 아니라 다양한 이해당사자들이 함께 참여한다는 점에서 대표성이 가장 높다고 할 수 있으며, 시민배심원은 합의회의에 비해 참여자를 무작위 추출하므로 상대적으로 대표성이 높다고 주장할 수 있다. 반면 규제협상은 직접적인 이해당사자들만 참여한다는 점에서 일반인들이 참여하는 시민배심원이나 합의회의에 비해 대표성이 낮다고 평가된다(Rowe and Frewer, 2000). 따라서 앞에서 검토한 다섯 개 모델을 대표성 측면에서 비교해 보면 다음과 같다.

심사숙고성 측면에서 보면, 규제협상 모델을 제외한 나머지 네 개 모델 모두 상대적으로 참가자들의 심사숙고를 매우 중시한다는 점에서 숙의적 방식을 취하고 있다고 할 수 있다. 숙의적 방식은 단순 여론조사나 공청회 등과 같은 선호 취합 방식과 달리 사람들의 선호가 고정된 것이 아니라 변화할 수 있다는 전제에서 출발한다. 따라서 단순히 사람들의 정태적 선호를 취합하는 것이 민주주의에서 중요하다고 보지 않는다. 왜냐하면 그 선호가 충분한 정보를 기반으로 합리적으로 선택된 것(informed preference)이 아닐 수 있다고 보기 때문이다. 따라서 숙의적 방식은 쟁점 사안에 대해 일정 기간 숙의 과정을 설정하고 그 과정에 일반 시민들을 참여시켜 도출한 의견을 정책 결정에 참고하는 것이다.[16]

어쨌든 심사숙고성 측면을 비교해 보면 두 번에 걸친 예비 모임과 본회의를 거쳐 충분한 논의 과정을 거치는 합의회의가 가장 높고, 그다음이 시민배심원제, 공론조사순이라고 할 수 있다. 공론조사가 심사숙고성이 가장 낮은 이유는 비록 소집단으로 나누어 진행하는 토의 과정을 거치기는 하지만, 300명 정도의 참여자들이 본회의 토론 과정에 모두 충분히 참여한다고 볼 수 없기 때문이다. 끝으로 각 집단의 현실적인 이해관계를 바탕으로 상호 이해를 조정하는 규제협상이 심사숙고성 측면에서 가장 떨어진다고 할 수 있다. 따라서 이 다섯 개 모델을 심사숙고성 측면에서 비교해 보면 다음과 같다.

합의회의 〉 시민배심원 〉 시나리오 워크숍 〉 공론조사 〉 규제협상

---

16 이처럼 단순한 참여가 아니라 숙의적 참여를 중시하는 이 모델들은 정치사상적으로는 숙의민주주의(deliberative democracy)에 기반을 두고 있다고 할 수 있다. 숙의민주주의에 대한 더 자세한 논의는 Elster(1998)와 Bohman and Rehg(1999) 참고.

4. 맺음말

우리는 지금까지 공공정책을 둘러싼 사회갈등 현황과 원인, 공공참여를 바탕으로 그러한 갈등을 예방할 수 있는 방법을 다섯 개 모델을 중심으로 집중적으로 살펴보았다. 앞에서 살펴본 바와 같이 우리나라도 이제 민주화의 진전에 따라 공공정책 관련 갈등이 폭발하는 사회가 되어가고 있다. 그러나 이러한 사회갈등의 폭발을 부정적이거나 우려의 눈으로만 볼 필요는 없다. 공공정책을 둘러싼 사회갈등의 빈발은 오히려 민주화가 이제 형식적·정치제도적 차원을 넘어 일반 시민들의 구체적인 생활 영역에서도 전개되고 있음을, 다시 말해 우리 사회가 형식적 민주화에서 실질적 민주화를 간절히 요구하는 단계로 이행하고 있음을 말해주는 것이라고 평가하고 싶다. 요컨대 앞에서 말한 대로 우리 사회의 주요 갈등의 축이 1970~1980년대에는 '정치의 민주화'를, 그리고 1990년대에는 '산업의 민주화'를 둘러싸고 형성되었다면, 2000년대에는 '정책의 민주화'를 둘러싼 사회갈등이 주요 갈등 축을 이룬다고 할 수 있는데, 이러한 일련의 변화 과정은 결국 우리 사회에서 민주주의가 확대되고 심화되는 과정에 다름 아닌 것이다.

이처럼 근래 우리 사회에서 공공정책을 둘러싼 갈등이 폭발한다는 것은 일반 시민들의 삶과 직결된 공공정책의 민주화를 위해 실질적인 노력을 기울일 때가 되었음을 의미한다. 이 글에서 우리는 공공정책의 민주화를 위한 핵심은 공공정책 결정 과정에서의 절차적 민주주의의 확보라고 주장했는데, 공공정책 결정 과정에서의 절차적 민주주의란 결국 공공참여의 문제로 귀착된다. 물론 공공정책의 결정 과정에 일반 시민이 참여할 수 있도록 해야 한다는 주장이 특별히 새로운 것은 아니다. 우리나라의 '행정절차법'에서도 이해당사자가 행정 과정에 참여할 수 있는 방식으로 의견 제출, 청문, 공청회 등을 제시하고 있다. 그러나 실시 여부가 대부분 행정청의 재량에 맡겨져 있고, 그나마 실시되는 것들도 형식적인 절차 갖추기에 불과하다는 비판을 받아왔다. 시민들의 참여 욕구가 커짐에 따라 정부도 공공참여를 중시하는 것처럼 말하고 있으나, 아직 우리 사회의 관료문화는 오로지 레토릭으로서의 참여만을 허용하고 있을 뿐이다. 그런데 문제는 이러한 참여의 형식성이 오히려 사회갈등을 부채질한다는 점이다. 따라서 이 장에서는 이와 같은 문제점에 대한 인식을 바탕으로 이해당사자와 일반 시민이 실질적으로 참여해 숙의할 수 있는 모델들을 제시했다. 한마디로 말하자면, 민주화의 진전으로 발생하는 사회갈등들을 민주화 확대 및 심화를 통해 해결하자는 것이다. 공공참여를 기반으로 공공정책 결정 과정을 민주화하려는 노력이야말로 사회갈등을 합리적으로 예방할 수 있는 지름길이기 때문이다.

참고문헌

강영진. 2000. 『갈등분쟁 해결 매뉴얼』. 성공회대학교 출판부.

김두환. 2002. 「시나리오 워크숍」. 참여연대 시민과학센터 엮음. 『과학기술·환경·시민참여』. 한울엠플러스.

김원용. 2004. 「새로운 민주주의 수단: 공론조사」. 지속가능발전위원회 발표문.

김환석. 1999. 「시민참여를 실험하다」. 참여연대 과학기술민주화를위한모임 엮음. 『진보의 패러독스: 과학기술의 민주화를 위하여』. 당대.

이영희. 2002. 「'기술사회'에서의 참여민주주의의 가능성 연구: 과학기술정책 관련 시민참여 모델 평가를 중심으로」. ≪동향과 전망≫, 53호, 142~171쪽.

_____. 2008. 「과학기술 민주화 기획으로서의 합의회의: 한국의 경험」. ≪동향과 전망≫, 73호, 294~324쪽.

_____. 2009. 「기술과 시민: '국가재난질환 대응체계 시민배심원회의'의 사례」. ≪경제와 사회≫, 82호, 216~239쪽.

이영희·김명진·김병수. 2003. 「유전정보 보호를 위한 시민참여 방안 연구」. ≪과학기술학연구≫, 3권 1호.

조승현. 2003. 「환경갈등의 특성과 해결방향: 위도 방사성폐기물장 갈등을 중심으로」. 후기사회학대회 발표원고.

조현석. 2002. 「규제협상」. 참여연대 시민과학센터 엮음. 『과학기술·환경·시민참여』. 한울엠플러스.

지속가능발전위원회. 2004a. 「갈등관리시스템 구축방안 연구보고서」.

_____. 2004b. 『국내갈등사례 자료모음집』.

Bohman, J. and W. Rehg(eds). 1999. *Deliberative Democracy: Essays on reason and politics*. Cambridge: The MIT Press.

Cheldelin, S., D. Druckman and L. Fast(eds). 2003. *Conflict: From analysis to intervention*. London: Continuum.

Coser, L. 1956. *The Functions of Social Conflict*. New York: The Free Press.

Dienel, P. and O. Renn. 1995. "Planning Cells: A gate to 'fractal' mediation." in O. Renn et al.(eds). *Fairness and Competence in Citizen Participation: Evaluating models for environmental discourse*. Dordrecht: Kluwer Academic Publishers.

Elster, J.(ed). 1998. *Deliberative Democracy*. Cambridge: Cambridge University Press.

European Commission. 1995. *Feasibility Study on New Awareness Initiative: Studying the possibilities to implement consensus conferences and scenario workshops*. DG

XIII/D2.

Fielder, J. 1992. "Autonomous technology, democracy, and the nimbys." in L. Winner(ed). *Democracy in a Technological Society*. Dordrecht: Kluwer Academic Publishers.

Fishkin, J. 1991. *Democracy and Deliberation: New directions for democratic reform*. New Haven: Yale University Press.

_____. 1995. *The Voice of the People: Public opinion and democracy*. New Haven: Yale University Press.

McAvoy, G. 1999. *Controlling Technocracy: Citizen rationality and the nimby syndrome*. Washington D.C.: Georgetown University Press.

Moore, C. 2003. *The Mediation Process: Practical strategies for resolving conflict*. San Francisco: Jossey-Bass.

Rowe, G. and L. Frewer. 2000. "Public participation methods: A framework for evaluation." *Science, Technology and Human Values*, Vol.25, No.1.

Susskind, L., S. McKearnan and J. Thomas-Larmer(eds). 1999. *The Consensus Building Handbook: A comprehensive guide to reaching agreement*. London: Sage Publications.

제 8 장

지구적 기후 거버넌스 만들기

유엔기후변화협상에 관한 세계시민회의의 진행 과정과 평가

1. 머리말

2015년 6월 6일, 서울시 신청사 다목적홀에는 전국 각지에서 모여든 일반인 70명이 하루 종일 그해 말에 프랑스 파리에서 개최 예정인 유엔기후변화협상에서 다룰 주요 주제들에 대해 토론하고 그에 대한 의견을 각자 투표로 표현하는 행사가 진행되었다. 사실 한국에서 열린 이 행사는 같은 날 동일한 방식으로 전 세계 77개 국가, 97개 지역에서 진행된 행사들 중 하나였다. 2015년 6월 6일 전 세계 9000여 명의 시민들이 기후변화라는 동일한 주제를 놓고 이에 대한 대응 방안을 토론한 다음 그 결과가 그해 말에 개최될 유엔기후변화협상 과정에 반영되기를 촉구했는데, 한국의 시민들도 세계 시민들과 어깨를 나란히 하며 기후변화 문제의 해법을 찾는 지구적 행동에 참여했던 것이다.

현재 인류가 당면한 이슈들 중에서 기후변화 문제는 대표적으로 국민국가의 범위를 벗어나는 초국가적이고 지구적인 이슈이다(Gupta, 2014). 이처럼 기후변화 문제는 초국가적인 성격 때문에 일찍부터 국가 간 협상을 통해 그 해법을

찾으려는 시도가 주로 유엔(국제연합) 주도로 진행되어 왔다. 하지만 유엔이 주도하는 국가 간 협상은 시민사회를 배제한 채 각 정부의 고위급 인사들 사이에서만 이뤄져 왔다는 점에서 시민사회로부터 많은 비판을 받았다(Bexell, Tallberg and Uhlin, 2010). 바로 이러한 문제의식에 입각해 근래 들어 기후변화 같은 지구적 차원의 문제에 대한 해결 방안 모색 과정에 정책결정자와 전문가만이 아니라 지구 시민사회도 함께 참여하는 지구적 기후 거버넌스를 만들기 위한 다양한 시도가 있었다(Stevenson and Dryzek, 2014; Blue, 2015). 대표적으로 기후변화 문제에 관심을 기울이고 있던 전 세계의 각종 시민단체가 다양한 채널을 통해 기후변화 문제에 대해 해법을 제시하거나, 해법을 찾기 위한 논의 과정에 참여하고 있다는 점을 들 수 있다. 하지만 기후변화에 관심 있는 시민단체는 이미 기후변화 문제에 준전문가적인 식견과 견해를 갖추고 있다는 점에서 이들이 보통 시민들을 전반적으로 대변한다고 보기는 어렵다. 그렇다면 시민단체 등으로 조직화되지 않은 보통 시민들은 기후변화 문제를 어떻게 생각하고 있으며, 그 해법은 무엇이라고 볼까?

앞에서 언급한, 2015년 6월 6일에 전 세계적으로 진행된 시민들의 행사는 바로 조직화되지 않은 보통 시민들의 기후변화에 대한 생각을 오랜 시간의 숙의를 통해 도출하여 기후변화에 대한 국제적인 정책 결정 과정에 반영하려 했다는 점에서 지구적 기후 거버넌스 만들기의 또 다른 예라고 할 수 있을 것이다. 기후변화는 국경을 뛰어넘는 문제이기 때문에, 기후변화에 대한 지구적 차원의 공론장에 한국의 시민들도 참여함으로써 궁극적으로는 지구적 기후 거버넌스의 일익을 담당하자는 문제의식에 입각해 동참하게 된 것이다.

이 글은 지구적 기후 거버넌스의 한 시도였던 '유엔기후변화협상에 관한 세계시민회의'[1]의 조직 배경과 특징을 먼저 살펴본 다음, 한국에서 열렸던 세계시

---

1 영어로는 'World Wide Views on Climate and Energy'이지만, 한국 조직위원회는 회의에

민회의를 중심으로 회의의 구체적인 전개 과정과 숙의를 통해 도출된 시민의 의견을 정리하고, 당시 행한 사전 및 사후 설문조사 결과를 기반으로 행사 참가 시민들의 평가를 분석해 보고자 한다. 그리고 세계시민회의가 사회적·정치적 으로 어떤 영향을 미쳤는가에 대해서 간략히 검토해 본 다음, 세계시민회의가 기존의 다양한 시민참여 행사들에 비해 어떤 점에서 특별한 함의가 있는지 살 펴보는 것으로 글을 마무리하고자 한다.[2]

2. 2015년 유엔기후변화협상에 관한 세계시민회의의 배경

2015년 6월 6일, 유엔기후변화협상에 관한 세계시민회의가 전 세계적으로 열린 배경으로는 두 가지를 들 수 있다. 하나는 2015년 말에 유엔 기후변화협 약 당사국총회에서 기후변화 문제에 대응하기 위한 국제적 협상이 예정되어 있었다는 점이고, 다른 하나는 지구적 차원의 문제에 대한 해결 방안을 모색하 는 과정에서, 소수의 정치가나 정책 당국만이 아니라 세계 시민들도 함께 참여 할 수 있는 지구적 공론장을 형성하자는 문제의식과 실천의지가 높아졌다는 점이다.

서 주로 다뤄야 할 내용이 2015년 말 파리에서 개최될 유엔기후변화협약이었으므로, 이 행사의 공식 명칭을 '유엔기후변화협상에 관한 세계시민회의'로 정했다.

2   이 글은 지면 관계상 '유엔기후변화협상에 관한 세계시민회의'에 대해 이론적 차원에서 구 체적으로 분석하지는 않는다. 이 행사를 지구적 숙의 거버넌스라는 개념에 입각해 이론적 으로 분석한 글로는 이영희·정인경(2015) 참고.

1) 유엔기후변화협약 당사국총회

유엔기후변화협약(UNFCCC: UN Framework Convention on Climate Change)
은 유엔총회에서 총괄하는 기후변화에 관한 국제협약으로 '기후변화에 관한 정
부 간 협의체(IPCC: International Panel on Climate Change)'가 기후변화의 원인·
영향·예방 방안을 검토한 결과에 의거해 수립되며, 1992년 브라질 리우에서 열
린 유엔환경개발회의에서 처음으로 체결되었다.[3] 유엔기후변화협약 당사국총
회(COP: Conference of the Parties)는 기후변화협약의 구체적 이행 방안을 논의
하는 자리로서, 각국 장관급 협상의 위상을 지닌 최고 의사결정 기구이다. 당사
국총회의 결정 사항은 협약에 참가한 당사국들의 환경 및 기후변화 정책에 즉각
적이고 직접적인 영향을 미치는데 1997년에 「교토의정서」가 이 당사국총회를
통해 도출된 바 있다. 유엔기후변화협약 사무국이 주도하는 2015년 파리기후변
화협약 당사국총회(이하 COP21)는 1997년 채택되어 2005년 발효된 「교토의정
서」가 만료되는, 2020년 이후 적용될 새로운 기후 체제를 마련하는 협상의 장이
었다. 세계시민회의의 초점이 된 COP21이 "지구 역사상 가장 중요한 2주일"(안
병옥, 2015)이 될 것이라고 이야기될 정도로 중요시된 이유는 다음과 같다.

2009년 코펜하겐에서 열린 제15차 코펜하겐 당사국총회(COP15)는 당시
2012년에 만료될 예정인 「교토의정서」의 뒤를 이을 새로운 협약을 맺는 데 실
패했다. 그에 따라 유엔이 주도하는 기후변화 대응 체제에 대한 위기감이 고조
된 가운데 2011년 제17차 더반 당사국총회(COP17)에서 세계 각국은 모든 당사
국이 참여해 법적 구속력이 있는 포괄적 감축 체제를 도출하기 위한 협상, 더반
플랫폼(Durban Platform) 출범에 합의했다. 즉 새로운 협약 체결을 통해 모든
당사국에 적용될 수 있는 새로운 의정서나 법적 문서 또는 법적 효력이 있는 '신

---

3 한국은 1993년, 47번째 회원국으로 이 협약에 가입했다.

기후체제'[4]를 수립하기로 결정한 것이다. 뒤이어 2012년 도하에서 열린 제18차 당사국총회(COP18)에서는 「교토의정서」 공약 기간을 2020년까지 연장하기로 합의했고, 2020년 이후 신기후체제를 위한 협상 추진 일정에도 합의했다. 좀 더 구체적으로는 2015년 5월 말까지 협상 문안을 마련해 2015년 내로 협정을 채택하여 2020년에 발효될 수 있도록 한다는 것이었다. 이러한 신기후체제 협상 과정에서 핵심 쟁점은 개발도상국의 온실가스 배출 확대라는 상황 변화에 발맞춰 선진국가들('부속서 I' 국가들)만 감축 의무를 지는 것이 아니라 개발도상국들 또한 적극적인 감축을 이행해야 하며, 이를 위해 국제사회가 재정 지원을 해야 한다는 것이었다.[5]

요컨대 2015년 12월 파리에서 개최하기로 예정된 COP21은 「교토의정서」의 후속인 신기후체제에 대한 협상을 타결해야 한다는 임무를 맡은 역사적인 회의였다.

2) 지구적 공론장으로서의 세계시민회의

앞에서 살펴본 유엔기후변화협약 당사국총회는 여기에 참가하는 각국 대표가 정부의 고위층 인사들이므로, 이들이 정부와 기업의 의견을 과잉 대변할 가능성이 항상 존재했다. 이러한 상황에서 덴마크기술위원회재단(Danish Board

---

4　교토의정서는 2020년까지만 유효하기 때문에 2021년부터 교토의정서를 대체해 효력을 발휘하는 새로운 기후협약을 채택해야 하는바, 이에 따라 새롭게 협정할 조약을 'Post-2020 신기후체제'라고 한다. 이상훈(2016).

5　이러한 원칙은 2014년 페루 리마에서 열린 기후변화 당사국회의(COP20)에서 '공통의, 그러나 차별화된 책임(common, but differentiated responsibilities)'이라는 개념으로 정립된 바 있다(자세한 내용은 이유진(2015) 참고). 참고로 기존에는 '비-부속서 I' 국가로 분류되어 감축 의무를 지지 않았던 한국의 경우 2012년 에너지 부문 이산화탄소 배출량이 세계 7위였다. 윤순진(2016).

of Technology Foundation, 이하 DBT)[6]이 기후변화 협상이 상층부만의 논의에 국한되지 않고 세계 시민사회와 소통하는 방식으로 이뤄질 수 있도록 기후변화 문제에 대해 전 세계 시민들의 숙의적 의견을 모아 제출하자고 유엔에서 건의해 2015년 6월 6일 세계적 규모의 시민참여 프로그램을 조직하게 된 것이다. 말하자면, 지구적으로 중요한 초국가적 사안에 대해 숙의하는 지구적 공론장의 일환으로 세계시민회의가 조직된 것이라고 할 수 있다(Bedsted, Gram and Klüver, 2012).

DBT가 세계시민회의를 폭넓은 시민참여를 기반으로 하는 지구적 차원에서의 공론장이 될 수 있도록 설계하는 과정에서 고려한 중요한 기준은 다음과 같다. 첫째, 소득과 전반적인 교육 수준에 상관없이 지구상의 모든 나라가 원하면 참가할 수 있도록 많은 비용이 들지 않고, 방법도 용이해야 한다. 둘째, 정책 결정과의 연계성을 확보해야 한다. 셋째, 일국 차원의 정책 결정과 지구적인 정책 결정 모두에 관련되어야 한다. 넷째, 시민회의 결과는 국제적으로 비교 가능해야 하며, 정책결정자들에게 어렵지 않게 그 결과를 전달해 줄 수 있어야 한다. 다섯째, 참가하는 시민들에게는 논의해야 할 이슈를 이해하는 데 필요한 균형 잡힌 정보가 제공되어야 한다. 여섯째, 참가 시민들에게는 최종 결론을 도출하기 전에 다른 참가 시민들과 충분히 토론할 기회가 주어야 한다(Bedsted, Mathieu and Leyrit, 2015).

이와 같은 기준에 따라 DBT는 2000년대에 들어와 이미 두 번이나 지구적 문제를 놓고 세계시민회의를 조직한 바 있다. 최초의 세계시민회의는 2009년에 열렸다. 당시 DBT는 코펜하겐에서 열릴 예정이던 COP15를 겨냥해 전 세계

---

6   DBT는 원래 덴마크 의회 산하 기구로 설립되어 사회적으로 중요한 과학기술적 쟁점에 대한 시민들의 토론을 조직해 왔는데, 특히 합의회의(consensus conference)와 같은 숙의적인 시민참여 방법들을 개발하고 보급하는 데 크게 기여하여 국제적으로 높은 명성을 얻은 바 있다.

38개국에서 지구온난화를 주제로 44개의 세계시민회의를 개최하는 데 앞장섰다(Rask, Worthington and Lammi, 2012). "전 지구적 규모의 정치적 의사결정 과정에 모든 사람들이 참여하는 것이 유익하다는 것을 입증하는 것"(Rask and Worthington, 2012)이 핵심 목표였다. 이는 기후변화협약 당사국총회를 앞두고 세계시민이 참여하는 지구적 기후 거버넌스를 만들려는 의지를 드러낸 것이라고 할 수 있다. 2012년에는 일본에서 열릴 예정이던 생물다양성 문제에 대한 COP11를 겨냥해 DBT가 다시 전 세계 25개국에서 34개의 세계시민회의를 동일한 방식으로 조직했다(Rask and Worthington, 2015).[7] 2015년에 열린 세계시민회의는 DBT가 주도한 세 번째 지구적 세계시민참여 행사로, 전 세계 77개 국가에서[8] 약 9000여 명의 시민들이 참가해 세계시민회의 역사상 가장 많은 나라와 시민이 참가하는 행사가 되었다.

세계시민회의의 일반적인 진행 방식은 다음과 같다. 먼저 세계시민회의를 총괄적으로 지휘하는 국제 본부는 각 나라 또는 지역에서 세계시민회의를 실제로 조직할 파트너를 선정한다.[9] 파트너가 되고자 하는 조직이나 기관은 시민참여에 대한 지식을 어느 정도 갖추고 있어야 하며, 회의 주제인 기후변화와 에너

---

[7] 참가국보다 세계시민회의의 개최 수가 많은 것은 세계시민회의가 한 국가 내의 복수 지역에서 동시에 조직되는 경우도 있기 때문이다. 예컨대 미국은 미네소타, 콜로라도, 매사추세츠, 애리조나 이 네 지역에서 세계시민회의가 열렸다.

[8] 참가국들은 지역별로는 아시아, 오세아니아, 아프리카, 유럽, 아메리카대륙(북미 및 중남미)에 골고루 속해 있으며, 현재 기후변화로부터 가장 직접적인 영향을 받고 있는 소규모 섬나라들도 다수 참가했다. 이처럼 많은 나라들이 세계시민회의에 참여할 수 있었던 것은 행사에 대한 선진국으로부터의 재정 지원, 특히 프랑스 환경부의 재정지원에 힘입은 바 크다. 77개의 참가 국가들 중 61개의 저개발 국가들이 프랑스 환경부의 재정 지원을 받아 행사에 참여했다.

[9] DBT, 프랑스 국가공공논쟁위원회(French National Commission for Public Debate) 그리고 미숑 퍼블리크(Missions Publiques: 프랑스 소재 시민참여 컨설팅 전문 기업)가 공동으로 2015년 세계시민회의를 총괄하는 국제 본부를 꾸렸다.

지전환과 관련해 특정 의견에 치우쳐 있지 말아야 하며, 국제 본부가 제시하는 공통의 가이드라인(The Danish Board of Technology Foundation, 2015)을 따라야 하고, 행사 조직에 필요한 재정의 전부 혹은 일부를 댈 수 있어야 한다. 통상 파트너들은 국가나 지역의 공공위원회, 의회의 기술영향평가기구, 시민사회조직(NGO)과 대학교 등으로 구성된다. 하지만 선정된 각국의 파트너가 국제 본부가 만들어놓은 가이드라인에 따라 일사불란하게 행사를 조직하고 운영하기 위해서는 이들 사이의 원활한 의사소통을 통한 표준화된 절차의 숙지가 매우 중요하다. 이러한 이유로, 세계시민회의를 총괄하는 국제 본부는 8차례에 걸친 온라인상에서의 세미나(webinar)를 통해 세계시민회의를 조직하고 운영하는 핵심 방법들을 파트너들에게 교육했을 뿐만 아니라, 행사 시작 두 달 전에는 각국의 파트너들을 대상으로 오프라인 훈련 세미나를 파리에서 개최하여 대면 소통을 통해 행사 조직과 운영의 통일성을 향상하기 위해 노력했다.

이처럼 각국의 파트너들은 세계시민회의 조직을 위한 표준화된 가이드라인 교육을 받고 나면, 이제 본격적으로 자기 나라 혹은 지역에서 세계시민회의 조직을 시작해야 한다. 그 첫걸음이 각 나라 혹은 지역에서 인구통계적 대표성을 갖는 100명 내외의 일반 시민을 모집하는 일이다. 일반 시민이라 함은 세계시민회의 참가자가 해당 주제와 관련해 직접적인 이해당사자나 전문가가 아니어야 한다는 것을 의미한다. 각국의 세계시민회의 조직 파트너들은 이렇게 선발된 참가 예정 시민들에게 본회의 2주 전에 해당 의제와 관련된 소책자[10]를 제공해 이들이 의제를 어느 정도 숙지하도록 한다. 이 100명의 시민들은 세계시민회의가 열

---

10 행사를 총괄하는 국제 본부인 DBT 재단이 국제적인 과학위원회를 꾸려 사전에 제작한 이 소책자를 각 나라의 파트너들에게 보내면 파트너들은 이를 자기 나라의 언어로 번역해서 행사 전에 참가 시민들에게 보내줘야 한다. 35쪽 분량의 이 소책자는 기후변화 과학에 대한 기초적인 정보와 기후변화 대응을 둘러싸고 나타나는 상이한 관점들 및 유엔기후변화 협상의 역사와 쟁점 등을 소개하고 있다. Wynn et.al.(2015) 참고.

리는 날에 한 장소로 모여 6~8명 단위로 소그룹 토론과 숙의 과정을 거쳐 사전에 준비해 놓은 투표지에 응답을 하는 절차를 거친다. 이날은 문서 자료 외에 역시 본부에서 사전 준비한 5~10분 분량의 동영상 자료[11]를 각 테이블에 배치된 퍼실리테이터(사회자)가 보여주고 회의를 이끈다.[12] 참가 시민들의 투표 결과는 국제 본부가 미리 만들어놓은 인터넷 홈페이지(www.climateandenergy.wwviews.org)에 실시간으로 입력되어 약간의 시차는 있지만 다른 나라의 상황을 비교할 수 있다. 2015년 세계시민회의의 경우는 6월 6일 오전 9시에 남태평양 피지에서 시작해 27시간 뒤 미국 애리조나 지역에서 종료되었다. 국제 본부는 세계시민회의 종료 이후 세계 시민들이 만들어낸 결과를 사회적·정치적으로 확산하고 유엔기후변화협상에 반영되도록 하기 위해 매진한다.

3. 한국에서 열린 세계시민회의[13]

한국은 2009년과 2012년에 열린 세계시민회의에는 참가하지 않았으나, 2015년 처음으로 가톨릭대학교 과학기술민주주의연구센터와 재단법인 기후변화센터가 한국 측 파트너가 되어 공동으로 이 행사를 조직했다. 한국 세계시민회의 조

---

11 주제별로 총 4~5개에 달하는 동영상을 국제 본부가 보내오면 각 나라의 파트너들은 이들을 자국어로 바꿔야 한다. 원 동영상은 바이오팩션(Biofaction)이라는 이름의 오스트리아 과학커뮤니케이션 기업이 만든 것으로서 앞에서 언급한 소책자의 핵심적인 내용을 간추린 것이다.

12 소책자만이 아니라 동영상 자료와 투표 문항 및 선택지 모두 세계시민회의 국제 본부 산하에 설치된 과학위원회의 검토를 가쳤으며, 국제 본부는 본회의에 앞서 일본, 미국, 프랑스 그리고 우간다에서 포커스그룹인터뷰를 통해 이들 내용에 대한 가독성 등을 체크했다.

13 이 부분은 이영희·정인경(2015)의 해당 내용을 축약하고 일부 새로 추가한 것이다.

직위원회는 사회조사 전문 기관에 의뢰해 참가자의 인구통계적 대표성을 높일 수 있도록 무작위 할당표집 방식을 통해 전국적으로 시민 참가자 100명을 선발해 줄 것을 요청했다. 사회조사 전문 기관은 2015년 5월 초부터 5월 말까지 전국의 만 18세 이상 일반 시민들을 대상으로 성, 연령, 지역, 학력, 직업, 종사상 지위 및 고용 형태, 환경단체 활동 유무를 기준으로 하여 인구 비례에 따른 무작위 할당표집을 진행했다. 수차례 확인을 거친 끝에 5월 말에 전국적으로 110명이 세계시민회의에 참가하겠다고 확약을 했지만, 당시 갈수록 악화되던 메르스(중동호흡기증후군) 사태로 6월 6일 서울시 청사에서 진행된 세계시민회의에 최종적으로 참가한 시민의 수는 70명으로 줄어들었다(사회자 13명을 포함하면 총참여자 수는 83명이었다).[14]

그 결과 원래 무작위 할당표집을 통해 확보한 참가자의 인구통계적 대표성에도 다소 문제가 발생했다. 총참가자 70명 중에서 남성과 여성은 각각 36명과 34명이었으며, 수도권 거주자와 지방 거주자는 각각 40명, 30명이어서 이 부분은 인구통계적 구성비와 거의 일치했다. 하지만 학력과 연령 면에서는 다소 한쪽으로 치우친 결과가 나타났다. 대졸 이상과 고졸 이하가 각각 41명, 29명으로 대졸 이상의 비율이 58.5%를 차지해 인구구성비 41.0%보다 상당히 높게 나타났으며, 60세 이상 참가자 수도 19명으로 27%를 차지해 인구구성비 18.0%보다 다소 높게 나타났다.[15] 조직위원회는 참가 예정자들에게 당시 의제인 유엔

---

14 참고로 2015년에 전 세계에서 열린 세계시민회의 97개의 각 회의당 평균 참가자 수는 89명이었다. 한국의 경우, 세계시민회의 일정을 모두 소화한 참가 시민들에게는 사례비로 10만 원을 지급했고, 지방 참가자들에게는 교통비도 지급했다. 참가자에 대한 사례비 지급 여부와 그 정도는 나라마다 달랐던 것으로 드러났다. 예컨대 덴마크의 경우에는 참가자에 대해 사례비를 지급하지 않았으며, 대만은 1인당 5만 원 정도를, 캐나다는 10만 원 정도를 참가자에게 지급했다.

15 독일 슈투트가르트대학 연구팀이 참가자들을 대상으로 행한 설문조사 결과에 따르면 한국 참가자들의 참가 동기는 다양했다. 연구팀은 다양한 참가 동기를 나열하고 그 항목에 얼마

기후변화협상에 관해 본부에서 작성해 보내온 토론용 소책자를 한국어로 번역해 5월 20일경에 송부했고, 6월 1일에는 세계시민회의에서 소그룹 토론을 이끌어갈 퍼실리테이터들에 대한 사전 교육을 실시했다. 사회자들은 대학원생, 고등학교 교사, 시민단체 인턴 등으로 구성되었다.

6월 6일 세계시민회의의 후원기관인 서울시의 청사 다목적홀에서 열린 세계시민회의는 오전 9시 30분에 시작해 오후 5시 30분까지 진행되었다. 본격적인 회의는 오전 10시 20분부터 시작되었지만, 차후에 토론과 숙의 효과를 분석하기 위해 참가자들을 대상으로 사전 설문조사를 실시했다.[16] 사전 설문조사 내용은 당일 토론 의제인 기후변화 문제에 대한 인식, 참가 동기, 시민참여에 대한 평가 등으로 구성되었다. 한국 세계시민회의 조직위원회 위원장의 개회사와 유엔기후변화협약 사무총장의 영상 인사말에 이어 시작된 본격적인 시민회의에서 제1세션은 오전 10시 20분부터 11시 50분까지 '기후변화 대응의 중요성'을 주제로 진행되었고, 제2세션은 11시 50분부터 오후 1시까지 '기후변화에 대응하기 위한 도구들'을 주제로 진행되었다. 점심 식사 후 오후 1시 40분부터 2시 50분까지 진행된 제3세션은 '유엔 협상과 국가별 기여 결의'를 주제로, 짧은 휴식 시간을 가진 다음 오후 2시 55분부터 4시까지 진행된 제4세션에서는 '노력의 공평성과 분배'를 주제로 진행되었다. 오후 4시부터 5시까지 이어진 마지

나 동의하는지를 물었는데(1은 전혀 동의하지 않음, 4는 중간, 7은 전적으로 동의함을 뜻함), 참가자들은 "주제에 대해 배우기 위해(6.29)", "좀 더 환경친화적으로 생활하는 법을 배우기 위해(6.08)", "정책결정자들에게 메시지를 보내기 위해(5.10)", "정치적 의사결정에 영향력을 행사하기 위해(5.09)", "다른 사람들과 토론하기 위해(3.59)", "특별한 이유는 없다(3.48)"라고 응답했다. 아울러 한 가지 흥미로운 점은 참가자들의 정치적 성향을 묻는 질문에 대해 세계 평균은 중도가 37.3%, 우파 쪽에 가깝다는 의견이 19.3%, 좌파 쪽에 가깝다는 의견이 43.4%였던 데 비해 한국의 참가자들은 중도가 47.8%, 우파 쪽에 가깝다는 의견이 21.7%, 좌파 쪽에 가깝다는 의견이 30.4%로 나왔다는 점이다. Goldschmidt and Scheel(2016).

16 이에 대한 자세한 내용은 이 글의 5절 참고.

막 제5세션에서는 '기후행동의 약속과 이행'을 주제로 토론과 숙의 및 투표가 이뤄졌다. 이어서 본회의 시작 전에 했던 것과 동일한 내용의 설문조사를 실시하는 것으로 세계시민회의는 종료되었다.[17]

각 세션이 시작되면 약 5~10분 정도 소요되는 동영상을 참가자 전체가 함께 시청한 다음, 5~7명이 배치된 테이블별로 퍼실리테이터의 사회에 따라 참가자 간 토론과 숙의 및 투표가 진행되었다. 투표 문항은 각 세션별로 5~8개 정도였다. 각 세션이 끝나면 바로 수합된 투표 결과가 국제 본부에서 마련한 세계시민회의 결과 보고를 위한 인터넷 사이트에 즉시 입력되어 누구나 그 결과를 볼 수 있고, 다른 나라들에서 입력된 결과와 바로 비교할 수 있었다. 이로써 참가자들은 실시간으로 다른 나라들에서 이뤄진 투표 결과를 확인하고 한국과 비교하며, 비록 다른 나라 시민들과 공간적으로 떨어져 회의를 진행하지만 내용적으로는 함께하고 있다는 느낌을 강하게 받을 수 있었다.[18] 아울러 한국과 대만은 웹 카메라를 이용해 서로의 회의 장면을 일부 생중계했는데, 이 역시 당일의 회의가 전 세계에서 동시에 이뤄지고 있다는 느낌을 강화하는 데 크게 기여한 것으로 보인다.[19]

17 한국에서 열린 세계시민회의에서 사용된 다양한 자료(한국어로 번역된 토론용 소책자 및 동영상 자료)와 행사 사진 및 동영상, 투표 결과, 행사를 보도한 신문 기사 등은 한국 조직위원회가 개설한 블로그(http://blog.naver.com/wwviews)에서 찾아볼 수 있다.

18 한국 조직위원회는 세계시민회의에 대한 심도 있는 평가를 위해 행사가 끝나고 2주 후에 회의 사회자 2명과 시민참가자 4명을 초청해 포커스그룹인터뷰(focus group interview)를 진행했는데, 시민참가자들은 이구동성으로 세계시민으로서 다른 나라 시민들과 어깨를 나란히 했다는 점에 큰 자부심을 느낄 수 있었다고 술회했다.

19 전 세계적으로 보면, 한국과 대만만이 아니라 참가한 나라들 중에서 상당수가 사전 협의를 통해 행사 사진이나 참가자 인터뷰 내용을 실시간으로 올리거나 스카이프(Skype) 등을 통해 행사를 생중계한 것으로 드러났다.

4. 세계시민회의의 결과

2015년 6월 6일에 실시된 유엔기후변화협상에 관한 세계시민회의는 하루 종일 진행된 숙의 과정을 거쳐 최종적으로 '투표'라는 방식을 통해 시민들의 의견을 수렴했다. 이 절에서는 이 회의에서 모은 시민들의 주요 의견을 한국 참가 시민과 세계 참가 시민의 의견으로 나누어 비교해 보기로 한다.[20] 앞에서 언급한 것처럼 당일 회의 진행은 '기후변화 대응의 중요성', '기후변화에 대응하기 위한 도구들', '유엔협상과 국가별 기여 결의', '노력의 공평성과 분배', '기후행동의 약속과 이행'의 5개 세션으로 나누어 진행되었으므로, 이 절에서는 시민들의 의견을 이 5개의 토론 세션 순서에 맞춰 정리하고자 한다.

1) 기후변화 대응의 중요성

세계시민회의 제1세션의 주제는 '기후변화 대응의 중요성'으로, 이 세션에서는 기후변화에 대한 시민들의 전반적인 관심과 문제의식을 다뤘다. 〈표 8-1〉은 '기후변화 대응의 중요성'에 대한 참가 시민들의 응답 내용을 보여준다.

먼저 기후변화의 영향에 대한 관심도는 전 세계 78.24%에 비해 한국이 72.62%로 약간 낮기는 하지만, 전반적으로 볼 때 전 세계와 한국의 참가 시민 모두 기후변화의 영향에 대한 관심도가 매우 높다는 것을 알 수 있다. 아울러 기후변화에 대처하는 현재의 방법들에 대해 한국 참가 시민의 61.90%, 전 세계 참가 시민의 66.24%가 '대부분 우리의 삶의 질을 향상시킬 기회'로 인식하는 것으로 나타났다. 하지만 기후변화 문제에 대처하는 현재의 방법 대부분이 우리

---

20 선진국과 개도국 사이의 차이, 부유한 개도국과 한국 사이의 차이 등에 대해서는 김직수·이영희(2015) 참고.

표 8-1   기후변화 대응의 중요성

(단위: %)

구분	한국	전 세계
1. 귀하는 기후변화의 영향에 대해 얼마나 관심을 갖고 계십니까?		
매우 관심 있음	72.62	78.24
보통임	25.00	19.22
관심 없음	1.19	1.89
잘 모르겠음 / 답변하기 싫음	1.19	0.66
2. 귀하는 기후변화 문제에 대처하는 현재의 방법들에 대해 어떻게 생각하십니까?		
대부분 우리의 삶의 질에 대한 위협임	27.38	26.75
대부분 우리의 삶의 질을 향상시킬 수 있는 기회임	61.90	66.24
우리의 삶의 질에 영향을 끼치지 않음	9.52	3.98
잘 모르겠음 / 답변하기 싫음	1.19	3.03
3. 귀하는 1992년 이후에 이뤄진 유엔기후변화협약의 결과들이 기후변화 문제에 대처하는 데 역할을 충분히 해왔다고 보십니까?		
네	17.86	17.62
아니요	65.48	70.64
잘 모르겠음 / 답변하기 싫음	16.67	11.74
4. 귀하는 세계가 기후변화 문제에 얼마나 신속히 대응해야 한다고 생각하십니까?		
세계 각국은 파리에서 2℃ 이상 기온이 올라가지 않도록 하기 위해 필요한 일이라면 무엇이든 결정해야 함	63.10	63.32
세계 각국은 고강도의 행동을 취해야 하지만 무엇이든 무조건 해야 하는 것은 아님	29.76	25.91
세계는 현재 상태를 실질적으로 바꾸지는 않는 목표를 선택해야 함	5.95	7.29
잘 모르겠음 / 답변하기 싫음	1.19	3.47
5. 귀하는 기후변화 문제에 대처하는 데 누가 근본적으로 책임을 져야 한다고 생각하십니까?(두 개까지 선택 가능)		
일차적으로는 전 지구적인 책임(국제적인 기후협약이나 조약을 통한)	70.24	69.54
일차적으로는 개별 시민과 시민사회의 책임	32.14	47.64
일차적으로는 중앙정부의 책임	40.48	31.65
일차적으로는 지방정부의 책임	2.38	7.25
일차적으로는 기업과 민간 부문의 책임	28.57	11.03
잘 모르겠음 / 답변하기 싫음	1.19	2.93

주: 사례 수는 한국 84명(한국의 세계시민회의 참가자 수는 원래 사회자를 포함해 83명이었지만, 회의를 참관하던 행사 진행 요원 1명이 투표를 하면서 결국 84명이 응답한 것으로 처리되었다), 전 세계 8685명.

삶의 질을 위협한다고 응답한 비율도(한국 27.38%, 전 세계 26.75%) 적지 않은 편이었다. 1992년 이후에 이뤄진 유엔기후변화협약의 결과들이 기후변화 문제에 대처하는 데 역할을 충분히 해왔다고 보느냐는 질문에 대해서는 '그렇다'는 응답(한국 17.86%, 전 세계 17.62%)에 비해 '그렇지 않다'는 응답(한국 65.48%, 전 세계 70.64%)이 훨씬 많이 나왔다. 세계가 기후변화 문제에 얼마나 신속히 대응해야 한다고 생각하느냐는 질문에 기온이 2℃ 이상 올라가지 않도록 하기 위해 필요한 일이라면 세계 각국은 파리에서 무엇이든 결정해야 한다는 의견이 압도적으로 많이 나왔고(한국 63.10%, 전 세계 63.32%), 세계 각국은 고강도의 행동을 취해야 하지만 무엇이든 무조건 해야 하는 것은 아니라는 의견(한국 29.76%, 전 세계 25.91%)이 그다음으로 많았다. 기후변화 문제에 대처하는 데 누가 근본적으로 책임을 져야 한다고 생각하느냐는 질문에 한국과 세계 참가 시민이 일차적으로는 전 지구적인 책임(국제적인 기후협약이나 조약을 통한)이라는 응답을 가장 많이 했지만(한국 70.24%, 전 세계 69.54%), 그다음으로 책임져야 하는 행위자로 한국은 중앙정부를 지목(40.48%)한 데 비해 전 세계는 개별 시민과 시민사회의 책임임을 지목(47.64%)해 약간 차이를 보였다. 전반적으로 볼 때, 세계시민회의 참가한 한국과 세계 시민들은 기후변화의 영향에 대해 상당히 관심을 쏟고 있으며, 이에 대한 대응이 절박하다고 인식하고 있음을 알 수 있다.

2) 기후변화에 대응하기 위한 도구들

세계시민회의 제2세션의 주제는 '기후변화에 대응하기 위한 도구들'로, 기후변화 문제에 대응할 수 있는 다양한 접근 방법을 논의했다. 〈표 8-2〉는 이에 대한 참가 시민들의 응답 결과를 보여준다.

먼저 탄소세를 지지하느냐는 질문에 대해, 지지하며 모든 나라를 대상으로 하되 온실가스 배출량을 줄이지 않는 나라들은 점진적으로 비용을 더 부담하도

표 8-2　기후변화에 대응하기 위한 도구들

(단위: %)

구분	한국	전 세계
1. 귀하는 탄소세를 지지하십니까?		
지지하며, 모든 나라를 대상으로 시행되어야 함	13.10	15.98
지지하며, 모든 나라를 대상으로 하되, 온실가스 배출량을 줄이지 않는 나라들은 점진적으로 비용을 증가시키도록 해야 함	48.81	41.30
국가별 경제 수준에 따라 차등적으로 적용해야 함	33.33	30.58
아니요, 지지하지 않음	3.57	9.34
잘 모르겠음 / 답변하기 싫음	1.19	2.8
2. 귀하는 온실가스 배출을 대량으로 줄이기 위한 방법으로 다음 항목 중 어떤 것이 바람직하다고 생각하십니까?(두 개까지 선택 가능)		
저탄소 기술의 연구개발 지원 (예컨대, 효과적인 자동차배터리 연구)	52.38	45.52
탄소에 대한 가격 책정 (예컨대, 탄소 배출세나 배출거래제)	27.38	21.32
화석연료에 대한 보조금 감축	14.29	16.08
저탄소 에너지(풍력, 태양력, 수력, 지열 에너지 등)를 위한 보조금 지원	55.95	56.26
규제를 위한 새로운 표준 등의 제정 (예컨대, 자동차, 건물, 전자제품 등의 에너지 효율성 제고를 위한)	20.24	22.98
새로운 사회경제적 제도와 프로그램 등의 시행 (대중교통 시스템이나 지역생산식품의 소비 활성을 위한 투자)	15.48	20.38
온실가스 배출의 대량적인 절감은 필요 없음	0.00	1.05
잘 모르겠음 / 답변하기 싫음	1.19	1.5
3. 귀하는 세계가 새로운 화석연료 탐사에 대해 어떻게 해야 한다고 생각하십니까?		
모든 화석연료에 대한 탐사를 중단해야 함	40.48	45.20
석탄에 대한 탐사만을 중단해야 함	10.71	17.27
탐사를 계속해야 함	32.14	22.67
잘 모르겠음 / 답변하기 싫음	16.67	14.86

주: 사례 수는 한국 84명, 전 세계 8,668명.

록 해야 한다는 의견이 가장 많았고(한국 48.81%, 전 세계 41.30%), 그 뒤를 국가
별 경제 수준에 따라 차등적으로 적용해야 한다는 의견(한국 33.33%, 전 세계
30.58%)이 차지했다. 온실가스 배출을 대량으로 줄이기 위한 방법으로 어떤 것
이 바람직하냐는 질문에 많은 참가 시민들이 (풍력, 태양력, 수력, 지열에너지 등)

저탄소 에너지를 위한 보조금 지원(한국 55.95%, 전 세계 56.26%), 효과적인 자동차 배터리 연구와 같은 저탄소 기술의 연구개발 지원(52.38%, 전 세계 45.52%) 등을 지적했다. 아울러 세계가 새로운 화석연료 탐사에 대해 어떻게 해야 한다고 생각하느냐는 질문에 대해 한국과 세계 참가 시민들은 탐사를 계속해야 한다는 응답(한국 32.14%, 전 세계 22.67%)보다 모든 화석연료에 대한 탐사를 중단해야 한다는 응답(한국 40.48%, 전 세계 45.20%)이 더 많아, 대체로 자국 정부의 입장보다는 화석연료 탐사에 대해 더 부정적인 태도를 보이고 있음을 알 수 있다.

3) 유엔협상과 국가별 기여 결의

세계시민회의 제3세션의 주제는 '유엔협상과 국가별 기여 결의'로, 이 세션에서는 기후변화 문제를 해결하기 위한 유엔협상 절차와 협상에서 논의될 각국가별 기여 의지를 다뤘다. 〈표 8-3〉은 이에 대한 참가 시민들의 응답 결과를 보여주고 있다.

먼저 자신의 나라가 기후변화 문제에 대해 어떻게 대응하고 있다고 생각하느냐는 질문에 한국의 참가 시민 중 63.10%, 전 세계 참가 시민의 45.91%가 현재는 국가적 우선 과제는 아니지만 우선 과제가 되어야 한다고 생각하는 것으로 나타났다. 이는 한국의 참가 시민들이 기후변화 문제와 관련해 정부가 더 적극적으로 대응할 것을 주문하는 것으로 해석할 수 있다. 자신의 나라가 온실가스 배출을 줄일 방안을 강구해야 한다고 생각하느냐는 질문에 대해서도 한국과 세계의 참가 시민들 가운데 80% 정도가 비록 많은 나라들이 그렇게 하지 않을지라도 자신의 나라에서만큼은 온실가스 배출을 줄일 방안을 강구해야 한다고 응답해, 온실가스 배출 감소에 상당히 적극적으로 임하고 있음을 보여주었다. 이와 같은 적극적인 태도는 파리협약을 통해 21세기 말에는 세계가 온실가스

표 8-3   유엔 협상과 국가별 결의

(단위: %)

구분	한국	전 세계
1. 우리나라는 기후변화 문제에 어떻게 대응하고 있다고 생각하십니까?		
국가적 우선 과제로 되어 있으며, 당연히 그래야 한다고 생각함	32.14	43.46
국가적 우선 과제이지만, 그렇지 않아야 한다고 생각함	2.38	4.72
현재 국가적 우선 과제는 아니지만 우선 과제가 되어야 한다고 생각함	63.10	45.91
현재 국가적 우선 과제도 아니고, 앞으로도 우선 과제가 되어서는 안 된다고 생각함	1.19	3.21
잘 모르겠음 / 답변하기 싫음	1.19	2.7
2. 우리나라가 온실가스 배출을 줄일 방안을 강구해야 한다고 생각하십니까?		
예, 비록 많은 다른 나라들이 그렇게 하지 않을지라도 그러함	80.95	78.99
예, 하지만 다른 나라들 다수가 그럴 경우에만 그러함	16.67	17.01
아니요, 우리나라는 이 문제에 개입할 필요 없음	1.19	1.79
잘 모르겠음 / 답변하기 싫음	1.19	2.21
3. 귀하는 파리협약에서, 21세기 말에는 세계가 온실가스를 배출하지 않는 것을 전 지구적 장기목표로 세워야 한다고 생각하십니까?		
예, 그리고 그것은 모든 나라들에게 법적 구속력이 있어야 함	54.76	67.50
예, 그러나 선진국과 신흥 경제발전국에 대해서만 법적 구속력이 있어야 함	16.67	17.47
예, 그러나 모든 나라의 참여는 자발적이어야 함	28.57	10.78
아니요	0.00	1.51
잘 모르겠음 / 답변하기 싫음	0.00	2.74

* 사례 수: 한국 84명, 전 세계 8628명.

를 배출하지 않는 것을 전 지구적인 장기 목표로 세워야 한다고 생각하느냐는 질문에 절반 이상의 참가 시민(한국 54.76%, 전 세계 67.50%)이 긍정적으로 응답하고, 더 나아가 그러한 협약이 모든 나라에 법적 구속력이 있어야 한다고 응답한 것과도 일맥상통한다. 참가 시민들의 이러한 의견은 기후변화 대응에서 자국 정부의 공식적인 입장보다 훨씬 적극적인 것으로 평가된다.

4) 노력의 공평성과 분배

세계시민회의 제4세션의 주제는 '노력의 공평성과 분배'로, 이 세션에서는 저탄소 경제로의 전 지구적 이행 과정에는 상당한 노력과 자원이 소요될 것인데, 과연 이를 누가 어떻게 부담하는 것이 바람직한가라는 문제를 다뤘다. 〈표 8-4〉는 이에 대한 참가 시민들의 응답 결과를 보여주고 있다.

먼저 "귀하는 국가별 기후변화 대응을 위한 기여 목표를 설정함에 있어 가장

표 8-4 노력의 공평성과 분배

구분	한국(%)	전 세계(%)
1. 귀하는 국가별 기후변화 대응을 위한 기여 목표를 설정함에 있어 가장 좋은 근거는 무엇이라고 생각하십니까?		
현재까지의 배출량	21.43	21.43
현재 또는 예상 배출량	45.24	39.06
현재 또는 미래의 경제적 역량	32.14	32.11
국가별로 기여를 할 필요는 없음	0.00	2.57
잘 모르겠음 / 답변하기 싫음	1.19	4.83
2. 귀하는 모든 개발도상국들이 현재와 같이 하나의 그룹으로 똑같이 취급되어져야 한다고 생각하십니까, 아니면 '더 부유한' 개발도상국들은 더 많은 책임을 져야 한다고 생각하십니까?		
모든 개발도상국은 동일하게 취급되어야 함	2.38	18.89
더 부유한 개발도상국은 선진국과 같은 수준의 책임을 져야 함	23.81	22.99
더 부유한 개발도상국은 세 번째 그룹으로 구분되어 더 가난한 나라보다는 많은 책임을, 선진국보다는 적은 책임을 져야 함	72.62	55.34
잘 모르겠음 / 답변하기 싫음	1.19	2.79
3. 귀하는 선진국들만이 녹색기후기금을 내야 한다고 생각하십니까?		
예	4.76	19.57
아니요, 부유한 개발도상국도 내야 함	95.24	77.26
잘 모르겠음 / 답변하기 싫음	0.00	3.17
4. 귀하는 개발도상국들의 기후변화 대처 노력이 선진국들의 기금에 의존해야 한다고 생각하십니까?		
예, 전적으로 그러함	8.33	19.36
예, 부분적으로 그러함	80.95	62.96
아니요	9.52	15.17
잘 모르겠음 / 답변하기 싫음	1.19	2.51

주: 사례 수는 한국 84명, 전 세계 8534명.

좋은 근거는 무엇이라고 생각하십니까?"라는 질문에 한국과 세계 참가 시민이 현재 또는 예상 배출량(한국 45.24%, 전 세계 39.06%), 현재 또는 미래의 경제적 역량(한국 32.14%, 전 세계 32.11%), 현재까지의 배출량(한국 21.43%, 전 세계 21.43%) 순서로 응답했다. 모든 개발도상국이 현재와 같이 하나의 그룹으로 동일하게 취급되어야 하는지 아니면 '더 부유한' 개발도상국이 더 많은 책임을 져야 한다고 생각하는지를 묻는 질문에는, 더 부유한 개발도상국은 세 번째 그룹으로 구분되어 더 가난한 나라보다 많은 책임을, 선진국보다는 적은 책임을 져야 한다는 의견이 가장 많았고(한국 72.62%, 전 세계 55.34%), 더 부유한 개발도상국은 선진국과 같은 수준의 책임을 져야 한다는 응답(한국 23.81%, 전 세계 22.99%)이 그 뒤를 이었다. 세계 참가 시민보다는 한국의 참가 시민이 더 부유한 개발도상국을 세 번째 그룹으로 분류해 부담을 차등화해야 한다고 답한 점이 눈에 띈다. 녹색기후기금[21]에 대해서는 참가 시민 절대다수가 이제는 선진국만이 아니라 부유한 개발도상국도 내야 한다는 의견(한국 95.24%, 전 세계 77.26%)을 피력하고 있으며, 개발도상국들의 기후변화 대처 노력이 선진국들의 기금에 의존해야 한다고 생각하느냐는 질문에도 절대다수가 '부분적으로 그러하다'고 응답해(한국 80.95%, 전 세계 62.96%), 개발도상국들도 스스로 기후변화에 대처하는 노력을 기울여야 한다는 생각을 드러냈다. 전반적으로 보면, 한국의 참가 시민들이 세계 참가 시민들에 비해 더 부유한 개발도상국의 역할과 책임을 강조하고 있다고 할 수 있다.

---

21 녹색기후기금(Green Climate Fund)이란 개발도상국가들에 대해 온실가스 감축 등을 지원하기 위한 유엔 산하 국제기구로 사무국은 현재 한국에 있다. 녹색기후기금 마련에 일부 개도국도 기여하고 있기는 하지만 대부분의 기금은 선진국들로부터 나오고 있다. Wynn et al.(2015).

5) 기후행동의 약속과 이행

세계시민회의 제5세션의 주제는 '기후행동의 약속과 이행'으로, 이 세션에서는 파리협약을 통해 각 나라가 약속한 기후행동을 잘 지키도록 하기 위해 필요한 방법을 다뤘다. 〈표 8-5〉는 이에 대한 참가 시민들의 응답 결과를 보여준다.

먼저 "귀하는 파리협약에서 각국이 기후행동 약속을 5년마다 갱신할 것을 합의해야 한다는 데 동의하십니까?"라는 질문에 한국 96.43%, 세계 91.93%의 참가 시민이 '네'라고 답해 파리협약이 실효성을 담보해야 함을 강조했다. 또한 한

표 8-5 **기후행동의 약속과 이행**

구분	한국(%)	전 세계(%)
1. 귀하는 파리협약에서 각국이 기후행동 약속을 5년마다 갱신할 것을 합의해야 한다는 데 동의하십니까?		
예	96.43	91.93
아니요	2.38	5.45
잘 모르겠음 / 답변하기 싫음	1.19	2.62
2. 귀하는 유엔 산하 기구가 각국의 기후행동이 충분하게, 그리고 공평하게 이행되는지 평가, 검토할 권한을 가져야 한다고 생각하십니까?		
개별적 국가에 대해서도 평가·검토할 권한을 가져야 함	66.67	61.45
전 지구적으로 연합된 노력에 대해서만 평가·검토할 권한을 가져야 함	30.95	33.29
아니요	0.00	2.71
잘 모르겠음 / 답변하기 싫음	2.38	2.54
3. 귀하는 파리협약에 국가별 단기 목표 설정을 포함시켜야 한다고 생각하십니까?		
예, 그리고 모든 나라에 대해 법적 구속력이 있어야 함	77.38	71.26
예, 그러나 선진국에 대해서만 법적 구속력이 있어야 함	5.95	14.44
아니요, 자발적으로 이뤄져야 함	16.67	11.38
잘 모르겠음 / 답변하기 싫음	0.00	2.91
4. 귀하는 각국이 이산화탄소 배출량과 기후행동 약속의 이행에 관한 보고서를 매년 발간해야 한다고 생각하십니까?		
예, 모든 나라들은 배출량과 약속 이행에 대해 보고해야 함	96.43	89.81
선진국들만이 매년 공개적으로 보고해야 함	3.57	7.91
잘 모르겠음 / 답변하기 싫음	0.00	2.28

주: 사례 수는 한국 84명, 전 세계 8543명.

국과 세계 참가 시민 3분의 2 정도가 각국의 기후행동이 충분하고 공평하게 이행되는지 평가·검토할 권한을 유엔 산하 기구가 가져야 한다는 데 찬성했으며(한국 66.67%, 전 세계 61.45%), 나머지 3분의 1 정도는 유엔 산하 기구가 전 지구적으로 연합된 노력에 대해서만 평가·검토할 권한을 가져야 한다(한국 30.95%, 전 세계 33.29%)고 답했다. 아울러 파리협약에 국가별 단기 목표 설정을 포함해야 하고 모든 나라에 대해 법적 구속력이 있어야 한다는 의견(한국 77.38%, 전 세계 71.26%)이 선진국에 대해서만 법적 구속력이 있어야 한다는 의견(한국 5.95%, 전 세계 14.44%)이나 국가별 단기 목표 설정은 자발적으로 이뤄져야 한다는 의견(한국 16.67%, 전 세계 11.38%)보다 훨씬 많이 나왔다. 각국은 이산화탄소 배출량과 기후행동 약속 이행에 관한 보고서를 매년 발간해야 한다고 응답한 시민(한국 96.43%, 전 세계 89.81%)이 선진국들만 매년 공개적으로 보고해야 한다는 의견(한국 3.57%, 전 세계 7.91%)보다 압도적으로 많았다. 요컨대 세계시민회의 참가 시민들은 파리협약을 통해 각국의 기후행동 약속이 실질적으로 지켜질 수 있도록 유엔 기구가 좀 더 강력한 권한을 행사해야 하며, 파리협약 자체도 각국에 대해 법적 구속력을 발휘할 수 있어야 한다는 의지를 강력히 표현하고 있음을 알 수 있다.

5. 세계시민회의의 평가

이제 유엔기후변화협상에 관한 세계시민회의의 진행 과정과 결과, 그 영향에 대해 평가해 보고자 한다. 먼저 세계시민회의의 진행 과정과 결과에 대한 평가는 참가 시민 스스로가 내린 평가 의견을 중심으로 살펴볼 것이다. 행사의 영향 평가 역시, 먼저 행사가 참가 시민들에게 준 영향에 대한 참가 시민 스스로의 평가를 통해 파악해 보고자 했다. 여기에 쓰인 자료는 독일 슈투트가르트대학의 ZIRIUS(Research Center for Interdisciplinary Risk and Innovation Studies) 연구 팀이 각 나라별 세계시민회의 진행 상황을 전반적으로 평가·비교하기 위해 만든 설문지 응답 결과를 분석한 보고서이다.[22] 독일 슈투트가르트대학 연구 팀은 세계시민회의 국제 본부의 협조를 받아 각국 파트너들에게 평가 설문 작업에 참여해 줄 것을 요청했고, 한국을 포함해 18개 국가의 파트너들이 호응했다. 한국의 조직위원회는 독일 연구 팀이 한국의 파트너에게 보내온 영어로 작성된 설문지를 한국어로 번역해 행사 당일 참가 시민들에게 배포했다. 설문지는 참가자들의 인구통계적이고 사회정치적인 배경, 행사 참가 동기, 행사 과정 및 결과에 대한 평가, 행사 참가가 스스로에게 미친 영향, 주제에 대한 태도의 변화 등을 묻는 질문으로 구성되었다. 참가 시민들에게 행사 시작 직전과 직후 두 번에 걸쳐 설문지에 응답해 줄 것을 요청했는데, 그 이유는 토론 이전과 이후에 주제에 대한 참가 시민들의 의견이 어떻게 변화하는지 파악하기 위함이었다.

한편 세계시민회의 행사의 개인적인 영향이 아니라 사회·정치적 영향에 대해서는 독일 연구 팀의 설문조사 결과로는 파악할 수 없기 때문에 활용할 수 있는 다양한 자료를 통해 살펴보고자 한다.

1) 회의 진행 과정에 대한 평가

세계시민회의의 종료 직후 실시한 설문조사에서 참가 시민들이 회의의 진행 과정에 대해 평가한 결과는 〈표 8-6〉에 제시되어 있다. 여기서 응답 결과가 1에

---

22 설문 분석의 대상이 된 표본 수는 전 세계가 1504명, 한국이 70명이었다. 한국의 경우, 슈투트가르트대학의 설문지가 주로 회의 진행 과정에 대한 평가를 하고 있기 때문에 회의를 직접 진행했던 사회자 13명을 설문조사 대상에서 뺀 숫자이다. 보다 자세한 내용은 Goldschmidt and Scheel(2016)을 참고할 것.

표 8-6 세계시민회의 진행 과정 평가

평가 항목	한국	전 세계
나는 전체 행사의 목적을 명확히 알 수 있었다	6.62	6.31
시민, 사회자 및 스태프의 역할이 명확했다	6.39	6.41
회의 결과들이 향후 어떻게 활용될지 명확히 알 수 있었다	5.92	5.84
모든 참가자들에게 자신의 의견을 제시할 수 있는 기회가 동등하게 주어졌다	6.72	6.65
회의 결과의 도출 과정에서 나의 생각과 관점을 제시할 수 있었다	6.59	6.49
주최 측(주관 기관, 사회자 등)이 참가 시민들을 존중하는 태도로 대우했다	6.75	6.79
시민들이 주제에 관해 건설적으로 토론했다 (제시된 의견을 적극적으로 경청, 존중 등)	6.66	6.60
행사에 다양한 사회적 집단들(연령, 소득 및 직업집단 등)이 참여했다	6.45	5.71
사회자들이 대화를 효과적으로 촉진했다	6.70	6.50
주제에 대한 정보를 제공한 토론용 소책자는 훌륭했다 (효과적이고 편향되지 않은 정보임)	5.93	5.97
행사 중에 제공된 주제 관련 동영상이 훌륭했다 (효과적이고 편향되지 않은 정보임)	5.80	5.97
주최 측의 행사 준비(이동, 숙박, 식사 등)가 적절했다	6.28	6.25
행사의 기술적 지원(오디오, 컴퓨터, 영사기 등의 장비)이 적절했다	5.85	6.19
나는 오늘의 행사 진행 과정에 완전히 만족한다	6.15	6.31

가까울수록 제시된 의견에 대해 동의 정도가 낮다는 의미이고, 7에 가까울수록
동의 정도가 높다는 의미이다. 응답 결과를 보면 한국과 세계 참가 시민들은 세
계시민회의의 진행 과정에 대해 대체로 상당히 긍정적으로 평가하고 있음을 알
수 있다. 참가 시민들은 회의 진행 과정에 대해 거의 대부분의 평가 항목에 대
해 매우 긍정적으로 응답했다.

먼저 "나는 전체 행사의 목적을 명확히 알 수 있었다"라는 진술문에 대한 참
가 시민들의 동의 점수는 한국이 6.62, 전 세계가 6.31으로 나와 매우 높은 동의
정도를 보여준다. 회의 진행 과정에 대한 이러한 긍정적인 평가는 계속 이어진
다. "시민, 사회자 및 스태프의 역할이 명확했다"라는 진술문의 점수는 한국이
6.39, 전 세계가 6.41로 나와 참가 시민들은 회의에 관여하는 사람들 각자의 역

할이 명확하게 정의되어 있는 것으로 이해하고 있음을 알 수 있다. 아울러 "모든 참가자들에게 자신의 의견을 제시할 수 있는 기회가 동등하게 주어졌다"라는 진술문에 대한 점수가 한국이 6.72, 전 세계가 6.75, "회의 결과의 도출 과정에서 나의 생각과 관점을 제시할 수 있었다"에 대한 점수가 한국이 6.59, 전 세계가 6.49, "주최 측(주관 기관, 사회자 등)이 참가 시민들을 존중하는 태도로 대우했다"의 점수는 한국이 6.75, 전 세계가 6.79, "시민들이 주제에 관해 건설적으로 토론했다(제시된 의견을 적극적으로 경청, 존중 등)"의 점수는 한국이 6.66, 전 세계가 6.60으로 나와 회의 진행 과정에서의 형평성과 민주성에 대해 참가자들이 매우 높게 평가하고 있음을 알 수 있다. "행사에 다양한 사회적 집단들(연령, 소득 및 직업집단 등)이 참여했다"라는 진술문의 점수는 한국이 6.45로 나와 매우 긍정적으로 평가하고 있는 데 반해 전 세계의 경우에는 상대적으로 낮은 5.71로 나왔다. 이것은 한국에서는 무작위 표집 방법을 통해 참가 시민을 선발한 것과 달리 다른 나라들 중 일부 국가에서는 신문이나 인터넷 광고 등을 통해 참가자를 모집했기 때문에 나온 결과로 판단된다. 또한 "사회자들이 대화를 효과적으로 촉진했다"에 대한 점수가 한국이 6.70, 전 세계가 6.50, "주최 측의 행사 준비(이동, 숙박, 식사 등)가 적절했다"의 점수는 한국이 6.28, 전 세계가 6.25로 나와 참가 시민들은 사회자의 역할이나 행사 주최 측의 행사 진행 관련 준비 정도에 대해서도 상당히 긍정적으로 평가하고 있음을 알 수 있다. 종합적인 평가 항목인 "나는 오늘의 행사 진행 과정에 완전히 만족한다"라는 진술문에 대한 점수가 한국이 6.15, 전 세계가 6.31로 나온 것은 참가 시민들의 전반적인 행사 진행 과정에 대한 높은 만족도를 표현하는 것이라고 이해할 수 있을 것이다.

다만 몇 가지 진술문에 대한 평가 결과, 즉 "회의 결과들이 향후 어떻게 활용될지 명확히 알 수 있었다"(한국 5.92, 전 세계 5.84), "주제에 대한 정보를 제공한 토론용 소책자는 훌륭했다(효과적이고 편향되지 않은 정보임)"(한국 5.93, 전 세계 5.97), "행사 중에 제공된 주제 관련 동영상이 훌륭했다(효과적이고 편향되지 않은 정보임)"(한국 5.80, 전 세계 5.97), "행사의 기술적 지원(오디오, 컴퓨터, 영사기 등의 장비)이 적절했다"(한국 5.85, 전 세계 6.19) 등은 6점에 가까운 점수를 받았다는 점에서 절대적으로는 여전히 긍정적이지만 상대적으로 볼 때는 앞의 평가 항목들에 비해 다소 점수가 낮게 나왔음을 알 수 있다.

2) 회의 결과에 대한 평가

〈표 8-7〉은 세계시민회의에서 나온 결과에 대한 참가 시민들의 평가 결과이다. 먼저 참가 시민들은 회의 결과에 대해 상당히 만족하고 있는 것으로 드러났다. "행사 중에 최종 결과의 유효성을 훼손했던 문제는 없었다(제3자의 편향적 영향이 없었고, 토론은 공개적이었음)"는 진술문에 대한 점수가 한국이 6.38, 전 세계가 6.07로 참가 시민들은 결과의 정당성을 높이 평가하고 있음을 알 수 있다. 아울러 "나는 오늘 우리나라에서 도출된 결과에 만족한다"에 대한 점수가 한국이 5.96, 전 세계가 5.84로 나와 회의 결과에 대한 참가 시민들의 비교적 높은 만족도를 보여준다. 또한 참가 시민들은 이러한 세계시민회의 결과의 정당성 인식을 바탕으로 그 결과의 사회적 확산에 대해서도 강한 지지를 표명했다. "회의 결과가 적절하므로 그 내용을 정치적 의사결정자들에게 회람해야 한다"에 대한 점수가 한국이 6.44, 전 세계가 6.41, "회의 결과가 정치적 의사결정자들의 생각과 행동에 영향을 줄 것으로 기대한다"에 대한 점수가 한국이 6.01, 전 세계가 6.11로 나온 것은 바로 그러한 의지를 보여주는 것으로 해석될 수 있다. 이러한 회의 결과에 대한 긍정적인 평가는 세계시민회의와 같은 시민참여 방법이 향후 계속되는 게 바람직하다는 의견으로도 이어졌다. "앞으로도 세계시민회의와 같은 대화 절차를 지속하는 것이 유익하다"라는 진술에 대해 한국이 6.68, 전 세계가 6.64의 높은 점수가 나온 것은 바로 이러한 회의 결과의 정

표 8-7 세계시민회의 결과 평가

평가 항목	한국	전 세계
행사 중에 최종 결과의 유효성을 훼손했던 문제는 없었다 (제3자의 편향적 영향이 없었고, 토론은 공개적이었음)	6.38	6.07
회의 결과가 적절하므로 그 내용을 정치적 의사결정자들에게 회람해야 한다	6.44	6.41
회의 결과가 정치적 의사결정자들의 생각과 행동에 영향을 줄 것으로 기대한다	6.01	6.11
나는 오늘 우리나라에서 도출된 결과에 만족한다	5.96	5.84
앞으로도 세계시민회의와 같은 대화 절차를 지속하는 것이 유익하다	6.68	6.64

당성과 가치성을 높게 평가한 참가 시민들이 세계시민회의 자체에 대해서도 아주 긍정적인 평가를 내린 것이라고 이해할 수 있다.

3) 행사의 영향에 대한 평가

여기에서는 세계시민회의가 참가 시민들과 사회에 과연 어떤 영향을 미쳤는지를 살펴보기로 한다.

(1) 참가 시민에게 미친 영향

〈표 8-8〉은 세계시민회의가 회의에 참가한 시민들에게 어떤 영향을 미쳤는지를 보여준다. 세계시민회의는 시민들의 지식 증진과 시민적 역량 강화에 크게 기여한 것으로 나타났다. 먼저 대부분의 참가 시민들이 세계시민회의 참가가 지식과 의견 형성, 다른 의견에 대한 이해를 증진시켰다고 응답했다. "기후변화에 대한 나의 지식을 크게 향상시켰다"라는 진술문에 대한 점수가 한국은 6.42, 전 세계가 5.94, "기후변화에 대한 나의 의견에 큰 영향을 주었다"에 대한 점수가 한국은 6.29, 전 세계가 5.26, "기후변화에 관한 나의 개인적 의견과는 다른 관점들에 대한 나의 이해가 증진되었다"에 대한 점수가 한국이 6.20, 전 세계가 5.79, "앞으로 기후변화에 관한 정치적 논쟁을 지켜보도록 나에게 동기

표 8-8　참가 시민에게 미친 영향

평가 항목	한국	전 세계
기후변화에 대한 나의 지식을 크게 향상시켰다	6.42	5.94
기후변화에 대한 나의 의견에 큰 영향을 주었다	6.29	5.26
기후변화에 관한 나의 개인적 의견과는 다른 관점들에 대한 나의 이해가 증진되었다	6.20	5.79
앞으로 기후변화에 관한 정치적 논쟁을 지켜보도록 나에게 동기부여를 했다	6.47	6.00
앞으로 기후변화 문제에 관한 추가 정보를 찾아보도록 나에게 동기부여를 했다	6.45	6.12
나의 일상생활에서 무언가 변화하도록 나에게 동기를 부여했다	6.48	5.78
기후변화와 같은 사회적 문제에 스스로 참여하도록 나에게 동기를 부여했다	6.36	5.84
기후변화 분야 정책입안자들에게 시민들의 목소리가 필요하다고 나로 하여금 느끼도록 했다	6.58	5.93
참여적 의사결정에 관해 많은 것을 배울 수 있는 기회가 되었다	6.57	5.90
나로 하여금 또 다른 주제에 대한 토론 과정에도 참여하기를 원하게 만들었다	6.38	6.32

부여를 했다"의 점수는 한국이 6.47, 전 세계가 6.00, "앞으로 기후변화 문제에 관한 추가 정보를 찾아보도록 나에게 동기부여를 했다"에 대한 점수가 한국은 6.45, 전 세계가 6.11로 나와 전반적으로 긍정적인 응답률이 높지만 특히 한국의 참가자 사이에서 긍정적 응답이 아주 높게 나왔음을 알 수 있다. 또한 세계시민회의 참가 경험은 참가 시민들에게 공적 시민으로서의 덕성, 즉 사회적 참가의 필요성과 중요성을 각인시켜 준 것으로 나타났다. "나의 일상생활에서 무언가 변화하도록 나에게 동기를 부여했다"에 대한 점수가 한국이 6.48, 전 세계가 5.78, "기후변화와 같은 사회적 문제에 스스로 참여하도록 나에게 동기를 부여했다"의 점수는 한국이 6.36, 전 세계가 5.84, "기후변화 분야 정책입안자들에게 시민들의 목소리가 필요하다고 나로 하여금 느끼도록 했다"에 대한 점수가 한국은 6.58, 전 세계가 5.93, "참여적 의사결정에 관해 많은 것을 배울 수 있는 기회가 되었다"에 대한 점수가 한국이 6.57, 전 세계가 5.90, "나로 하여금 또 다른 주제에 대한 토론 과정에도 참여하기를 원하게 만들었다"에 대한 점수가 한국이 6.38, 전 세계가 6.32로 나온 것은 세계시민회의를 거치면서 시민들이 공적 활

표 8-9 숙의적 토론 전과 후의 변화

평가 항목		한국		전 세계	
나는 기후변화 주제를 둘러싼 쟁점, 논란 및 관점들을 잘 알고 있다	전	4.28	전	4.88	
	후	5.46	후	5.68	
나는 기후변화 주제에 관해 명확한 의견을 갖고 있다	전	4.36	전	5.18	
	후	5.67	후	5.89	
CO2 감축에 관한 국제협약이 결국에는 지구온난화에 대응하는 중요한 기반이 될 것이다	전	6.06	전	5.07	
	후	6.41	후	5.56	
시민들의 정책 결정 참여가 더욱 좋은 정치적 결정으로 이어진다	전	5.59	전	5.71	
	후	6.16	후	5.99	
정책결정자들은 시민들의 의견을 지금보다 더 경청해야 한다	전	6.35	전	6.19	
	후	6.61	후	6.37	

동에의 참여의 중요성을 크게 깨닫게 되었음을 보여주는 것이라고 할 수 있다.

아울러 〈표 8-9〉은 실제로 세계시민회의 참가가 시민들의 지식 증진 및 역량 강화, 공적 참여의식 증진에 얼마나 영향을 미쳤는지를 보다 구체적으로 보여 준다. 슈투트가르트대학 연구팀의 평가 설문지는 시민들의 토론과 숙의 참여 의 효과를 측정하기 위해 회의 시작 직전과 직후에 동일한 문항들을 질문했기 때문이다. 한국과 세계 참가 시민들은 세계시민회의 직전에 비해 직후에 관련 주제에 대해 더 많은 지식과 더 명료한 의견을 갖게 되었다고 응답했다. 한국 참가자들의 경우 "나는 기후변화 주제를 둘러싼 쟁점, 논란 및 관점들을 잘 알 고 있다"에 대한 점수가 회의 직전에 4.28이었던 것이 회의 직후에는 5.46으로 증대되었고(전 세계는 4.88에서 5.68로 증대), "나는 기후변화 주제에 관해 명확 한 의견을 갖고 있다"의 점수도 회의 직전에 4.36이던 것이 직후에는 5.67로 크 게 증대된 것을(전 세계는 5.18에서 5.89로 증대) 볼 수 있다. "CO2 감축에 관한 국제협약이 결국에는 지구온난화에 대응하는 중요한 기반이 될 것이다"에 대 한 한국 참가자들의 점수가 6.06에서 6.41로 증대된 것(전 세계는 5.07에서 5.56 으로 증대)은 바로 세계시민회의를 거치면서 참가 시민들이 기후변화 문제에 대한 판단과 명확한 의견을 갖게 되었음을 보여주는 한 단면일 것이다. 아울러 숙의적 토론에의 참가 경험이 공적 참여의 덕성과 가치에 대한 시민들의 믿음을 크게 증진시켰다는 점 역시 "시민들의 정책 결정 참여가 더욱 좋은 정치적 결정으로 이어진다"에 대한 점수가 한국 참가자들의 경우 회의를 거치면서 5.59에서 6.16으로 높아졌고(전 세계는 5.71에서 5.99로 높아짐), "정책결정자들은 시민들의 의견을 지금보다 더 경청해야 한다"에 대한 점수도 한국의 경우 6.35에서 6.61로 높아졌다는 점(전 세계는 6.19에서 6.37로 높아짐)에서 확인할 수 있다.

(2) 사회, 정치적 영향

앞에서 언급한 바와 같이 2015년 6월에 열렸던 유엔기후변화협상에 관한 세계시민회의는 기본적으로 학술적인 목적하에 조직된 행사가 아니다. 그해 말에 개최될 예정이었던 유엔 기후변화협상을 위한 당사국회의를 겨냥해 국가 고위 공무원들 사이의 기후변화협상에 세계 시민들의 목소리를 어느 정도 반영하고자 한 것이라는 점에서, 처음부터 사회·정치적 영향력 행사를 염두에 둔 행사였다.[23] 그럼 과연 세계시민회의는 2015년 말의 기후변화협상에 실제로 얼마나 영향력을 행사했을까? 그런데 국제적인 협상이 이뤄지고 협약이 맺어지는 과정에는 수많은 요인들이 개입되므로 현실적으로 세계시민회의 자체의 영향력의 정도를 정확히 파악하기는 거의 불가능하다. 여기에서는 사회·정치적 영향력 행사를 위해 세계시민회의 국제본부 측에서 회의 이후 진행한 다양한 사회화 활동과 기타 간접 지표들을 중심으로 세계시민회의의 사회·정치적 확산에 대해 생

---

23 2009년과 2012년의 세계시민회의가 모두 9월 중반에 열렸던 것에 반해 2015년의 세계시민회의가 6월 초에 열리게 된 가장 중요한 이유는, 세계시민회의에서 나온 결과를 가지고 유엔 당사국총회의 협상 과정에 영향력을 행사하기 위해서는 충분한 시간적 여유가 있어야 한다는 국제본부의 판단 때문이었다.

각해 보고자 한다.

　세계시민회의 국제본부는 2015년 6월 6일 세계시민회의 종료 직후부터 회의에서 나온 기후변화협상에 관한 세계 시민들의 의견을 정리해서 확산하기 위한 노력을 경주했다. 예컨대 국제본부는 세계시민회의 직후에 각국에서 나온 결과를 분석해서 언론에 보도자료를 배포하는 작업을 진행했고, 동시에 유엔기후변화협약사무국이 소재해 있는 독일 본(Bonn)에서 열린 기후변화협상 실무단 회의에서 각국 대표단에게 세계시민회의 결과를 전달하고 기자회견도 진행했다. 9월에는 결과보고서를 발간해(Bedsted, Mathieu and Leyrit, 2015) 이를 뉴욕에서 열린 유엔총회에 제출했고, 10월에는 다시 한번 일본에서 열린 실무단 회의에 보고서를 전달하고 내용에 대한 브리핑도 진행했다. 또한 11월에는 브뤼셀에서 열린 유럽경제사회위원회에 참석해 세계시민회의 결과를 보고했다. 그리고 11월 말에서 12월 초까지 파리에서 열린 유엔 기후변화 당사국총회(COP21)의 협상장 주위에서 4회에 걸친 사이드 이벤트 개최를 통해 세계시민회의를 알리고 그 결과를 공유하기 위한 다양한 행사들을 조직하는 등 세계시민회의의 사회화에 힘을 쏟았다.[24] 이러한 노력의 결과 세계시민회의에 대한 세계 언론의 반향도 꽤 높은 편이었다고 할 수 있는데, 대표적으로 ≪허핑턴 포스트≫, ≪가디언≫, ≪르몽드≫ 등의 유력 신문과 TV 및 라디오 방송 등이 이 행사와 거기서 나온 세계 시민들의 의견을 다뤄주었다(WWViews Coordination Team, 2015.12.22).

　한국의 조직위원회는 행사 조직 단계에서 서울시의 후원을 받았기 때문에 서울시가 관할하는 매체들을 통해 행사를 홍보했고, 시민단체 차원에서 기후변화협상에 대응하기 위해 조직된 기후변화행동네트워크가 주최한 워크숍에서 이 행사의 개요와 의의 등을 발표함으로써 시민사회에 이 행사를 알리고자 노

24　더 자세한 내용은 세계시민회의 국제본부 홈페이지의 'EVENTS'란에서 확인할 수 있다.

력했다(이영희, 2015). 행사 이후에는 세계시민회의의 진행 과정과 결과를 정리해 환경운동연합 등의 환경단체와 환경 및 과학기술 관련 학술회의에서 발표하는 방식으로 한국에서 열린 세계시민회의의 의의와 결과 등을 사회적으로 확산하기 위한 노력을 기울였다. 특히 언론매체와의 비교적 활발한 교류를 통해 세계시민회의를 알리고 그 결과를 확산시키기 위해 노력했다. 2015년 4월 1일 이후 30여 건의 세계시민회의 관련 기사(사진 기사는 제외하고 활자화된 기사만 산출)가 언론에 보도되었는데, 이들 중에는 SBS, ≪한겨레≫, 연합뉴스 같은 선국 단위 언론사들도 포함되어 있다. 특히 전국 단위 언론매체인 ≪한겨레≫의 담당 기자는 세계시민회의 시작부터 참관해 5~6시간 동안 회의장에 머물면서 각 테이블 토의 과정을 밀착취재 하고 그 결과를 ≪한겨레≫에 보도했다(김정수, 2015). 더불어 한국의 조직위원회는 포털사이트인 네이버(Naver)의 광고 후원을 받아 행사에 대한 배너광고를 일주일 동안 게시할 수 있었고, 세계시민회의 블로그, 기후변화센터의 홈페이지, 페이스북, 트위터 등 온라인 매체도 적극 활용해 홍보활동을 했다(박주형·이윤정, 2015).

이 외에도 세계시민회의의 사회, 정치적 확산과 관련해 기록할 만한 것은 바로 세계시민회의의 조직 및 회의 운영 방식 그 자체가 사회적으로 확산되기도 했다는 점이다. 2015년 세계시민회의 종료 후에 '24 Hours for the Earth'라는 해외의 한 시민단체는 세계시민회의의 조직 방식으로부터 영감을 받아 2015년 11월 1일을 기해 세계시민회의와 마찬가지로 전 세계 나라들이 "지구를 생각하는 24시간의 명상"이라는 이름으로 하루 동안 순차적으로 지구의 미래를 생각하고 명상하고 기도하는 연좌시위를 벌이자고 제안했고, 이것이 일부 실행되기도 했다. 아울러 한국에서는 세계시민회의에 사회자로 참가했던 고교 교사가 숙의적 토론이라는 세계시민회의의 회의 진행 방식을 본인이 가르치고 있는 학교(삼각산고등학교)의 1학년 학생들이 수강하는 '과학기술 관련 사회쟁점' 수업 시간에 적용한 바 있는데, 이 역시 세계시민회의의 사회적 확산의 한 예라고 할 수 있다. 삼각산고등학교에서는 세계시민회의와 마찬가지로 회의를 진행할 사회자를 미리 선발한 다음 전체 회의와 소그룹별 회의를 진행하고 토론 후에는 세계시민회의에서 사용한 투표 문항과 동일한 문항을 사용해 학생들의 의견을 모으고, 최종적으로 이를 세계시민회의의 결과, 즉 한국의 참가 시민들과 전 세계 참가 시민들의 의견과 비교함으로써 학생들의 흥미와 관심을 불러일으켰다고 한다(김추령, 2016).

6. 맺음말

지금까지 2015년 6월 6일, 전 세계 77개국에서 열린 유엔기후변화협상 세계시민회의 중 하나인 한국 세계시민회의의 배경과 전개 과정, 회의에서 나온 시민들의 의견과 행사에 대한 참가 시민들의 평가를 살펴보았다. 사실 한국에서도 1990년대 중반 이후 사회적·정치적 민주화의 진전에 따라 시민들의 직접행동 이외에 다양한 방식의 시민참여가 실험되고 실행되었다. 대표적으로 생명공학의 윤리성과 안전성, 에너지정책의 미래, 또는 국가 보건정책 평가 등과 같이 사회적으로 논란이 되는 이슈에 대해 합의회의나 시민배심원제, 공론조사 등의 이름으로 일반 시민들이 참여해 쟁점 사안에 대해 숙의하고 바람직한 정책 방향을 제시하는 시민참여 행사들이 실행된 바 있다(이영희, 2011). 2015년에 한국에서 조직된 세계시민회의 역시 이러한 1990년대 후반 이후 누적된 시민참여의 다양한 경험으로부터의 학습에 힘입어 비교적 원활하게 조직되고 실행될 수 있었다고 할 수 있다.

하지만 지금까지 시도된 모든 시민참여 행사들의 의제는 한국 내의 정책적 쟁점에 관한 것으로 국한되었던 반면에 2015년에 서울시 청사에서 열렸던 세계시민회의는 세계적 차원에 걸친 문제(유엔기후변화협상의 의제와 내용)에 대한 세계적 차원에서의 시민참여를 통해 세계시민사회를 형성하고 지구적 기후 거버넌스를 만들고자 하는 흐름에 한국도 그 일원으로 참여했다는 점에서 각별한 의의가 있다고 평가할 수 있다. 세계시민회의 한국 조직위원회가 참가 시민들에게 미리 보낸 안내문에서 행사의 목적과 의의를 "세계 시민들이 각 나라별로 '기후변화'라는 공통 의제에 대해 심사숙고하고, 그 결과를 인터넷이라는 통신수단을 활용해 실시간으로 취합함으로써 세계 시민들의 여론을 형성하는 것입니다. 따라서 한국의 참가자들은 국내의 한정된 영토적 공간 속에서 살고 있는 시민이자 동시에 기후변화라는 세계 공통으로 당면한 문제에 대해 다른 나라 시민들과 어깨를 나란히 하면서 숙고하는 '세계시민'으로서 세계시민성을 함양하는 계기가 될 것입니다"(세계시민회의 한국조직위원회, 2015)라고 언급한 것처럼 세계시민회의는 한국의 시민들이 세계시민사회의 일원으로서 세계시민성을 함양하고, 더 나아가 시민적 여론 형성을 통해 기후변화에 대한 정책 결정 과정에 영향력을 행사하고자 했다는 점에서 지구적 기후 거버넌스의 한 축을 만들어 가고자 했던 시도였다고 할 수 있는 것이다.

세계시민회의에서 다른 나라의 참가 시민들과 마찬가지로 한국의 참가 시민들 역시 유엔기후변화협상과 관련해 한국 정부의 공식적인 입장보다 훨씬 적극적인 의견들을 제시했고, 회의의 진행 과정에 대해서도 대체로 아주 긍정적으로 평가했다. 특히 참가 시민들은 기후변화 정책에 대한 시민참여의 중요성을 매우 강조하고 있는데, 이는 바로 한국과 세계의 시민들 모두가 기후변화 문제와 같이 우리의 삶에 중요한 영향을 미치게 될 사안에 대한 지구적 수준의 정책 결정 과정에 어떤 식으로든 참여하고자 하는 열망, 다시 말해 지구적 기후 거버넌스 만들기에 대한 강력한 의지를 드러낸 것이라고 이해할 수 있을 것이다.

참고문헌

김직수·이영희. 2015. 「유엔기후변화협상에 관한 세계시민회의 결과의 국제비교」. ≪과학기술학연구≫, 15권 2호, 65~97쪽.

김정수. 2015.6.10. "한국, 기후변화 국제 대응에 더 책임 있게 나서야". ≪한겨레≫.

김추령. 2016. 「UN기후변화협상에 관한 세계시민회의 따라 하기」. 시민과학센터 편. ≪시민과학≫, 통권 103호.

박주형·이윤정. 2015. 「유엔기후변화협상에 관한 세계시민회의 숙의과정 평가: 글로벌 프레이밍, 로컬 셋팅」. ≪과학기술학연구≫, 15권 2호, 33~64쪽.

세계시민회의 한국조직위원회. 2015. 「유엔기후변화협상에 관한 세계시민회의 행사 안내문」.

세계시민회의 한국조직위원회 옮김. 『유엔기후변화협상에 관한 세계시민회의 토론용 소책자』.

안병옥. 2015. 「파리 기후변화 총회와 시민사회의 대응」. 『파리로 가는 길, 무엇을 준비할 것인가?』, 제21차 유엔기후변화협약당사국총회(COP21) 대응을 위한 시민사회단체 간담회 자료집.

이상훈. 2016. 「신기후체제와 시민사회단체의 역할」. 『파리기후변화협약과 우리의 향후 과제』, 기후행동2015 세미나 자료집.

이유진. 2015. 「파리(COP 21)로 가는 길의 쟁점과 전망」. 『국가 감축목표에 대한 시민사회의 제안』.

이영희. 2011. 『과학기술과 민주주의: 시민을 위한, 시민에 의한 과학기술』.

＿＿＿. 2015. 「기후변화와 에너지전환에 관한 세계시민포럼」. 『파리로 가는 길, 무엇을 준비할 것인가?』, 제21차 유엔기후변화협약당사국총회(COP21) 대응을 위한 시민사회단체 간담회 자료집.

이영희·정인경. 2015. 「'지구적 숙의 거버넌스'로서 유엔기후변화협상에 관한 세계시민회의」. ≪과학기술학연구≫, 15권 2호, 1~31쪽.

윤순진. 2016. 「글로벌 기후변화와 에너지 합의」. 『한국사회와 에너지 미래를 묻다』, 서울대 사회발전연구소 심포지움 자료집.

Bedsted, B., Gram, S. and L. Klüver. 2012. "The story of WWviews." in Rask, Mikko, Richard Worthington, and Minna Lammi(eds). *Citizen Participation in Global Environmental Governance*, pp.30~41. Abingdon: Earthscan.

Bedsted, B., Y. Mathieu and C. Leyrit. 2015. *World Wide Views on Climate and Energy: Result report*. The Danish Board of Technology Foundation.

Bexell, M., J. Tallberg and A. Uhlin. 2010. "Democracy in global governance: The promises and pitfalls of transnational actors." *Global Governance*, Vol.16, pp.81~101.

Blue, Gwendolyn. 2015. "Public participation and climate governance: Opening up or closing down policy options." *Public Participation and Climate Governance Working Paper Series*.

Goldschmidt, R. and O. Scheel. 2016. *World Wide Views Initiative: Evaluation report*. ZIRIUS at University of Stuttgart.

Gupta, J. 2014. *The History of Global Climate Governance*. Cambridge University Press.

Rask, Mikko and Richard Worthington. 2012. "Towards a new concept of global governance." in Mikko Rask, Richard Worthington and Minna Lammi(eds). *Citizen Participation in Global Environmental Governance*, pp.3~29. Abingdon: Earthscan.

Rask, Mikko, Richard Worthington and Minna Lammi(eds). 2012. *Citizen Participation in Global Environmental Governance*. Abingdon: Earthscan.

Rask, Mikko and Richard Worthington(eds). 2015. *Governing Biodiversity through Democratic Deliberation*. London: Routledge.

Stevensen, H. and John S. Dryzek. 2014. *Democratizing Global Climate Governance*. Cambridge: Cambridge University Press.

The Danish Board of Technology Foundation. 2015. *Manual for World Wide Views on Climate and Energy*.

WWViews Coordination Team. 2015.12.22. "WWViews reflections and a gift - Newsletter No. 30."

Wynn, G., B. Bedsted, S. Gram and A. Clemmensen. 2015. *World Wide Views on Climate and Energy: Information booklet*. The Danish Board of Technology.

제9장

신고리 5 · 6호기 원전 공론화와
민주주의

1. 공론화의 정치

우리 사회의 주요 갈등 축이 1970~1980년대에는 '정치의 민주화'를 둘러싸고, 그리고 1990년대에는 '산업의 민주화'를 둘러싸고 형성되었다면, 2000년대에 들어와서 사회갈등은 주로 '정책의 민주화'를 둘러싸고 일어나고 있다고 할 수 있다(이영희, 2004). 정책의 민주화를 둘러싼 갈등, 즉 사회적 차원에서의 정책 갈등은 주로 정책 결정 과정에서 절차적 민주주의의 결여에 따라 일어난다. 2003~2004년도에 일어난 '부안사태'나 2008년도의 '광우병 사태' 등이 그 대표적인 사례이다. 이러한 몇몇 첨예한 정책 갈등을 거치면서 공공정책 결정 과정에 대한 시민참여의 필요성과 중요성이 제기되었고, 정부도 거버넌스라는 이름으로 시민참여를 널리 권장하기 시작했다(김의영, 2014). '정책의 민주화'는 결국 시민참여의 문제로 귀착된 것이다.

이러한 시민참여에 대한 강조는 정부에 의해 공론화라는 또 다른 이름으로 불리기도 했다. 정부 차원에서 공론화 개념을 적극적으로 사용하기 시작한 것은 참여정부에 들어와서부터였다. 정부 기구 중에서도 당시 대통령 직속 자문 기구였던 지속가능발전위원회가 공론화 개념을 본격적으로 발전시켰다. 지속 가능발전위원회는 특히 부안사태 이후 현안 과제로 떠오른 사용후핵연료 관리 문제에 대한 해법을 공론화를 통해 찾고자 했다(대통령자문 지속가능발전위원회, 2007). 공론화를 강조하는 이러한 접근법은 부안사태의 여파로 시민사회 인사들까지 망라해 만든 국가에너지위원회 내의 사용후핵연료관리공론화 태스크포스의 작업으로 연결되었다. 2008년 초반 위원회에서 발간한 보고서에서는 공론화를 "특정한 공공정책 사안이 초래하는 혹은 초래할 사회적 갈등에 대한 해결책을 모색하는 과정에서 일반 시민과 이해관계자 및 전문가들의 다양한 의견을 민주적으로 수렴함으로써 정책 결정에 대한 사회적 수용성을 확보하고자 하는 일련의 절차"로 정의했다(사용후핵연료관리공론화 TF, 2008). 공론화의 참여 주체로 일반 시민과 이해관계자 및 전문가가 적시한 것이다. 사실 이해관계자와 전문가는 공공정책 결정 과정에서 이미 어느 정도 참여 공간이 주어져 있었다는 점을 감안해 보면 공론화의 핵심은 기존에는 거의 인정되지 않았던 일반 시민의 광범위한 참여를 통한 민주적인 의견 수렴에 있음을 알 수 있다.

그러면 과연 공공정책 결정 과정에서 이러한 시민참여를 기반으로 한 공론화가 얼마나 실제적으로 활용되었다고 할 수 있을까? 사실 1990년대 초반부터 정치적 민주화가 진행됨에 따라 시민들의 참여 욕구가 커지고, 그로 인해 정책 갈등이 고조되면서 정부도 시민참여를 중시하는 것처럼 말해왔을 뿐만 아니라, 때로는 일부 정책 결정 과정에서 시민참여를 실제 활용하기도 했다. 그러나 정권의 철학에 따라 차이가 좀 있기는 하지만, 정책 결정과 관련해 거버넌스 혹은 공론화라는 이름으로 추진되어 온 시민참여들은, 권위주의 시대와는 달라진 민주화 시대에서 요구되는 절차적 정당성 확보용 들러리 정도로 시민참여를 바라

보는 관료문화의 인식론에서 크게 벗어나는 것이 아니었다는 점에서, 요식행위에 그치거나 '시민 동원'에 가까운 것이 많았다.

사용후핵연료 관리 정책 수립과 관련한 시민참여의 일환으로 2015년에 실시했던 사용후핵연료 공론조사의 경우도 예외가 아니었다. 여론조사와는 달리 충분한 숙의 과정을 거쳐야 함을 기본 철학으로 내세우는 공론조사를 표방했음에도 불구하고 시민들이 숙의에 실제로 참여할 수 있는 시간은 매우 제한적이었고(오리엔테이션 20분, 전문가 설명 1시간 40분, 전문가 간 토론 1시간, 질의응답 1시간 10분, 분임 토의 2시간 30분, 1~2차 설문조사 20분), 토론의 의제로 제시된 내용들도 중간저장 방식을 소 내로 할 것인가 소 외로 할 것인가와 같이 지나치게 기술적인 것이어서 일반 시민들이 숙의 대상으로 삼기에는 적절성이 많이 떨어지는 것이었다. 또한 투명성 측면에서도 문제가 있었는데, 이는 공론조사가 끝난 후에도 한동안 공론조사의 구체적인 결과에 접근할 수 없었던 데서도 알 수 있다(이영희, 2017).

이러한 문제의식에 입각해 볼 때, 2017년에 문재인 정부가 신고리 5·6호기 원전 건설 중단 여부를 둘러싸고 실시한 공론화는 여러 가지 측면에서 체계적으로 따져봐야 할 매우 의미 있는 시도였다고 할 만하다. 하지만 신고리 5·6호기 원전 공론화가 갖는 이러한 중요성에도 불구하고 현재까지는 단편적이거나 극단적인 평가들만이 눈에 띈다. 예컨대 문재인 대통령은 신고리 공론화를 "숙의민주주의의 모범"이라고 추켜세웠던(≪서울신문≫, 2017.10.22) 반면, 일부 탈원전 활동가들은 정부가 마땅히 자신이 수행해야 할 책임을 시민들에게 떠넘긴 것이 신고리 공론화의 본질이었고, 여기 참여한 환경단체들은 결과적으로 들러리에 불과했다고 비판한 바 있다(김형근, 2017).

이 글의 목적은 신고리 5·6호기 원전 건설 중단 여부를 둘러싸고 2017년에 진행되었던 공론화를 시민참여와 민주주의의 관점에서 체계적으로 평가하는 것이다. 보다 구체적으로는, 민주화 이후 지난 20여 년간 진행된 공론화의 정치를 고려해 볼 때 과연 신고리 5·6호기 원전 공론화가 시민참여라는 이름으로 시행된 또 다른 형태의 요식행위나 '시민 동원'에 불과한 것인지, 아니면 우리 사회에 진정한 의미의 시민참여에 기반한 민주주의, 더 나아가 숙의민주주의의 첫발을 내딛은 것으로 높이 평가할 수 있는 것인지를 분석해 보고자 한다. 이를 위해 먼저 시민참여와 숙의민주주의에 대한 개념적·이론적 논의들을 간략히 검토하고, 이어서 신고리 원전 공론화의 배경과 전개 과정을 살펴본 다음에 이를 민주주의 관점에서 평가하는 순서로 글이 진행될 것이다.

2. 시민참여와 숙의민주주의

앞에서 언급한 바와 같이 공론화의 핵심은 시민참여에 있다. 하지만 시민참여란 매우 다양한 방식으로 나타날 수 있다. 크게 보면 사회운동적 형태의 집회와 시위 등도 시민참여라고 할 수 있으며, 더 질서 있게 공식화되고 제도화된 방식으로 시민참여가 이뤄질 수도 있다. 물론 사회변동에 영향을 더 많이 끼쳐왔던 것은 사회운동적 형태의 시민참여라고 할 수 있지만, 통상적으로 공론화라고 할 때는 아래로부터의 사회운동적 시민참여보다는 위로부터 기획·설계된 제도화된 시민참여를 의미한다. 그런데 제도화된 방식에 국한하더라도 시민참여는 〈표 9-1〉에서 보이는 것과 같이 그 형태가 매우 다양하다. 먼저 참여의 주체 측면에서 볼 때 일반 시민들이 직접 참여하는 방식이 있는가 하면 시민사회단체의 대표나 활동가들에 의한 참여 방식도 있다. 또한 참여의 방식 차원에서는 여론조사처럼 참여자들의 선호를 일순간에 단순하게 취합하는 방식이 있는가 하면 참여자들이 보다 오랫동안 심사숙고의 과정을 거친 다음에 선호를 결정하게 하는 방식도 있다.[1]

먼저 시민사회단체의 대표나 활동가들의 참여는 공청회, 청문회, 간담회, 위

표 9-1 제도적 시민참여 방식

	일반 시민	엘리트
선호 취합 방식	여론조사	공청회, 청문회, 간담회 등
숙의적 방식	합의회의, 시민배심원 회의, 플래닝 셀, 공론조사, 시민의회 등	위원회, 라운드 테이블 등

자료: 이영희(2009) 수정.

원회 등의 방식으로 이뤄지는데, 그 자체가 의미 없는 것은 아니지만 일반 시민들의 직접적인 참여가 아니라 소수의 '엘리트 시민'에 한정된 참여라는 점에서 시민참여로서는 다소 부족한 방식이라고 할 수 있다. 아울러 여론조사나 투표 등 시민의 선호를 취합하는 방식의 참여는 보다 많은 수의 시민들의 참여를 끌어낼 수 있다는 장점이 있지만, 특정 시점에서 고정된 시민들의 선호를 단순 취합하는 데 머물러 있어 적절한 정보 제공과 숙의에 기인하는 선호의 전환 가능성을 배제해 버린다는 점에서 커다란 한계가 있다(Ackerman and Fishkin, 2003).

　바로 이러한 문제점들로 인해 일반 시민들에 의한 숙의적 방식의 시민참여가 중요하게 떠오르는 것이다. 숙의는 참여자들이 학습과, 토론, 성찰을 통해 자신들의 판단, 선호, 관점을 변화시켜 나가는 동태적인 과정이다. 특히 이러한 선호의 전환이 강제, 위협, 상징 조작, 기만이 아닌 토론에 기초한 설득과 상호 학습을 통해 일어난다는 점이 큰 특징이다(조현석, 2006). 참가 시민의 수가 15~20명 남짓 되는 합의회의(Consensus Conference)나 시민배심원 회의(Citizens' Jury), 또는 플래닝 셀(Planning Cell)과 같은 숙의 포럼(deliberative forum)이 숙의의 정신을 잘 구현하고 있는 시민참여 방식들이다. 하지만 참가자 수의 제한성으로 말미암아 항상 대표성 문제에 직면할 수밖에 없어 그 해법의 하나로 나

1　이하 제도적 시민참여 방식들에 대한 설명은 이영희(2009)의 해당 내용을 요약·보완한 것이다.

온 것이 바로 공론조사(Deliberative Polling) 또는 시민의회(Citizens' Assembly) 등이다.[2] 공론조사나 시민의회 등은 최종 참가 시민의 수를 200~400명 정도로 유지하되 소집단 토론과 전체 회의를 적절히 섞어 진행함으로써 '숙의성'과 '대표성' 사이의 균형을 최대한 유지하고자 한다.

이러한 숙의 중시형 시민참여 방식들은 숙의민주주의(deliberative democracy) 라고 하는 새로운 개념과 이론이 확산되는 데 중요한 현실적 근거가 되고 있다. 숙의민주주의론은 공동선 혹은 공동체의 복리증진을 위해서는 민주적 의사결정 과정에 시민들이 이성적인 토론을 통해 참여하는 것이 절대적으로 필요하다고 주장하는 민주주의 이론이다(장동진, 2012). 따라서 숙의민주주의론은 시민참여를 강조한다는 점에서는 기존의 참여민주주의론과 동일하지만 투표처럼 시민들의 의견의 단순한 취합이 아니라 토론과 같은 숙의를 통한 참여를 중시한다는 점에서 참여민주주의론과 상당한 차이가 있다고 할 수 있다. 숙의민주주의 이론가들은, 개개인은 매사에 대한 결정을 합리적으로 판단할 수 있을 만큼 충분한 정보를 갖고 있지 못하고 때로는 자신의 이익에 관해서도 최상의 판단자가 아닐 수 있다는 점에 주목하고, 투표와는 달리 숙의를 통해 개개인의 선호가 변환될 수 있음을 강조한다(Fishkin, 1993; Elster, 1998; Young, 2004). 숙의는 공적 토론의 과정을 통해 새로운 정보를 얻고 상이한 경험들을 배우며, 자신의 편견과 무지를 깨닫는 변형적 과정이기도 하다는 것이다(이영희·정인경, 2015). 이것은 현대 민주주의 이론이 '투표 중심(vote-centric)' 이론으로부터 '토론 중심(talk-centric)'의 이론으로 전환되었음을 의미한다고 볼 수 있는데(장동진, 2012), 숙의민주주의론 분야의 대표적인 학자인 존 드라이젝(John Dryzek)은 이를 '숙의적 전환(deliberative turn)'이라고 표현한 바 있다(Dryzek, 2000).

2   이 각각의 숙의 포럼에 대한 소개로는 참여연대 시민과학센터(2002)나 Gastil and Levine (2005), Escobar and Elstub(2017) 참고.

숙의민주주의론이 이처럼 시민들의 숙의를 통한 참여를 강조한다는 점에서 앞에서 살펴본 시민참여 숙의 포럼들은 참여민주주의만이 아니라 숙의민주주의를 구현하는 수단이자 장소로서 각광받고 있다. 그래서 많은 연구자들이 실제로 운영되었던 숙의 포럼들을 대상으로 일반적인 민주주의, 더 나아가 숙의민주주의의 관점에서 학술적인 평가를 시도해 왔다.[3] 이 글에서도 선행 연구들을 참고해 문재인 정부의 신고리 원전 공론화를 위한 숙의 포럼의 의의와 문제점을 짚어보고자 하는데, 평가에는 일반 민주주의적인 관점과 숙의민주주의적인 관점이 모두 포함되어 있다. 먼저 일반 민주주의적 관점에서는 숙의 포럼의 전 과정을 통해 과연 시민참여자들이 얼마나 실제적인 권한을 행사할 수 있었으며 그러한 시민참여가 정책의 민주화에 어떤 영향을 미쳤는가 하는 점을 핵심적인 평가 기준으로 활용하고자 한다. 아울러 숙의민주주의의 관점에서의 평가에는 숙의 포럼 참가자의 대표성은 충분했는가, 정보 제공 및 그에 기반한 숙의는 충분히 이뤄졌는가, 숙의 과정은 공정했는가 하는 점이 중요 평가 기준으로 포함될 것이다.

3. 신고리 5·6호기 공론화의 배경과 전개 과정

1978년에 우리나라 최초의 원전인 고리원전 1호기가 가동된 이후 지난 40여 년간 원자력발전소를 둘러싸고 찬성과 반대 진영 사이에 오랜 논쟁과 갈등이 존재해 왔다(서울대학교 사회발전연구소, 2017). 그러나 양 진영 사이의 힘 관계

---

3 외국의 숙의 포럼에 대한 평가 논문들은 매우 많다. 그중에서도 Rosenberg(2007), Warren and Pearse(2008), Lafont(2017) 등을 참고할 수 있으며, 한국에서 시도되었던 숙의 포럼에 대한 평가로는 조현석(2006), 이영희(2011), 이영희·정인경(2015), 김춘석(2015) 등을 들 수 있다.

는 대칭적이지 못했다. 지난 40년간 정부와 학계 및 업계 등으로 구성된 '원자력발전 동맹'의 엄청난 지원에 힘입은 친원전 담론이 반원전(탈원전) 담론을 압도해 왔기 때문이다. 어쩌다 원전 신규 건설이나 핵폐기장 부지선정을 둘러싸고 탈원전 쪽의 공세가 두드러질 경우도 있었지만, 그러한 분위기가 오래 지속되지는 못했다. 하지만 2011년 3월 초에 발생한 후쿠시마 원전사고 및 그 반향으로 야기된 독일을 비롯한 많은 유럽 나라들에서의 탈원전 움직임을 계기로 하여 우리 사회에도 탈원전 운동과 담론이 다시 확산되기 시작했다.

이러한 탈원전 운동과 담론은 2016년 겨울 광화문광장을 비롯한 전국 주요 도시에서 타오른 '촛불시민혁명'의 열기와 맞닿으면서 현실 정치의 핵심 의제 중 하나로 편입되었다. 이를 반영하듯 2017년 봄에 치러진 대통령 선거에 나섰던 주요 정당 후보들은 홍준표 후보를 제외하고는 모두가 탈원전 의지를 공약에 담았다. 대통령 후보들 중에서 탈원전 의지를 가장 강력하게 표명한 것은 문재인 후보였다. 그는 수명을 다한 원전의 즉각 폐쇄와 신규 원전 건설 계획의 백지화, 신고리 5·6호기 백지화와 월성 1호기 폐쇄 등을 통한 점차적인 탈원전을 공약으로 내걸었다.

하지만 제19대 대통령으로 당선된 문재인 대통령은 2017년 6월 19일에 거행된 고리 1호기 영구 정지 행사장에서의 연설을 통해 신고리 5·6호기 원전 건설을 일시 중단하고 사회적 공론화 절차를 거쳐 건설 중단/재개를 최종적으로 결정하겠다고 밝혔다. 비록 원래의 선거공약은 신고리 5·6호기도 백지화하겠다는 것이었지만, 이미 건설 공정률이 1/3가량 진전된 관계로 이를 무조건 백지화할 경우 상당한 갈등이 예견되는 상황이었기 때문에 신고리 5·6호기 건설 중단/재개를 시민들의 판단으로 결정하겠다는 설명이었다. 여기서 주목해야 하는 점은, 대통령과 정부가 신고리 5·6호기 건설 중단/재개와 관련한 정책 결정에 시민들의 의견을 단순히 참고하겠다는 것이 아니라 시민들을 대상으로 한 공론화 결과로 나온 시민들의 의견에 무조건 따르겠다고 천명했다는 사실이다.[4]

6월 27일에 열린 국무회의는 신고리 5·6호기 건설공사를 일시 중단하고 10인 이내의 공론화위원회를 구성해 최대 3개월 동안 여론 수렴을 거쳐 시민배심원단이 판단을 내리도록 하겠다고 결정했다. 이어 7월 7일에는 국무조정실에서 신고리 5·6호기 공론화위원회 구성 추진 계획을 발표했다. 그리고 7월 24일에 위원장 1인과 인문사회, 과학기술, 조사통계, 갈등 관리 분야 각 2인씩 총 9인으로 구성된 공론화위원회가 출범했다. 사용후핵연료공론화위원회(이하 공론화위원회)가 제시한 공론화의 기본 골격은, 8월 말부터 전문 여론조사 기관을 통해 무작위 층화 표본추출 방식을 통해 일차적으로 2만 명의 시민들을 대상으로 신고리 5·6호기 건설 중단/재개 등에 관한 설문조사를 시행한 다음, 그중에서 '시민참여형 조사'에 참여할 시민대표참여단(약칭 시민참여단) 500명을 다시 선발한 뒤 이들을 대상으로 신고리 5·6호기 건설 중단/재개를 관련 쟁점들에 대해 친원전 및 탈원전 이해관계자 집단이 작성한 자료집과 이러닝(e-learning) 동영상 정보를 제공하여 쟁점에 대해 어느 정도 학습할 수 있게 하고, 최종적으로 10월 13일부터 2박 3일간의 합숙을 통한 학습과 숙의 과정을 거쳐 신고리 5·6호기 건설 중단/재개에 대한 시민들의 의견을 취합해 정부에 권고안 형태로 제출한다는 것이다.[5]

---

4 문재인 대통령은 2017년 8월 17일 취임 100일 기자회견에서 다시 한번 "신고리 5·6호기의 경우에는 당초 저의 공약은 건설을 백지화하는 것이었습니다. 그러나 작년 6월 건설 승인이 이뤄지고 난 이후에 꽤 공정률이 이뤄져서 거기에 적지 않은 비용이 소요가 이미 되었습니다. 그리고 또 중단될 경우에는 추가적인 매몰 비용도 또 필요하다고 합니다. 그러면 이런 상황에서 당초 제 공약대로 백지화를 밀어붙이지 않고, 백지화하는 것이 옳을 것이냐, 안 그러면 이미 그만큼 비용이 지출됐기 때문에 신고리 5·6호기의 공사를 계속해야 될 것인가, 이 부분을 공론조사를 통해서 결정을 하겠다는 것입니다. 말하자면 공론조사를 통한 사회적 합의 결과에 따르겠다는 것인데 저는 아주 적절한 과정이라고 생각합니다. 그리고 이 공론조사 과정을 통해서 우리가 합리적인 결정을 얻어낼 수 있다면 앞으로 유사한 많은 갈등 사안에 대해서도 갈등을 해결해 나가는 하나의 중요한 모델로 그렇게 삼아나갈 수 있지 않을까 그렇게 생각합니다"라고 언급했다.

한편, 신고리 5·6호기 문제에 대한 대통령과 정부의 이러한 공론화 해법 선언을 어떻게 받아들일 것인지를 둘러싸고 탈원전 운동 내부에서는 두 가지 상이한 반응이 나타났다.[6] 하나는 신고리 5·6호기에 대해 공론화를 통해 건설 중단/재개를 결정하겠다는 것은 대통령의 공약을 파기한 것이므로 공론화에 협조하기보다는 이에 적극 맞서 공약 지키기 요구 투쟁을 전개해야 한다는 입장이다. 이 입장에서는 공론화를 통해 시민들에게 신고리 5·6호기 문제에 대한 실질적인 최종 결정권을 부여하는 것 역시 사실은 정부가 자신들에게 주어진 책임을 회피하고 시민들에게 전가한 것에 다름 아니므로 긍정적으로 볼 수 없다고 판단했다. 다른 하나의 입장은 공론화를 통한 해법 제시가 신고리 5·6호기 백지화라는 원래의 공약에서 후퇴한 것은 맞지만 정부가 에너지정책의 큰 방향성으로 이미 탈원전 의지를 천명한 상황에서 공론화의 장을 탈원전 진영이 잘 활용할 수 있다면 탈원전 담론을 사회적으로 확산시킬 수 있는 좋은 기회가 될 것이므로 공론화에 적극 참여하자는 쪽이었다.

전체적인 분위기는 후자에 가까웠다. 그 결과 7월 27일에 탄생한 것이 '안전한 세상을 위한 신고리 5·6호기 백지화를 위한 시민행동'이라는 이름의 연대조직으로, 그 안에는 900개 이상의 시민사회단체들이 망라되었다. 이들은 이후 공론화의 진행 과정에서 시민사회 내의 탈원전 진영을 대변하는 구심점으로서의 위상을 지녔고, 공론화위원회를 상대로 탈원전 진영을 대표해 공론화 진행

5 여기서 말하는 '시민참여형 조사'는 앞에서 언급한 '공론조사'와 별반 차이가 없다. 공론화위원회는 공론조사라는 표현 대신 '시민참여형 조사'라는 용어를 쓰겠다고는 했으나 공론화 진행 과정에서 사실상 두 용어를 혼용했다. 이 글에서도 두 용어를 같은 개념으로 쓰고 있다. 제임스 피슈킨 교수가 개발한 공론조사에 대한 자세한 내용은 Fishkin(1991)을 참고.

6 이 두 가지 입장은 당시 정부가 제안한 공론화에 어떻게 대응할 것인지를 결정하기 위해 소집된 시민·사회단체 활동가들의 비공개 내부 회의에서 표출되었는데, 필자는 이를 회의에 참가했던 한 활동가로부터 나중에 전해 들었다.

과 관련된 실무협상을 도맡는 협상 창구로서의 기능도 수행했다.

다른 한편으로, 친원전 진영 내부에서도 정부가 제안한 공론화를 어떻게 볼 것인지 둘러싸고 두 가지 상이한 반응이 나타났다. 가장 직접적인 이해당사자임을 주장하는 울주군 서생면 주민들(신고리 5·6호기 건설 부지 5km 내의 최인접 주민)과 한수원 노동조합은 공론화가 국회를 무시한 탈법적 제도라는 이유로 공론화를 원천적으로 보이콧했다. 하지만 한수원, 두산중공업 등 원자력산업을 대표하는 원자력산업회의와, 원자력 전문가를 대표하는 원자력학회는 공론화에 참여하기로 입장을 정했다. 요컨대 친원전 진영은 한편으로는 정부의 공론화를 보이콧하면서 신고리 원전 건설 재개를 위한 직접행동에 나서고, 다른 한편으로는 정부가 펴놓은 공론화의 장에 들어와 탈원전 진영과 겨루는 이원화 전략을 구사했던 것이다.

이처럼 비록 일부 보이콧 집단이 있기는 했지만 친원전 진영과 탈원전 진영이 거의 대부분 참여한 가운데 2017년 7월 말부터 3개월 동안 신고리 5·6호기 공론화가 진행되었다. 하지만 원전을 둘러싼 갈등의 첨예함을 반영하듯, 공론화는 내외부적으로 상당한 혼란과 진통, 다툼 속에서 진행될 수밖에 없었다. 무엇보다 공론화를 설계하고 운영할 책임을 맡은 공론화위원회가 공론화 진행 과정에서 상당한 정도의 혼란과 미숙함을 드러냄으로써 공론화를 위한 역할 수행 역량에 문제가 있음을 드러냈다.[7] 예컨대 공론화위원회는 친원전과 탈원전 진영 대표들로 구성된 이해관계자 소통 협의회에서 갈등이 발생할 때에 중재자로서 일관된 원칙을 가지고 적극적인 중재와 조정 역할을 수행하기보다는 공론화 판이 깨질 것을 두려워한 나머지 쌍방 합의만을 종용함으로써 때론 갈등을 더

---

7 공론화위원회 위원을 선정할 때 일차적으로 후보자들을 대상으로 친원전 또는 탈원전 진영이 부적격자를 제척할 수 있도록 했기 때문에, 최종 선정된 위원들이 원전에 대한 입장이나 정치적인 입장 측면에서 중립적일 수는 있었으나 공론화 사안에 대해 그다지 정통하지는 못했던 것이다.

키우는 경우가 많았다. 또한 친원전과 탈원전 양측에서 제출한 자료집과 동영상의 내용을 중립적인 전문가 입장에서 검토하기 위해 만든 전문가 그룹 구성 과정에서 해당 전문가들에 대한 중립성 검증에 실패함으로써 갈등을 야기하기도 했다.[8]

아울러 공론화의 규칙을 만드는 과정에서 친원전과 탈원전 진영 사이의 갈등도 심화되었다. 예컨대 시민참여단에게 제공할 자료집과 동영상 작성 및 TV 토론회 운영과 관련해 친원전과 탈원전 진영, 공론화위원회 사이에서 갈등이 증폭되었고, 정부 출연 연구소 소속 연구원의 공론화 참여 자격 및 정부의 탈원전 홍보의 적절성을 둘러싸고도 갈등이 격화되었다. 이러한 상황에서 친원전과 탈원전 진영 모두 자신이 '기울어진 운동장'이라는 불리한 조건에 처해 있어 공론화가 공정하게 진행되지 못하고 있다고 항변하고 때로는 공론화를 보이콧할 수 있다는 위협을 가함으로써, 공론화의 중단을 걱정해야 하는 위기의 순간도 종종 있었다.[9] 그러나 이러한 여러 가지 문제에도 공론화위원회는 7회의 지역 순회 토론회, 5회의 TV 토론회, 1회의 미래세대 토론회, 2박 3일에 걸친 시

---

8 대표적인 예가 공론화위원회 산하 전문가 그룹을 구성할 때 부산대 윤 모 교수를 위촉했다가 탈원전 진영의 격렬한 비판에 부딪힌 사건이었다. 공론화위원회에서는 윤 모 교수를 중립적인 전문가라고 생각해 전문가 위원으로 위촉했으나 사실 윤 모 교수는 한수원의 연구용역을 많이 수행했을 뿐만 아니라 명백하게 친원전 입장이라는 점이 알려지면서, 그가 나오기로 예정되었던 부산 지역 공론화 토론회를 탈원전 진영이 보이콧하는 등의 갈등이 야기되었다. 결국 공론화위원회는 윤 모 교수를 전문가 그룹 위원에서 제외시켰다.

9 신고리 5·6호기 건설 중단을 주장하는 '안전한 세상을 위한 신고리 5·6호기 백지화 시민행동'은 9월 13일에 발표한 성명서에서 공론화가 잘 진행될 수 있도록 "공정한 게임의 기준과 절차의 복원을 촉구하며, (그렇지 않을 경우) 공론화 참여 중단을 포함한 극단적 결단을 내릴 것임을 경고한다"라고 선언했다. 건설 재개를 주장하는 원자력산업회의 등도 9월 24일에 기자회견을 통해 "원전 전문가의 제한 없는 토론 참여가 받아들여지지 않는다면 공론화 토론 불참을 검토할 것"이라고 밝힌 바 있다.

민참여단의 종합토론회 등을 포함해 원래 예정된 시간표대로 공론화 일정을 진행할 수 있었다. 공론화의 진행은 2017년 10월 13일부터 2박 3일간 열린 종합토론회에서 그 정점에 달했다. 종합토론회에 참가한 471명의 시민참여단은 2박 3일간의 집중적인 숙의 과정을 거쳐 마침내 신고리 5·6호기 건설 재개와 원전 축소라는 결론을 내렸다. 10월 20일에 공론화위원회가 발표한 결과에 따르면 시민참여단의 59.5%가 신고리 5·6호기 원전 건설 재개를 선택한 반면, 건설 중단을 선택한 비율은 40.5%였다. 아울러 시민참여단의 53.3%가 원전 축소를 선택한 반면, 현상 유지는 35.5%, 원전 확대는 9.7%였다. 10월 24일에 정부는 신속하게 시민참여단의 결론을 수용해 신고리 5·6호기는 건설을 재개하고 탈원전 정책은 계속 추진하겠다고 공표했다.[10]

4. 신고리 공론화의 평가: 민주주의의 관점에서

1) 의의

신고리 5·6호기 문제를 둘러싼 공론화는 과연 우리 사회의 민주주의에 어떤 긍정적인 의의가 있는가? 먼저, 정부가 시민참여단이 신고리 5·6호기 건설 중단/재개와 관련해 그 어떤 결정을 내리더라도 '무조건 수용'하겠다고 선언한 것이 민주주의에 던지는 의미를 살펴볼 필요가 있다. 사회 일각에서는 그러한 '무조건 수용' 선언이 뜨거운 사회적 쟁점 사안에 대해 정부가 자신에게 부여된 역

---

10 2박 3일간의 종합토론회를 앞둔 10월 10일에 문재인 대통령은, 정부는 신고리 5·6호기 건설 중단 여부를 공론화 결과를 존중해 결정할 것이며, 공론화 과정에서 정부는 어떤 간섭이나 개입도 하지 않고 중립 원칙을 지켰다고 다시 한번 강조한 바 있다.

할과 책임을 회피하고 민감한 정책 결정에서 오는 정치적 부담을 시민에게 떠넘기려는 '꼼수'에 불과한 것이라는 냉소적인 평가를 내리기도 했지만,[11] 이러한 평가는 현실적이지 못하다. 통상적인 상황에서 정부가 자신이 향유할 수 있는, 자신에게 합법적으로 부여된 커다란 권력을 그렇게 편의적으로 시민에게 위임한다는 것이 쉽게 상상될 수 없을 뿐만 아니라 역사적인 경험상으로도 그러한 사례를 찾을 수 없기 때문이다. 앞에서 언급한 바와 같이 민주화 이후 공공정책결정과 실행 과정에서 종종 시민참여가 활용되어 왔지만 진정한 의미에서 시민참여를 장려하고, 참여하는 시민에게 실질적인 권한을 부여한 적은 사실상 없었다.

그렇기 때문에 이 글은 기존의 시민참여 실행들과는 달리 공론화 과정에서 시민들에게 정책결정권을 실질적으로 부여한 신고리 공론화의 가장 큰 의의를 원탁에서 시민권력이 탄생하게 되었다는 점에서 찾을 수 있다고 보며, 이는 한국 사회의 민주주의 진전과 관련해 큰 의미가 있다고 평가하고자 한다. 사실 숙의 포럼에 참가하는 시민에게 국가정책에 대한 최종 결정권을 위임하는 것은 국내외적으로 거의 전례가 없다. 공공정책에 대한 시민참여라고 할 때 대부분의 경우 사회적 쟁점 사안에 대한 시민들의 결정은 권고적 효력을 가지게 되고 법정 의사결정 기관(의회나 정부)이 이를 존중하여 전체 혹은 일부를 받아들이는 형태를 취하고 있는 것이 현실이다.[12] 하지만 통상처럼 '들러리' 시민참여가

---

11 이러한 비판적 평가는 친원전 내 일부 인사들뿐만 아니라 탈원전 진영 일각에서도 동시에 제기되었다. 친원전 쪽 일부에서는 공론화를 정부가 시민의 힘을 동원해 합법적 권력기구인 국회를 무력화하는 행위로 보았고, 탈원전 쪽 일부에서는 공론화를 정부가 공약한 정책을 둘러싸고 갈등이 불거지자 자신의 책임을 다하지 않고 민주주의라는 이름으로 시민들에게 떠넘긴 것이라고 주장했다.

12 OECD에서는 참여하는 시민의 정책결정력 수준에 따라 시민참여를 정보 제공(information), 자문(consultation), 실질적 참여(participation)로 나누기도 하는데, 사실 시민참여 대부분은 정보 제공과 자문에 그친다(OECD, 2001). 아울러 '참여의 사다리'라는 이름으로 시

아니라 신고리 공론화에서처럼 시민 통제에 가까운 권한 부여(empowerment)를 통해 한국에서 처음으로 국가 중요 정책을 시민들이 원탁에서 결정할 힘을 부여받게 된 것은 촛불시민혁명이 이뤄낸 빛나는 성과로 볼 수 있다. 촛불시위에서 분출된 국민주권의 요구가 없었다면 이러한 '무조건 수용'은 있을 수 없었다는 점(홍덕화, 2017)에 비추어볼 때, 신고리 공론화는 무엇보다 2016년 겨울에 광장에서 시작된 촛불시민혁명이 원탁에서의 시민주권 획득이라는 방식으로 마무리되는 의미를 지닌다고 할 수 있을 것이다.

민주주의와 관련해 두 번째로 제시될 수 있는 긍정적인 함의는 신고리 공론화가 전문가주의에 맞섰다는 점이다. 공론화 초기에 전문가가 아닌 일반 시민들이 과연 에너지 문제와 같이 중요한 정책 결정 과정에 참여할 능력이 있겠느냐 하던 보수 매체와 정치인들로부터의 비난에 맞서 시민들이 학습과 숙의를 통해 원전과 같이 기술·경제·사회적으로 복잡한 이슈에 대해서도 참여할 수 있음을 시민참여단은 보여주었다. 이러한 점에서 신고리 공론화는 전문가주의라는 이름하에 소수의 전문가와 관료들이 일방적으로 결정하던 에너지 정책 결정의 민주화를 증진하는 데 기여했다고 할 수 있다. 근래 시민사회운동이 종종 직면하는 가장 큰 장벽이 전문가주의라는 이름으로 포장된 전문가 독재체제라는 점에서 이러한 경험은 매우 중요하다고 평가할 수 있다.[13]

또한 민주주의와 관련해 세 번째로 제시될 수 있는 긍정적인 함의는 신고리

민참여의 단계를 분석한 아른슈타인의 고전적인 연구에 따르면(Arnstein, 1969), 시민권력의 크기 측면에서 볼 때 시민참여의 수준은 조작, 치료(교육, 계몽), 정보 제공, 자문, 회유, 파트너십, 권력 위임, 시민 통제의 8단계로 나눌 수 있는데, 조작이 가장 낮은 단계이고 시민 통제가 가장 높은 단계이다. 신고리 공론화에서 나타난 시민권력은 아른슈타인의 '참여의 사다리'에서 7번째 단계인 권력 위임에 해당된다고 할 수 있다.

13 전문가주의의 문제점에 대한 사회운동 차원에서의 대응에 대한 보다 자세한 내용은 Epstein(1996), Fischer(2009), 이영희(2012) 참고.

5·6호기 공론화가 에너지 민주주의와 관련해서도 커다란 의미를 지닌다는 점이다. 신고리 공론화는 무엇보다도 친원전이나 탈원전 진영 모두에게 40년 만에 처음으로 대규모 공론장에서 시민들로부터 원전과 관련된 각자의 주장이 얼마나 설득력이 있는지 검증받는 의미를 지녔다. 그러한 공론장 안에서 시민들은 친원전 진영에서 주장하는 원전의 안전성과 경제성, 탈원전 진영이 주장하는 원전이 내포한 다양한 문제점들에 대해, 그리고 탈원전 진영이 원전 체제를 극복할 대안으로 제시하는 재생에너지의 가능성과 한계에 대해 듣고, 생각하고, 토론하고, 실질적인 결정권을 행사함으로써 지금까지 소수의 전문가와 관료에 의해 밀실에서 일방적으로 결정되던 에너지정책 결정 방식을 민주화하는 중요한 계기를 마련했다고 평가할 수 있다. 이런 점에서 신고리 공론화는 지난 40년 동안 일방적인 원전 홍보에 과다 노출되어 있던 일반 시민들이 소극적인 에너지 소비자로서의 자기 정체성에서 벗어나 우리 사회의 바람직한 에너지정책의 방향에 대한 비교적 균형 잡힌 논의 과정에 진지하게 참여해 시민의 관점에서 에너지 문제에 대해 숙고하여 판단을 하게 함으로써 능동적인 '에너지 시티즌십(energy citizenship)'을 고양하는 역할을 수행했다고도 할 수 있다.[14]

아울러 신고리 공론화는 우리 사회에 숙의민주주의의 가능성을 열어주었다는 점에서도 매우 큰 의미가 있다. 현장을 취재한 많은 언론매체들은 공론조사의 핵심적 단계였던 2박 3일간의 종합토론회에 모인 471명의 시민참여단이 누구도 예상치 못한 열의와 진지함으로 쟁점에 대해 학습하고 숙고하는 민주시민

---

[14] '에너지 시티즌십'은 에너지 관련 의사결정에 대한 참여의 권리와 더불어 그러한 참여를 내실 있게 할 수 있는 에너지 이슈에 대한 학습과 성찰, 그리고 자신이 살고 있는 사회의 에너지문제들에 대한 실천적인 관여의 의무와 덕성을 강조하는 개념으로 정의된다. 좀 더 자세한 내용은 홍덕화·이영희(2014) 참고. 아울러 이러한 에너지 시티즌십의 형성은 더 넓은 의미에서 보면 한국 사회에서 '시민'이 탄생하고 진화하는 과정(정상호, 2013)의 일부라고도 볼 수 있다.

의 모습을 보여주었다고 전했다.[15] 무엇보다도 원래 시민참여단으로 선정된 500명의 시민 중에서 약 95%를 차지하는 471명이 종합토론회에 끝까지 참여한 것은 여타의 공론조사 참여율과 비교해 볼 때 매우 높은 참여 수준이라고 할 수 있는데,[16] 이는 신고리 공론화에 대한 시민들의 관심과 열의가 얼마나 높았는지를 단적으로 보여주는 지표의 하나라고 할 수 있다. 아울러 종합토론회에 참석한 시민참여단은 전문가의 발표를 경청했고, 자체 토론을 거친 다음 마련된 질의응답 시간에는 아주 예리한 질문을 전문가들에게 던졌으며, 질의응답 과정에서 토론회를 방해할 가능성이 있는 행위에 대해서는 적극적인 의사 표현을 통해 제재를 가하기도 했다. 시민참여단은 또한 종합토론회가 끝날 때까지 전체 회의만이 아니라 분임 토론회에서도 매우 진지한 자세로 숙의에 임했고,[17] 설혹 종합토론회의 최종 결과가 본인의 의견과 다를지라도 동료 시민들의 의견을 존중하겠다는 성숙된 시민의식을 보여주었다.[18] 통상적으로 이처럼 긴 시간이 소요되는 토론회는 시간이 지나면서 다소 산만해지기 쉬운데 시민참여단은

---

15 필자는 신고리 원전 공론화의 전 과정에 탈원전 측 이해관계자의 일원으로 참여했으며, 2017년 9월 16일에 열린 시민참여단 오리엔테이션과 10월 13~15일까지 2박 3일간 열린 종합토론회도 이해관계자 참관단의 일원으로 가까이서 관찰할 기회를 얻었다. 필자 역시 종합토론회에서 보여준 시민들의 열의와 학습 능력, 높은 시민의식에 대해서 큰 감명을 받았음을 밝힌다.

16 공론조사나 숙의 포럼의 최종 참석률은 통상적으로 70% 정도인 것으로 알려져 있다.

17 시민참여단이 분임 토의에 대해 평가한 결과는 다음과 같다. 시민참여단은 '나는 분임 토의에서 열심히 내 의견을 전달했다,' '나는 분임 토의에서 다른 사람의 의견을 잘 들었다,' '내가 속한 분임에서는 의견 교환이 잘 이뤄졌다,' '내가 속한 분임에서는 토론이 공정하게 진행됐다,' '내가 속한 분임에서는 상호 존중하는 태도로 토론했다' 등 5개 문장에 대한 동의 정도를 7점 척도에 답하도록 요청받았는데, 시민참여단의 분임 토의에 대한 평가는 평균 6.16점으로 전반적으로 높게 나왔다. 신고리 5·6호기 공론화위원회(2017) 참고.

18 종합토론회 말미에 진행된 공론조사에서 시민참여단의 93.2%가 최종 결론이 본인의 의견과 다를지라도 존중하겠다고 응답했다. 신고리 5·6호기 공론화위원회(2017) 참고.

그림 9-1 건설 재개/중단에 대한 의견 변화 추이

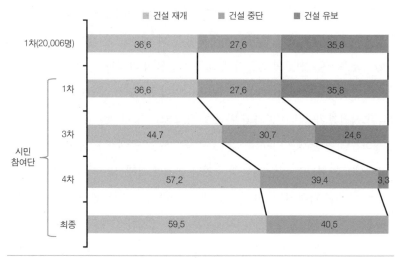

자료: 신고리 5·6호기 공론화위원회(2017).

끝까지 흐트러짐 없이 놀라운 집중력을 보여주었다. 이러한 점에서 신고리 공론화는 기술관료주의 또는 전문가주의적인 편견과는 달리 시민들이 적절한 계기와 환경이 주어지면 중요 공공정책 사안을 학습하고 토의 과정에 참여할 능력과 시민의식이 있음을 보여줌으로써, 우리 사회에 숙의민주주의의 가능성을 열어준 중요한 사건이었다고 평가할 수 있다.[19]

또한 숙의 진전에 따라 시민들의 선호 전환이 많이 일어났다는 것은 공적 의사결정을 할 때 시민 의견의 단순 선호 취합이 아니라 숙의를 거친 판단을 중시

---

19 종합토론회 때 분임 토의 진행을 맡았던 한 모더레이터는 공론화 종료 직후 실시된 공론화에 대한 평가 토론회에서 친원전과 탈원전 전문가들이 종합토론회 진행 과정에서 상대방에 대해 네거티브식 공격을 했던 것에 반해 시민참여단이 분임 토의에서 보여준 모습은 매우 정중하고 차분했다는 점을 강조하면서 "시민참여단은 훌륭했고 전문가 패널은 미숙했다"라고 평가한 바 있다(김희경, 2017) 참고.

하는 숙의민주주의가 바람직함을 보여준 것이라고도 할 수 있을 것이다. 공론화위원회는 시민들에게 신고리 5·6호기 건설 재개와 중단에 대한 의견을 세 차례 물어보았다. 이 세 번의 조사 응답을 이용해 의견의 추이를 추적해 보자.[20] 먼저 2만 명을 대상으로 한 1차 조사 결과를 보면 건설 재개가 36.6%, 건설 중단이 27.6%, 판단 유보가 35.8%로, 재개와 중단은 9.0%p 차이가 났다. 500명의 시민참여단은 성별 및 연령과 함께 전체 1차 응답자들의 의견을 기준으로 층화 추출했고, 층화 추출에 따른 추정식을 사용했기 때문에 이들의 건설 여부 관련 1차 의견 분포는 2만 명과 동일하다.

 이어서 자료집 및 이러닝을 학습한 시민참여단을 대상으로 2박 3일 종합토론회 첫날 실시한 3차 조사에서는 건설 재개가 44.7%, 건설 중단이 30.7%, 판단 유보가 24.6%였다. 1차 조사에 비해 판단 유보가 11.2%p 감소한 반면, 건설 재개가 8.1%p, 건설 중단이 3.1%p 증가했다. 그 결과 재개와 중단의 차이는 14.0%p로 더 커졌다. 마지막 날 실시한 4차 조사에서 판단 유보를 포함해 질문한 결과, 건설 재개가 57.2%, 건설 중단이 39.4%, 판단 유보가 3.3%였다. 판단 유보는 1차 조사와 3차 조사에 비해 각각 32.5%p, 21.3%p 감소했다. 판단 유보 없이 종합적으로 고려해 판단하도록 한 문항에서는 건설 재개가 59.5%, 건설 중단이 40.5%로 나왔는데, 이는 1차·3차·4차 조사 대비 건설 재개의 경우 각각 22.9%p, 14.8%p, 2.3%p 증가했고, 건설 중단의 경우는 12.9%p, 9.8%p, 1.1%p가 증가한 것이었다.

---

20 이 부분은 공론화위원회가 10월 20일에 공표한 최종 보고서 내용을 인용한 것이다. 신고리 5·6호기 공론화위원회(2017).

2) 문제점

우리는 앞에서 신고리 5·6호기 공론화가 한국 사회의 민주주의 발전에서 차지하는 긍정적인 의의를 살펴보았다. 하지만 신고리 원전 공론화는 숙의민주주의의 관점에서 볼 때, 역시 개선해야 할 문제점을 상당히 많이 드러냈다.

첫째, 신고리 공론화는 참가 시민들에게 충분한 숙의를 보장하지 못했다는 점을 지적할 수 있다. 3개월로 정해진 공론화 기간 중 실제로 공론화에 투입된 시간은 1개월 정도였는데, 이는 원전과 같은 뜨거운 갈등 사안을 충분히 학습하고 숙의하도록 보장해야 할 공론화 기간으로는 다소 짧다고 할 수 있다. 그러다 보니 시민참여단에 미리 제공해야 할 자료집과 동영상을 준비하는 데 친원전 쪽과 탈원전 쪽 모두 충분히 시간을 들일 수 없었고, 시민참여단 역시 이를 소화할 만한 시간을 확보할 수 없었다. 아울러 2박 3일간의 종합토론회에서는 시민참여단의 학습과 참여 열기에 비해 배정된 질의응답과 토론 시간이 상당히 부족해 시민들이 쟁점 사안들에 대해 충분히 숙의하기에는 부족했다. 종합토론회는 〈세션 1〉 총론 토의: 중단 및 재개 이유, 〈세션 2〉 쟁점 토의 (1): 안전성/환경성, 〈세션 3〉 쟁점토의 (2): 전력수급 등 경제성, 〈세션 4〉 마무리 토의 등 총 4개 세션으로 구성되었고, 각 세션별로 건설 중단/재개의 각 측 발표 청취에 30분(〈세션 1〉은 50분, 〈세션 4〉는 20분), 분임별 토의에 60분(〈세션 4〉는 50분), 발표자와 질의응답에 80분(〈세션 4〉는 없음)이 배정되었는데, 시민참여단은 쟁점을 충분히 학습하고 숙의하기에는 시간이 부족했다고 느꼈다.[21]

둘째, 이해관계자의 대변(representation)에 문제가 있었다. 공론화위원회는

---

21 종합토론회 마지막 날 시민참여단을 대상으로 한 설문조사 결과 "환경성, 안전성 주제로 한 시간 말고 더 충분하게 이야기를 하고 분임 토의를 하면 좋을 것 같습니다", "분임 토의 시간을 더 늘려야 할 것 같습니다. 인원 대비 시간이 너무 짧습니다" 등의 의견이 많이 나왔다. 신고리 5·6호기 공론화위원회(2017) 참고.

시민참여단 선발 시 인구통계적 대표성 확보를 위해 층화 무작위 선발 방법을 이용하고, 당사자성이 좀 더 높은 원전 인근 주민과 미래세대는 따로 가중치를 부여하는 대신 공론 조사 과정에서 이해관계자 '증인'으로서 자신을 대변할 기회를 제공하도록 공론화 프로그램을 설계했다. 하지만 공론화위원회가 '기계적 중립성' 원칙을 고수하다 보니 재개 측 주민이 증인 참석을 거부하여 중단 측 주민의 목소리까지 대변하지 못하는 결과를 초래했다. 또한 미래세대의 경우는 이들을 대상으로 별도의 공론화를 진행했지만 거기서 나온 최종적인 의견 분포(건설 중단 : 건설 재개 : 유보=5 : 1 : 1)를 시민참여단에 그대로 전달하지 않고 세 입장을 동일한 비중(1 : 1 : 1)으로 전함으로써 숙의를 통해 도출된 미래세대의 의견 분포를 알 수 없도록 했다(이헌석, 2017). 요컨대 공론 조사 참여 시민참여단 선발과 관련해 무작위 추출 방법을 통한 '인구통계적' 대표성 확보 노력은 평가할 만하지만,[22] 지역 주민과 같이 상대적으로 소수여서 통계적으로는 잘 대변되지 못하거나 미래세대와 같이 합법적으로 원천 배제되는 사람들에 대한 '사회적' 대표성 확보는 소홀히 여겨졌다고 할 수 있다.[23]

셋째, 공론화 진행 과정에서의 공정성에도 문제가 있었다. 공론화위원회는 공론화 진행 과정에서 나름대로 중립성 유지를 위해 노력했지만 공사 재개 또는 중단을 주장하는 양측 모두가 현재의 공론화는 "기울어진 운동장"이라는 비판을 제기했다. 재개 쪽에서는 현 정부의 탈원전 정책 천명을, 중단 쪽은 지난

---

22 시민참여단 500명의 성별 구성을 보면 남성이 51%, 여성이 49%였으며, 연령별 구성을 보면 만 19세를 포함한 20대가 15.2%, 30대가 17%, 40대가 22.2%, 50대가 22.4%, 60대 이상이 23.2%로 나타났는데, 이는 실제 인구 구성과는 약간 차이가 있지만, 통계학적으로는 충분히 대표성을 갖춘 것으로 평가되었다. 신고리 5·6호기 공론화위원회(2017) 참고.

23 대표성을 제대로 확보하기 위해서는 인구통계적 차원의 대표성만이 아니라 '사회적' 차원의 대표성도 중시해야 하지만 사실상 이는 현실적으로 어렵기 때문에 숙의민주주의가 한계를 지닐 수밖에 없다는 주장은 샹탈 무페(Mouffe, 1999)와 아이리스 영(Young, 2002) 등에 의해 제기된 바 있다.

40여 년간 조성된 원전 편향적인 지형을 기울어진 운동장의 근거로 제시했다. 그러나 제기되는 공정성 문제들 중에는 비교적 쉽게 교정 가능한 것이 있는 반면에 단기적으로는 교정이 어려운 구조적인 문제도 있었다. 예컨대 한수원 광고, 산자부 에너지전환 TF 활동, 출연연 연구원의 위상 등 공정성과 관련해 제기된 문제는 쌍방 협상과 타협을 통해 교정이 어느 정도 가능한 것이었고, 실제로 이해관계자 간 협상과 공론화위원회의 방침을 통해 해결되었다. 하지만 지난 40년간 형성된 원자력계 기득권 구조와 원전 편향 정서 등 '구조적으로 기울어진 운동장' 문제는 여전히 남아 있을 수밖에 없었다.[24]

넷째, 공론화의 사회적 확산이 제한적이었다. 공론조사와 같은 숙의 포럼에 직접 참가하는 시민들은 '작은 공중(mini-publics)'으로서 일종의 소우주(microcosm)라 할 수 있다(Dahl, 1989; Fung, 2007). 이번 공론조사에 참여한 시민참여단 역시 시민의 대표로서 일반 시민들의 여론 흐름에 민감하게 귀 기울일 수밖에 없기 때문에, 공론화를 시민참여단 500명과 공론조사 그 자체 행사에만 국한하지 말고 사회적으로 확대해 일반 시민들도 이 주제에 대한 학습과 숙고의 시간을 갖도록 할 필요가 있었다. 물론 이를 위해 공론화위원회는 수차례 지역순회 토론회와 TV 토론회를 진행했고, 미래세대 토론회도 개최했다. 하지만 공론화위원회는 한정된 기간에 주어진 임무를 완수해야 한다는 중압감 때문에 공론화의 사회적 확산을 위해 더 적극적인 역할을 수행하지 못했다. 이처럼 원전을 둘러싼 공론화가 주로 시민참여단 내부의 숙의로 국한됨으로써 숙의의 사회화가 기대한 만큼 이뤄지지 못했다는 점은 숙의민주주의의 사회적 확산이라는 측면에서 한계로 남았다고 평가할 수 있다.

---

24 이러한 문제점은 사실 숙의민주주의를 둘러싼 논쟁에서 숙의민주주의에 대한 비판으로 아이리스 영 같은 민주주의 이론가에 의해 제기된 바 있다. 아이리스 영은 한편으로는 숙의민주주의의 가치를 인정하면서도 숙의민주주의만으로는 '구조화된 불평등'과 같은 문제를 풀 수 없다고 주장하면서, 민주주의 증진에 있어 직접행동의 중요성을 강조했다. Young(2003) 참고.

다섯째, 신고리 공론화의 주제, 즉 신고리 5·6호기 건설 중단/재개는 전 국민을 대상으로 한 사회적 공론화의 의제로서 불가한 것은 아니었지만, 상대적으로 적절성이 그다지 높았다고 할 수는 없었다. 정부는 공론화 의제를 신고리 5·6호기 건설 중단 여부로 한정했지만, 공론화 과정에서 시민참여단이 궁극적인 판단을 내리기 위해서는 국가 에너지 정책, 원전의 장단점, 대안에너지의 전망 등에 대한 논의가 불가결했다. 하지만 신고리 5·6호기 건설지 최인접 울주군 서생면 주민들은 신고리 5·6호기 문제가 전국적인 사안이 아니라 지역 문제이며 본인들이 직접적 이해관계자임을 내세워 공론 조사 자체를 거부했고, 신고리 5·6호기 건설을 반대했던 부산·울산·경주 지역 주민들 역시 "원전이 그렇게 안전하면 서울에 지어라"라는 캠페인을 벌이기도 하면서 당사자성을 강조했다. 갈등관리론의 측면에서 볼 때 님비(NIMBY) 갈등처럼 입지 갈등을 둘러싸고 지역적 이해관계자가 분명히 존재할 때는 공론화가 아니라 '협상'을 통해 문제를 해결하는 것이 바람직하다.[25] 그러나 앞에서 살펴본 것처럼 신고리 5·6호기 백지화가 원래 탈원전 정책의 일환으로 거론되었다는 점에서 신고리 5·6호기 문제는 한편으로는 전 국민이 이해관계자일 수밖에 없는 국가 에너지 정책이라는 공공적 의제로서의 성격도 띠고 있었고, 다른 한편으로는 부산·울산·경주 지역, 좁게는 울주군 서생면이라는 지역적인 차원의 문제라는 성격도 함께 섞여 있는 복합 이슈였기 때문에, 신고리 5·6호기 건설 중단 여부가 과연 공론화 대상 의제로 적절한지 논란이 야기되었던 것이다. 공론화 의제는 누구나 동의할 수 있는 문제를 대상으로 선정하는 것이 바람직하다는 점에 비추어 보면 신고리 5·6호기에 초점을 맞춘 신고리 공론화는 상대적으로 전국적 공론화 의제로서의 적절성은 떨어졌다고 할 수 있다.

---

25 사회갈등의 분류와 그 특성에 따른 해법의 차이에 대해서는 대통령자문 지속가능발전위원회(2005)를 참고.

5. 맺음말

문재인 정부가 2017년 말에 실시한 신고리 5·6호기 원전 공론화는 공적 의사결정, 더 나아가 민주주의의 바람직한 모습에 대해 한국 사회에 커다란 논쟁을 촉발시켰다. 신고리 공론화는 공공정책, 특히 상당한 갈등을 유발할 수 있는 공공정책을 결정할 때 과연 정부와 국회, 시민의 역할은 어떠해야 하는지에 대한 수많은 쟁점을 우리 사회에 던졌다. 공론화 자체에 대한 평가도 극단적으로 갈렸다. 민감한 사회·정치적 정책 결정에 대한 정부의 책임을 시민들에게 떠넘겨 버린 대통령의 '꼼수'라고 비난하는 목소리도 있었지만, 갈등이 누적된 공공정책 결정 과정에 숙의민주주의를 도입함으로써 한국 사회의 민주주의를 한 단계 더 향상시켰다는 긍정적인 평가도 나왔다.

이 글은 신고리 5·6호기 공론화의 의의를 둘러싼 논란이 극단으로 치달았던 상황에서 단순한 인상 비평을 넘어 신고리 공론화가 우리 사회의 일반 민주주의와 숙의민주주의에 기여한 부분이 무엇이고, 향후 풀어가야 할 과제로 남긴 문제점은 무엇인가를 좀 더 차분하게 평가해 봄으로써 신고리 5·6호기 공론화라는 색다른 경험에서 우리가 배워야 할 교훈을 도출해 내고자 했다.

필자는 공론화에 대해 평가하면서, 신고리 5·6호기 공론화가 민주주의와 관련해 갖는 가장 큰 의의는 참가 시민들에게 정책에 대한 실질적인 의미의 결정권을 부여함으로써 원탁에서 시민권력을 탄생시켰다는 데 있다고 강조했다. 아울러 전문가주의에 맞서 일반 시민들도 학습과 숙의를 통해 기술·경제·사회적으로 복잡한 정책 이슈에 참여할 수 있음을 시민참여단이 보여주었다는 점 역시 우리 사회의 민주주의 발전과 관련해 이룩한 중요한 성과라는 지적했다. 더 나아가 신고리 공론화는 우리 사회에 숙의민주주의의 가능성을 열어주었다는 점에서도 매우 큰 의미가 있다는 점을 제시했다. 오리엔테이션과 종합토론회를 지켜본 많은 이들이 시민참여단의 뜨거운 열의와 진지함, 높은 시민의식에 감명을 받았다고 이구동성으로 이야기할 정도로 시민들은 환경이 적절하게 갖추어지면 높은 수준의 숙의 역량을 발휘할 수 있다는 점이 드러났기 때문이다.

하지만 신고리 공론화는 숙의민주주의의 관점에서 볼 때 앞으로 개선해야 할 문제점들 역시 많이 드러냈다. 신고리 공론화는 시간적 제약으로 시민들의 충분한 숙의를 보장하지 못했고, 참가자의 인구통계적 대표성 제고에 치중하다 보니 지역 주민이나 미래세대와 같이 통계적으로 잘 대변되자 못하거나 원천적으로 배제되는 사람들에 대한 '사회적' 대표성 확보는 거의 이뤄지지 못했다. 아울러 지난 40년간 형성된 원자력계 기득권 구조와 원전 편향 정서 등 '구조적으로 기울어진 운동장' 문제는 여전히 남아 있을 수밖에 없었고, 공론화위원회가 공론화를 시민참여단 내의 숙의에 국한한 것은 숙의민주주의의 사회적 확산이라는 측면에서 한계로 남았다.

이상에서 살펴본 바와 같이 2017년 신고리 5·6호기 공론화가 한국 사회의 민주주의, 특히 숙의민주주의의 진전이라는 측면에서 상당한 의미를 지니고 있는 것은 분명하지만 동시에 극복해야 할 문제점 역시 적지 않게 노정했다고 할 수 있다. 이러한 문제점들을 해결하려는 노력이 향후 한국 사회의 참여민주주의, 더 나아가 숙의민주주의를 성숙시키는 길이 될 것이다.

참고문헌

김의영. 2014. 『거버넌스의 정치학』. 명인문화사.
김춘석. 2015. 「한국 공론조사의 성과와 전망」. 『사회갈등해소를 위한 국민토론 방안은 무엇인가?』. 공론조사 및 공공토론 한·일 공동토론회 자료집.

김형근. 2017. 「신고리 5.6공론화'과정 전·후 대응 평가」. 『신고리 5.6호기 공론화 평가워크숍 자료집』. 안전한 세상을 위한 신고리 5.6호기 백지화 시민행동.

김희경. 2017. 「토론문」. 『신고리 5.6호기 공론조사 무엇을 남겼나』. 바꿈(세상을 바꾸는 꿈) 토론회 자료집.

대통령자문 지속가능발전위원회. 2005. 『공공갈등 관리의 이론과 기법』. 논형.

＿＿＿＿. 2007. 『사용후핵연료의 관리체계 및 공론화방안 연구』. 최종보고서.

사용후핵연료관리공론화 TF. 2008. 『사용후핵연료 공론화를 위한 권고 보고서』.

서울대 사회발전연구소 엮음. 2017. 『원자력논쟁: 원자력 전문가가 직접 알려준 찬반의 논거』. 한울엠플러스.

≪서울신문≫, 2017.10.22. "문재인 대통령 신고리 원전 5·6호기 공론화 결과 관련 입장문".

신고리 5.6호기 공론화위원회. 2017.10.20. 『신고리 5.6호기 공론화 '시민참여형조사' 보고서』.

이영희. 2004. 「민주화와 사회갈등: 공공정책을 둘러싼 사회갈등의 이해」. ≪동향과 전망≫, 61호, 36~67쪽.

＿＿＿＿. 2009. 「기술과 시민: '국가재난질환 대응체계 시민배심원회의'의 사례」. ≪경제와 사회≫, 82호, 216~239쪽.

＿＿＿＿. 2011. 『과학기술과 민주주의: 시민을 위한, 시민에 의한 과학기술』. 문학과지성사.

＿＿＿＿. 2012. 「전문성의 정치와 사회운동: 의미와 유형」. ≪경제와 사회≫, 93호, 13~41쪽.

＿＿＿＿. 2017. 「위험기술의 사회적 관리를 향하여?: '사용후핵연료공론화위원회' 활동의 평가」. ≪시민사회와 NGO≫, 15권 1호, 153~184쪽.

이영희·정인경. 2015. 「'지구적 숙의 거버넌스'로서 유엔기후변화협상에 관한 세계시민회의」. ≪과학기술학연구≫, 15권 2호, 1~32쪽.

이헌석. 2017. 「신고리 5·6호기 공론화가 남긴 것들」. 『신고리 5·6호기 공론화 평가워크숍 자료집』. 안전한 세상을 위한 신고리 5·6호기 백지화 시민행동.

장동진. 2012. 『심의민주주의: 공적 이성과 공동선』. 박영사.

조현석. 2006. 「숙의적 시민참여 모델 연구: 울산시 북구 음식물자원화시설 건립 사례」. ≪과학기술학연구≫, 6권 1호, 1~30쪽.

정상호. 2013. 『시민의 탄생과 진화: 한국인들은 어떻게 시민이 되었나』. 한림대학교 출판부.

참여연대 시민과학센터. 2002. 『과학기술·환경·시민참여』. 한울엠플러스.

홍덕화·이영희. 2014. 「한국의 에너지 운동과 에너지 시티즌십」. ≪환경사회학연구 ECO≫, 18권 1호, 7~44쪽.

홍덕화. 2017. 「신고리 5.6호기 공론화 이후의 에너지 민주주의: 공론화 평가 및 향후 과제」. 『신고리 5.6호기 공론화의 진행과 결과, 어떻게 볼 것인가?』, 제40회 시민환경포럼 자료집.

Ackerman, B. and J. Fishkin. 2003. "Deliberation day." in J. Fishkin and P. Laslett(eds). *Debating*

Deliberative Democracy. Blackwell Publishing.

Arnstein, S. 1969. "A ladder of citizen participation." *Journal of the American Institute of Planners*, Vol.35, pp.216~224.

Dahl, R. 1989. *Democracy and Its Critics*. Yale University Press.

Dryzek, J. 2000. *Deliberative Democracy and Beyond: Liberals, critics and contestations*. Oxford University Press.

Elster, J. 1988. "Introduction." in J. Elster(ed). *Deliberative Democracy*. Cambridge University Press.

Epstein, S. 1996. *Impure Science: AIDS, activism, and the politics of knowledge*. University of California Press.

Escobar, O. and S. Elstub. 2017. "Forms of mini-publics." *Research and Development*, Note. 4. newDemocracy Foundation.

Fischer, F. 2009. *Democracy and Expertise: Reorienting policy inquiry*. Oxford University Press.

Fishikin, J. 1991. *The Voice of the People: Public opinion and democracy*. Yale University Press.

_____. 1993. *Democracy and Deliberation: New directions for democratic reform*. Yale University Press.

Fung, A. 2007. "Minipublics: Deliberative designs and their consequences" in S. Rosenberg(ed). *Can the People Govern?: Deliberation, participation and democracy*. Palgrave MacMillan.

Gastil, J. and P. Levine(eds). 2005. *The Deliberative Democracy Handbook: Strategies for effective civic engagement in the twenty-first century*. Jossey-Bass.

Lafont, C. 2017. "Can democracy be deliberative and participatory? The democratic case for political uses of mini-publics." *Daedalus*, Vol.146, No.3, pp.85~105.

Mouffe, C. 1999. "Deliberative democracy or agonistic pluralism?" *Social Research*, Vol.66, No.3, pp.745~758.

OECD. 2001. *Citizens as Partners*. OECD Publisher.

Rosenberg, S.(ed). 2007. *Can the People Govern?: Deliberation, participation and democracy*. Palgrave MacMillan,

Warren, M.E. and H. Pearse. 2008. *Designing Deliberative Democracy: The British Columbia citizens' assembly*. Cambridge University Press.

Young, I. M. 2002. *Inclusion and Democracy*. Oxford University Press.

_____. 2003. "Activist challenges to deliberative democracy." in J. Fishkin and P. Laslett(eds). *Debating Deliberative Democracy*. Blackwell Publishing.

_____. 2004. "The deliberative model." in C. Farrelly(ed). *Contemporary Political Theory: A reader*. Sage.

제 10 장

위험기술의 사회적 관리를 향하여
사용후핵연료공론화위원회 활동의 평가

1. 머리말

오랫동안 권위주의적 통치에 억눌려 있던 한국 사회는 지난 30여 년간 정치적 민주화가 진행되면서 많은 부분에서 적어도 현상적으로는 상당한 변화가 나타났다. 그중에서도 특기할 만한 것은 공공정책 문화의 변화이다. 민주화 이전에는 공공정책의 입안 과정이 '밀실행정'이라고 불릴 정도로 소수에 의해 독점되고 폐쇄적이었다면, 민주화를 거치면서 이제 공공정책의 입안 과정에 일반 시민과 이해당사자들을 어느 정도 참여시키는 모습이 자주 나타나기 시작한 것이다. 특히 사회적 갈등이 분출되기 쉬운 위험 관련 공공정책의 입안 과정은 예전의 폐쇄적인 정책문화와는 달리 일반 시민과 이해관계자들과의 접촉을 확대하는 등 다방면으로 사회적 소통을 증진하는 것처럼 보인다. 그러나 이제 우리가 차분하게 따져봐야 할 점은 과연 이러한 현상적인 변화, 즉 공공정책에의 시민참여와 소통의 외형적인 증진이 진정으로 공공정책의 민주화를 가져오고 있는가 하는 점이다. 이러한 문제의식하에 이 장에서 비판적으로 살펴보고자 하는 연구 대상은 사용후핵연료라고 불리는 고준위핵폐기물 관리를 위한 공공정책 입안 과정에서의 시민참여의 실제이다.

사용후핵연료는 원자로에서 전기를 생산할 목적으로 물을 끓이기 위해 3~5년 간 사용하고 난 우라늄 연료를 말한다. 사용후핵연료는 3년 이상 태웠음에도 엄청난 독성이 있기 때문에 최소한 10만 년 이상 안전하게 관리해야 할 고준위핵폐기물로 분류된다(산업통상자원부, 2014). 우리나라는 현재 24기의 원자력발전소에서 나오고 있는 사용후핵연료를 각 원전 부지 내에 임시 저장하고 있는 실정이다. 시간이 지남에 따라 저장량이 늘어나면서 이처럼 위험한 기술을 궁극적으로 어떻게 관리해야 하는지가 뜨거운 쟁점이 되고 있다.

사용후핵연료의 관리는 기본적으로 경계 긋기(boundary making) 문제를 야기한다. 일차적으로 사용후핵연료의 관리를 과학기술만의 문제로 보아야 한다는 과학주의적 접근법과 사용후핵연료의 관리에는 과학기술만이 아니라 사회적·정치적 차원의 문제들이 함께 섞여 있다고 보는 과학기술사회론적 접근법 사이에는, 기본적으로 사용후핵연료 관리와 관련해 과학기술과 사회 사이의 경계를 어디에 그을 것인지를 둘러싼 커다란 갈등이 존재한다.[1] 과학주의적인 접근법에서는 사용후핵연료 관리에 대한 정책 결정의 주체를 그 분야의 과학기술

---

1 사회적 범주들 사이의 경계 긋기 문제는 사회과학자들이 오래전부터 연구해 온 주제였지만(Lamont and Molar, 2002), 특히 근래 들어 과학기술에 대한 사회과학적 연구를 수행하던 학자들이 과학과 비과학의 경계에 대해 새롭게 제기하고 있는 연구 주제이기도 하다. 무엇이 진정한 의미의 과학이고 무엇이 비과학인가를 둘러싸고 전개되는 과학과 비과학 사이의 경계 작업(boundary work)에 대한 기어린의 연구(Gieryn, 1983)를 필두로 해서, 식품의약품 규제 기관처럼 과학과 정치가 서로 얽혀 있어 어디까지가 과학이고 어디서부터는 정치인지 분리하기 어려운 작업을 수행하는 경계 조직(boundary organization)에 대한 거스톤(Guston, 2001)의 연구에 이르기까지 많은 과학기술 사회학자들이 경계 긋기, 경계 조직 연구에 관심을 기울여 왔다.

적 전문가들과 관료들에 국한되어야 한다고 보는 기술관료적 해결책을 제시하는 반면, 과학기술사회론적 접근법을 취할 경우에는 기본적으로 사용후핵연료 관리 정책에 대한 공공참여를 강조하는 참여적 거버넌스를 해법으로 제시한다. 그런데 사용후핵연료 관리의 책임 주체인 정부는 이미 10여 년 전에 사용후핵연료 관리는 사회적 공론화를 거쳐 결정할 것이라고 선언한 바 있는데, 이것은 기본적으로 정부도 공식적으로는 사용후핵연료의 관리를 과학기술만의 문제로 보아야 한다는 과학주의적·기술관료적 접근법에서는 적어도 벗어난 모습을 보여주고 있음을 의미한다. 정부가 이처럼 과학주의적·기술관료적 접근법에서 벗어났음을 표명하게 된 계기는 2003~2004년에 벌어졌던 부안사태였다.

정부는 부안사태를 거치면서 일반 시민들과 지역 주민들의 동의 없이 일방적으로 추진하는 핵폐기물 정책이 민주화 시대에는 더 이상 먹혀들 수 없다는 것을 깨달은 것이다. 정부는 그 선언의 연속선상에서 2013년 말에 사회적 공론화 과정을 통해 사용후핵연료 문제에 대한 해법을 찾겠다는 취지하에 '사용후핵연료공론화위원회'(이하 공론화위원회)를 설립했다. 1년 반 정도의 '공론화' 활동을 전개한 공론화위원회는 2015년 6월에 활동을 종료했다. 공론화위원회는 각각 영국과 캐나다에서 사용후핵연료 관리의 공론화를 담당했던 CoRWM이나 NWMO 등과는 달리 공론화라는 간판을 명시적으로 내걸고 출범했다는 점에서 국제적으로도 매우 특별한 조직이라고 할 수 있다.[2]

여기서 공론화란 일반 시민과 이해관계자들의 공공참여를 바탕으로 특정 의제에 대한 토론을 사회화하는 것을 가리킨다. 따라서 한국의 공론화위원회는 그 이름에서부터 국내외적으로 사용후핵연료 관리 정책 수립과 관련해 공공참

---

2   캐나다 NWMO의 공식 이름은 Nuclear Waste Management Organization이다. 원자력발전소를 운영하고 있는 해외 주요 국가들의 고준위핵폐기물 관리 정책 현황에 대해서는 Brunnengraeber et al.(2015) 참고.

여를 더 강조한다는 점을 부각하려는 의도가 있었다고 볼 수 있다. 이러한 의도
는 그 이후 정책 과정에서도 드러난다. 공론화위원회는 활동 종료 후 사회적 공
론화 활동을 성공적으로 수행했다고 스스로 높이 평가하고, 자신들이 정부에
제출한 사용후핵연료 관리 정책 권고안이 광범위한 공공참여를 바탕으로 한다
는 점을 강조했다. 이러한 기조에 발맞춰서 정부 역시도 공론화위원회를 통해
공공참여에 기반을 둔 공론화 활동을 수행했다는 점을 강조하면서 현재 정부가
밀어붙이고 있는 사용후핵연료 관리 정책을 정당화했다.

  그런데 중요한 점은, 이처럼 핵폐기물과 같은 위험기술에 대해 과학기술사
회론을 기반으로 한 참여적 거버넌스를 해법으로 내세우는 경우에도 그 구체적
인 실행들에는 참여와 배제가 모호하게 섞여 있는 경우가 많다는 사실이다. 공
공참여라는 이름하에 수행되는 실천의 내용을 자세히 들여다보면 진정한 의미
의 참여와 사실상 배제라는 경계선상에 불안정하게 놓여 있는 경우가 많을 뿐
만 아니라, 더 나아가서는 아예 공공참여라는 이름으로 노골적으로 공공의 배
제를 수행하는 경우도 있기 때문이다. 이러한 문제의식하에 이 글에서 다루는
문제는 다음과 같다. 공론화를 전면에 내건 조직으로서 공론화위원회는 과연
과학주의적·기술관료주의적 접근법을 뛰어넘어 참여적 위험 거버넌스를 진정
으로 실행했다고 할 수 있는가?

  이 질문에 답하기 위해 이 글은 사용후핵연료라는 위험기술의 사회적 관리
방식으로서 '공론화'를 추진하겠다는 취지로 설립된 공론화위원회의 활동을 위
험 거버넌스(risk governance)의 시각에서 비판적으로 평가해 보고자 한다. 과
연 공론화라는 이름하에 수행된 공론화위원회의 다양한 활동이 공공의 참여와
배제 사이의 경계에서 어떻게 규정될 수 있는지를 분석하고, 공론화 과정과 공
론화 결과를 각각 평가해 보겠다.[3]

3 이 글은 사용후핵연료공론화위원회의 활동과 관련해 공표된 각종 성명서, 회의록, 백서,

2. 위험 거버넌스란 무엇인가?

전통적으로 전문가들이 독점해 왔던 기술관료적이고 전문가주의적인 위험 평가와 위험관리 정책의 한계와 문제점들이 드러나고 일반 시민과 이해당사자들의 참여 필요성이 지적되기 시작하면서, 그 구체적인 방법에 대한 연구와 실천이 활성화되고 있다. 이처럼 위험평가와 위험관리 정책 형성 과정에 일반 시민과 이해당사자들이 참여하는 것을 위험 거버넌스라고 한다. 위험 거버넌스란 기본적으로 위험에 관한 정보가 수집·분석되고 의사소통 되는 방식과 위험관리에 관해 의사결정이 내려지는 방식에 대한 제도적 틀을 의미한다(Renn, 2008). 이와 같은 위험 거버넌스에는 모든 위험 관련 의사결정과 행위들이 포함되는데, 해당 위험의 성격이 다양한 행위자와 이해당사자 사이의 협동과 조정을 필요로 할 때 위험 거버넌스가 더욱 중요해진다. 위험 거버넌스는 위험관리에서 소수의 전문가와 관료만으로 참여를 제한하는 '기술관료적' 접근법에 비해, 의사결정 과정이 일반 시민과 이해당사자들에게도 개방되는 '참여적' 접근법이라고 할 수 있다(이영희, 2010).[4]

기술관료적 접근이란 위험에 대해 과학주의적 인식론을 강조하면서 전문가

신문기사 등의 문헌들을 평가 자료로 주로 이용했으나 때로는 공론화 활동 현장에 대한 관찰 및 관련자들에 대한 인터뷰 결과도 활용했다. 인터뷰는 서울에서 활동하고 있는 환경운동가 1인과 경주, 영광, 고창 등의 지역에서 탈핵 관련 활동을 하고 있는 환경운동가 각 1인 등 총 4인을 대상으로 2016년 10월 12일 오후에 서울 시내에 있는 한 회의실에서 이뤄졌다.

4   거버넌스 개념은 연구자와 정책가들 사이에서 매우 다양하게 정의되고 있지만, 여기서는 거버넌스를 국가가 공공정책의 수립과 실행 과정에서 시민사회의 참여와 협력을 바탕으로 수행하는 사회적 조정으로 정의하고자 한다. 이러한 입장을 취하는 대표적인 국내 학자로는 김의영(2014)을 들 수 있다. 아울러 공공정책 거버넌스에 대한 다양한 정의와 유형에 대해서는 주성수(2003) 참고.

를 중심으로 폐쇄적으로 위험관리 체제를 운영하는 것이 합리적이라고 믿는 방식을 의미한다. 위험에 대한 과학주의적 인식론에서는 기본적으로 위험을 객관적인 과학의 힘을 빌려 정량화할 수 있고 통제할 수 있다고 본다(Jasanoff, 2010). 이러한 과학주의적 위험 인식론은 대체로 위험관리 의사결정에서 전문가주의라는 폐쇄적 접근법을 선호하게 된다. 과학주의적 위험 인식론에 따르면 기술적 위험은 사회의 다른 영역과 달리 복잡성과 난해함을 그 특징으로 하기 때문에 위험의 측정과 관리는 특정한 과학적·분석적 방법론을 구사할 수 있는 과학기술 및 경제전문가들과 전문 관료들에 의해 수행되어야 하기 때문이다. 물론 이 전문가들의 지식은 가치중립적이고 객관적이라고 여겨진다. 따라서 위험관리 체제에 객관적이고 가치중립적이며 과학적 능력을 갖춘 전문가가 아니라 주관적이고 가치편향적이며 과학적으로 무능한 일반 시민들이 참여하는 것은 오히려 위험을 증폭하는 결과가 나타날 수 있기 때문에 피해야 하는 것으로 인식된다. 물론 때로는 전문가들도 위험 문제를 해결할 수 없는 상황이 있을 수 있다. 그러나 궁극적으로 전문가들의 더 많은 그리고 더 좋은 과학 연구에 의해 위험은 극복될 수 있다고 기대된다.

반면 참여와 협력을 중시하는 위험 거버넌스적 접근에서는 전문가만이 아니라 특히 일반 시민과 이해당사자들의 참여가 중요하다고 강조한다. 이 접근법에서는 위험이 누구나 알아채고 동의할 수 있는 방식으로 객관적으로 실재하기보다는 사회에 따라 집단에 따라 달리 인식될 수 있다는 것을 위험 인식의 전제로 삼는다. 비록 동일한 대상을 볼지라도 위험에 대한 전문가의 인식틀과 일반 시민의 인식틀이 상이할 수 있다는 것이다. 아울러 위험을 다루는 기관과 전문가들에 대한 일반 시민들의 신뢰 여부가 위험에 대한 시민들의 인식에 매우 중요한 영향을 미친다는 과학기술학자들의 연구는 위험관리에 커다란 시사점을 던져주었다(Wynne, 1992; Funtowicz and Ravetz, 1992; Jasanoff, 2002). 이 연구들은 위험평가와 관리에서 전문가 지식도 한계가 있다는 점을 지적했다. 아울

러 이 연구들은 일반 시민들의 과도해 보이는 반응에도 나름의 맥락적 합리성
이 존재하므로 일반 시민에게 전문가의 방식을 강제하기보다는 상호 소통과 학
습이 필요하다는 것을 설득력 있게 보여주었다. 이와 같은 이론적 바탕 위에 전
문가와 관료들이 독점하던 전통적인 위험관리 방식에서 탈피해 위험관리를 위
한 기술적 의사결정 과정에 일반 시민과 이해당사자들이 폭넓게 참여할 수 있
는 위험 거버넌스의 중요성이 널리 인식되기 시작했다.

이 글의 분석 대상인 공론화위원회도 사용후핵연료라는 매우 위험한 맹독성
물질을 관리하는 데 일반 시민과 이해관계자들의 참여를 강조한다는 점에서 기
본적으로 위험 거버넌스라는 틀을 취하고 있다고 할 수 있다. 이는 공론화위원
회가 자신들이 수행할 공론화를 "특정한 공공정책 사안이 초래하는 혹은 초래
할 사회적 갈등에 대한 해결책을 모색하는 과정에서 일반 시민 및 이해관계자
들과 전문가들의 다양한 의견을 민주적으로 수렴함으로써 정책 결정에 대한 사
회적 수용성을 확보하고자 하는 일련의 절차"라고 정의하고, "공론화를 통한 정
책 결정은 기존의 전문가와 관료 중심의 정책 결정에서 탈피해 정책 결정 과정
을 이해당사자들과 시민사회에 폭넓게 개방함으로써 정책 결정의 민주화를 이
뤄 궁극적으로는 정책의 사회적 수용성을 높이는 효과를 달성하고자" 한다고
적시한 데서도 알 수 있다(사용후핵연료공론화위원회, 2015).[5]

그러나 문제는 공론화위원회의 자임과 자평대로 과연 공론화위원회의 사용
후핵연료 관리에 대한 공론화 활동을 시민참여를 기반으로 한 위험 거버넌스

---

5   핵폐기물 관리와 관련해 일반 시민과 이해관계자의 참여를 중시하는 이러한 위험 거버넌
     스의 구축이 필요하다는 주장은 이미 꽤 오래전부터 OECD 산하 원자력 에너지 전문 조직
     인 원자력에너지기구(NEA: Nuclear Energy Agency) 같은 기관에 의해 국제적으로도 널리
     확산되어 왔다. NEA는 그 내부에 Forum on Stakeholder Confidence라는 워킹그룹을 만
     들어 핵폐기물 관리에 있어서 참여적 접근법을 연구하고 회원 국가들에 확산하고 있다. 이
     와 관련된 대표적인 문건으로 Forum on Stakeholder Confidence/NEA(2010)를 들 수 있다.

실행으로 볼 수 있을까 하는 점이다. 이제 공론화위원회 활동에 대한 평가를 시작해 보자.

3. 공론화위원회의 출범과 활동

공론화위원회는 2013년 10월 말에 설립되어 약 20개월 동안 70억 원 정도의 예산을 쓰고 활동한 다음 2015년 6월 말에 그 임무가 종료되었다. 공론화위원회는 이 기간 동안 사용후핵연료 관리와 관련된 공론화를 위해 다양한 프로그램을 통해 2만 7000여 명의 의견을 듣고, 온라인을 통해 35만여 명의 생각을 공유했다고 자평하고 있다(사용후핵연료공론화위원회, 2015).

1) 공론화위원회 출범 배경

1978년에 제1호 원자력발전소를 가동하기 시작한 한국은 현재 24기의 원전을 운영하고 있다. 정부는 1986년에 본격적으로 핵폐기장 부지선정에 착수한 이래 1990년에 안면도 사태, 1995년에 굴업도 사태, 2003~2004년에는 부안사태 등을 거치면서 무려 20년 남짓 핵폐기물 처분장 부지선정에 커다란 어려움을 겪었다. 정부가 특정 지역을 핵폐기장 부지로 지정하는 순간 지역 주민과 환경단체들의 격렬한 저항이 잇따랐기 때문이다. 당시까지만 해도 정부는 중·저준위와 고준위핵폐기물을 한 지역에 한꺼번에 유치할 수 있도록 하는 통합적 핵폐기장 입지 정책을 고수하고 있었기 때문에 핵폐기장에 대한 지역 주민들의 불안과 위험 인식은 더 높을 수밖에 없었다.[6]

---

6 우리나라 핵폐기장 부지선정을 둘러싸고 정부·사업자와 지역 주민·환경단체 사이에서

하지만 민란에 가까운 부안사태를 거치면서 정부는 2004년 12월 원자력위원회 제253차 회의를 통해 중·저준위핵폐기물의 처분과 고준위핵폐기물의 처분을 분리해 그 저장시설을 이원화하는 새로운 정책으로 전격 선회했다. 당장에 짓게 될 핵폐기장에는 독성이 강한 고준위핵폐기물은 들여오지 않고 중·저준위핵폐기물만 저장하게 되므로 핵폐기장의 위험 수준이 대폭 낮아진다는 점을 부각함으로써 핵폐기장에 대한 사회적 수용성을 높이고자 한 것이다. 그 결과 정부는 2005년에 경주를 중·저준위핵폐기물 처분장 부지로 선정하는 데 가까스로 성공할 수 있었다. 아울러 정부는 고준위핵폐기물인 사용후핵연료는 향후 충분한 토의를 거쳐 '국민적 공감대'를 형성해 추진하겠다고 공표했다.[7]

정부가 2013년 말에 사용후핵연료 공론화에 나서게 된 직접적인 배경으로는 앞에서 살펴본 것처럼 부안사태를 정점으로 한 핵폐기장 부지선정을 둘러싼 극심한 사회갈등 과정에서 정부가 고준위핵폐기물과 관련해서는 "국민적 공감대 하에서 추진"하겠다고 한 정책 표명을 들 수 있다. 아울러 더 중요한 요인으로는 날이 갈수록 사용후핵연료의 임시저장 능력이 한계에 다다르고 있다는 점을 들 수 있다. 2020년 현재 24기의 원전에서 발생한 사용후핵연료는 1만 5000톤 정도인데 경수로에서 발생된 사용후핵연료는 각 원전 안에 있는 임시저장 시설인 습식 수조에 보관되어 있고, 중수로에서 발생한 사용후핵연료는 원전 부지

벌어진 갈등의 역사에 대한 보다 상세한 내용은 윤순진(2006), 이영희(2010), 홍덕화(2016) 등 참고.

7 정부는 이 선언의 후속조치로 2007년에는 환경단체 인사들을 포괄한 태스크포스를 구성해 사용후핵연료 관리를 위한 사회적 공론화 방안을 만들게 한 바도 있다. 사용후핵연료 공론화 TF(2008) 참고. 그러나 이명박 정부의 등장 이후 공론화에 대한 정부의 태도는 다시 소극적으로 바뀌었다. 이명박 정부 시기까지의 사용후핵연료 관리 공론화를 둘러싼 정치적 다이내믹스에 대해서는 이영희(2010) 참고.

안에 있는 건식 맥스터 용기에 보관되어 있다. 정부와 사업자에 따르면 임시저 장 시설의 용량이 원래 고리원전은 2016년, 한빛(영광)은 2019년, 한울(울진)은 2021년, 신월성은 2022년부터 포화될 것이었지만, 원전 호기 간 이동이나 조밀 저장대의 설치를 통해 고리는 2028년, 한빛은 2024년, 한울은 2026년, 신월성 은 2038년까지 포화 예상 시점이 미뤄진 상태라고 한다(김종걸, 2016).

그러나 보다 근본적으로는 사용후핵연료 문제의 해결이 원전을 중심으로 한 현재의 에너지정책을 계속 유지하기 위한 선결 조건이라는 점도 고려해야 한 다. 사실 원전을 운영하는 정부와 사업자 입장에서는 현실적으로 고준위핵폐 기물인 사용후핵연료 문제를 해결하지 못하면 계속 원전을 증설하기가 어려운 상태이다. 아무리 원전이 중요한 에너지원이라고 강변한대도 대책 없이 매우 위험한 고준위핵폐기물을 쏟아낸다면 "화장실 없는 맨션"이라는 비판으로부터 자유롭지 못하기 때문이다(장정욱, 2016).

2) 공론화위원회의 출범

공론화위원회는 2013년 10월 30일에 산업통상자원부 장관이 '방사성폐기물 관리법' 제6조의2(공론화 등)에 근거해 설치한 민간 자문기구이다. 정부는 공론 화위원회에 행정적·재정적 지원을 해주는 대신 공론화위원회에 사용후핵연료 관리에 대한 국민들의 의견을 수렴해 주기를 요청한 것이다. 정부는 2013년 11월 18일에 '사용후핵연료공론화위원회의 설치 및 지원에 관한 고시'(산업통상자원 부 고시 제2013-163호)를 제정하고 공론화위원회의 기능, 구성, 활동 기한, 관련 조직 등 공론화 활동에 필요한 제반 사항을 규정했다. 여기에서 정부는 공론화 위원회가 무엇보다도 정부로부터 독립적인 위치에서 객관적이고 중립적으로 사용후핵연료 관리 방안에 대한 공론화를 추진한다고 명시함으로써 공론화위 원회가 정부의 간섭 없이 자율적이고 공정하게 공론화를 추진한다는 공론화의 대원칙을 대외적으로 천명했다.

이 고시 제3조에 따르면 위원회의 기능은 공론화의 주관, 공론화 실행 계획 수립, 회의 안건 및 관련 자료의 작성, 공론화 관련 대국민 정보의 제공 및 홍보, '방사성폐기물관리법' 제6조의 2 제5항에 따른 권고안의 작성 및 제출, 그 밖의 공론화와 관련해 필요하다고 판단해 위원회가 의결한 사항으로 정의되어 있다. 이를 더 구체화한 '사용후핵연료공론화위원회 운영세칙' 제2조에는 위원회의 업무로 사용후핵연료 관리 현황 및 방향에 대한 논의, 사용후핵연료 관리와 관련한 이해관계자들의 의견 수렴, 사용후핵연료 관리와 관련한 국민과의 소통, 기타 위원회의 목적에 부합하는 사항 등이 열거되어 있다.

정부는 2013년 7월 3일에 공론화위원 선임 과정의 공정성과 투명성 확보를 위한다는 명분으로 민간위원 7명으로 구성된 공론화위원 추천위원회(기술 분야 1명, 인문사회 분야 2명, 시민환경단체 4명)를 발족했다. 정부는 이들이 추천한 7명과 원전 소재 지역 추천 인사 5명, 시민환경단체 추천 인사 3명 등 총 15명으로 공론화위원회를 구성하고 2013년 10월 30일에 출범식을 거행하기에 이른다. 정부는 이와 동시에 공론화위원회가 원전 소재 지역 주민들의 의견을 효과적으로 수렴할 수 있도록 하겠다는 명분하에 경주시, 울주군, 기장군, 울진군, 영광군 등 5개 지역 지방자치단체의 추천을 받은 10명의 인사들로 구성된 '원전소재지역 특별위원회'(이하 원전 특위)를 발족시켰다. 원전 특위는 원전 소재 지역의 의견 수렴을 위해 공론화위원회가 회부하는 안건에 대해 검토해 그 의견을 공론화위원회에 제출하는 임무를 부여받았다.

3) 공론화위원회의 활동[8]

출범과 함께 공론화위원회는 "다양한 이해관계자와 전문가를 포함한 국민의 의견을 충분히 청취하고 수렴해 국민을 안전하게 보호하고 국민이 공감할 수 있는 사용후핵연료 관리 방안을 마련하는 것"을 공론화의 목적으로 표방하고 향후 공론화의 일정을 제시했다. 1단계는 2014년 2월까지의 공론화 기반 구축 단계로, 공론화 실행 계획의 마련과 공론화 방안 준비에 치중한다.. 2단계는 2014년 10월까지의 공론화 실행 단계로, 현황 파악 및 현안 도출과 의견 수렴을 위한 공론화 실행에 치중한다. 마지막 3단계는 2014년 말까지 대정부 권고안을 작성·제출하는 것이었다(홍두승, 2014). 하지만 2014년 말에 활동을 종료하기로 한 원래 계획과는 달리 공론화 활동 부진으로 인해 결국 6개월이 연장되어 2015년 6월 말에 위원회의 활동이 공식적으로 종료된다.

먼저 공론화위원회는 공론화의 일정 제시와 함께 공론화의 대상 주제로 ① 현재 사용후핵연료는 누가, 어떻게 관리 중이며, 현 방식으로 언제까지 가능한가? ② 현재 저장용량 초과분을 누가, 언제까지, 어떻게 관리할 것인가? ③ 재활용 혹은 재처리의 필요성과 실현 가능성이 있는가? ④ 최종처분은 누가, 언제, 어떻게 해야 하는가? ⑤ 사용후핵연료를 안전하게 관리하려면 누가, 어떻게, 언제까지 무엇을 해야 하는가? 등의 질문을 제시했다. 이와 함께 공론화위원회는 이 질문들에 대한 답을 찾기 위해 향후 수행할 공론화의 기본 원칙으로 책임성·투명성·숙의성·통합성·회귀성의 5가지 원칙을 제시했다. 책임성은 세대 간 형평성을 고려하고 의견을 개진할 때 이해할 수 있는 근거를 제시하며 결과에 대해서는 도덕적 책임을 부담하는 것을 의미하고, 투명성은 공론화 진행 사항과

---

8 여기에 제시되는 공론화위원회의 활동은 활동 종료 이후 공론화위원회가 자신들의 활동을 정리해서 펴낸 백서(사용후핵연료공론화위원회, 2015)의 내용을 간추린 것이다.

관련 자료를 대외에 충분히 공개하고 장벽 없는 정보 접근을 보장하는 것을 의미하며, 숙의성은 참여자들이 합의적 공론을 도출하려는 의지로 학습과 토론에 적극적으로 참여해 깊이 생각하고 충분히 논의해야 한다는 의미이다. 통합성은 논의 과정에서 기술공학적 측면과 함께 인문사회적·법제도적 측면 등 다양한 분야의 시각을 동시에 고려해야 한다는 의미이고, 회귀성은 논의 과정 중 또는 의사결정이 이뤄진 후에라도 중대한 문제점이 확인되었을 경우 원점에서 다시 논의해야 한다는 의미이다(사용후핵연료공론화위원회, 2015: 64).

공론화위원회는 이러한 기본 원칙에 입각해 20개월 동안 각계의 이해관계자 및 국민들의 의견을 충실히 청취하려고 노력했음을 강조한다. 공론화위원회에 따르면 의견 수렴 활동은 의견 수렴 주체별·방식별로 다양한 형태로 추진되었다고 한다. 의견 수렴 주체를 원전 소재 지역, 시민환경단체, 전문가(원자력, 과학기술, 인문사회 등), 언론계, 국민(일반 국민, 미래세대 등) 등으로 구분해 간담회·토론회·라운드테이블·포럼 등의 논의 프로그램을 운영했고, 공론화위원회 홈페이지, SNS 등의 온라인 툴을 활용하는 방식으로 국민들의 의견을 광범위하게 수렴했다고 주장한다. 구체적으로 공론화위원회는 〈표 10-1〉에서 보듯이 자신들이 주관(또는 후원)해 진행한 공론화 프로그램 수행 실적으로 원전 소재 지역 지자체 방문을 비롯해 주요 단체 대상 간담회 35회, 국회 및 국회 보좌관 방문 설명회 5회, 토론회 및 포럼 32회, 설문조사 3회, 공론조사 1회, 지상 토론회 5회, 전문가 검토그룹 회의 15회 실행 등을 제시하고 있다.

공론화위원회의 활동 보고서에 따르면 공론화위원회는 2014년 8월부터 앞에서 언급한 공론화 활동을 바탕으로 대정부 권고안 작성을 준비하기 시작했는데, 이를 위해 먼저 일반 시민 대상 브레인스토밍과 각계 전문가 대상 델파이조사를 실시하여 경제적·기술적·사회적·정치적·환경적 요인과 관련된 사용후핵연료 관리 대안 평가지표를 마련했다고 한다. 공론화위원회는 그다음으로, 구상 가능한 사용후핵연료 관리 과정을 임시저장을 시작점으로 하고 영구처분

표 10-1 공론화위원회 주관 공론화 프로그램 수행 현황

구분	공론화 프로그램	횟수	참석 인원
원전 지역	1. 지자체 방문 간담회	12회	60명
시민사회	1. 에너지시민연대 간담회	2회	7명
	2. 한국소비자단체협의회 간담회	1회	12명
	3. 소비자단체 라운드테이블	8회	290명
	4. 내일신문 지상 좌담회(시민사회계)	1회	4명
	5. 에너지정의행동 간담회	1회	1명
	6. 환경운동연합 간담회	1회	3명
	7. 한겨레 지상 좌담회(시민사회계)	1회	5명
원자력계	1. 공론화 현안별 원자력학회 검토	4회	66명
	2. 원자력계 토론회	3회	43명
	3. 내일신문 지상 좌담회(원자력계)	1회	4명
	4. 원자력산업계 간담회	1회	24명
	5. 원자력계 전문가 간담회	1회	15명
전문가 검토 그룹	1. 전문가 검토그룹 간담회	2회	14명
	2. 전문가 검토그룹 회의	8회	73명
	3. 전문가 검토그룹 자문회의	5회	40명
과학기술계/ 인문사회계	1. 공론화위원회 자문단 간담회	1회	7명
	2. 과학기술 전문가 간담회	1회	7명
	3. 인문사회 전문가 간담회	1회	7명
	4. 과학기술 전문가 토론회	1회	6명
	5. 인문사회 관련 학회 토론회	1회	6명
	6. 과학기술계/인문사회계 공동토론회	1회	9명
	7. 공론화위원 추천위원회 간담회	1회	4명
	8. 사용후핵연료 정책 포럼 간담회	1회	5명
미래세대	1. 대학언론 정담회	1회	62명
	2. 대학생 토론회	5회	322명
언론계	1. 언론 포럼	3회	31명
	2. 산업부 출입기자단 해외 시설 취재	3회	47명
국민/온라인	1. 서울 지역 타운홀 미팅	1회	40명
	2. 주부 블로거 정담회	1회	31명
	3. SNS 온라인 시민 기자단 운영	1회	12명
종합 토론	1. 해외 전문가 초청 포럼	2회	260명
	2. 공론화위원회 주관 종합토론회	2회	267명
	3. 국회 토론회	2회	546명
	4. 문화일보 전문가 좌담회	1회	5명
	5. 전자신문 전문가 좌담회	1회	5명
	6. 한겨레 정책 토론회	2회	115명
	7. KBS 토론회	1회	40명
	8. SBS 토론회	1회	2명
	9. 부산 MBC 토론회	1회	4명
	10. 과실연 제90차 오픈 포럼	1회	100명
	11. 국회의원 및 보좌관 면담	5회	32명
인식도 조사 및 공론조사	1. 국민 인식도 조사	3회	9199명
	2. 공론조사(여론조사 1회, 사전/사후 공론조사 각 1회)	1회	2496명
계		98회	1만 4328명

자료: 사용후핵연료공론화위원회(2015).

을 종착점으로 하면서 중간단계로 중간저장, 재처리(재활용)를 변수로 한 24개의 잠정 시나리오 안으로 작성하고 전문가 자문 등을 거쳐 최종 권고안을 정부에 제출했다고 한다.

공론화위원회가 정부에 제출한 최종 권고안의 주요 내용은 다음과 같다. ① 정부는 2051년까지 처분시설을 건설하여 운영해야 한다. 이를 위해 처분시설 부지 혹은 부지 조건과 유사한 지역에 지하 연구소(URL)의 부지를 2020년까지 선정하고 건설에 착수하여, 2030년부터는 실증연구를 시작해야 한다. 사용후핵연료 처분시설과 지하 연구소가 들어서는 지역에 주민이 참여하는 '환경감시센터'(가칭)를 설치한다. ② 그 지역에는 주민의 삶의 질을 높이고 안정적 경제 기반을 구축하기 위해 비용을 지불한다. ③ 각 원전 안에 단기 저장시설을 설치하여 처분 이전까지 사용후핵연료를 보관할 수 있어야 한다. 아울러 국제공동 사용후핵연료 관리 시설 마련을 위한 국제적 협력 노력도 기울여야 한다. ④ 사용후핵연료의 저장·운반·처분 및 독성과 부피를 줄이기 위한 기술개발의 우선순위를 정하고, 단계별 세부 계획을 수립·실행해야 한다. ⑤ 정부, 민간사업자, 국민이 지분을 공유하는 형태로 사용후핵연료 관련 기술개발과 단계별 관리를 책임지는 '사용후핵연료 기술·관리공사'(가칭)를 설립해야 한다. ⑥ 사용후핵연료 관리의 투명성·안전성·지속가능성을 담보하고 정책의 신뢰성을 확보하기 위해 '사용후핵연료 특별법'(가칭)을 조속히 제정해야 한다. ⑦ 사용후핵연료 관리 정책을 곧바로 수립하고 실행하기 위해 범정부 차원의 의사결정 기구인 '사용후핵연료 관계장관회의'(가칭)와 실무 추진단인 '사용후핵연료 관리대책 추진단'(가칭)을 정부 조직 내에 구성해 운영해야 한다(사용후핵연료공론화위원회, 2015: 4~14).[9]

---

9 산업통상자원부는 공론화위원회의 정책 권고를 대부분 수용하겠다고 발표했다. 다만 산업부가 최근 발표한 '고준위방사성폐기물 관리 기본계획(안)'에 따르면 지하연구소(URL)

4. 공론화위원회 활동의 평가

공론화위원회는 활동 종료 직후 발행한 활동 백서에서 공론화위원회는 "국민이 공감할 수 있는 사용후핵연료 관리 방안을 만드는 것에 최고의 가치를 두"고, 사용후핵연료 관리에 관한 공론화를 "한쪽에 치우치지 않고 중심을 잡고 완주"했다고 자평했다(사용후핵연료공론화위원회, 2015: 15). 과연 공론화위원회는 자평하듯이 20개월 동안 사용후핵연료의 관리에 대한 사회적 '공론화'를 제대로 수행한 것이라고 할 수 있을까?

1) 공론화위원회 구성 과정의 민주성 문제

앞에서 언급한 바와 같이, 공론화위원회는 공론화위원 추천위원회가 추천한 7명과 원전 소재 지역 추천 인사 5명, 시민환경단체 추천 인사 3명 등 총 15명으로 공론화위원회를 구성했다. 아울러 공론화위원회 위원장으로는 출범식에 앞서 열린 공론화위원들 사이의 사전 간담회에서 서울대학교 사회학과 홍 모 교수가 선출되었다. 정부는 "투명하고 공정하게" 구성된 공론화위원회가 사회적 합의하에 원전 소재 지역, 환경단체 등 사회 각계각층이 참여해 우리나라 최초로 출범하는 역사적 의미가 있음을 강조했다. 하지만 공론화위원회의 운영은 출범식 첫날부터 꼬이기 시작했다.

출범식 당일 환경단체를 대표해 공론화위원회 위원으로 선정된 2명의 활동가가 공론화위원회 위원 구성 및 위원장의 자격 등을 문제 삼으면서 위원회 탈

의 부지선정 시점은 공론화위원회가 제안한 2020년까지가 아니라 2028년으로 8년을 연장한 것으로 되어 있다(산업통상자원부, 2016a). 현재 산업통상자원부는 이 기본계획에 따라 고준위핵폐기물 관리 절차에 관한 법률을 입법예고한 상태이다. 산업통상자원부(2016b) 참고.

퇴를 선언한 것이다. 2명의 위원은 "공론화위원회가 핵연료 및 폐기물 처리와 관련한 사회적 합의를 모아나가기 위한 다양하고 평등하며 합리적인 이해관계자의 참여에 기반하여, 핵폐기물에 대한 객관적 정보의 사회적 공유와 합리적 의사결정과정을 통해 시민참여, 지역 간 세대 간의 공평한 책임의식에 기초한 관리 방안을 모색할 것을 기대"했으나 "공론화위원회 출범 하루 전에야 확인된 위원회 구성 명단을 통해 공론화위원회에 대한 사회적 기대가 배신당하고 있음을 확인"했는데, 그 근거로 당시 선임된 공론화위원회 위원들 대부분이 산업부 및 원자력산업계와의 연관성을 의심하게 하는 인사들이라는 점을 들었다.[10] 결국 이렇게 구성된 공론화위원회 위원들이 정부의 입김으로부터 벗어나 국민들의 의견을 진정성 있게 모아갈 수 있을 것이라는 믿음을 주기에는 턱없이 부족하기 때문에 위원회를 탈퇴한다고 선언한 것이다(에너지정의행동, 2013.10.30; 고준위핵폐기물 공론화 시민사회네트워크, 2013).[11] 아울러 이들은 공론화위원회 출범 당일 위원들 간의 첫 상견례 자리에서 호선된 위원장 선출 과정 자체의 비민주성과 일방성, 그리고 위원장으로 선출된 홍 모 교수의 경주 방폐장 부지선정 과정에서의 책임[12] 등도 탈퇴 이유로 내세웠다(고준위핵폐기물 공론화 시민

---

10 정부의 주무 부처인 산업통상자원부는 시민사회단체들에게 공론화위원회 위원 후보들을 추천위원회에 추천해 줄 것을 여러 차례 요청했고, 비공식적이기는 하지만 시민사회단체 추천 인사들을 상당수 공론화위원회 위원 선임에 반영하겠다고 강조했다. 이에 당시 사용후핵연료 문제와 관련해 비교적 적극적으로 활동하던 환경단체들로 구성된 '고준위핵폐기물 공론화 시민사회네트워크'는 8명의 후보를 산업부에 추천했다. 그러나 공론화위원회 출범 전날에야 공개된 위원 명단에는 이들 8명 중 단 1명도 포함되어 있지 않았다.

11 탈퇴한 2명의 환경단체 인사 중 하나인 윤기돈 녹색연합 사무처장(당시 직함)도 탈퇴 직후 ≪탈핵신문≫에 기고한 글에서 "공론화위원회 구성부터가 비밀주의에 가려져, 공론화위원회 구성원을 출범 하루 전날 인지했고, 구성원의 의문에 대해 다른 구성원들이 해명을 들을 통로가 없었다. 출범 당일 회의는 과연 이런 분위기와 방법으로 공론을 모아갈 수 있을지조차 의문이 들 정도였다. 그래서 들어가지 않기로 결정했다"라고 밝힌 바 있다. 윤기돈(2013).

사회네트워크, 2013.10.30). 또한 환경운동 일각에서는 15명의 위원 중 3분의 1이 지자체 추천 인사들로 구성된 것은 사용후핵연료 재처리와 관리 방식 등 정책적 차원의 공론화보다는 핵폐기물 처분장 부지선정을 염두에 둔 포석이 아닌가 하는 의심을 제기하기도 했다(에너지정의행동, 2013.10.30).[13]

이에 정부는 '환경단체 대표의 사용후핵연료 공론화위원회 참여 철회에 대한 입장'을 통해 공론화위원회는 원전 지역, 시민사회단체 등과 오랜 기간 협의해 투명하고 공정한 절차를 거쳐 구성되었음을 강조했다. 정부는 "15명의 공론화위원 중 8명(원전 지역 5명, 환경단체 2명, 소비자단체 1명)을 해당 기관 추천을 통해 선정했고, 7명의 인문·기술 분야 전문가는 중립적인 민간위원으로 구성된 '추천위원회'의 추천을 통해 선정되었으며 이 과정에서 정부는 관여하지 않았다"라고 주장했다(산업통상자원부, 2013). 하지만 이러한 항변에도 불구하고 공론화위원회 출범 당일 일어난 환경단체 출신 위원 2명의 탈퇴 선언과 문제 제기로 인해 공론화위원회의 위상은 크게 추락할 수밖에 없었고, 그 이후로도 위원회는 "반쪽짜리" 위원회라는 오명을 벗기 어려웠다.

---

12 홍 교수는 당시 부지선정위원회 위원으로 활동했다. 환경단체들은 경주 방폐장 부지선정이 졸속으로 이뤄지는 바람에 핵폐기물의 안전관리에 심각한 문제를 발생시키고 있다고 비판한다. 그리고 이러한 문제는 부지선정위원회 위원들이 스스로의 독립성을 상실하고 산업통상자원부의 의도에 순응하는 꼭두각시 노릇을 했기 때문에 발생한 것이라고 환경단체들은 보는 것이다. 김익중(2013) 참고.

13 실제로 산업부는 처음에는 15명의 위원 중 시민환경단체 추천 위원의 수를 늘리고 지역위원의 수는 2명으로 한정할 예정임을 누차 밝힌 바 있었지만, 갑작스럽게 지역 위원을 5명으로 늘린 것이었다. 서울 지역의 한 환경단체 활동가는 이것을 두고 "정부가 시민환경단체와 원전 지역을 저울질하다가 막판에 시민환경단체를 버리고 지역을 택했다"라고 표현한 바 있다. 2016년 10월 12일 인터뷰.

2) 공론화 활동의 진정성과 투명성 문제: 공론조사를 중심으로

우여곡절 끝에 출범한 공론화위원회는 다양한 사회집단들을 대상으로 공론화 관련 활동을 실시했다. 〈표 10-1〉에 그 활동의 면면이 제시되어 있다. 하지만 공론화위원회가 공론화 활동으로 내세운 것 중에는 전문가 검토 그룹 회의나 간담회, 산업부 출입기자단 해외 시설 취재 지원 등과 같이 공론화 활동이라고 하기에는 적절치 않은 활동이 다수 포함되어 있고, 진정한 의미의 공론화라기보다는 단순한 토론회나 설명회에 그친 행사들도 적지 않았다. 아울러 이러한 공론화 행사 참가자들 중에는 자발적으로 참여했다기보다는 다양한 통로로 동원된 경우도 많았다고 한다.[14] 또한 시민사회나 언론을 대상으로 이뤄진 공론화 활동 중 일부에 대해서는 공론화위원회가 주관 혹은 지원한다는 점을 명시적으로 밝히지 않은 상태로 행사를 진행하는 편법을 쓰기도 했다. 이에 따라 공론화위원회가 수많은 예산을 쓰면서도 공론화와 관련해 별다른 실적이 없다는 정치권과 시민사회 일각의 비판에 직면한 나머지 진정성에 기반을 둔 공론화 활동이 아니라 숫자 채우기식, 보여주기식의 형식적인 행사들에 치중하고 있다는 비판이 환경단체로부터 제기되기도 했다(이헌석, 2014). 이러한 점을 감안해 보면 공론화위원회의 접근법은 한마디로 시민참여가 아니라 시민 동원에 초점을 맞춘 것이었다고 평가할 수 있다.

이러한 공론화 활동에서의 진정성 결여 문제는 일부 공론화 활동의 투명성 결여로 나타나기도 했다. 공론화위원회는 공론화의 중요 원칙 중 하나로 투명성을 강조했다는 점에 비추어볼 때 이는 상당히 심각한 문제라고 할 수 있다.

---

14 공론화위원회는 자신이 주관한 공론화 행사에 대한 시민들의 참여율을 높이기 위해 종종 상품권 등의 금전적 유인책을 활용하기도 했다고 한다. 경주 지역 탈핵활동가와의 인터뷰 (2016년 10월 12일).

특히 공론화위원회는 다소 예민한 문제와 관련된 자료들에 대해서는 투명한 공개 원칙을 거의 지키지 않았다. 투명성 결여 문제는 특히 공론화위원회가 2015년 3월 말에 조직한 공론조사에서 두드러지게 나타났다. 공론화위원회는 2015년 3월 28일부터 175명의 일반 시민 참석자들을 대상으로 1박 2일 동안 공론조사를 실시했다.[15] 공론화위원회는 전문 여론조사 기관인 한국리서치에 의뢰해 전국적으로 2321명을 대상으로 사용후핵연료 관련 여론조사를 실시한 다음, 참가자 중에 다시 175명을 선발해 공론조사를 진행한 것이다. 공론조사 과정에서 참가자들에게 던진 핵심 질문들은 ① 사용후핵연료 관리 시설의 소 내 저장과 소 외 저장 방식에 관련된 문제, ② 관리 시설 입지 지역 주민 지원 방안, ③ 관리 방안 평가 기준 설정 및 공론화위원회가 마련한 2055년 최종처분장 권고안에 대한 인식 등이었다. 공론조사는 오리엔테이션(20분), 전문가 설명(1시간 40분), 전문가 간 토론(1시간), 질의응답(1시간 10분), 분임 토의(2시간 30분), 1~2차 설문조사(20분) 등으로 구성되었다(사용후핵연료공론화위원회, 2015: 206~208). 당시 공론조사는 시민단체 등이 단순 여론조사가 아닌 공론조사 실시의 필요성을 오랫동안 주장해 왔던 것을 공론화위원회가 수용한 것이다. 공론을 확인하기 위해 단순한 여론조사가 아닌 공론조사 실시로 진일보했다는 평가를 받을 수 있지만, 이 역시 여러 가지 문제점이 있었다.

먼저 공론조사의 토의 주제로 제시된 내용들이 중간저장 방식을 소 내로 할

---

15 공론조사란 미국 스탠퍼드대학의 제임스 피슈킨(James Fishkin) 교수에 의해 개발된 '공론(public judgment)'의 조사방법인 deliberative polling을 우리말로 옮긴 것이다. 공론조사는 과학적 확률 표집을 통해 대표성을 갖는 국민들을 선발한 다음 이들에게 해당 이슈에 대한 충분한 정보를 제공하고 이를 심도 있게 토론하게 한 후 참여자들의 의견을 조사함으로써 통상적인 여론조사에서처럼 단시간 내에 얻을 수 있는 표피적인 의견이 아니라, 질이 높고 심사숙고한 의견을 수렴하는 데 그 목적이 있다. 공론조사에 대한 보다 자세한 내용은 Fishkin(2003) 참고.

것인가 소외로 할 것인가와 같이 지나치게 기술적인 것이어서 일반 시민들이 숙의 대상으로 삼기에는 적절성이 많이 떨어진다는 점을 들 수 있다.[16] 현재 사용후핵연료 관리와 관련해 사회적 논란이 되고 있고, 향후 논란이 커질 가능성이 매우 높은 쟁점들을, 예컨대 정부와 원자력계 일부에서 강하게 주장하는 사용후핵연료의 재처리 여부,[17] 국제 공동 처분장 모색의 윤리성,[18] 그리고 근본적으로는 처리 곤란한 사용후핵연료의 배출 원천인 원자력발전소 존속/확대 여부 등이 공론조사의 토의 주제로 훨씬 더 적절했다고 생각한다.[19]

16 그러다 보니 초청된 전문가들 역시 논쟁적 사안에 대해 상이한 입장을 가지고 있는 사람들이 아니라 원자력계 내부 인사 혹은 그에 가까운 인사들로 채워졌다. 공론조사에 걸맞게 쟁점에 대한 다양한 입장과 가치가 제시되고 그에 대해 시민들이 충분히 숙의할 여지가 주어지지 않았던 것이다. 공론조사 이전에 일반 시민을 대상으로 실시된 공론화 프로그램의 하나가 2014년 6월 28일에 열린 서울 지역 타운홀미팅이었는데, 이때에도 주제 강연을 하도록 초청된 전문가들이 사용후핵연료 공론화지원단 소속 단원들, 원자력 관련 연구원 박사들, 공론화위원회 대변인으로 국한되어 있어서 사용후핵연료 관리와 관련해 다양한 입장과 가치를 대변하기 어렵게 되어 있었다.

17 미국과 국내외 환경단체들은 대부분 재처리는 핵확산성과 관련되므로 금지해야 한다는 입장을 취하고 있다. 국내외 학계에서 재처리에 대해 비판적인 입장을 취하는 대표적인 연구자로는 von Hippel(2014), 김익중(2013), 장정욱(2016) 등을 들 수 있다.

18 정부와 원자력계 일부에서는 핵폐기물 최종처분장의 국내 입지 선정이 현실적으로 어렵기 때문에 시베리아나 몽골 등 인구밀도가 낮고 상대적으로 경제적으로 낙후한 지역에 많은 나라들이 공동으로 사용할 수 있는 처분장을 짓자는 제안을 하고 있기도 하다. 서균렬(2014) 참고. 이에 반해 환경단체들은 편익은 과도하게 누리면서 위험은 사회적 약자에게 떠넘기는 것은 정의롭지 않으며 윤리적으로도 문제가 많다고 보는 환경 정의론의 관점에 입각해 이러한 제안을 비판하고 있다. 이헌석(2016) 참고.

19 사실 이러한 공론화 의제의 협소화는 공론화위원회가 처음부터 견지한 입장이었다. 이는 공론화위원회 회의 석상에서 "우리가 세 가지 사항을 먼저 전제를 했었죠. 그중의 하나가 '이미 국가 전체에서 결정된 에너지 정책 이런 것은 일단 우리가 건드리지 말고 그것은 일단 주어진 것으로 하자' 하고서는 시작이 됐고……(2014년 9월 12일 공론화위원회 제23차 회의록)"라는 공론화위원회 위원장의 말에서 어렵지 않게 알 수 있다.

아울러 공론조사의 진행 방식과 관련해서는 참가 시민들의 토의 시간이 너무 짧았을 뿐만 아니라 그 결과 역시 한참 동안 공개되지 않고 베일에 가려져 있었다는 점을 문제로 지적할 수 있다. 공론조사가 끝난 후에 한동안 공론조사 결과는 공론화위원회의 홈페이지에 개략적인 요약 보고 정도만 게재되었다. 공론화의 투명성 원칙이 준수되지 않은 것이다. 공론조사가 종료된 지 거의 3개월 가까이 되었던 2015년 6월 19일에 열린 '사회갈등해소를 위한 국민토론 방안은 무엇인가?'라는 토론회에서 당시 공론화위원회의 의뢰를 받고 공론조사를 수행했던 한국리서치의 담당자는 "사용후핵연료 관리 방안에 대한 공론조사는 원고 작성 시점 현재 관련 자료가 모두 공표되지 않았다. 이 점에서 조사결과와 활용 결과에 대한 구체적인 언급은 다음 기회로 미루고자 한다"라면서 "공론조사를 주관하는 기관과 담당자가 공론조사 결과를 예단하려 하고, 과정과 결과가 투명하게 공개되는 것을 부담스러워 한다는" 점을 언급한 바 있다(김춘석, 2015). 이 말 속에 공론화위원회가 시행한 공론조사의 문제점이 그대로 드러나 있다고 할 수 있다. 사용후핵연료 공론회위원회의 활동에 대해 주요 환경단체들이 매우 비판적인 입장을 견지해 온 상황 상황에서, 이미 2015년 3월에 종료된 공론조사 결과가 이후 3개월이 지나도록 공개되지 않았던 것은 공론조사 결과를 공개하는 데 대해 공론화위원회가 정치적 부담감을 느꼈기 때문이라고 추측할 수밖에 없다. 결국 사회갈등 현안과 관련된 공론조사는 단순한 학술적 연구 조사로 그칠 수 없고, 그 자체가 정치적 성격을 띨 수밖에 없음을 상징적으로 보여준 것이었다고 할 수 있다.

3) 정책 권고안 도출의 개방성

앞에서 살펴본 것처럼 공론화위원회는 20개월간의 공론화 과정에서 2만 7000명이 참가하고 온라인으로 35만 명이 생각을 개진하는 등 수많은 사람들이 참여했다고 강조했다. 아울러 공론화위원회는 공론화를 위한 행사들을 통해 "수렴한 의견과 생각의 공유, 치열한 논의를 바탕으로" 정책 권고안을 마련했다고 주장하고 있다(사용후핵연료공론화위원회, 2015: 4). 과연 이 주장처럼 공론화 행사에 참가한 저 수많은 사람들의 의견이 공론화위원회가 작성한 대정부 정책 권고안에 잘 반영되었을까? 다시 말해 공론화위원회가 제출한 정책 권고안은 공론화 과정에서 나온 수많은 의견에 대해 얼마나 개방적이었을까?

공론화위원회는 사용후핵연료 관리 대안 평가지표 마련을 위해 문헌 연구, 일반인 대상 브레인스토밍, 각계 전문가 대상 델파이조사를 실시했다고 밝히고 있다. 공론화위원회는 2014년 8월부터 문헌 연구를 통해 관리 대안 평가지표로 경제적·기술적·사회적·정치적·환경적 요인을 도출했고, 일반인 32명을 대상으로 한 브레인스토밍에서는 안전성·신뢰성·미래 비전·지역성·사회경제성 등의 영역을 도출하고 이에 대한 가중치 평가를 실시했으며, 원자력 전문가 12명을 대상으로 한 델파이조사는 문헌 연구를 통해 이미 도출한 5개 요인에 대한 우선순위와 가중치 평가를 실시했다는 것이다(사용후핵연료공론화위원회, 2015: 251). 아울러 같은 해 12월에는 구상 가능한 사용후핵연료 관리 방식(임시저장-중간저장-재처리/재활용 및 영구처분)을 주요 구성 요소로 하는 관리 방안 시나리오들로 제시하고 공론화위원회 홈페이지의 온라인 의견 수렴 센터에 등재해 논의 주제 토론에 활용할 수 있도록 했으며, 위원회의 권고안 마련에 기초 자료로 활용했다고 한다(사용후핵연료공론화위원회, 2015: 253). 그러나 문제는 평가지표 마련과 시나리오 작성 작업에, 그 전에 수행된 수많은 공론화 활동 결과들이 어떻게 반영되었는지 알 수 없으며, 어쨌든 마련된 평가지표와 시나리오들이 실제 권고안 마련 과정에 어떻게 반영되었는지는 여전히 미지수라는 점이다. 한마디로 많은 예산을 들여 수행한 수많은 공론화 관련 활동들이 실제 권고안 작성 과정에 잘 반영되었다고 믿을 만한 근거가 거의 없는 상황인 것이다.

실제로 2015년 6월 초에 공론화위원회가 제시한 권고안은 공론화위원회 대변인을 맡았던 위원이 작성한 초안을 다른 위원들이 이틀간의 워크숍을 통해 검토한 다음 확정한 것이었는데, 위원들 사이에서는 이 권고안이 '급조'된 것이며, 이렇게 급하게 작성된 권고안을 또한 하루 만에 검토하고 확정하자는 데에 동의할 수 없다는 비판적인 의견이 나오기도 했다.[20] 상황이 이렇다 보니 공론화위원회 활동에 비판적이던 환경단체들은 소수의 위원이 권고안을 만드는 과정에 산업부의 입김이 상당히 작용했을 것이라고 의심하고 있다(사용후핵연료 공론화위원회, 2015: 인터뷰).

최종 권고안에 공론화 활동 결과들이 반영되지 않았다는 불만은 지역으로부터도 제기되었다. 예컨대 사용후핵연료공론화 원전 소재 지역 특위 위원장은 공론화위원회의 정책 권고안 초안이 나왔을 때 공론화위원회 정례회의(2015년 6월 22일)에 출석해 "지난 20여 개월 동안 국민과 원전 소재 지역, 주변 지역 주민들을 대상으로 실시한 사용후핵연료 공론화 의견 수렴 결과, 사용후핵연료 관리에 대한 권고안이 잘 반영되어 있지 않다는 것이 원전 소재 지역 특별위원회의 의견임을 알려드리며…… 기 제출한 원전 소재 지역 주민들의 의견 수렴 결과가 권고안에 잘 반영되어 있지 않"다고 불만을 토로하고, 지역의 의견을 권

---

20 공론화위원회가 실제로는 2~3명에 의해 끌려다니고 있다는 불만과 비판은 위원회 내부로부터도 강력하게 제기되었다. 원래 15명으로 출범한 위원회가 최종적으로는 9명만 남게 된 데는 이러한 이유도 있었다고 판단된다. 중도에 사퇴한 한 위원은 다음과 같이 사퇴의 이유를 밝힌다. "우리 공론화위원회가 도대체 공론화위원들 13인의 의견을 공히 존중하고 있는 것인지, 세 분이 하시면 공론화위원회가 하는 것으로 되는 거에 대해서, 그리고 저는 검토하고 의견을 전한 바 없는데 그것이 저도 공론화위원회 일원으로서 공론화위원회의 부적절한 그런 보도 행위에 대해서 공히 지탄을 받는 거에 대해서 아주 불쾌하게 생각합니다"(공론화위원회 제22차 회의록, 2014.8.22). "자기가 하고 싶은 대로 마음대로 하는 것이 열심히 하는 것과 구별되지 않고, 방법이나 과정의 정당성을 무시하고 오로지 언론이 다룰 자료를 만드는 것으로 공론위의 역할이 폄하되는 것을 지켜보면서 그러한 행보를 정당화하는 명분을 제공하는 역할을 할 수 없습니다"(공론화위원회 제33차 회의록, 2015. 3.6).

고안에 명기해 줄 것을 요청하기도 했다.[21]

5. 맺음말: 새로운 통치 기술로서의 '의사 거버넌스'

서구 사회에서는 1990년대에 들어와 거버넌스라는 말이 유행하기 시작했다. 유럽을 중심으로 하여 "통치에서 협치로(from government to governance)"라는 구호가 확산되었고, 그에 대한 학문적 연구들도 활발히 이루어졌다.[22] 특히 1998년에 국제연합(UN) 유럽경제위원회에서 환경정책에서 정보공개와 공공참여를 핵심으로 하는 '오르후스 협약(Aarhus Convention)'이 체결되면서 유럽 지역을 중심으로 하여 시민들의 참여를 강조하는 거버넌스 패러다임이 공공정책의 거스를 수 없는 대세로 자리 잡기 시작했다고 해도 과언이 아니다. 하지만 서구 사회에서조차도 이제 어느 정도 시간이 지나면서 과연 이처럼 공공정책에서 거버넌스라고 불리는 많은 시도가 진정한 시민의 참여와 권능 강화로 이어지고 있는지에 대해 비판적인 목소리들도 나오고 있는 상황이다. 공공정책 분야에서 종종 이뤄지고 있는 시민참여의 상당 부분이 진정한 의미의 참여가 아니라 참여의 외양만 갖춘 말뿐인 참여, 즉 관료적인 '말의 정치(politics of talk)'(Irwin, 2006)에 그치는 경우가 많다는 비판이 바로 그것이다.

21 공론화위원회의 권고안에 대한 원전 주변 지역 활동가들의 불신과 비판은 매우 강했다. 영광 지역의 한 활동가는 "공론화위원회 활동의 99%는 쇼였고, (권고안의) 결론은 위에서 소수의 인사들이 밀실에서 작성했을 것"이라고 보았다. 경주 지역의 한 활동가는 위원회의 권고안이 지역에서의 공론화 결과를 전혀 반영하고 있지 않다는 의미에서 "조작되었다"라고 까지 비판했다. 2016년 10월 12일 인터뷰.

22 거버넌스에 대한 국내외 연구의 흐름에 대해서는 김석준 외(2002), 주성수(2003), Kooiman (1994), Bevir(2007) 참고.

공론화위원회 역시 역사를 거슬러 올라가 보면 2006년에 부안사태를 겪으면서 만들어진 민관합동 거버넌스로서의 국가에너지위원회 산하 사용후핵연료 관리 공론화 TF가 그 큰 줄기를 만들었고, 정권에 따라 부침은 있었지만 사용후핵연료 관리 정책은 기본적으로 "국민적 공감대하에서" 정하겠다는 원칙하에 시민사회단체를 끌어들이고자 했다는 점에서 핵폐기물 관리 정책의 역사에서 기존의 방식과는 상당히 다른, 공공참여 기반 거버넌스라고 하는 새로운 틀을 활용하고자 했다고 할 수 있다. 그러나 앞에서 살펴보았듯이 공론화위원회의 활동은 겉으로는 다양한 이해관계자와 시민들의 참여 공간을 열어놓은 것처럼 보이지만 실제로는 논의 의제가 사전에 협소하게 제한되어 있었을 뿐만 아니라, 공론화 활동에 참여한 사람들 중에는 자발적인 참여가 아니라 동원된 시민들이 많았으며, 더욱이 이들이 내놓은 의견조차 권고안 작성 과정에 거의 반영되지 않았다는 점에서, 필자는 공론화위원회의 활동을 진정한 의미의 거버넌스가 아니라 '의사 거버넌스(pseudo-governance)'로 특징지을 수 있다고 본다. 그리고 이러한 시민 동원을 기반으로 한 '의사 거버넌스'는 한국 사회에서 1990년대 이후 한편으로는 적어도 형식적·절차적 민주주의가 진행되고 그에 따른 시민사회의 민주적 기대가 높아지고 있고, 다른 한편으로는 기존의 권위주의적 공공정책 문화가 더는 먹혀들지 않아 사회적 호응이 부족한 정치적 정당성의 위기 상황에서 그리고 사용후핵연료와 같은 고위험 기술의 관리에 상당한 사회적 저항과 갈등이 예상되는 상황에서 고안된, 공공참여라는 외피를 쓴 새로운 통치 기술이었다고 할 수 있다.

참고문헌

고준위핵폐기물공론화시민사회네트워크. 2013.10.30. "성명서: 사용후핵연료 공론화위원회 출범에 대한 입장".

김석준 외. 2002. 『거버넌스의 이해』. 대영문화사.

김익중. 2013. 『한국 탈핵: 대한민국 모든 시민들을 위한 탈핵 교과서』. 한티재.

김의영. 2014. 『거버넌스의 정치학: 한국정치의 새로운 패러다임 모색』. 명인문화사.

김종걸. 2016. 「국내 고준위 방사성폐기물 관리 현황과 향후 전망」. ≪원자력산업≫, 6월 호, 37~41쪽.

김춘석. 2015. 「한국 공론조사의 성과와 전망」. 『사회갈등해소를 위한 국민토론 방안은 무엇인가?』, 공론조사 및 공공토론 한·일 공동토론회 자료집.

본 히펠, 프랭크(F. von Hippel). 2014. "The large costs and small benefits of reprocessing". 『사용후핵연료 재처리·재활용 무엇이 문제인가?』, 사용후핵연료공론화위원회 주최 제2차 사용후핵연료 해외전문가 초청포럼.

사용후핵연료 관리 공론화 TF. 2008. 『사용후핵연료 공론화를 위한 권고 보고서』.

사용후핵연료공론화위원회. 2014~2015. "공론화위원회 회의록". http://www.pecos.go.kr

_____. 2016. 『사용후핵연료 공론화, 609일간의 기록』.

산업통상자원부. 2013.10.30. "환경단체 대표의 사용후핵연료 공론화위원회 참여철회에 대한 입장".

_____. 2014. 『사용후핵연료 핸드북』.

_____. 2016a. 『고준위방사성폐기물 관리 기본계획(안)』.

_____. 2016b. "보도자료: 정부, '고준위방사성폐기물 관리절차에 관한 법률' 제정(안) 입법예고".

서균렬. 2014. 「사용후핵연료 현황 및 쟁점」. 『사용후핵연료 공론화 라운드테이블 자료집』, 한국소비자연맹.

에너지정의행동. 2013.10.30. "사용후핵연료 공론화위원회 출범에 따른 에너지정의행동 성명서: 많은 한계를 갖고 반쪽 출범하는 사용후핵연료 공론화위원회".

윤기돈. 2013.12.10. "사용후핵연료 공론화와 탈핵진영의 대응". ≪탈핵신문≫.

윤순진. 2006. 「2005년 중·저준위 방사성 폐기물 처분시설 추진과정과 반핵운동」. ≪시민사회와 NGO≫, 4권 1호, 277~311쪽.

이영희. 2010. 「참여적 위험 거버넌스의 논리와 실천". ≪동향과 전망≫, 79호, 281~314쪽.

_____. 2010. 「핵폐기물 관리체제의 국제비교: 기술관료적 패러다임 대 과학기술사회론적 패러다임」. ≪경제와 사회≫, 85호, 67~92쪽.

이헌석. 2014. 「교착상태에 빠진 사용후핵연료 공론화 프로그램, 해결책과 대안찾기」. 『사용후핵연료, 무엇을 어떻게 어디에 저장할 것인가?』, 한겨레사회정책연구소 주최 제10회 한겨레사회

정책포럼.

_____. 2016. 「고준위 방사성폐기물 관리시설 부지선정절차 및 유치지역지원에 관한 법률안(정부입법) 문제점과 주요 쟁점」. 『고준위 방사성폐기물 관리계획 및 관리절차에 관한 정부법안의 문제점과 대안 토론회 자료집』, 정의당.

장정욱. 2016. 『재처리와 고속로』. 경향신문사.

주성수. 2003. 『공공정책 가버넌스』. 한양대학교 출판부.

피시킨, 제임스(James Fishkin). 2003. 『민주주의와 공론조사』. 김원용 옮김. 이화여대 출판부.

홍덕화. 2016. 「한국 원자력산업의 형성과 변형: 원전 사회기술체제의 산업구조와 규제양식을 중심으로 1976~2010」. 서울대학교 대학원 사회학과 박사학위논문.

홍두승. 2014. 「사용후핵연료 공론화 추진현황과 전망」. 제29회 한국원자력연차대회 기조강연.

Bevir, M.(ed). 2007. "Democratic governance." *Public Governance Vol. 4: Democratic governance*. London: Sage.

Brunnengraeber, A., M. Nucci, A. Losada, L. Mez and M. Schreurs(eds). 2015. *Nuclear Waste Governance: An international comparison*. Berlin: Springer.

Forum on Stakeholder Confidence/NEA. 2010. *The Partnership Approach to Siting and Developing Radioactive Waste Management Facilities*. Paris: OECD.

Funtowicz, S. and J. Ravetz. 1992. "Three types of risk assessment and the emergence of post-normal science." in S. Krimsky and D. Golding(eds). *Social Theories of Risk*. London: Prager.

Gieryn, T. 1983. "Boundary-work and the demarcation of science from non-science: Strains and interests in professional ideologies of scientists." *American Sociological Review,* Vol. 48, No. 6, pp. 781~795.

Guston, D. 2001. "Boundary organizations in environmental policy and science: An introduction." *Science, Technology and Human Values,* Vol. 26, No. 4, pp. 399~408.

Irwin, A. 2006. "The politics of talk: Coming to terms with the 'new' scientific governance." *Social Studies of Science,* Vol. 36, No. 2, pp. 299~320.

Jasanoff, S. 2002. "Citizens at risk: Cultures of modernity in the US and EU." *Science as Culture,* Vol. 11, No. 3, pp. 363~380.

_____. 2010. "Beyond calculation: A democratic response to risk." in A. Lakoff(ed). *Disaster and the Politics of Intervention*. New York: Columbia University Press.

Lamont, M. and V. Molar. 2002. "The study of boundaries in the social sciences." *Annual Review of Sociology,* Vol. 28, pp. 167~195.

Kooiman, J.(ed). 1994. *Modern Governance: New government-society interactions.* London: Sage.

Renn, O. 2008. *Risk Governance: Coping with uncertainty in a complex world.* London: Earthscan.

Wynne, B. 1992. "Risk and social learning: Reification to engagement." in S. Krimsky and D. Golding(eds). *Social Theories of Risk.* London: Prager.

제11장

독일의 고준위핵폐기물 관리와
참여적 거버넌스

1. 머리말

제2차 세계대전이 종료되면서 갈 곳을 잃은 군사용 원자폭탄의 제조 기술은
'원자력의 평화적 이용'을 내세운 미국의 적극적인 주도하에 전기를 생산해 내
는 민수용 기술로 전환되었다. 이에 따라 원자력발전소가 세계 곳곳에 건설되
어 현재 약 30여 개 나라에서 운영되고 있다. 그런데 문제는, 원자력발전은 필
연적으로 독성이 강한 핵폐기물을 부산물로 남긴다는 것이다. 핵폐기물은 인
간과 자연환경에 극도로 위험한 방사능을 뿜어내기 때문에 생물권으로부터 영
구히 안전하게 격리되어야 하는 맹독성 물질이다. 핵폐기물은 "방사성 핵종의
농도가 규정치 이상 함유 또는 오염된 물질로서 폐기 대상이 되는 것"을 말하는
데, 일반적으로는 방사능 농도에 따라 저·중·고준위 폐기물로 분류된다. 기준
은 국가마다 다르나 대부분의 국가에서는 국제원자력기구(IAEA)와 같은 국제
기관의 권고 사항을 기준으로 하여 각국의 규제 당국이 규정한다(한국위험통제

학회, 2007). 이 중에서 특히 고준위핵폐기물이 가장 심각한 문제를 일으킨다.[1] 국제원자력기구는 사용후핵연료의 재처리에서 침출된 고준위 폐액과 폐기되는 사용후핵연료, 또는 이와 동등하게 강력한 방사능을 방출하는 핵폐기물을 고준위핵폐기물로 정의하고 있다. 사용후핵연료란 새 연료를 원자로에서 약 3년을 태우고 꺼낸 것을 말한다. 따라서 사용후핵연료를 재처리하지 않을 경우에는 사용후핵연료는 모두 고준위핵폐기물이 된다.

현재 원전을 운영하는 나라들 중에서 고준위핵폐기물을 처분할 수 있는 최종처분장이 있는 나라는 전무하며, 오직 핀란드만이 그나마 최종처분장 건설을 국가로부터 승인받아 현재 건설 중이다(Besnard et al., 2019). 이러한 분위기 속에 원전을 운영하는 대부분의 나라들에서 고준위핵폐기물 관리 문제는 지난 수십 년 동안 항상 커다란 사회갈등을 불러일으켜 그 해결이 쉽지 않은 '난제'로 인식되고 있다(Brunnengraeber, 2019).

1960년대부터 원자력발전소를 운영해 온 독일 역시 핵폐기물 처리를 둘러싸고 엄청난 사회적 갈등을 경험했다. 핵폐기물을 둘러싼 독일의 사회적 갈등이 독일 반핵운동의 전투성을 전 세계에 알리는 역할을 했을 정도로 핵폐기물, 그 중에서도 특히 고준위핵폐기물 처분장 부지선정 문제는 1970년대 이후 아주 치열한 쟁점이 되어왔고, 그 누구도 쉽게 풀 수 없는 난제 중 난제로 간주되었다. 그런데 독일 정부는 2011년 일본의 후쿠시마 원전사고 직후 가동 중이던 17기의 원전을 2022년 말까지 전부 멈추겠다는 담대한 '에너지전환(Energiewende)' 계획을 확정했다. 이어서 2013년에는 고준위핵폐기물을 안전하게 처리할 수 있는 최종처분장 부지선정 절차와 방법을 발표했는데, 이 새로운 부지선정 절차와 방법은 독일 정부가 지금까지 취해오던 권위주의적인 접근법과는 사뭇 다른 '참

---

[1] 원자로에서 꺼낸 지 1년이 지난 사용후핵연료에서 1미터 떨어져 있던 사람도 1분 내에 사망할 정도로 고준위핵폐기물은 독성이 극도로 강한 위험물질이다. Roche et al.(2019).

여적 거버넌스(participatory governance)'[2]를 표방하고 있어 관심을 끈다. 하지만 우리 학계에서는 독일의 에너지전환을 위한 탈핵정책에 대한 연구는 상당히 축적되어 있는[3] 반면, 최근 에너지전환 계획과 맞물려 독일이 고준위핵폐기물 관리를 위해 새로 채택한 참여적 거버넌스에 관한 학술적 소개나 연구는 거의 찾아보기 어렵다.[4] 이와 같은 연구 공백은 독일에서 추진되고 있는 에너지전환의 전체상을 이해하는 데도 걸림돌로 작용할 것이다.

이러한 문제의식을 기반으로 이 장에서는 먼저 후쿠시마 원전사고 이전까지의 독일 내 핵폐기물 처분장 부지선정의 역사를 살펴보고, 이어서 후쿠시마 원전사고 이후 독일에서 새롭게 추진 중인 고준위핵폐기물에 대한 참여적 거버넌스 지향 관리 체계의 내용과 그에 대한 평가들을 검토할 것이다. 그리고 마지막으로 최근에 독일에서 진행 중인 고준위핵폐기물 관리를 위한 경험들이, 고준위핵폐기물 문제로 심각한 갈등을 겪고 있는 우리 사회에 던지는 정책적 함의에 대해 토론해 보기로 한다.[5]

2 참여적 거버넌스란 주로 숙의적 방법을 통한 일반 시민과 이해관계자들의 참여를 강조하는 공공정책 결정 방식을 의미한다. Fischer(2012) 참고.

3 독일의 에너지전환에 대한 국내 학계의 대표적인 연구로는 박진희(2012), 임성진(2012), 염광희(2012), 강윤재(2013), 김주현(2015), 김수진(2016) 등이 있으며, 외국 학자의 연구로는 Schreurs(2014)가 있다.

4 이와 관련해 2013년에 제정된 '고준위방사성폐기물처분장 부지선정법'을 소개한 윤혜선(2015)이 거의 유일한 학술논문이라고 할 수 있지만, 이 역시 2013년의 '처분장부지선정법'에 대한 소개와 평가에 한정되어 있다.

5 한국의 고준위핵폐기물 문제의 전개 과정 및 그와 관련된 사회갈등에 대해서는 이영희(2013, 2017) 참고.

2. 후쿠시마 원전사고 이전까지 독일의 핵폐기물 관리

1) 독일의 핵폐기물과 핵폐기물 처분장 개요

독일(당시는 서독)은 1955년에 핵무기 개발과 보유를 중단하겠다고 공식 선언한 직후부터 상업용 원자력발전소 개발에 착수해 1960년에 바바리아주 칼(Kahl)에 최초로 건립한 원자력발전소를 가동했다. 독일 정부는 1960년대 초반부터 땅속 심층 암염층(deep salt formations)에 모든 핵폐기물을 처분한다는 입장을 견지했다. 이에 따라 핵폐기물의 분류 개념으로, 앞에서 살펴본 국제원자력기구의 분류체계와는 달리 영구처분 안전성과 관련된 사항을 고려해 '열 발생 폐기물(heat-generating waste)'과 '열 발생 무시 가능 폐기물(waste with negligible heat generation)'이라는 용어를 사용한다. 그러나 대체로 열 발생 폐기물은 고준위핵폐기물에 해당하고, 열 발생 무시 가능 폐기물은 중·저준위핵폐기물에 해당한다고 볼 수 있다. 2016년 말 독일 원전에서 발생한 사용후핵연료(고준위핵폐기물)는 1만 5155여 톤인데, 이 중 6700여 톤은 독일 정부가 2005년 사용후핵연료 재처리 금지 조치를 시행하기 전에 이미 프랑스와 영국 등으로 재처리하려 보낸 상태이다[Federal Ministry for the Environment, Nature Conservation, Building and Nuclear Safety(BMU), 2018].

독일은 지금까지 아세(Asse), 모르슬레벤(Morsleben), 콘라트(Konrad) 등에 중·저준위핵폐기물을 처분해 왔다. 독일 정부는 1965년 아세 소금 광산을 매입해 핵폐기물 처분을 위한 연구용 광산으로 전환했고, 1967년부터 아세 II 소금 광산에 저준위핵폐기물을 처분하기 시작했다. 1972년부터는 여기에 중준위핵폐기물도 처분하기 시작했고 1978년에 광산을 폐쇄했다. 하지만 1980년대 후반에 염류 용액이 소금 광산에 유입되기 시작하면서 문제가 발생했다. 결국 아세 소금 광산은 처분장으로 부적절하다고 결론을 내렸다. 그리하여 현재는 아세 소금 광산에 저장된 핵폐기물들을 다시 꺼내고 있는데, 향후 얼마나 시일이 더 소요될지 모르는 상황이다. 모르슬레벤 처분장은 구 동독 지역의 소금 광산으로 1990년 10월까지 중·저준위핵폐기물을 처분했다. 하지만 독일 통일 후 안전성에 대한 우려로 라이선스가 종료되어 향후 해체될 계획이다. 오래된 철 광산을 활용한 콘라트 처분장은 중·저준위 최종처분장이지만, 독일 내 모든 중·저준위핵폐기물을 다 수용할 정도로 큰 규모는 아니다. 하지만 1975년부터 1982년까지 중·저준위 핵폐기장으로서의 안전성 평가를 거쳐 라이선스를 받아 최종처분장으로 변모했고, 2022년 이후부터 중·저준위핵폐기물이 본격적으로 처분될 예정이다(Tiggemann, 2019).

독일에서도 핵폐기물을 둘러싸고 고준위핵폐기물 처분장 부지선정 문제가 가장 큰 갈등을 일으키고 있다. 현재 독일 내 고준위핵폐기물은 각 원전 부지 근처에 임시로 저장되어 있거나 아우스(Ahaus), 고어레벤(Gorleben), 루벤노프(Rubenow), 노르트(Nord) 등의 집중형 중간저장시설에 보관 중이다. 아우스는 원전과 연구용 핵반응로에서 나온 고준위핵폐기물을, 루벤노프 노르트 시설은 구 동독에서 운영된 원전을 해체하며 나온 모든 종류의 핵폐기물을 보관하고 있는데, 카를스루에(Karlsruhe) 재처리시설과 원자력 연구용 선박 오토한(Otto Hahn)에서 나온 고준위핵폐기물도 보관할 예정이다[Federal Ministry for the Environment, Nature Conservation, Building and Nuclear Safety(BMU), 2018].

독일의 핵폐기물 관리 역사는 크게 3단계로 구분된다. 첫 번째 단계는 1970년대에 고어레벤 지역을 핵폐기물 처분장 부지로 선정하려는 정부의 시도에 대해 저항과 갈등이 광범위하게 확산된 것이다. 두 번째 단계는 1990년대 말부터 2000년대 초반까지로 적녹연합정권하에서 녹색당 몫의 환경부 장관이 설립한 핵폐기물처분장 부지선정 절차를 위한 워킹그룹 아켄트(AkEnd)의 권고안에 제시된, 좀 더 참여적인 접근법이 논의되었다. 마지막 세 번째 단계는 일본 후쿠시마 원전사고 이후 '에너지전환' 정책과 더불어 좀 더 참여적인 거버넌스를 강조하는 '고준위핵폐기물처분장부지선정법(StandAG)'(정식 명칭은 '열발생방사성폐기물을 위한 처분시설 부지의 조사 및 선정에 관한 법률', 이하 '처분장부지선정법') 제정 이후 새롭게 추진되고 있는 처분장 부지선정의 시기이다(Hocke and Kallenbach-Herbert, 2015; Tiggemann, 2019).

2) 고어레벤 핵폐기물 처분장 부지선정을 둘러싼 갈등(1974~1998)

핵폐기물 관리와 관련해 1970년대 초반부터 사민당과 자유당 연합정부는 핵처분센터(nuclear disposal center) 개념을 발전시켰다. 이 센터는 핵폐기물의 보관, 재처리, 핵연료가공, 핵폐기물 처분 등 핵연료 사이클 후행 주기를 모두 포함해 고안되었다. 다시 말해 독일의 모든 핵발전소의 사용후핵연료를 이곳으로 이송해 와서 습식 중간저장시설에 몇 년간 보관한 다음 재처리하겠다는 개념이 바로 핵처분센터의 핵심이었다. 당시 이 핵처분센터는 세계에서 가장 대규모의 재처리 시설로 설계되었다. 이 개념을 기반으로 독일 정부는 1974년부터 부지선정에 착수해 1977년 니더작센(Niedersachsen)주에 위치한 고어레벤을 핵처분센터의 최적지로 선정했다. 하지만 당시 지역 주민과의 대화나 주민 참여에 대한 보장은 거의 없었고, 부지선정 기준을 대중에게 명확히 공개한 적도 없었다. 고어레벤 주민들은 왜 고어레벤이 선정되어야 하는지 들을 수 없었다. 지역 주민들은 고어레벤 선정이 미리 결정되어 있었다고 생각할 수밖에 없었다. 환경단체들은 고어레벤이 과학적 근거보다는 과거 동독과 인접해 있었다는 정치적이고 경제적인 이유로 선정된 것이라는 의혹을 제기했다(Hunold, 2007; Hocke and Renn, 2009; Kuehne, 2014).

고어레벤을 핵처분센터 부지로 선정한 데 대한 강력한 대중의 저항에는 이러한 의혹이 배경에 깔려 있었다. 고어레벤 부지선정에 대한 저항은 지역과 중앙 차원에서 반핵단체들의 폭넓은 지지를 받았다. 고어레벤에서는 부지선정이 발표되고 3주 후 1만 2000명 이상이 모여 항의 시위를 벌였다. 그리하여 고어레벤은 독일의 핵 프로그램과 그에 대한 반대운동의 상징이 되었다. 1979년에 열린 '고어레벤 청문회'에서는 핵재처리가 논란을 빚었는데, 논란 끝에 당시 총리 에른스트 알브레히트(Ernst Albrecht, 니더작센주)가 더는 재처리를 하지 않겠다는 방침을 발표했다. 정부는 재처리 포기로 주민 저항이 수그러들 것이라 기대했지만, 그 무렵 미국 스리마일섬 원자력발전소 사고의 영향으로 오히려 비판 여론이 고조되었다. 1980년에는 고어레벤에서의 지층 조사 현장이 시위대에 의해 장악될 정도로 반대운동은 거셌다. 이들은 독일 정부로부터 독립된 '벤트란트 자유공화국(Republik Freies Wendland)'을 선언하고 독자적으로 여권을 발급하는 등 상징적인 차원의 '해방구'를 건설했다. 그러나 한 달 후 경찰 병력 6500명이 시위대가 장악한 지층 조사 현장을 다시 탈환했다. 이는 제2차 세계대전 이후 있었던 최대의 경찰 투입 작전이라고 한다. 이 사건 이후 고어레벤의 핵폐기물 처분장과 그 적합성 여부가 서독 반핵운동의 핵심 의제가 되었다.

독일 정부는 1980년대와 1990년대에도 CASTOR[6] 고준위핵폐기물 중간저장시설 등을 고어레벤에 건설했다. 고어레벤 핵시설에 대한 반대운동은 CASTOR 캐스킷이 고어레벤 중간저장시설로 처음 이송된 1995년에 다시 고조되었다.[7] 고어레벤은 프랑스 라하그(La Hague) 재처리센터와 영국 셀라필드(Sellafield) 재처리센터로부터 반입되는 고준위핵폐기물을 받아 중간저장 하고 있었다.[8]

---

6   CASTOR란 '방사성 물질의 저장 및 이송 캐스크(cask for Storage and Transport of Radioactive material)'의 약어로, 독일의 GNS사가 개발한 고준위핵폐기물의 저장 및 운송을 위한 용기를 말한다. 1990년대 이후 CASTOR는 독일 반핵운동의 상징이 되었다.

7   1994년 독일 원자력에너지법은 원자력 사업자가 재처리나 직접처분 둘 중 하나를 할 수 있다고 규정했다. 하지만 2005년 7월 1일부로 재처리를 위한 사용후핵연료 이송이 금지되었다.

8   독일의 핵폐기물 중간저장시설의 수명은 최장 40년으로 법에 규정되어 있다. 이에 따라 고어레벤 중간저장시설은 2034년까지만 운영이 가능하다.

1995년 당시 1만 5000명 이상의 경찰 병력이 CASTOR 캐스킷 이송을 호위해야 할 정도로, 고어레벤의 핵폐기물 시설에 대한 반대운동은 거셌다. 그 이후 고어레벤 지역의 반핵 시민단체는 1000명 이상의 회원을 둘 정도로 성장했다 (Tiggemann, 2019).

이처럼 1970년대부터 1990년대까지는 공권력은 반핵운동에 대해 준군사적 방식, 심지어 조직화된 '예방적' 공격 형태로 대응했다. 결과적으로 이러한 경찰의 폭력, 대부분의 평화적 시위자들을 범죄자화하고 명예훼손으로 옭아맨 것은 시민들이 국가에 등을 돌리도록 했고, 국가기관에 대한 신뢰도 추락시켰다.

3) 아켄트 보고서(1999~2002)

1998년에 게르하르트 슈뢰더(Gerhard Schröder)의 주도로 성사된 사회민주당-녹색당의 '적녹연합정부'가 집권하면서 고어레벤에 대한 정부 정책도 크게 바뀌었다. 적녹연합정부에서는 환경부장관직은 녹색당 출신이 차지했는데, 아켄트는 환경부장관이 만든 고준위핵폐기물 처분장 부지선정을 위한 워킹 그룹을 말한다.

2000년에 들어와 독일 정부는 고어레벤에서의 심지층 처분장에 대한 모든 탐사 작업을 3~10년간 모라토리엄을 선언했다. 모라토리엄의 목적은 원점에서 재검토하겠다는 것으로, 아켄트가 그 작업을 맡았다. 2002년에 워킹 그룹은 아켄트 보고서를 정부에 제출했다. 보고서의 핵심 내용은 '회수 가능성 (retrievability)'[9]을 허용하지 않는 심지층 처분이 필요함, 독일의 모든 핵폐기물

---

9   회수 가능성이란 핵폐기물이 일단 최종처분장에 저장(처분)된 상태일지라도 필요하다고 판단될 경우 이미 저장된 폐기물을 다시 꺼낼 수 있는 핵폐기물 관리 능력을 의미한다. Nuclear Energy Agency, 2001, 2012.

을 단일 처분장에 관리해야 함, 독일의 핵폐기물은 독일 영토 내에서 관리되어야 함, 부지선정은 독일 내 그 어떤 지역도 미리 배제해서는 안 됨, 적어도 세 후보지가 지층 조사의 대상이 되어야 하며 그중 최소 두 후보지가 심층 조사 대상이 되어야 함 등이었다.

아켄트 보고서에 따르면 핵폐기물 처분장 입지 선정 과정에서는 무엇보다 투명한 정보공개와 지역 주민의 광범위한 참여가 중시되어야 한다. 구체적으로 보고서는 부지선정과 관련해 6단계의 공론화 방식을 제안했다. 제1단계는 지질학적으로 안전성을 충족하지 못하는 지역을 배제하는 단계로, 주로 정보공개, 설명, 주민 감시 등의 참여 방식이 활용되어야 한다. 제2단계는 적합 지역 후보를 5개 이상 선택하는 단계로, 역시 정보공개, 설명, 주민 감시 등의 참여 방식이 활용되어야 한다. 제3단계는 표층 지질조사 후보지를 3~5개 선택하는 단계로, 시민포럼, 의견조사/주민투표 등의 참여 방식이 활용되어야 한다. 제4단계는 표층 지질조사를 실시한 다음 심층 지질조사 수용 여부를 결정하는 단계로, 시민포럼, 의견조사/주민투표 등의 참여 방식이 활용되어야 한다. 마지막으로 제5단계는 앞의 제4단계를 통과한 지역에 대해 심층 지질조사를 실시하는 단계로, 주민투표를 통해 주민 의견을 수렴한 다음 연방의회가 최종 확정한다(AkEnd, 2002).

그 전의 접근법과 아켄트 보고서의 가장 큰 차이점은 공공참여와 투명성의 강조에서 찾을 수 있다. 단계마다 대중의 참여와 수용성을 강조하는 방식은 당시로서는 상당히 앞선 생각이었다. 핵폐기물 관리에서 기술적 측면만이 아니라 사회적 측면도 강조했다는 점은 기존의 접근법에 비해 매우 혁신적이었다. 하지만 대중의 참여와 수용성 등 사회적 기준은 과학기술적 조사에 의해 1차로 결정된 지역을 대상으로 한 2차 평가 기준으로 활용되어야 하는 것으로 제안되었다(Losada, Themann and Di Nucci, 2019).

그러나 아켄트 보고서는 중앙정부나 지방정부 모두 실효성 있게 받아들이지 않았다. 주요 정당들 사이에서 에너지산업이 부지 탐색 비용을 얼마나, 그리고 어떻게 부담해야 하는지를 놓고 합의를 보지 못했기 때문이다. 하지만 아켄트 보고서는 시민사회 운동단체 구성원들로부터 지지를 받았고(Kuppler, 2012), 뒤에서 살펴볼 2013년 '처분장부지선정법'에 크게 영향을 미친다.

한편 적녹연합정부는 2002년 기존의 '원자력법'을 개정했는데, 주요 내용은 원전의 최대 수명을 32년으로 제한하여 원전을 점차 폐쇄한다는 것으로(그렇게 할 경우 마지막 원전의 폐쇄는 2021년쯤이 된다), 재처리를 위해 사용후핵연료를 프랑스·영국 등 국외로 반출하던 것을 2005년 7월 이후 금지할 것, 모든 사용후핵연료는 심지층에 처분할 것, 그리고 재처리 금지와 연동해 핵폐기물 최종처분장이 마련될 때까지 원전 운영사들은 사용후핵연료를 각 원전 부지에 임시로 저장할 수 있게 소(所) 내에 중간저장시설을 마련할 것 등이었다(Vorwerk, 2002).

3. 처분장부지선정법과 참여적 거버넌스

1) 처분장부지선정법과 고준위핵폐기물처분위원회

2009년 총선에서 승리한 기독교민주연합과 자유민주당 연합정부는 '고어레벤 모라토리엄'을 종료하고, 이전 적녹연합정권에서 추진했던 원자력의 단계적 폐쇄 정책을 차례로 포기하는 정책을 추진함으로써 탈원전 정책에 제동을 걸었다. 아울러 연합정부는 고어레벤 암염동에 대한 부지 적합성 조사를 재개했다. 그러나 2011년 후쿠시마 사태로 다시 모든 것이 바뀌었다.

독일 정부는 후쿠시마 사태를 거치면서 8기의 원전을 즉각 폐쇄하고 나머지도 2022년 말까지 폐쇄하겠다고 선언했다. 탈원전 추진이 국가 정책으로 결정되고, 기존 중간저장시설의 수명이 40년으로 제한되어 있었기 때문에 고준위핵폐기물 최종처분장 선정 필요성에 대한 사회적 공감대도 높아졌다. 연방정부와 각 주 총리들은 고준위핵폐기물 처분장 선정을 '백지(white map)'에서 시작해 독일 전역을 대상 범위로 하되 고어레벤도 배제하지 않는다는 데 합의했고, 지질학적 차원에서도 암염, 점토층, 화강암반 모두를 조사 대상으로 한다는 데 의견이 일치했다. 아울러 후쿠시마 사고 직후 유럽연합 이사회도 핵폐기물 관리 실행 계획을 제출할 것을 회원 국가에 요구하는 상황이기도 했다. 그리하여 2012년에 100만 년 동안 "가능한 최고의 안전(the best possible safety)"을 보장하는 것을 목표로 내건 '처분장부지선정법'이 만들어지고 2013년에 발효되었다[Federal Ministry for the Environment, Nature Conservation, Building and Nuclear Safety(BMU), 2015, 2017].

이 법에 따라 2014년에 고준위핵폐기물처분위원회(이하 EndKo)가 만들어졌다. 이 위원회는 고준위핵폐기물 처분장 부지선정 절차를 더 구체적으로 작성하는 임무를 맡았다. 여기에는 최종처분장 부지선정을 둘러싼 절차적 단계의 구체화, 최종처분장 부지선정 과정에서 활용할 수 있는 기준의 개발, 공공참여 관련 절차의 설계 등이 포함되었다. 위원회는 총 34명으로 구성되었다. 2명의 의장, 과학자 8명, 시민사회 8명[노조, 교회, 산업계에서 각각 2명씩, 그리고 독일 환경단체인 분트(BUND: 지구의 벗)와 독일 환경재단에서 각각 1명씩 파견], 연방 상원의원(주정부 대표) 8명, 연방하원의원 8명으로 구성되었는데, 연방 상원과 하원 참가자들은 투표권은 없고 의견 개진권만 부여되었다. 위원회는 3개의 워킹그룹으로 나뉘어 역할을 분담했는데, 워킹그룹1은 공공참여 문제, 워킹그룹2는 '처분장부지선정법' 검토 평가, 워킹그룹3은 사회적 및 기술적 의사결정 기준 마련에 초점을 두고 작업을 진행했다.

EndKo는 2016년에 권고안을 작성하고 해산했다. 권고안의 내용은 아켄트 권고안과 많은 부분에서 유사한데, 특히 부지선정 기준이 그러하다. 양 위원회의 권고안을 보면 안전과 위험 개념이 핵심적인 역할을 수행하고 있다고 할 수 있다. EndKo는 100만 년 동안 가능한 최고의 안전성 확보를 위해 심지층 처분을 선호하는 처분 방식으로 제시했지만[10] 아켄트와는 달리 최종처분 후 초기 500년간은 회수 가능성을 유지하도록 했다.[11] 아울러 핵폐기물의 전체적인 처분 과정이 언젠가는 어딘가에서 문제가 발생할 수도 있다는 '에러 문화(error culture)'를 용인하고 자기학습적 과정으로 설계되어야 함을 권고하며 정책결정 과정에서의 '가역성(reversibility)'[12]의 여지를 열어두었다(Losada, Themann and Di Nucci, 2019).

처분장 부지선정 과정만이 아니라 부지선정 절차를 설계할 때도 시민참여가 필요하다는 '처분장부지선정법'의 정신에 따라 EndKo는 '시민대화' 등을 포함한 다수의 대중참여 행사와 포럼 등을 개최했다. 위원회는 숙의민주주의(deliberative democracy)적 이상을 참여적 접근의 기반으로 내세웠으며, 2016년에 제출한 보고서에서 다음과 같이 선언했다. "독일에서 핵폐기물 관리의 역사는 민주주의가 대의민주주의의 한계를 뛰어 넘어야 한다는 점을 보여주었다. 대의민주주의적 접근은 핵폐기물 문제를 해결하는 데 실패했다. '숙의민주주

---

10 처분장부지선정 절차를 보다 구체화하는 작업을 담당했던 EndKo의 과학자 위원 8명 중에서 지질학자가 차지하는 비중이 압도적으로 높았다고 한다. 따라서 위원회는 지질학 분야에서 강점은 있었지만 다른 대안적 핵폐기물 관리기법(예컨대 장기 지층 중간저장이나 심부시추공처분 등)에 대해서는 지식이 상대적으로 적었기 때문에 결과적으로 심지층처분 방식에의 편향성이 강해질 수 있었다는 평가도 있다. Losada, Themann and Di Nucci (2019).

11 고준위핵폐기물의 회수 가능성 개념에 대해서는 아켄트 보고서와 마찬가지로 핵폐기물관리위원회(ESK)도 위험할 수 있다는 점에서 비판적인 입장을 취했다. 하지만 2013년 '처분장부지선정법'은 최종처분 후 500년 동안 회수 가능성을 인정하고 있어 회수 가능성에 대해 변화된 입장을 취하고 있음을 알 수 있다.

12 가역성이란 핵폐기물 처분을 위한 의사결정 단계에서 필요할 경우 더 이상 미리 정해진 계획대로 나아가지 않고 그 이전의 의사결정 단계로 되돌아 갈 수 있는 핵폐기물 관리능력을 의미한다. Nuclear Energy Agency(2001, 2012).

의'의 철학에 따라 담론, 대등한 입장에서의 대화, 공공선을 만들어내기 위한 참여 및 공동의 노력 등이 좀 더 강조되어야 한다. 그렇게 함으로써 위원회는 새로운 차원을 여는 것이다"(Olliges, 2019).

EndKo는 이러한 철학에 입각하여 2015년 6월 20일에 베를린에서 200명의 시민이 참가한 '부지선정에 관한 시민대화'를 시작으로 2015년 10월 12일 베를린, 11월 20일 베를린, 2016년 1월 15일 카셀(Kassel) 세 개 지역에서 '지역 워크숍'을 개최했다. 각 지역 워크숍 참가자는 약 120명 정도였다. '청소년 및 공공 참여 실행자들과의 워크숍'도 도르트문트(Dortmund)와 카셀에서 세 차례 열렸는데, 각 워크숍에 25~30명이 참가했다. '부지선정 기준'을 제목으로 한 전문가 워크숍도 두 차례, 즉 2016년 1월 29일과 30일에 베를린에서 열려 185명의 전문가들이 참가했다. 2016년 4월 29일과 30일에는 '위원회 보고서 초안'에 대한 대중 자문 행사를 개최했다. 아울러 다양한 온라인 참여 기회도 제공했는데, 예컨대 2016년 4월부터 온라인 포럼을 열어 보고서 초안을 챕터별로 올려 코멘트를 구했고, 6월 18일부터 9월 11일까지는 초안 전체를 올려 대중의 토론을 유도했다. 숙의 포럼 행사 참가자 대부분은 무작위 선발이 아니라 초대하거나(청소년 워크숍의 경우) 지원한 이들 중에서 선정했다. 따라서 학력수준이 평균보다 높았고, 직업적 관련성이 높은 부문에서 온 사람들도 많았다. 주목할 만한 점은 그린피스 등 주요 반핵단체들이 EndKo가 조직한 이러한 숙의 포럼들에 참가 거부를 했다는 점이다. 참가를 거부한 가장 큰 이유는 '처분장부지선정법'이 기본적으로 고어레벤을 제외하지 않았다는 점,[13] 위원회에 2명의 핵산업계 인사

---

[13] 앞에서 언급한 것처럼 독일 내 최대 환경운동 조직인 분트도 위원회에 참여하기는 했지만 위원회가 상세하게 작성한 부지선정 절차가 고어레벤을 배제시키지 않은 '처분장부지선정법'을 그대로 수용하고 있다는 점을 강력히 비판했다. 더 자세한 내용은 BUND(2016)를 참고. 분트의 한 활동가는 독일 베를린에서 가진 필자와의 인터뷰(2020년 1월 10일)에서 이러한 문제점에도 불구하고 위원회에 참여한 이유는 새로운 처분장부지선정법이 핵폐기물에 대한 새로

가 포함되어 있다는 점이 이유로 거론되었다. 반핵단체들은 2015년 6월 20일에 베를린에서 개최된 '부지선정에 관한 시민대화'에 맞서 100여 명이 참가한 행사를 따로 조직하기도 했다(Olliges, 2019).

과연 EndKo가 조직한 이러한 대중참여적 숙의 행사들은 자신들이 천명한 바와 같이 숙의민주주의를 구현한 것이라고 할 수 있을까? 전반적으로 볼 때, EndKo는 독일 핵폐기물 관리정책의 입안과 관련하여 역사상 처음으로 숙의 포럼 형식으로 일반 시민, 지역 주민, 청소년, 전문가 등 대중의 참여를 고취했다는 점에서 기술민주주의를 진전시켰다고 긍정적으로 평가할 수 있다. 하지만 EndKo가 공공참여를 강조했음에도 불구하고 실제로는 '전문가 중심주의'로부터 벗어나지는 못했다는 비판적 평가도 있다. 한 연구자는 EndKo가 조직한 숙의 포럼들은 셰리 아른슈타인(Sherry Arnstein)이 제시한 '참여 사다리(ladder of participation)'[14]에서 정보 제공이나 자문 정도의 단계에 그치고 있다고 평가했다. 다소 형식적인 참여에 머물렀고, 정책책임자나 기관으로부터 피드백이 거의 없었다는 것이다. 실제로 청소년 워크숍에 참가한 2명의 청소년이 위원회에 편지를 보내 자신들의 의견이 위원회에서 제대로 검토되지 않았음을 비판하면서 피드백을 해줄 것을 요구하기도 했다. 요컨대 위원회는 독일 핵폐기물 관리정책의 '숙의적 전환(deliberative turn)'을 시도하기는 했지만 포괄성, 투명성, 공정성, 숙의의 질 등의 기준으로 평가해 보면, 투명성 부분은 어느 정도 성취가 있었으나 대체적으로는 숙의가 많이 부족했다는 점에서 '숙의적 결손(deliberative deficit)'을 크게 벗어나지 못했다는 것이다(Olliges, 2019).

운 거버넌스구조 제시, 투명성 강화, 공공참여 확대, 법률적 보호 등의 측면에서 진일보한 것으로 보았기 때문이라고 했다.

14 '참여 사다리'는 셰리 아른슈타인이 1969년에 출간한 논문에서 제시한 개념으로, 참여의 수준을 8단계로 나누었다. 가장 낮은 단계인 조작을 거쳐 치료, 정보 제공, 자문, 회유, 파트너십, 권한위임, 시민통제 순서로 참여의 강도가 높아진다고 주장했다. Arnstein(1969).

EndKo는 2016년에 제출한 권고안에서 자신들이 취하고 있는 핵폐기물 관리의 새로운 접근법은 "폭넓은 사회적 합의에 의해 지지되고 영향받는 사람들에 의해 받아들여지는 해법을 찾는 것"이라고 선언하고, "대중은 부지선정의 이른 단계부터, 그리고 부지선정 전 과정을 통해 폭넓고 체계적으로 정보를 제공받고 참여할 수 있어야 한다"라고 제안했다(German Commission on the Storage of High-Level Radioactive Waste, 2016). 독일 정부는 EndKo의 권고안에 따라 2017년에 '처분장부지선정법'을 개정한 다음 2017년 말까지 핵폐기물 관리를 전담할 새로운 기관과 거버넌스를 확립하고 부지선정 작업에 착수했다.[15]

2) 처분장부지선정절차와 참여적 거버넌스

먼저 고준위핵폐기물 관리를 위한 새로운 거버넌스 구조를 살펴보자. 독일의 핵폐기물 처분장 부지선정을 위한 주요 의사결정단위는 연방하원, 연방상원, 연방정부[환경, 자연보호 및 핵안전부(BMU), 이하 연방환경부], 연방핵폐기물관리안전청, 연방방사성폐기물처분공사 등이다. 2013년 '처분장부지선정법' 통과 이후 가장 크게 달라진 것은 핵폐기물 규제와 관리를 전담할 새로운 공공기관으로 연방핵폐기물관리안전청(Federal Office for the Safety of Nuclear Waste Management, BASE)이 설립되었다는 점이다. 연방핵폐기물관리안전청은 연방환경부 산하 기관으로서 부지선정 절차를 위한 평가기준을 마련하고, 부지결정안을 작성하며, 그 과정에서 공공의 참여를 관리하는 책임을 떠맡았다. 연방핵폐기물관리안전청의 감독하에 실제로 부지선정 작업을 수행하는 것은 연방방사

---

15 독일 내 핵폐기물의 저장 및 처분과 관련된 일체의 운영 및 재정적 책임을 더 이상 원전 운영사가 아니라 국가가 지는 것으로 규정한 '핵폐기물관리책임재조정법'이 2017년 6월에 통과됨에 따라 정부가 보다 전면적으로 나서게 된 것이다. Nuclear Energy Agency(2018).

성폐기물처분공사(Federal Company for Radioactive Waste Disposal, 이하 BGE)라는 공기업이다. 연방핵폐기물관리안전청은 부지선정 관련하여 연방방사성폐기물처분공사의 제안서를 검토하고 그 검토한 제안서를 연방환경부에 제출하는데, 그 후에 어느 지역에서 더 조사를 진행할지에 대해서는 독일 연방의회가 결정해 입법화를 추진한다. 이러한 면에서 볼 때 독일의 핵폐기물 처분장 부지선정의 특징 중 하나는 부지선정 관련 의사결정권이 대부분 행정부에서 입법부로 이전되었다는 점이라고 할 수 있다(윤혜선, 2015). 부지선정 과정의 모든 절차(즉, 배제 기준이나 조사 기준 등)가 법으로 정해져 있고, 한 단계에서 다음 단계로 나아가기 위해서는 반드시 입법부의 승인을 받아야 하기 때문이다. 구체적으로 '처분장부지선정법'에 부지선정 절차는 다음과 같이 정해져 있다[Federal Ministry for the Environment, Nature Conservation, Building and Nuclear Safety(BMU), 2017].

① 연방방사성폐기물처분공사가 미리 정해진 지질학적·수문학적 선정 기준에 적합하지 않은 지역들을 우선 배제함.

② 연방방사성폐기물처분공사가 고려 가능한 대상 지역들의 표층 조사(surface exploration)를 위한 제안서를 제출하면 이를 연방핵폐기물관리안전청이 검토하고 최종적으로 연방의회가 배제될 지역과 표층 조사 대상 지역을 결정함.

③ 일단 조사 대상 지역이 법에 정해지면 연방방사성폐기물처분공사는 연방의회가 결정한 기준에 따라 부지별 조사 프로그램과 검증 기준을 작성해야 함. 연방핵폐기물관리안전청이 이를 최종적으로 결정함.

④ 연방방사성폐기물처분공사는 표층 조사에 착수함. 이 결과는 부지별 검증 기준과 환경영향 등에 따라 평가됨.

⑤ 지하 조사를 위한 선정 절차 시작됨. 선정된 지역은 다시금 연방법에 의해 결정됨. 지하 조사는 철저한 지질학적 조사 프로그램과 부지별 검증 기준에 따라 수행됨. 이 과정에서 환경영향평가도 실시될 것임(2014년까지는 부지선정 단계에

서 환경영향평가가 요구되지 않았음).

⑥ 안정성 평가와 공공참여 결과를 기반으로 연방핵폐기물관리안전청은 최종처분장 부지를 제안함. 이 제안은 일어날 수 있는 모든 위해 가능성에 대해 당시 최고의 과학기술 수준에 입각하여 사전 주의(precautionary) 조치를 취해야 한다는 요구조건을 충족하는 것이어야 함. 최종처분장에 대한 이 결정은 다시 연방법에 의해 결정됨. 이는 바로 이어질 허가 절차의 필수 요건임.

⑦ 최종처분장을 건설하기 위한 행정적 마무리 의사결정 단계로 허가(licensing) 절차를 시행함.[16]

그런데 이상에서 살펴본 부지선정 관련 공식 기구들 외에 참여적 거버넌스를 위한 새로운 조직체들이 설립되었거나, 향후 설치될 예정이라는 점이 '처분장부지선정법'이 제시한 독일의 핵폐기물 관리를 위한 새로운 거버넌스의 요체라고 할 수 있다. 참여적 거버넌스와 관련하여 2016년 말에 새로 설립된 대표적인 조직체가 국가시민사회위원회(Nationales Begleitgremium, NBG)이다. 국가시민사회위원회의 설립 목적은 부지선정 과정에서 민주적 공정성과 과학적 절차의 합리성(soundness)에 대한 국민적 신뢰를 회복하기 위해 공공참여를 촉진하고 부지선정 절차를 감시하는 기능을 수행하는 것이다.[17] 전체 18명의 위원 중

---

16 현재 '처분장부지선정법'에 따르면 이 모든 과정이 완료되어 최종처분장이 선정되는 시점은 2031년으로 되어 있지만 현실성이 없다는 회의론이 많다고 한다. Schreurs and Suckow (2019).

17 그러나 아직 국가시민사회위원회의 정책적 영향력은 그다지 높은 것 같지는 않다. 한 가지 예로 2017년 '처분장부지선정법' 개정 시 국가시민사회위원회는 일정한 의견을 제시한 바 있으나 최소한으로, 그리고 주변적인 것만 반영되었다고 한다(Losada, Themann and Di Nucci, 2019). 현재 국가시민사회위원회 공동위원장직을 맡고 있는 미란다 슈로이어스 (Miranda Schreurs) 교수는 독일 베를린에서 한 필자와의 인터뷰(2020년 1월 7일)에서 국가시민사회위원회가 의사결정권은 없는 대신에 의제를 선정하고 제시할 수 있다는 점에

12명은 연방의회가 지명하도록 되어 있고, 6명은 일반 시민 중에서 선발된다. 연방의회가 지명한 위원으로는 환경단체인 분트의 활동가 클라우스 브룬스마이어(Klaus Brunsmeier), 2011년 후쿠시마 사고 직후 독일의 탈핵 여부를 논의하기 위해 조직된 윤리위원회의 공동위원장을 역임한 전 환경부장관 클라우스 퇴퍼(Klaus Töpfer), 핵문제 관련 공공참여 행사 전문가 모니카 뮐러(Monika Müller), 에너지정책 전문가 미란다 슈로이어스(Miranda Schreurs) 등이 있다. 6명의 시민 위원의 선발은 법률에 의해 공공참여 방식으로 이루어졌다. 1단계로 무작위로 뽑힌 약 7만 명의 시민을 대상으로 전화를 하고, 여기에 관심 있는 120명의 시민들이 5개의 시민포럼에 분산 참여하여(2단계) 각각 남녀 3명씩 총 6명의 시민대표를 선출하는 것으로 했다. 이 30명의 시민대표들이 다시 모여 최종적으로 6명의 시민대표를 뽑았다. 6명의 시민대표는 남성과 여성이 균형을 이루고 있고, 그중 2명은 대학에 다니는 청년세대이다.[18] 이들의 회의는 현재 매달 개최되고 일반인들에게도 공개되어 있다.[19]

참여적 거버넌스와 관련하여 국가시민사회위원회의 설치와 더불어 중요한 의미가 있는 것은 부지선정 과정에서 직접적으로 영향을 받는 시민들과 지역 이해관계자들이 참여할 수 있는 통로를 제공하고 있다는 점이다[Federal Office for the Safety of Nuclear Waste Management(BASE), 2020]. 이러한 직접 참여의 통로로 제시된 것이 광역지역회의(Conference of Subregions), 지역위원회(Council of Regions), 지역회의(Regional Conferences)이다. 먼저 광역지역회의는 부지선정의 가장 첫 단계로서 연방방사성폐기물처분공사가 백지 상태에서

서 긍정적인 의미가 있다고 말한 바 있다.

18 '처분장부지선정법'에는 국가시민사회위원회에 청년세대 위원을 포함해야 한다는 규정이 있다.

19 국가시민사회위원회의 정례 회의는 모든 이들에게 개방되어 있어, 외국인인 필자도 2020년 1월 9일에 열린 정례 회의에 참관할 수 있었다.

그림 11-1　부지선정 절차의 제도적 설계

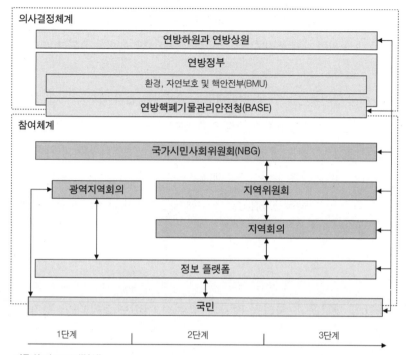

자료: Kamlage et al(2019).

출발해 독일 지역들 중에서 지질학적으로 적합하지 않은 지역을 뺀 광역 지역을 선정하게 되면 해당 광역 지역 주민과 이해관계자들이 광역지역회의를 구성하여 정보를 제공받고 의견을 제출할 수 있게 된다. 그러나 연방의회가 더 구체적인 표층 조사 지역들을 선정하게 되는 두 번째 단계에 들어오면 이 광역지역회의는 해산하게 되고, 표층 조사 대상 지역의 주민과 이해관계자들로 구성된 지역위원회가 새로 만들어진다. 지역위원회는 표층 조사 과정에 직간접적 형태로 참여하면서 정보를 요구하고 의견을 제시할 수 있다. 표층 조사 결과를 기반으로 선정된 몇몇 지역을 대상으로 지하 조사를 하는 세 번째 단계에서도 지역위원회가 지역 주민과 이해관계자들의 참여 통로로 기능한다. 지역회의는 두 번째 단계와 세 번째 단계 동안 복수의 지역위원회들을 서로 연결해 주는 주민참여 조직체로서, 한 지역만의 관점을 뛰어넘어 부지선정 과정을 모니터링하고 조사 대상 지역 간에 생길 수 있는 이해 갈등을 서로 논의하게 된다(Kamlage, Warode and Mengede, 2019).[20]

이상에서 살펴본 것처럼 독일의 새로운 핵폐기물 관리 체계는 크게 보면 연방하원, 연방상원, 연방환경부, 연방핵폐기물관리안전청 등을 통한 공식적 의사결정 체계와 국가시민사회위원회, 광역지역회의, 지역위원회, 지역회의 등을 통한 대중 및 이해관계자의 참여 체계로 구성되어 있다고 할 수 있다. 〈그림 11-1〉은 2013년 '처분장부지선정법'에 의해 새롭게 정비된 제도적 설계를 요약적으로 보여주고 있다.

4. 독일의 새로운 부지선정 절차와 참여적 거버넌스에 대한 평가

지금까지 살펴본 새로운 '처분장부지선정법'은 그 전의 부지선정 방식과는 몇 가지 큰 차이가 있다. 예전에는 암염이 가장 바람직한 조건이라고 생각했으나 아켄트 보고서 이후에는 암염, 점토, 화강암 모두가 부지선정의 대상으로 되었다. 아울러 1970년대에 고어레벤을 부지로 선정할 때는 단일 지역을 처분장 부지로 추진했지만, 아켄트 보고서 이후는 복수 지역 추진으로 변화했다. 하지만 가장 큰 차이는 처분장 부지선정 과정에서 대중과 이해관계자의 참여를 강조하고 있다는 데서 찾을 수 있다. 1970년대에 고어레벤을 처분장 부지로 추진

---

20 연방핵폐기물관리안전청의 공공참여 담당자들과 가진 인터뷰(2020년 1월 8일)에서 지역회의를 중심으로 한 독일의 지역 주민 및 이해관계자의 참여 방식이 스위스의 핵폐기물 처분장 부지선정 과정에서의 공공참여 방식을 벤치마킹한 것임을 알 수 있었다. 스위스의 공공참여 방식에 대해서는 Steinebrunner(2019)를 참고할 수 있다.

할 때는 모든 의사결정이 비밀주의 원칙하에 이루어졌다가, 우연히 비밀이 주민들에게 새어나가 크나큰 주민 저항을 불러일으켰던 것이다. 이러한 점에서 2013년 전까지는 정치적으로 결정되고 정당성이 결여된 하향식 접근법이었다고 할 수 있다.

반면 2013년에 새로 만들어지고 2017년에 개정된 '처분장부지선정법'은 투명성, 민주성, 그리고 매 단계별 주민참여를 강조하고 있다는 점에서 핵폐기물 관리의 참여적 거버넌스를 위한 제도적 기반을 제공하고 있다고 할 수 있다. '처분장부지선정법'은 처분장 후보 지역을 대상으로 한 지질조사 결정과 관련해 해당 지자체와 주민들에게 참여할 권리를 부여하고 있는데, 이는 독일 핵폐기물 부지선정 역사상 처음 있는 일이다. 이러한 변화는 지난날, 특히 일방적인 '결정-공표-방어(decide-announce-defend)'식의 의사결정 전략으로 야기된 사회갈등으로 점철된 고어레벤의 경험 등에 대한 반성을 기반으로 하여 생겨난 것이라고 할 수 있다. 그러나 독일의 새로운 부지선정 방식이 오로지 주민 수용성만을 중시하는 것은 아니다. 부지선정은 일차적으로 6개의 지구과학적 배제조건(지진 활동 여부, 지층 운동, 화산활동, 지하수 이동 등)을 적용해 모든 대상지는 최소한의 지구과학적 기준을 충족시켜야 한다고 분명히 밝히고 있다. 이러한 일차 기준 통과 후에 적절한 대상지 선정, 표층 및 지하 조사, 대상 지역 간 비교 및 선정, 연방법에 따른 최종 결정 및 라이선스 승인 등의 절차가 진행되는 것이다. 결국 일차적으로는 지질학적 안정성이 부지선정에서 가장 중요한 기준이 되며, 그러한 지질학적 안전성에 기반해서만 주민 수용성 기준이 의미를 지니게 되는 것이라고 할 수 있다(Losada, Themann and Di Nucci, 2019).

이상에서 살펴본 것처럼 새로운 처분장부지선정법은 핵폐기물 관리에 있어 참여적 거버넌스를 도입하고 있다는 점에서 기술민주주의 차원에서 혁신적이고 긍정적인 의미를 지니고 있다고 평가할 수 있다. 그러나 새로운 처분장부지선정법이 비판으로부터 자유로운 것은 아니다. 처분장부지선정법에서 규정하고 있는 부지선정 절차와 관련하여 제기되는 비판들은 다음과 같다. 먼저, 처분장부지선정법이 규정하는 참여적 거버넌스 체제에서도 여전히 연방의회가 결정적으로 중요한 역할을 하고 있고, 좀 더 지역 지향적이고 지역에 권력을 분산하는 장치들이 결여되어 큰 틀에서는 여전히 하향적 성격을 띠고 있다는 점이 지적된다. 〈그림 11-1〉에 제시된 것처럼 광역지역회의, 지역위원회, 지역회의 등의 참여 통로는 제시되어 있지만 스웨덴이나 핀란드처럼 해당 지역이 비토권을 행사할 수 있는 것은 아니며, 매 단계에서 최종적인 결정은 연방의회가 하도록 되어 있기 때문이다.

새로운 처분장부지선정법은 일부 반핵단체들로부터도 비판을 받고 있다. 반핵단체가 새로운 '처분장부지선정법'을 비판하는 가장 중요한 이유는 고어레벤이 부지선정 대상에서 배제되어 있지 않기 때문이다. 앞에서 언급한 것처럼 새로운 '처분장부지선정법'에서는 독일 전역을 대상으로 백지 상태에서 부지선정을 추진하겠다고 함으로써 고어레벤 지역도 잠재적 후보로 포함된다는 점을 시사했는데, 반핵단체들은 전력회사들과 정부가 이미 고어레벤에 많은 돈을 투자했기 때문에 결국 고어레벤이 강력한 후보지가 될 가능성이 높다고 우려하고 있는 것이다. 실제로 고어레벤이 최종처분장 부지선정을 위한 조사 대상에 포함되어야 한다고 주장하는 쪽에서는 1970년대부터 고어레벤에 이미 많은 돈이 투자되었고, 지질학적으로도 안정성이 높기 때문에 배제시켜서는 안 된다는 논리를 펴고 있다. 이러한 고어레벤 찬성론에 대해 반핵단체 쪽에서는 1970년대에 고어레벤이 선정된 것은 지질학적 안정성과 같은 과학적 기준에 부합한 부지선정 절차가 아니라 정치적으로 유도된 결정이었기 때문에 고어레벤을 배제해야 한다고 주장하고 있다. 2013년도에 처분장부지선정법이 제정될 당시에도 일부 반핵단체들은 입법안이 반핵단체들로부터 의견 청취 기간이 짧다는 점, 공개적으로 시민사회를 포용하려는 정치적 의지가 결여되어 있다는 이유로 입법안에 대해 비판적인 입장을 표명한 바 있다. 앞에서 언급한 바와 같이 2014년에 설립되어 2016년까지 처분장부지선정법의 내용을 구체화하는 작업을 수행한 EndKo에 대해서도 일부 반핵단체는 비판적인 태도를 보였다. 비록 독일 내 최대 환경단체인 분트와 환경재단이 이 위원회에 참여하여 활동했지만 그린피스나 아오스게슈트랄트(ausgestrahlt) 등의 단체는 참여하지 않았고, 2016년에 위원회가 제출한 최종보고서에 대해서도 역시 부지선정 대상 지역에서 고어레벤을 완전히 배제하지 않았다는 이유로 비판적인 입장을 견지했다(Losada, Themann and Di Nucci, 2019).

5. 한국에 주는 시사점

지금까지 살펴본 바와 같이 후쿠시마 원전사고 이후 독일에서 진행되고 있는 고준위핵폐기물 관리방식은 기존의 기술관료적인 비밀주의와 일방적인 밀어붙이기식의 관행에서 벗어나 정책 결정 및 집행의 투명성과 공공의 참여를 고취하는 방향으로 선회하고 있다. 한마디로 요약하자면 고준위핵폐기물 관리에 참여적 거버넌스가 중시되고 있다고 할 수 있다. 물론 이러한 참여적 거버넌스로의 변화에 대해 독일 반핵운동단체 중 일부는 앞에서 살펴본 것처럼 여전히 비판적인 목소리를 내고 있다. 따라서 최근 독일이 채택한 고준위핵폐기물 관리정책에 대해 우리가 무조건 긍정적으로만 평가할 이유는 없다. 그럼에도 최근 독일이 취하고 있는 고준위핵폐기물 관리정책과 그것을 뒷받침하는 제도적 혁신은 여전히 고준위핵폐기물 관리 문제로 커다란 갈등을 겪고 있는 우리 사회에 몇 가지 점에서 숙고해 볼만한 시사점을 던진다고 할 수 있다. 이제 결론을 대신하여 그 시사하는 바를 다음 네 가지 측면에서 살펴보도록 한다.

첫째, 독일은 2013년의 '처분장부지선정법'에 의거해 연방환경부 소속의 독립적인 규제행정청인 연방핵폐기물관리안전청을 설립하여 핵폐기물 부지선정을 위한 실무를 담당하는 연방방사성폐기물처분공사의 부지선정 과정을 지휘·감독케 하고 부지선정 과정에서 진행하도록 법으로 규정된 일련의 시민참여를 관리하며, 핵폐기물이 안전하게 처분될 수 있도록 안전규제를 담당하게 했는데, 이는 우리 사회의 고준위핵폐기물 관리 거버넌스와 관련해서도 상당한 함의를 지닌다. 연방핵폐기물관리안전청은 연방환경부 소속 기관이기는 하지만 연방환경부에 종속된 하부기구나 단순 자문기구가 아니라 핵폐기물의 안전한 관리를 위한 독자적인 규제행정력을 행사하는 독립기관이라는 점이 중요하다. 한국의 경우, 2020년 현재 산업통상자원부가 만든 임의적 자문기구인 사용후핵연료 재검토위원회가 고준위핵폐기물인 사용후핵연료 관리정책 마련을 위한 공론화를 실시하고 있지만 환경운동연합, 녹색연합, 한살림, 에너지정의행동, 그린피스 등 주요 환경단체들은 이 재검토위원회가 독립적으로 활동하지 못하고 산업부의 이해관계를 대변하는 역할만 하고 있다고 강력히 비판하면서, 재검토위원회가 진행하는 일체의 공론화 활동에 참여를 거부하고 반대 투쟁에 적극적으로 나서고 있는 상황이다. 환경단체들의 주장 중 하나는, 산업부는 기본적으로 원자력발전 진흥에 매진해 온 정부 기관이므로 산업부가 주관하는 고준위핵폐기물(사용후핵연료)의 관리 문제 역시 일차적으로 원자력발전의 진흥이라는 관점에서 사고될 수밖에 없기 때문에 산업부의 영향력을 벗어난 더 높은 의사결정 수준, 예컨대 대통령 직속이나 국무총리실 산하 독립기구로 핵폐기물 관리 전담기구를 만들어야 핵폐기물 관리에 대한 사회적 신뢰와 수용성도 높아질 것이라는 점이다. 바로 이러한 맥락에서 볼 때 독일의 연방핵폐기물관리안전청이 비록 연방환경부에 소속되어 있다고 할지라도 기본적으로 핵폐기물의 안전한 관리를 전담하는 독립적인 규제행정청의 지위를 보장받고 있다는 점에서 한국 핵폐기물 관리 거버넌스의 바람직한 방향을 논하는 데 중요한 시사점을 던져준다고 할 수 있다.

둘째, 독일 정부가 2016년 말에 새로 설립한 국가시민사회위원회는 앞에서 언급한 연방핵폐기물관리안전청과 연방방사성폐기물처분공사 주도의 처분장 부지선정 절차가 투명하고 참여적인 방식으로 이루어질 수 있도록 정부 조직 밖에서 관련 정부 조직을 감시하고, 고준위핵폐기물 관리 문제에 대해 시민의 입장에서 의견을 제시하는 역할을 한다. 그 점에서 국가시민사회위원회는 고준위핵폐기물 관리를 위해 새롭게 도입한 참여적 거버넌스의 핵심 구성 요소를 이루고 있는데, 이 역시 우리 사회의 고준위핵폐기물 관리 거버넌스와 관련해 상당한 함의가 있다. 앞에서도 언급한 바와 같이 독일 정부가 국가시민사회위원회를 정부 조직 밖에 새로이 설치하게 된 일차적인 이유는 독일 정부가 고어레벤 부지선정과 관련해 오랫동안 시민사회로부터 불신을 받아왔기 때문에, 이러한 정부에 대한 불신을 해소하여 처분장 부지선정에 대한 사회적 수용성을 높이기 위함이라고 할 수 있다.

독일은 고준위핵폐기물 관리 문제에 대한 시민사회의 불신과 비수용성 문제를 해결하기 위해 일회성 시민참여나 공론화가 아니라 정부에 의해 이루어지는 처분장 부지선정 과정 내내 정부로부터 독립된 공익적 전문가들과 시민의 대표들이 감시하고 의견을 제출할 수 있는 시민사회의 감시와 참여 통로를 만들었다. 이는 일회적이고 형식적인 공론화 절차를 거쳐 고준위핵폐기물 관리정책에 대한 사회적 수용성을 높이고자 했지만, 여전히 시민사회로부터 커다란 저항에 직면해 있는 한국과는 크게 대비된다. 특히 후쿠시마 원전사고 이후에 고준위핵폐기물 관리 전담기구로서 새로 설립된 연방핵폐기물관리안전청이 비록 독립적인 규제행정청으로서의 지위를 지니고 있다고 하더라도 여전히 연방환경부에 소속된 국가기관이라는 점에서 정부의 핵폐기물 관리정책에 대해 역사적으로 형성된 시민들의 불신을 완전히 해소하기 어렵기 때문에 제도적으로 정부 조직 밖에서 해당 정부 기관들을 견제하고 감시할 수 있도록 했다는 점은, 핵폐기물 관리를 맡고 있는 정부 조직들에 대한 시민사회의 불신이 매우 높은 한국 사회가 크게 주목해 봐야 할 부분이라고 할 수 있을 것이다.

셋째, 주지하듯이 독일 정부는 2011년에 발생한 일본 후쿠시마 원전사고 직후 2022년 말까지 탈핵을 완료하겠다고 천명하고 '원자력법'을 개정하여 이를 법률에 명문화했는데, 이러한 분명하고도 구체적인 탈핵 로드맵은 원전 해체와 더불어, 거기서 나오는 고준위핵폐기물 처리 필요성에 대한 사회적 합의를 증진시키는 데 도움이 되었다는 점에서 우리 사회에 시사하는 바가 크다. 통상적으로 핵폐기물 문제는 원자력발전의 '아킬레스건'이라고 할 정도로 핵발전의 유지 및 확대를 가로막는 장애물이지만, 역으로 핵폐기물 문제의 해결은 핵발전의 확대를 용이하게 해줄 수 있다. 이러한 이유로 많은 나라에서 핵발전을 관리하고 운영하는 정부와 기업들은 환경단체들을 핵폐기물 문제 해결을 위한 논의 과정에 참여시키려고 했다. 하지만 대부분의 환경단체들은 여기에 참여하기보다는 핵폐기물 문제를 원전 반대의 지렛대로 활용하고자 했으므로 이를 둘러싼 사회적 갈등이 증폭되어 왔던 것이다. 그런데 독일의 경우, 10년이라는 비교적 짧은 기간에 추진될 분명하고도 구체적인 탈핵 로드맵이 법적으로 확정됨으로써, 많은 환경단체가 핵폐기물 문제를 해결하면 핵발전 확대라는 의도하지 않은 결과를 낳을 수 있다는 부담감을 가질 필요 없이 정부가 주도하는 핵폐기물 거버넌스에 참여할 수 있게 된 것이다(물론 앞에서 살펴본 바와 같이 참여를 거부한 환경단체도 일부 있다). 한국은 문재인 정부가 탈핵을 선언하기는 했지만, 제시된 탈핵 완료 시점인 2083년까지 60년 이상 남아 있다. 따라서 정부 기관이나 사업자로서는 당분간 핵발전의 현상유지를 위해서라도 핵발전 지속에 저해되는 핵폐기물 문제 해결에 수단과 방법을 가리지 않고 매진할 가능성이 높다. 반면, 환경단체들은 핵폐기물 문제를 여전히 반핵의 입장에서 탈핵을 앞당길 계기로 활용하고자 하므로 두 집단 사이의 갈등과 투쟁이 격화되고 있는 것이다. 이러한 점에서 볼 때 시민사회의 참여와 지지 속에서 고준위핵폐기물 문제를 해결해 나가고자 할 경우에는, 독일처럼 탈핵 시점을 최대한 앞당김과 동시에 탈핵을 위한 로드맵을 법률로 분명하고도 구체적으로 제시하는 것이 핵폐기물 관리를 담당하는 정부와 관련 기업에 대한 환경단체들의 의구심을 해소하는 데 도움이 될 수 있을 것으로 판단된다.

마지막으로, 독일은 아켄트 보고서 이후 2013년의 '처분장부지선정법'에 이르기까지 일관되게 고준위핵폐기물 관리정책 수립과 처분장 부지선정 과정에서 시민과 이해관계자들의 광범위한 참여를 통한 사회적 수용성 확보를 강조하고 있지만, 앞에서 살펴본 바와 같이 부지선정 과정에서 가장 중요한 기준이 되는 것은 100만 년 동안 가능한 최고의 안전을 보장하는 지질학적 안정성이며, 그러한 지질학적 안정성이 담보될 경우에만 주민 수용성 기준이 의미를 갖는다는 점 역시 우리 사회의 핵폐기물 관리 문제와 관련해 중요한 점을 시사하고 있다. 독일은 고준위핵폐기물 처분장의 '가능한 최고의 안전'을 확보하기 위해 부지선정 과정에서 일차적으로 이용 가능한 지질학적 정보를 기초로 안전 기준을 충족하지 못하는 지역들을 모두 제외한 다음, 안전성 요건과 기준을 충족하는 지역 가운데 선정된 3~4개의 후보 부지들을 비교·심사해 이 중 최고로 안전한 지역을 선정하도록 했다. 핵폐기물 처분장 부지선정과 관련해 2003년과 2004년 우리 사회에서 일어난 극심한 사회갈등을 지칭하는 부안사태를 거친 후 2005년에 중저준위핵폐기물 처분장 부지로 경주가 결정되는 과정을 회고해 보면, 독일의 사례는 시사하는 바가 크다. 당시 정부와 사업자는 경주가 중저준위 핵폐기장을 건설하는 데 지질학적으로 아무런 문제가 없다고 발표하고 궁극적으로 주민투표의 형식을 통해 주민 수용성이 가장 높게 나온 경주 지역을 처분장 부지로 확정했다. 그러나 환경단체들은 해당 지역이 지질학적으로 불안정하여 처분장 부지로 적합하지 않다고 주장하면서 정부가 처분장 건설에 급급해 안전성을 희생하고 주민 수용성만 내세웠다고 비판한 바 있다. 그런데 실제로 처분장 건설 공사가 진행되는 과정에서 정부의 발표와는 달리 엄청난 양의 지하수가 나와 공사 기간도 애초 계획한 것보다 훨씬 길어졌고, 공사 비용도 훨씬 더 초과되는 결과가 나와 아직까지도 경주 중저준위핵폐기물 처분장의 안전성 문제가 계속해서 제기되고 있는 실정이다(김익중, 2013).

사실 시급하게 핵폐기물 처분장 부지선정을 해야 하는 정부나 사업자의 입장에서는 지질학적 안정성보다는 사회적 수용성을 더 중시할 가능성이 높다. 이러한 점에서 볼 때 사회적 수용성에 앞서 지질학적 안정성을 더 우선시하도록 법제화한 독일의 고준위핵폐기물 부지선정 절차는 향후 우리 사회에서 추진될 고준위핵폐기물 처분장 부지선정 과정에도 중요한 시사점을 줄 것으로 생각한다.

참고문헌

강윤재. 2013. 「한국과 독일의 원전 위험거버넌스 비교연구: '안전한 에너지 공급을 위한 윤리위원회'의 사례를 중심으로」. ≪환경사회학연구 ECO≫, 17권 1호, 45~75쪽.

김수진. 2016. 「독일과 한국의 원자력정책 비교연구: 하버마스의 위기경향성 개념에 의거하여」. ≪환경정책≫, 24권 4호, 177~225쪽.

김익중. 2013. 『한국탈핵』. 한티재.

김주현. 2015. 「공공성을 기반으로 한 독일의 위험 거버넌스: 탈핵 결정 사례를 중심으로. ≪한국사회정책≫, 22권 1호, 121~152쪽.

박진희. 2012. 「독일 탈핵정책의 역사적 전개와 그 시사점」. ≪역사비평≫, 통권 98호, 214~246쪽.

이영희. 2013. 「고준위 핵폐기물 관리를 위한 사회적 의사결정과 전문성의 정치: 한국과 스웨덴의 비교」. ≪동향과 전망≫, 88호, 249~289쪽.

이영희. 2017. 「위험기술의 사회적 관리를 향하여? '사용후핵연료공론화위원회' 활동의 평가」. ≪시민사회와 NGO≫, 15권 1호, 153~184쪽.

임성진. 2012. 「독일 원자력 정책과 의회의 역할: 탈핵으로의 정책전환과정을 중심으로」. ≪사회과학논총≫, 27권 2호, 249~272쪽.

염광희. 2012. 『잘가라, 원자력: 독일 탈핵 이야기』. 한울아카데미.

윤혜선. 2015. 「고준위방사성폐기물 처분을 위한 독일의 혁신적인 방법론 고찰: 2013년 '고준위방폐물

처분시설 부지선정법'을 중심으로」. ≪강원법학≫, 45권, 353~392쪽.
한국위험통제학회. 2007. 『사용후 핵연료의 관리체계 및 공론화 방안 연구』. 지속가능발전위원회.

AkEnd. 2002. "Selection Procedure for Repository Sites: Recommendations of the AkEnd." Committee on a Selection Procedure for Repository Sites.

Arnstein, S. 1969. "A ladder of citizen participation." *Journal of the American Planning Association*, Vol.35, No.4, pp.216~224.

Besnard, M., M. Buser, I. Fairlie, G. MacKerron, A. Macfarlane, E. Matyas, Y. Marignac, E. Sequens, J. Swahn, and B. Wealer. 2019. The World Nuclear Waste Report 2019: Focus Europe. www.worldnuclearwastereport.org

Brunnengraeber, A., M. R. Di Nucci(eds). 2019. *Conflicts, Participation and Acceptability in Nuclear Waste Governance*. Berlin: Springer VS.

Brunnengraeber, A. 2019. "The wicked problem of long term radioactive waste governance: Ten characteristics of a complex technical and societal challenge." in A. Brunnengraeber, and M. R. Di Nucci(eds). *Conflicts, Participation and Acceptability in Nuclear Waste Governance*. Berlin: Springer VS.

BUND. 2016. "The Search Process for a Repository Site for Highly Radioactive Nuclear Waste: BUND's criticism and demands." https://www.bund.net/fileadmin/user_upload_bund/publikationen/atomkraft/atomkraft_atommuelllager_broschuere_englisch.pdf

Federal Ministry for the Environment, Nature Conservation, Building and Nuclear Safety(BMU). 2015. *Programme for the Responsible and Safe Management of Spent Fuel and Radioactive Waste* (National programme). Draft of 6 January 2015.

_____. 2017. 2017. *Repository Site Selection Act - StandAG*. https://www.bmu.de/en/law/repository-siteselection-act-standag/

_____. 2018. *Joint Convention on the Safety of Spent Fuel Management and on the Safety of Radioactive Waste Management: Report of the Federal Republic of Germany for the sixth review meeting in May 2018.*

Federal Office for the Safety of Nuclear Waste Management(BASE). 2020. "Selection procedure for a nuclear waste disposal site in Germany: Focus on public participation"(ppt slides).

Fischer, F. 2012. "Participatory governance: From theory to practice." in D. Levi-Faur(ed). *The Oxford Handbook of Governance*. Oxford: Oxford University Press.

German Commission on the Storage of High-Level Radioactive Waste. 2016. "Summary: Report of the German commission on the storage of high-level radioactive waste."

Hocke, P., B. Kallenbach-Herbert, 2015. "Always the same story? Nuclear waste governance in Germany." in A. Brunnengraeber, M. R. Di Nucci, A. M. Losada, L. Mez and M. Schreurs (eds). *Nuclear Waste Governance: An international comparison.* Springer VS.

Hocke, P., O. Renn, 2009. "Concerned public and the paralysis of decision-making: Nuclear waste management policy in Germany." *Journal of Risk Research,* Vol.12, Nos.7-8, pp.921-940.

Hunold, C. 2007. "Environmentalists, nuclear waste, and the politics of passive exclusion in Germany." *German Politics and Society,* Vol.79, No.4, pp.43~63.

Kamlage, J-H., J. Warode and A. Mengede, 2019. "Chances, challenges and choices of participation in siting a nuclear waste repository: The German case." in A. Brunnengraeber and M. R. Di Nucci(eds). *Conflicts, Participation and Acceptability in Nuclear Waste Governance.* Berlin: Springer VS.

Kuehne, K. 2014. "The German path towards a final nuclear waste repository." in Rafael Mariano Manovil(ed). *Nuclear Law in Progress.* Buenos Aires: International Nuclear Law Association Congress.

Kuppler, S. 2012. "From government to governance? (Non-) Effects of deliberation on decision-making structures for nuclear waste management in Germany and Switzerland." *Journal of Integrative Environmental Sciences,* Vol.2, pp.103~122.

Losada, A. M., D. Themann, M. R. Di Nucci, 2019. "Experts and politics in the German nuclear waste governance advisory bodies between ambition and reality." in A. Brunnengraeber and M. R. Di Nucci(eds). *Conflicts, Participation and Acceptability in Nuclear Waste Governance.* Berlin: Springer VS.

Nuclear Energy Agency. 2001. *Reversibility and Retrievability in Geologic Disposal of Radioactive Waste: Reflections at the international level.* OECD.

_____. 2012. *Reversibility of Decisions and Retrievability of Radioactive Waste.* OECD.

_____. 2018. *Nuclear Energy Data 2018.* OECD.

Olliges, J. 2019. "A 'deliberative turn' in German nuclear waste governance? The participation process of the Commission on the Storage of High-Level Radioactive Waste." in A. Brunnengraeber and M. R. Di Nucci(eds). *Conflicts, Participation and Acceptability in Nuclear Waste Governance.* Berlin: Springer VS.

Roche, P., B. Thuillier, B. Laponche, M. Goldstick, H. Ban and R. Alvarez. 2019. "The Global Crisis of Nuclear Waste." Greenpeace France.

Schreurs, M. and J. Suckow. 2019. "Bringing transparency and voice into the search for a deep geological repository: Nuclear waste governance in Germany and the role of the National

Civil Society Board - Nationales Begleitgremium(NBG)." in A. Brunnengraeber and M. R. Di Nucci(eds). *Conflicts, Participation and Acceptability in Nuclear Waste Governance.* Berlin: Springer VS.

Schreurs, M. 2014. "The ethics of nuclear energy: Germany's energy politics after Fukushima." *The Journal of Social Science.* Vol.77, pp.9~29.

Steinebrunner, M. 2019. "The experience of the Swiss negotiated approach: Borders as a challenge." in A. Brunnengraeber and M. R. Di Nucci(eds). *Conflicts, Participation and Acceptability in Nuclear Waste Governance.* Berlin: Springer VS.

Tiggemann, A. 2019. "The elephant in the room: The role of Gorleben and its site selection in the German nuclear waste debate." in A. Brunnengraeber and M. R. Di Nucci(eds). *Conflicts, Participation and Acceptability in Nuclear Waste Governance.* Berlin: Springer VS.

Vorwerk, A. 2002. "The 2002 amendment to the German atomic energy act concerning the phase-out of nuclear power." *Nuclear Law Bulletin*, No. 69, pp.7~14.

제1장 「전문성의 정치와 사회운동: 의미와 유형」, ≪경제와 사회≫, 93호(2012), 13~41쪽.

제2장 「고준위핵폐기물 관리를 위한 사회적 의사결정과 전문성의 정치: 한국과 스웨덴의 비교」, ≪동향과 전망≫, 88호(2013), 249~289쪽.

제3장 「가습기살균제 참사에 대한 사회적 해법의 모색」, ≪한국환경보건학회지≫, 45권 4호(2019), 295~309쪽.

제4장 「과학기술 시티즌십의 두 유형과 전문성의 정치: 과학기술 대중화 정책과 차일드세이브의 활동을 중심으로」, ≪동향과 전망≫, 92호(2014), 174~211쪽.

제5장 「산업화가 파괴한 생명과 인권: 산재 및 공해를 중심으로」, 『대한민국인권근현대사』 3권, 국가인권위원회(2020).

제6장 「재난관리, 재난 거버넌스, 재난 시티즌십」, ≪경제와 사회≫, 104호(2014), 56~80쪽.

제7장 「민주화와 사회갈등: 공공정책을 둘러싼 사회갈등의 이해」, ≪동향과 전망≫, 61호(2004), 36~67쪽.

제8장 「지구적 기후 거버넌스 만들기의 한 시도: '유엔기후변화협상에 관한 세계시민회의'의 진행과정과 평가」, ≪ECO≫, 20권 1호(2016).

제9장 「신고리 5.6호기 원전 공론화와 민주주의」, ≪동향과 전망≫, 102호(2018), 63~104쪽.

제10장 「위험기술의 사회적 관리를 향하여?: '사용후핵연료공론화위원회' 활동의 평가」, ≪시민사회와 NGO≫, 15권 1호(2017), 153~184쪽.

제11장 「독일의 고준위핵폐기물 관리와 참여적 거버넌스 연구」, ≪시민사회와 NGO≫, 18권 2호(2020), 3~40쪽.

지은이

/

이영희

연세대학교 사회학과를 졸업하고, 같은 대학 대학원에서 박사학위를 받았다. 현재 가톨릭대학교 사회학과 교수로 재직하면서 과학기술사회학, 환경사회학, 지식/전문성의 정치와 민주주의, 시민참여와 공론화 등의 주제를 중심으로 연구와 강의하고 있다. 한국과학기술학회 회장, 비판사회학회 회장, 시민과학센터 소장, 시민환경연구소 소장 등을 역임했다. 저서로 『포드주의와 포스트 포드주의』, 『과학기술의 사회학: 과학기술과 현대사회에 대한 성찰』, 『과학기술·환경·시민참여』(공저), 『과학기술과 민주주의: 시민을 위한, 시민에 의한 과학기술』 등이 있다.

한울아카데미 2275

전문가주의를 넘어
과학기술, 환경, 민주주의

ⓒ 이영희, 2021

지은이 **이영희**
펴낸이 **김종수**
펴낸곳 **한울엠플러스(주)**
책임편집 **이동규·최진희**

초판 1쇄 인쇄 2021년 5월 28일
초판 1쇄 발행 2021년 6월 11일

주소 **10881 경기도 파주시 광인사길 153 한울시소빌딩 3층**
전화 **031-955-0655**
팩스 **031-955-0656**
홈페이지 **www.hanulmplus.kr**
등록번호 **제406-2015-000143호**

Printed in Korea.
ISBN 978-89-460-7275-6 93300 (양장)
    978-89-460-8010-2 93300 (무선)

* 책값은 겉표지에 표시되어 있습니다.
* 이 책은 강의를 위한 학생용 교재를 따로 준비했습니다.
  강의 교재로 사용하실 때는 본사로 연락해 주시기 바랍니다.